LES POUVOIRS MYSTÉRIEUX DE LA FOI

ŒUVRE DE JEAN-JACQUES ANTIER
CHEZ POCKET

AUTANT EN APPORTE LA MER

JEAN GUITTON
de l'Académie française
JEAN-JACQUES ANTIER

LES POUVOIRS MYSTÉRIEUX DE LA FOI

Signes et merveilles

PERRIN

REMERCIEMENTS

Nous remercions Yvette Antier pour son patient travail de documentation, de vérification des sources et de correction, à tous les échelons de l'élaboration de ce livre.

ISBN 2-266-00582-0

AVANT-PROPOS

Nous vous invitons à un voyage imprévu à l'intérieur des phénomènes physiques et psychiques du mysticisme. Notre exigence : unir la vision la plus mystique de la religion chrétienne à la vue la plus « matérialiste », s'il est vrai que le matérialisme est lié à la science.

Notre fil conducteur :

« Lorsque vous ferez un livre, a dit Bergson, pénétrez-vous de votre sujet, gardez l'axe, la direction. On ne peut pas écrire une seule ligne sans avoir l'idée du tout. Le tout est présent partout, ce je ne sais quoi d'intérieur qu'il faut saisir. C'est là qu'est la joie. »

Marthe Robin, autre personnage qui nous a unis pour le meilleur, nous disait :

« Faites votre documentation, jusqu'à ce qu'elle soit traversée par une immense espérance. »

Et Patrice de La Tour du Pin, avec un sourire : « Allez chaque soir en silence vers l'idée pure cachée au fond de votre être. »

Le « tout » de Bergson, l'« espérance » de Marthe, l'« idée pure » de Patrice ont un nom : l'absolu, la Transcendance. C'est cette transcendance que nous avons voulu rechercher, à travers les signes et les merveilles. Car, comme l'exprimait si bien Paul VI, « c'est l'Éternité, c'est son mystère d'amour qui est le secret de tous nos désirs ».

Première partie

CES PHÉNOMÈNES QUI NOUS INTERPELLENT

LES TROIS PLANS OÙ SE JOUE LE DESTIN

Dans notre siècle pourtant bien informé, les phénomènes issus du mysticisme, comme les stigmates, la lévitation, les guérisons, les prophéties, les visions et les apparitions, l'extase enfin, sont soit analysés, disséqués, expliqués et réduits, soit niés, comme tout ce qui était jusqu'alors « merveilleux » ou « légendaire ». Marx et Freud demeurent les maîtres des analyses réductrices, ces explications du haut par le bas. Cette méfiance spontanée, paradoxalement irrationnelle, pour tout ce qui sort des normes rassurantes, se retrouve même dans les procès en béatification que l'Église fait à ses mystiques.

Or, il existe de nombreux phénomènes réfractaires aux lois ordinaires énoncées par la science et admises par le bon sens. C'est une évidence que seuls nient les esprits dogmatiques dont l'approche scientifique demeure superficielle, ou qui ne sont pas informés. Rien n'est plus établi pourtant ; il suffit de se plonger dans les dossiers des organisations les plus sérieuses, qu'il s'agisse de certaines universités américaines, ou soviétiques peu suspectes de « mysticisme », ou des associations pour la « recherche psychique » nées au XIXe siècle, et enfin, il va de soi, des archives vaticanes concernant les procès en béatification, qui révèlent de véritables enquêtes judiciaires objectives, des exposés de témoins retenus pour leur haute moralité, et déposant sous la foi du serment, à une époque où cela signifiait quelque chose.

Que ces phénomènes extraordinaires, une fois établis, soient reçus comme des provocations par les croyants et par les incroyants, c'est à la fois une évidence et un signe : pour tous, provocation à se remette en cause ; pour le croyant, signes imperceptibles ou fracassants qu'une Intelligence nous appelle au moins à réfléchir, signes qui posent et éclairent le problème de la Transcendance et de la destinée ultime de l'homme.

Que ces phénomènes soient communs au mysticisme et à d'autres formes de pensée dans le cadre ou non d'un contexte religieux ne nous gêne pas, au contraire ; qu'il nous suffise de savoir qu'une de leurs sources communes la plus significative est l'ascèse, notamment sa forme la plus parfaite, la souffrance acceptée et transcendée.

Essayons de comprendre la signification profonde de ces phénomènes où se joue le destin de l'homme.

Partons de l'idée qu'il existe trois plans, trois niveaux, trois vies dans l'expérience humaine. Au premier niveau, on peut vivre d'une manière corporelle, matérielle, somatique (*soma* = corps), et cosmique. Au deuxième niveau, on vit d'une manière psychique, c'est-à-dire en exerçant ses facultés mentales : intelligence, réflexion, mémoire. Enfin, au troisième niveau, on peut vivre selon l'esprit (*pneuma*), d'une vie spirituelle, supérieure, « mystique », comme c'est le cas des créateurs dans l'art, l'invention, la poésie, la spiritualité, et alors on se réfère à « l'âme éternelle ».

Nous avancerons l'hypothèse, et ce sera le fil conducteur de ce livre, que tous les phénomènes paranormaux, qui interviennent à ces trois niveaux : le corps, le mental et l'esprit/âme, ont des interférences hautement signifiantes. Les psychologues et philosophes qui ont exploré l'inconscient ont supposé qu'il y avait une action de la zone somatique basse sur la zone psychique médiane, action qui dans la plupart des cas ne tombe pas sous l'emprise de la conscience, et qui demande une exploration de type indirect, comme le rêve.

Symétriquement à la psychanalyse, la métapsychique et la psychologie paranormale devraient étudier l'influence que la zone supérieure de notre être, dite pneumatique, exerce sur les autres : celle du mental et du corps.

Constatons que pour l'ordinaire notre époque privilégie la zone intermédiaire, celle du mental, de la réflexion, de la science et de la conscience. Telle est la vie occupée par la pensée, par les projets, en particulier celui d'édifier une cité humaine où l'esprit et le corps s'épanouiront, souci légitime. Mais lorsqu'une civilisation se borne à ne vivre que de cette vie médiane, elle l'hypertrophie. Et alors, tout ce que les religions nous présentent concernant la vie supérieure risque de paraître imaginaire, mythique.

Cependant, on peut concevoir comment pourrait se présenter une autre structure de notre être, comme nous y invitent ces signes et ces merveilles que manifestent les pouvoirs mystérieux de la foi. Il suffirait d'admettre, comme saint Paul en avait l'idée, que la vie présente qui nous occupe tout entiers et où domine le mental est en réalité intermédiaire dans l'évolution humaine ; vie provisoire, oscillation entre deux pôles opposés et inaccessibles, le corps et l'esprit/âme.

De ce point de vue, la véritable structure de notre être à venir serait celle dans laquelle se joindraient en nous notre élément corporel et notre élément éternel.

Alors, la zone intermédiaire serait en quelque sorte abolie ou sublimée dans la zone supérieure. Elle n'aurait servi dans le temps de l'histoire humaine que d'échafaudage, avant la mutation définitive, qui serait celle où le corps et l'Esprit s'uniraient. Alors seulement l'Esprit pourrait enfin être maître et possesseur de la nature et de lui-même, ce à quoi il tend vainement jusqu'à ce jour. Et la séparation cruelle de la pensée et de l'action serait résolue.

Ainsi pourrait se constituer une vraie communauté des êtres, car dans cet état futur où le *cosmos* et le *pneuma* seraient unis, les hommes, au lieu d'être extérieurs les uns aux autres et plus portés à la haine qu'à l'amour, seraient intérieurs les uns aux autres : ils formeraient une véritable cité.

Cette vue semble exister au plus profond de l'humanité, sous forme d'archétypes qui préexistent aux philosophies et aux religions. Peut-être est-elle plus ou moins pensée par tout homme, athée ou croyant, car nous ne pouvons persévérer dans l'être que si nous avons l'espérance d'une reconstitution totale de l'être, dans laquelle la matière et l'esprit seraient enfin unis. Tout se passerait comme si nous n'étions pas encore ce que nous sommes appelés à devenir.

Et c'est là qu'interviennent les signes et les merveilles, comme des prémices de notre état futur.

Au premier niveau, les phénomènes physiques. L'inédie, absence totale de nourriture des grands mystiques, serait-elle le signe qu'on ne se nourrit plus que de l'Eucharistie, qui est parole de Dieu dans son Verbe incarné, transcendance suprême ? Les stigmates seraient-ils le signe de la souffrance acceptée, partagée, offerte, dans l'identification parfaite au modèle venu pour nous enseigner ? L'hyperthermie et cette incombustibilité des mystiques, serait-ce le feu transcendé, comme un soleil liquide qui coule dans leurs veines ? Les matérialisations, les dématérialisations, les transports d'objets, les lévitations, serait-ce le corps transmué, la pesanteur faite grâce ? Et les guérisons instantanées, les corps imputrescibles et embaumant, les morts ressuscités, viennent-ils nous dire que le plus fol espoir de l'homme est une réalité : ce monde n'est pas prédéterminé par des lois intangibles ; il existe au-dessus d'elles une entité créatrice susceptible de les modifier.

Voilà pour l'étage inférieur, le *soma*, le niveau du corps.

Le deuxième niveau, l'étage médian, *psychique*, ne s'en trouve pas moins bouleversé.

La télépathie, la clairvoyance, les prophéties, serait-ce une rupture absolue du temps et de l'espace ? Rupture, aussi, que ces dissociations de conscience aboutissant à des incorporations, des parlers en langues, des écritures automatiques et ces bilocations qui font qu'on est à la fois ici et ailleurs ?

Enfin, au troisième niveau, celui de l'*esprit*, mystique celui-là, nous entrons dans le saint des saints, au cœur de l'union. Visions et apparitions, conversions miraculeuses, extases ne sont données qu'à un petit nombre d'élus. Ces signes et ces merveilles annoncent-ils, préfigurent-ils la cité future, et ce temps où nous sera révélée « l'éternité et son mystère d'amour » ?

Ce que nous appelons le temps déroule, déploie, manifeste un élément intemporel qui est comme *un point indivisible*. Ce point condense, exprime, annonce sans doute l'état final de notre être. Et le travail de la volonté humaine consiste en un effort pour faire coïncider le temps dans lequel nous passons avec ce point indivisible.

Cette éternité de nous-même est toujours présente en nous, soit confusément et virtuellement sous des ombres et des paraboles, soit par fulgurations soudaines, comme nous le montrerons.

Les signes et les merveilles nous invitent à unir dans

la vie la part *encosmisée* de nous-même (le corps) à la part pneumatique et divine de nous-même (l'esprit/âme). La phase médiane et réflexive (le mental) où agit la volonté qui absorbe notre substance étirée dans le temps, est une étape vers une phase future qui n'est pas encore donnée. Ce que nous serons n'a pas encore paru mais des *signes* existent, que nous aurons à interpréter, après en avoir reconnu l'authenticité, suivant les exigences de la science et de la conscience. Tout se passe comme si nous approchions d'une ère finale qui ne sera pas celle d'un achèvement de l'Histoire, mais plutôt d'une transmutation. Les lignes et les axes du temps ne nous paraissent plus se poursuivre ou se dissiper, mais au contraire se concentrer, comme les rayons d'une roue, pour aboutir à un moment de mutation, à un seuil.

Il semble, à plusieurs signes convergents, que l'humanité se prépare pour une étape nouvelle. Après celle de l'*homo sapiens*, est-ce l'étape de l'*homo spiritualis*, annoncée par les extases, les fusions des grands mystiques, que nous étudierons à la fin de ce livre ? Ainsi, la pensée aurait mis trois milliards d'années pour émerger de la vie. Elle aurait employé quelques millions d'années pour constituer une information suffisante, une science en même temps qu'un art et une technique, lui permettant de dominer la matière et la vie. Nous approchons de la fin de cette seconde étape d'information. Se profile l'image d'une troisième phase, d'une émergence ultrascientifique, ultratechnique. Quelle est-elle ? Une ère métaphysique ?

Toute la question posée par l'évolution est de savoir si son véritable secret n'est pas d'obtenir le plus improbable : si sa finalité n'est pas qualitative. Nous sommes, peut-être à tort, séduits par l'apparence d'une évolution physique ou biologique, qui va vers l'homogène, le quantitatif, le plus probable. N'y a-t-il pas sous cette évolution une autre évolution en sens contraire, qui prépare l'improbabilité totale d'un être qui franchit la frontière de la mort, qui prépare pour l'humanité la réintégration dans un autre mode d'existence ? Une même loi de sublimation se manifeste dans l'univers. Selon le mot profond de Leibniz, « les choses inférieures doivent exister dans les choses supérieures, mais d'une manière plus noble qu'en elles-mêmes ».

Un seuil devra être nécessairement franchi, sous peine de la mort de l'espèce humaine. Nous voyons paraître les *signes* de cette transmutation, de cette émergence, tout en ignorant l'intervalle de temps qui nous en sépare.

Finalement, l'évolution travaille à la victoire non de ce qui est le plus probable et le plus homogène, mais de ce qui est le plus improbable, comme on l'a vu lors de l'apparition de la pensée. Notre espérance n'est pas fondée sur un sentiment, mais sur une loi qui veut que les transmutations majeures se font dans le sens du meilleur autour de la qualité pure, ce que traduisait ainsi Bergson : « L'homme est une machine à faire des dieux » ; ou plus simplement Malraux : « Le XXIe siècle (l'avenir) sera spirituel ou ne sera pas. » Même Nietzsche, l'anti-mystique par excellence, était hanté par la pensée que « l'homme est un être qui doit être dépassé ».

Essayons maintenant de comprendre le pourquoi et le comment des signes qui nous sont donnés, à travers la vie de cette entité hautement improbable qui les produit, le mystique.

DIALOGUE

1

La vie mystique

Jean-Jacques Antier. — Que recouvre exactement le mot « mystique » et quel est le mystère de son secret attrait ?

Jean Guitton. — La réfléxion conduit le méditant jusqu'à je ne sais quel foyer de vie personnelle et profonde, ou plutôt jusqu'à une expérience spirituelle qui se renouvelle toujours. Chaque idée a comme une dimension intérieure qui la transcende et peut atteindre, par grâce, par intuition, la vie mystique, le sens caché du monde.

J.-J.A. — Ne faut-il pas distinguer vie intérieure et vie spirituelle ? N'importe quel « voyage intérieur » ne conduit pas systématiquement à la dimension spirituelle.

J.G. — C'est justement le caractère de l'idéalisme tel qu'on le trouve chez Renan de vider la vie spirituelle de sa substance et de son sens pour la réduire à une vie intérieure, un état de conscience, où le moi se transpose, se multiplie et finalement se goûte et se savoure. Il existe une distance infinie entre la vie intérieure profane qui consiste à se rendre attentif à soi et à ses songes, et la vie spirituelle dont l'essence devrait être de se rendre attentif en soi à un Autre que soi.

J.-J.A. — Ce qui revient à dire que l'homme athée se recherche soi-même, alors que l'homme religieux recherche Dieu.

J.G. — Et Dieu n'est pas une abstraction. C'est une réalité intérieure et supérieure à l'esprit de l'homme. L'histoire humaine est le théâtre où Dieu fait passer ses idées.

J.-J.A. — Quel est le rapport de Dieu à la conscience humaine ?

J.G. — Il y a coexistence du moi et de Dieu. Tel est le message du judaïsme au monde, que le christianisme a souligné en lettres incandescentes et dont la raison et la conscience peuvent maintenant s'assurer.

J.-J.A. — C'est donc une notion dualiste : il y a Dieu et moi.

J.G. — On ne peut nier une évidence plus évidente que la pensée elle-même. L'autre évidence : dans l'univers intérieur de l'homme, il se passe à chaque instant quelque chose. Tout est toujours remis en question. La créature se suspend sur un abîme ouvert. Elle est libre. Dieu écoute. Va-t-elle dire ce *fiat*, ce oui par lequel elle revient à son auteur ?

J.-J.A. — Mais cette liberté à laquelle nous aspirons tellement devient notre principal tourment !

J.G. — Sur cette terre, au cœur de l'homme, un drame se joue dont l'éternité est le prix. Il s'agit de savoir laquelle des deux conceptions de l'univers sera victorieuse, celle suivant laquelle

Dieu n'est qu'une image illusoire issue de l'homme qui est tout, et celle suivant laquelle l'homme n'est qu'une créature provisoire faite par Dieu et pour Dieu, qui est tout.

J.-J.A. — Et ce choix n'est pas innocent, puisqu'il va conditionner notre manière d'être. Mais que représente la mystique par rapport à la spiritualité ?

J.G. — La spiritualité est la recherche de Dieu par le raisonnement et la connaissance, l'amour, aussi. La mystique est communication, union directe, personnelle avec Dieu, par le sentiment, l'intuition ou la grâce. C'est une expérience propre de la connaissance de Dieu.

FOI, SENTIMENT RELIGIEUX ET VIE MYSTIQUE

On ne peut comprendre le mysticisme et ses phénomènes sans analyser ce qui les sous-tend, et d'abord la foi.

Avoir la foi, c'est ressentir au plus profond de son cœur une impression durable et bouleversante qui ne peut se comparer qu'à l'amour, qui est l'Amour dans sa perfection et sa quintessence.

Telles sont les racines de la religiosité, puis de la vie mystique. Dans sa forme extrême, ce bouleversement engendre parfois les phénomènes physiques et psychiques que nous allons décrire. Ce sentiment religieux est indépendant du dogme puisqu'on le retrouve dans toutes les religions de toutes les époques. Il n'est pas nécessairement lié à la croyance en « Dieu », puisqu'on le retrouve aussi dans la branche athée du bouddhisme. Il n'est pas lié à l'idée de survie. *Il* EST.

Si ce sentiment religieux disparaît, peut demeurer la « carcasse » (les dogmes, les images, les souvenirs). Ceux-ci ont d'ailleurs une grande utilité pour aider dans la « traversée du désert » ou les « nuits de l'esprit » décrits par tous les mystiques.

Cependant, rien ne peut remplacer le sentiment religieux. C'est parce qu'il fait dramatiquement défaut aujourd'hui que notre monde trop matérialiste et technologique part à la dérive. Ce n'est d'ailleurs pas la première fois et ce ne sera pas la dernière, comme si ce « sentiment » obéissait à une loi similaire à celle des marées, dont l'utilité est de susciter la vie à la limite de deux mondes.

JEAN-JACQUES ANTIER. — Peut-on aller plus loin dans la définition de la foi ?

JEAN GUITTON. — *Ferme les yeux et tu verras*, c'est l'adage et le paradoxe de la foi. Celui qui l'a ne vérifie pas, ne palpe pas, ne voit pas. Le mystère caché, la bonté et le sens de chaque chose ne s'atteignent pas par la connaissance seule. Il faut encore un pari raisonnable que tout est bon derrière le mal, que derrière les nuages le doux soleil brille encore. Cette assurance est la foi. L'enthousiasme vous possède lorsque vous sentez le Dieu caché au fond du cœur, le principe qui vous anime et vous permet de créer. Voilà pour la définition.

J.-J.A. — Et l'expérience ?

J.G. — Pour ma part, je la tiens de ma mère. Avant son mariage, la lecture, les heures de travail, les dévotions intimes, toutes tranquilles auprès du Maître, remplissaient sa vie. Elle avait quelque chose d'oriental, presque un peu « bouddhique » : par le mariage, elle fit le sacrifice de tout ce qu'elle aimait, cette vie intérieure intense. Son père la surnommait Gazelle. Une amie lui dit : *Comme vous êtes bien nommée ! La gazelle ne s'habitue jamais : même capturée, son regard se tourne vers le désert.*

J.-J.A. — Était-elle mystique ?

J.G. — Si vous lui aviez posé la question, elle vous aurait répondu : *Y aurait-il quelque chose de supérieur à la foi ? Une vue, une vision ? Mais, quand cela pourrait être, qui oserait se flatter de l'avoir obtenu ?* Surtout, elle m'a appris à prier. Elle me disait : *Les meilleures prières sont celles qui n'ont rien de distinct et qui participent ainsi de la simple adoration.* Elle m'a aussi appris à ne jamais séparer la vie de l'intelligence de la vie de l'âme, la part intellectuelle de moi-même et la part spirituelle. Son exemple me fit choisir non pas l'absurde et le néant, mais le *mystère*, parce qu'elle m'avait appris la piété dont Joubert a dit qu'elle est le seul moyen d'échapper à la sécheresse que le travail de la réflexion porte inévitablement dans les sources de notre sensibilité.

J.-J.A. — Et pourtant, à une époque dramatique de la séparation de l'Église et de l'État, vos parents, en 1908, avaient choisi pour vous le lycée, l'école laïque, et non, selon la tradition de vos familles, un collège de jésuites.

J.G. — Le lycée, l'Université et la laïcité ne m'ont pas fait perdre la foi ; tout au contraire. Paradoxalement, ils lui ont donné ses bases : le respect de l'expérience, le désir de chercher le vrai par des méthodes.

J.-J.A. — Avec votre mère, il ne s'agissait pas de méthodes mais d'intuition.

J.G. — Les femmes sont intuitives. Ma femme Marie-Louise avait elle aussi une foi tout intuitive. Ayant l'esprit taquin, un jour je lui dis : « Savoir si Dieu existe ? » Du tac au tac elle me fit cette réponse sublime : *Je le prie. Je ne le nomme jamais. Mais qu'il existe ou n'existe pas, au sens des philosophes, cela m'est bien égal. La matière m'a fait signe*. Où, quand, comment la matière lui avait-elle *fait signe* ? Elle ne me l'a jamais dit. Je n'ai jamais osé l'interroger.

J.-J.A. — La matière était peut-être pour elle *un canal*. Mais vous avez prononcé deux mots clés : l'*absurde* et le *mystère*, et énoncé votre choix : *mystère, mystique*...

J.G. — C'est vrai : *J'ai vécu souriant, toujours plus adouci, debout, mais incliné du côté du mystère*..., chantait Victor Hugo.

J.-J.A. — Quel a été le nœud de ce choix ?

J.G. — En 1911, lorsque j'ai fait ma première communion.

J.-J.A. — Ce fut pour vous une illumination ?

J.G. — Pas du tout. Je me souviens d'une impression de paix, plus exactement d'un détachement calme et prématuré, comme si les choses du monde étaient décolorées soudain et que je sois entré dans un état d'indifférence. Mais sans rien d'extraordinaire. C'était pour moi une religion pure, sans image. Si je cherchais un mot pour traduire cette impression d'enfant, je dirais que c'était celui de *simplicité*.

J.-J.A. — Alors, pas d'illumination ? Pas de transformation subite, de conversion intérieure ?

J.G. — Non. Je voudrais faire ici une comparaison. L'incroyance fondamentale de Maurice Martin du Gard provient de sa déception lors de sa première communion. Il s'était attendu à quelque chose d'éblouissant, de merveilleux ; et soudain... rien. Impression atroce du vide, de la promesse non tenue. Alors, il fallut faire *un acte de liberté*. Choisir entre le néant, cette absurdité, et le mystère. Comme Sartre, il choisit le néant. Je choisis le mystère. J'ai eu soudain la conscience intense de ce mystère, de la liberté ; je sentis le combat entre la foi et l'incrédulité. Ce fut le moment le plus solennel de ma vie. Car en me sauvant de l'absurdité, je sauvais la liberté, qui n'existe que quand elle se subordonne au mystère. Comme le disait Descartes, je n'ai traité de l'infini que pour me soumettre à lui. Aujourd'hui, après une longue enquête et par suite d'improbables rencontres, comme Bergson ou M. Pouget, j'ai le sentiment que je n'ai pas été trompé. Certes, il me faut attendre l'« au-delà » pour avoir confirmation. En ce monde ambigu, je n'ai pas l'évidence, la vue. Je crois, j'espère. Il en est de la foi comme d'un grand amour : c'est à la fin seulement qu'on peut justifier son origine.

J.-J.A. — Selon le mot de saint Paul, *le mystère est la substance de ce qu'on ne voit pas*. Cependant, ce livre va le montrer, quelques êtres auront atteint dès ici-bas Celui qu'on ne nomme pas. Enfant, que représentait pour vous la mystique ?

J.G. — Bien que né dans une famille catholique, je n'avais aucun attrait pour l'expérience mystique. Mes parents étaient d'accord pour penser qu'un enfant ne doit pas être troublé par le sentiment religieux. On nous présentait la religion comme un mystère raisonnable. Même les Jésuites, soit ascétisme, soit défiance du sensible, n'encourageaient pas les expériences mystiques. Nous avons peine à comprendre, à notre époque d'indiscrétion et d'impudeur, quelle avait été la sensibilité religieuse dans la bourgeoisie française, catholique ou protestante. Une loi de réserve, un code inexprimé (ou plutôt une pudeur inexprimable) rejetait dans une zone d'ombre tout ce qui était intimité, rapport personnel de l'âme avec Dieu. Pas plus qu'on ne parlait d'amour, on ne parlait de Dieu avec les siens. Chez moi, les livres des mystiques, comme ceux de Thérèse d'Avila, étaient enfermés dans un coffre ! Je n'ai reçu de ces expériences extraordinaires que ce que pouvait assimiler un adolescent sage : la mystique filtrée à travers Bossuet et Fénelon. On se méfiait des états intimes ; ils ne devaient pas être dévoilés.

J.-J.A. — Aujourd'hui encore, qui ose même demander à quelqu'un s'il croit en Dieu ? Est-ce l'influence des philosophies positivistes qui dominèrent et dominent encore la société laïque et l'Université ?

J.G. — Ici, vous dérivez. Vous passez d'un sentiment fort et tabou (tabou parce que fort ?) à une dérive vulgaire concernant la mode, ou le mode de pensée dominant. Mais la question est intéressante aussi. Pas plus que mes parents, l'Université ne m'a davantage initié à l'étude des mystiques. Elle voyait dans le « mysticisme » une aberration, ou du moins une étape qu'il fallait comprendre et dépasser.

J.-J.A. — C'est ce que l'on enseignait à ma

fille lorsqu'elle étudiait la philosophie à l'Université, où elle perdit la foi. Mais après une douloureuse nuit de l'esprit, elle choisit la vie contemplative et se fit cistercienne à vingt et un ans. Que s'était-il passé dans l'intervalle ?

J.G. — Justement, une expérience mystique, toute donnée. Mais c'est le secret de son cœur. Pour ma part, ce fut mon maître Bergson qui m'orienta vers ce qui allait devenir ma vie. Il avait d'abord écrit *l'Évolution créatrice*. En publiant à la fin de sa vie, *les Deux Sources de la morale et de la religion*, il changeait de versant. À ses yeux, l'évolution des espèces vivantes s'achevait chez les mystiques chrétiens, imitant, chacun à leur manière, le Christ des Évangiles. Ainsi l'histoire humaine avait pour signification ultime d'être ce qu'il appelait, ce fut son dernier mot, *une machine à faire des dieux*. Tout pour moi va découler de cette rencontre. Et dès lors, j'étudiai le mysticisme, si l'on entend par mysticisme la méthode que doit suivre l'âme pour s'unir à son principe.

J.-J.A. — Dont le sommet est l'extase. Est-ce un moyen de connaissance ?

J.G. — L'extase est une expérience capable de nous instruire sur notre destinée. Plotin, nourri de Platon et d'Aristote, est le modèle du mystique grec. Plotin connut quatre extases. Or c'est Bergson qui me révéla Plotin. Vous comprenez dans quel esprit je lus ensuite les mystiques chrétiens, cherchant en écho dans mon âme je ne sais quelle résonance de leurs expériences. J'étais frappé par la disproportion de la cause et de l'effet. Le mystique semble projeté : *hors du corps, dans le corps, je ne sais*, disait saint Paul ; dans un autre univers, hors de l'espace-temps. Là, on titube et pourtant les mystiques affirment y acquérir une *science* supérieure.

J.-J.A. — Une connaissance, la connaissance suprême. On comprend que l'Église-institution s'en méfie, qui voit ses échafaudages dogmatiques ébranlés par ces fulgurances, et tente de les récupérer avec prudence pour les intégrer au dogme.

J.G. — Le problème est grave : le mystique, le *voyant*, a-t-il raison de nous enseigner en prétendant nous renseigner ?

J.-J.A. — Voulez-vous dire que le mystique, comme le prophète, est en avance sur son temps et qu'on ne donne pas de perles aux pourceaux ?

J.G. — Oui. Mais peut-être les temps sont-ils venus. Aujourd'hui, la Bible est traduite en toutes langues et dialectes, plus de mille cinq cents ! et les mystiques ont enfin obtenu droit de cité dans l'intelligence.

J.-J.A. — S'agit-il de l'intelligence ou du « cœur » ? Du raisonnement logique ou de la sensibilité intime ?

J.G. — Il s'agit surtout du cœur et de la sensibilité. On peut étudier le mystique sans le comprendre, comme on étudie les poètes et les musiciens, qui nous donnent les émotions suprêmes sans qu'on puisse jamais définir ce qu'est la poésie ou la beauté : il suffit d'avoir un cœur. Et, de ce point de vue, peu importe que l'artiste ou le mystique soit « normal » ou « anormal », peu importe qu'il délire. Le propre de certains génies est de transformer le délire en lumière. Le mystique découvre par expérience que « Dieu est amour ». Et, le Tout englobant la partie, cet amour s'étend à toutes les créatures ; les autres cessent d'être des ennemis ou des fantômes pour devenir des semblables, des frères.

J.-J.A. — C'est pourquoi l'expérience mystique est un phénomène universel.

J.G. — En effet, elle n'est pas propre aux chrétiens. Elle apparente certains êtres épris d'absolu qui, en des langages différents, se ressemblent, soit par la description de leurs états, soit par leur silence sur ce que ces états ont d'ineffable et d'inexprimable.

J.-J.A. — Ce qu'il y a de surprenant et qui provoque la méfiance du scientifique, c'est que ces états ne sont presque jamais répétitifs.

J.G. — L'instant privilégié est souvent un instant unique de la vie, comme le fut pour les trois apôtres la transfiguration du Christ au mont Thabor. C'est comme une fenêtre qui s'entrebâille dans la nuit sur un paradis de lumière, puis se referme aussitôt.

J.-J.A. — Un miracle ?

J.G. — Un signe.

J.-J.A. — S'il semble évident que toutes les expériences mystiques ont la même source dans toutes les religions, par contre ceux qui en sont favorisés n'en font pas le même usage. Pourquoi ?

J.G. — Le mystique oriental ou grec antique s'arrête à l'état d'extase, comme pour en jouir. Par contre, et c'est la spécificité du mysticisme chrétien, la direction du mouvement de bas en haut est volontairement renversée vers le bas, comme ramenée du ciel sur la terre. On ne doit pas s'attarder au Thabor, mais redescendre sur les bords du lac, et demain ce sera le calvaire. Les voici dans la foule, mêlés au monde. Bienheureux les persécutés, les pauvres, les doux, les cœurs purs, les êtres qui vivent totalement dans l'amour, qui frappent par leur simplicité autant en actes qu'en paroles et qui ne voient de difficultés nulle part ! *Ces êtres qui tentent de ne faire qu'un avec Jésus*, disait Marthe Robin.

J.-J.A. — Il faut souligner que toutes les grandes religions ont à leur origine un phénomène fulgurant de type mystique. Moïse et Élie connaissent des sortes d'extases mystiques et des visions. Jésus est transfiguré, saint Paul connaît l'extase du chemin de Damas, qui le convertit et fait de lui l'organisateur de la religion nouvelle. Le Bouddha en méditation sous son figuier est illuminé et reçoit la connaissance parfaite. Mahomet a aussi une révélation.

J.G. — L'étude du mysticisme nous place à la source de la source, au-delà de la source et à ce moment ineffable de l'origine première. Les grandes religions sont des retombées institutionnelles d'un état improbable de la conscience chez un être privilégié. À propos de l'expérience mystique, Paul VI me disait : *La pensée s'élève jusqu'au mystère de Dieu, mais elle ne le touche pas. Il faut que ce mystère se fasse toucher. Certains privilégiés l'ont touché. Ce sont les mystiques. C'est pourquoi nous décernerons à Thérèse d'Avila et à Catherine de Sienne, qui ont atteint, souffert et joui de cette connaissance mystique, le titre de docteur de l'Église*. Dans les dernières années de sa vie, mon maître Bergson, qui lui aussi recherchait l'absolu, me disait de Thérèse d'Avila : *C'est une exploratrice d'un monde inconnu. Je recueille sa déposition.*

J.-J.A. — Il est typique que ces « contemplatives » aient été aussi des femmes d'action, comme beaucoup de mystiques.

J.G. — C'est le retour du haut vers le bas que j'évoquais. Ces femmes contestataires s'attaquèrent au schisme, à l'hérésie, à la décadence. Elles trouvaient leur force dans leurs extases, mais plus encore dans ces mortifications insensées qui les laissaient libres, souverainement actives, enjouées, joyeuses, habiles stratèges, politiques incomparables ! Lorsqu'on conteste, il faut donner des preuves qu'on est plus dépouillé, plus pur que ceux auxquels on s'oppose, surtout lorsqu'on s'attaque au pape et à ses cardinaux !

QUAND L'INFINI SE RÉVÈLE À LA CONSCIENCE

Pour le mystique oriental, l'ascèse est une voie : il suffit d'éteindre progressivement les effets des sens (les passions) pour dissiper la dualité qui est le propre de l'homme (de l'homme déchu, dirait la Bible). Alors, l'Infini qui est en nous (disent les chrétiens), qui est nous (affirment les Orientaux) se révèle à la conscience, ici et maintenant dans le temps et l'espace, comme elle se révélera dans l'éternité.

« Souvent, écrit Plotin dans les *Ennéades*, je m'éveille de mon corps à moi-même. Je deviens extérieur aux choses, intérieur à moi ; je vois une beauté d'une miraculeuse majesté. Alors, j'en suis sûr, je participe à un monde supérieur. La vie que je vis, c'est la plus haute. Je m'identifie au Divin, je suis en lui. Et, parvenu à cet acte suprême, je m'y fixe. » (IV, 8, I.)

JEAN-JACQUES ANTIER. — On ne peut pas comprendre les phénomènes du mysticisme si on ne comprend pas d'abord ceux qui en sont l'objet. C'est pourquoi je reviens à cette question de base : qu'est-ce qu'un mystique ?

JEAN GUITTON. — C'est celui qui, par grâce, est en union avec Dieu et devient avec Lui un seul esprit. Rares sont les êtres qui ne cherchent pas à paraître, seulement à se consumer. Difficiles à discerner, les mystiques donnent au monde une saveur. Ils semblent présents à ce monde, étrangers toutefois.

J.-J.A. — On est aussi frappé par leur diversité ; sociale, d'abord : de haut rang comme Thérèse d'Avila, ou d'un milieu très simple comme Bernadette Soubirous ; moine ou laïc ; prêtre de paroisse, missionnaire ou ermite ; femme mariée ou bon père de famille. Même diversité spirituelle : indifférent comme Ratisbonne ou André Frossard ; ami de Dieu, ou ennemi farouche du Christ, comme saint Paul. Tous sont différents encore par leur personnalité, leur grandeur.

J.G. — Ils diffèrent par la grandeur, comme les étoiles. Dans sa signification technique, le mysticisme est un contact avec la seule Réalité. Un mystique a l'impression d'avoir plus de connaissance et de lumière, de communiquer avec l'Être infini. Ce que Beethoven disait de la musique : qu'elle est une révélation plus haute que la sagesse, le mystique pourrait le penser de ses états. Le plus remarquable est l'extase, où les liens semblent rompus avec le monde, l'espace, le temps.

J.-J.A. — Quel est son rapport avec le temps ?

J.G. — Il existe un mouvement horizontal qui pousse l'humanité vers l'avant, et un mouvement vertical qui l'attire vers le haut. Le premier est celui du temps qui continue. Le second est celui de l'éternité déjà présente en elle. Mais ces deux mouvements s'unissent et ne font qu'un. Un mystique est à la fois dans l'instant et dans l'éternité. Il garde tout ensemble le passé et annonce l'avenir. Il est « au-delà ». Par exemple, le curé d'Ars était au-delà de la parole dans la parole. Plus qu'aucun orateur connu, il avait parfois l'art suprême de s'exprimer non par des mots, mais par l'impossibilité de parler : par le sanglot, par le silence, le regard tourné vers le tabernacle.

J.-J.A. — Le padre Pio aussi. Ses messes silencieuses étaient bouleversantes. Elles convertissaient. Ici, il faut souligner qu'ils bouleversent plus par leurs souffrances que par leurs jouissances. Et peut-être serait-il bon de faire un sort à cette idée populaire que le mystique se retire au désert ou dans sa cellule pour *jouir*, jouir de son Dieu. *On n'est pas là pour contempler*, me disait curieusement une trappistine.

J.G. — Ils paient très cher les joies, certes incomparables, qu'ils appellent pudiquement « consolations », c'est tout dire ! Pour les comprendre, il faudrait connaître leurs tentations, leurs ténèbres, leurs « nuits de l'esprit ». Comme le padre Pio, Thérèse de Lisieux et Marthe Robin, le curé d'Ars était tenté de désespoir. Il n'était pas rassuré par ses succès, il voulait fuir sa gloire ; parfois, il se sentait damné. Alors, les maléfices du « Grappin » étaient des amusements par rapport à ce doute sur son salut éternel.

J.-J.A. — Mais pourquoi ce doute, puisqu'il se savait aimé de Dieu ? Est-ce la contrepartie de l'humilité ? Est-ce parce qu'ils voient Dieu que par comparaison les saints ressentent leur « néant » ? Ou est-ce parce qu'ils se sentent « séparés » de lui au sortir des extases ?

J.G. — Il y a de tout cela. Il convient aussi de se replacer dans l'époque. Au XIXe siècle si pétri de scrupules et de la notion du péché, le problème était de ne pas désespérer, alors qu'on admettait « le petit nombre des élus », selon la parole du Christ : *Il y a beaucoup d'appelés mais peu d'élus.*

J.-J.A. — Dans son livre, *Ars*, Michel Suffran a bien montré la volonté du saint d'aller jusqu'aux ultimes frontières de lui-même, jusqu'à ce point de non-retour, cette zone de rupture où le garde-fou du raisonnable se disloque, où quelque chose apparaît que l'on ne pouvait prévoir. Lorsqu'un être s'accomplit ainsi en vue d'une exigence qui le dépasse, c'est en réalité une présence en soi qu'il abrite jusqu'à ce qu'elle éclate : *Ce n'est plus moi qui vit, c'est Christ qui vit en moi*, s'écrie saint Paul, arrivé à cette union transformante. Quel autre désir serait capable de subsister dans une âme qui a éprouvé, jusqu'à la perdition, la montée de son Dieu ? La sainteté, corollaire de la vie mystique assumée, est-ce cette perpétuelle venue au monde, cette mort au monde, cette agonie sans fin pour une naissance sans fin ?

Dans ces conditions, comment s'étonner qu'apparaissent chez le mystique le trouble et la souffrance, le stigmate et ces phénomènes étranges qui sont comme les scories de ces fusions, de ces combats, de ces mutilations, de ces mutations ?

J.G. — On comprendra que toute vie intérieure poussée à ce degré exalte et désespère. Mais il y a aussi les divines consolations de l'amour, ce bonheur d'aimer Dieu, même avec une si grande pauvreté de cœur, si misérablement.

QUAND DIEU GÉOMÉTRISE

J.-J.A. — Existe-t-il, en dehors de la grâce, une méthode scientifique, je veux dire « rationnelle », pour accéder à la connaissance surnaturelle ?

J.G. — La réponse est non, puisqu'il s'agit au contraire de se vider de toute connaissance pour se laisser envahir par la Transcendance.

J.-J.A. — Néanmoins, une approche est-elle possible pour celui auquel sont refusées les fulgurantes ou discrètes « touches de l'Être » ?

J.G. — J'ai connu dans les années 30 un mathématicien, ancien élève de Polytechnique, M. Cordonnier, attiré aussi par les problèmes de la mystique. Il est des cas où l'esprit humain, avec ces organes imparfaits que sont nos concepts, nos images, nos vocables, notre espace et notre temps limités, va réussir à pénétrer à l'intérieur du Mystère créateur.

J.-J.A. — Il existe une « mystique des nombres ». Et Pythagore disait que Dieu *géométrise.*

J.G. — Oui. L'invention mathématique est une saisie furtive de cet *envers.* Ses instruments sont des symboles, incompréhensibles au non-initié.

À l'occasion de ses recherches mathématiques intuitives, M. Cordonnier a donc été conduit à expérimenter les états de conscience hors du conscient que définit la parole de l'Écriture : *Je dors, mais mon cœur veille.* Dans ces états, le corps sombre dans un sommeil profond tandis que l'esprit, libéré, étend le champ de la conscience par une élévation intérieure au-dessus de son objet dans une attitude contemplative.

J.-J.A. — Est-ce un état similaire à l'extase, ou du moins à certains états de conscience qui l'annoncent ?

J.G. — Peut-être. M. Cordonnier est ainsi parvenu à penser que l'univers est un message polysémantique à différents niveaux de structure. Il a cru découvrir une « révélation » primitive, une « métascience » qui serait fondée sur la science puisqu'il s'agit d'observation, mais surélevée par la mystique. Il a alors appliqué à ce nouveau domaine complexe l'entraînement à la contemplation acquis dans le domaine des sciences exactes, en sachant quel profond silence intérieur est nécessaire, et quelle humilité d'esprit, pour percevoir la vérité, sans y mêler de fantaisie imaginaire parasite.

J.-J.A. — Comment votre mathématicien juge-t-il les mystiques ?

J.G. — Il définit le mystique comme celui qui a franchi, au moins occasionnellement, le mur de la foi pour expérimenter la réalité des choses divines. Le mystique reste dans l'objet de la foi, mais il lui est donné d'en transpercer l'obscurité. Il appelle « prémystique » celui qui perçoit des choses de la nature normalement imperceptibles aux sens, mais n'a pas encore tourné vers Dieu son regard intuitif, ce qui caractérise l'extase.

J.-J.A. — Une sorte d'« état océanique ». Mais comment votre mathématicien comble-t-il le fossé entre celui qui voit et celui qui ne voit pas ?

J.G. — Il ne le comble pas ; mais, comme pour l'œcuménisme, il avance à petits pas dans la compréhension mutuelle. Comme un savant, étudiant tout ce qui vit sur terre, sans s'intéresser au soleil d'où rayonne l'énergie de cette vie, ainsi le prémystique ignore la cause suprême immanente de l'univers.

J.-J.A. — Le fossé reste donc total entre celui qui voit, qui est gratifié d'une extase, et l'autre, fût-il un mathématicien de génie. Dans *Citadelle*, Saint-Exupéry a clamé son indignation d'être ainsi écarté de la Connaissance absolue que son intuition pressentait, sans que son cœur parvienne à l'union qui seule donne cette Connaissance.

J.G. — Oui. Autant essayer de parler de couleurs à un aveugle de naissance que de tenter de communiquer à d'autres la perception du mystique et surtout ses visions « intellectuelles », transcendantes aux visions corporelles et aux visions imaginatives. Ce n'est pas de la faute du mystique, qui maladroitement tente de s'exprimer. Il use alors d'un langage où fourmillent les images. On connaît leur équivoque et leur imprécision. Comme les cailloux du Petit Poucet sont jetés pour marquer la route, les écrits des mystiques, incompréhensibles en apparence pour ceux qui s'efforcent de les suivre, permettent de s'élever au-dessus de la surface de ce monde. On perçoit alors des cimes qu'une brume dissimule à ceux qui vivent dans la plaine.

J.-J.A. — Et à quelle conclusion est arrivé votre mathématicien ?

J.G. — À celle de saint Jean : le moteur de cette expansion en Dieu, c'est l'amour. Mais l'intérêt principal de son expérience, c'est d'engager à ne pas se décourager devant ce que peuvent avoir de puéril ou d'incompréhensible les descriptions nécessairement maladroites de ceux qui ont vu. Dieu est perçu alors comme un diamant dont les facettes infinies reflètent mille lumières, qu'aucun esprit humain n'est capable de recueillir et de synthétiser en une vision unique, mais notre esprit est invité à converger vers l'Objet inaccessible. Dans la collection des textes sacrés et des récits de mystiques, des cordes se mettent ainsi à vibrer en résonance avec les visions, exprimant les facettes de la vision originelle. Tout gravite autour des paroles divines qui rayonnent comme un « chant » inséparable de leur « corps », comme les ondes et les corpuscules de notre physique moderne. Finalement, on ne peut pénétrer dans la compréhension d'un texte mystique, comme dans la forêt vierge, qu'avec une attitude contemplative.

J.-J.A. — C'est-à-dire avec abandon, après dépouillement. Dépouillement de son prétendu savoir et de son être.

J.-J.A. — La sainteté, ce que les théologiens appellent l'héroïsme des vertus, ou les vertus poussées jusqu'à l'héroïsme, serait alors un moyen d'accéder au mysticisme ; vivre dans la foi tout événement, le dépasser dans l'amour, le sublimer. Au fond, une des plus grandes formes d'ascèse.

J.G. — L'acte par lequel on se crée est délicieux, mais l'acte par lequel on ne choisit pas, ou par lequel on choisit ce qu'on n'aurait jamais choisi dans des circonstances ordinaires, c'est une forme de choix plus haute que le choix. Voyez les maladies terribles dont sont affligés les mystiques, ou leur morne et médiocre existence à l'ombre d'un couvent décadent ; le choix terrible offert au père Kolbe dans les cachots de la mort ; ou, dans l'ordre laïque, cette absence de l'être aimé, ce délaissement, cette nécessité de se dévouer à un enfant débile ou à un vieillard malade, un infirme. L'acte divin par lequel, contre toute volonté « naturelle », égoïste, animale, on sublime ce qui vous est présenté par la circonstance et par l'Esprit, oui, c'est une forme de choix plus haute que le choix. Pascal disait que *les événements sont comme les maîtres que Dieu nous donne pour vivre l'amour au jour le jour.*

J.-J.A. — Mais ce qui caractérise la sainteté au quotidien, c'est de pratiquer les vertus ordinaires d'une manière extraordinaire, comme le faisait sainte Thérèse de l'Enfant-Jésus.

J.G. — Et même, c'est là le paradoxe de la morale chrétienne, il suffit pour être sauvé de pratiquer les commandements négatifs : ne pas tuer, ne pas voler, etc. Mais il est demandé aussi d'être parfait *comme le père céleste est parfait* ; et à certains, s'ils veulent être parfaits, de vendre leurs biens et de donner l'argent aux pauvres.

J.-J.A. — La perfection pourrait donc être atteinte de manières différentes ?

J.G. — Il semble que, bien qu'il n'y ait qu'une seule perfection, on voit l'appel se scinder en deux axes : l'un direct, étroit, immédiat, total, qui consiste à tout abandonner, pour une vocation religieuse, par exemple ; l'autre axe, indirect, sinueux, chargé de devoirs communs et ternes, qui consiste à vivre la vie des autres, parmi les autres, d'une manière différente. Il faut reconnaître que les saints canonisés appartiennent presque tous à la première espèce, bien que nous soyons tous appelés à la perfection.

J.-J.A. — Ces deux axes pour atteindre la sainteté ont-ils des points communs ?

J.G. — Dans les deux cas, il faut accepter la part du fardeau du médiocre quotidien, qui n'est médiocre que dans son apparence et non dans son essence, que ce soit dans la vie en famille ou dans une communauté religieuse. Alors, on est prêt à tous les dépassements, à tous les héroïsmes. C'est là que se forme, dans l'humilité, le pur amour.

J.-J.A. — Mais si la sainteté peut être un chemin vers la mystique, il n'y aboutit pas forcément. Un saint peut ne pas être un mystique (Vincent de Paul) et inversement un mystique peut ne pas être un saint (Paul Claudel).

OÙ IL EST QUESTION DE CHASTETÉ, DE PAUVRETÉ, D'OBÉISSANCE

J.-J.A. — L'ascèse au quotidien pour atteindre l'union à Dieu est poussée au maximum dans la vie monastique, encadrée par les fameux trois vœux : chasteté, pauvreté, obéissance. Cette chasteté, que l'on retrouve à la base de toutes les ascèses mystiques, c'est la privation la plus anormale vis-à-vis de l'espèce. Nous allons faire sourire de parler de *chasteté* à notre époque d'érotisation et de licence galopantes, mais les faits sont têtus. Y a-t-il un lien de cause à effet entre l'abstinence sexuelle volontaire et, d'une part, la sainteté, d'autre part les phénomènes du mysticisme ?

J.G. — La grande loi du spirituel est qu'on ne peut se trouver qu'en se perdant ; d'où l'idée de sacrifice, de restriction du plaisir. Notre époque permissive ne supporte pas ce mot de sacrifice et il paraîtrait aujourd'hui inhabile de faire entendre que la croix n'est pas une abolition, mais une surélévation, une qualification supérieure. Lorsqu'il s'agit de morale sexuelle, d'approfondissement du sacrifice, je préfère parler de sublimation. C'est la puissance d'assumer sans anéantir. De ce point de vue, l'énergie sexuelle suprême est celle de la pureté, prise dans le sens que lui donnent les mystiques : simplicité. *La pureté*, disait Teilhard, *c'est la façon dont s'explicite au-dessus de deux êtres qui s'aiment le centre ultime de leur coïncidence.* Par la pureté ainsi rattachée à l'esprit et à la vie, l'homme de demain pourrait retrouver une source d'énergie neuve, synthétique, structurée, car à la fois morale et biologique.

J.-J.A. — Et ce serait une énergie à laquelle puiseraient les mystiques ; le « couple » étant ainsi formé par le mystique avec l'entité qu'il a réussi à appeler en son espace intérieur, qui coïncide, et ce n'est pas un hasard, avec le cœur. Mais pourquoi y a-t-il un abîme entre l'*éros* charnel et l'*agapè*, la charité mystique, alors que les deux s'expriment par le même mot : *amour* ?

J.G. — Dans notre civilisation, notre culture, qui est aphrodisiaque parce que trop intellectuelle, Éros est devenu puissance d'exaltation, de dissociation, de destruction. C'est un feu qui ravage. Mais l'atome aussi ravage. Or la technique a pu transformer le feu destructeur en chaleur et lumière bienfaisantes. L'homme a capté les vents, les marées, l'électricité, l'énergie solaire et nucléaire ; pourquoi ne pas imaginer qu'il captera demain les énergies de l'*Éros*, aujourd'hui explosives car abandonnées à l'instinct ? Alors, l'*Éros* ne serait plus l'adversaire mais l'adjuvant de l'amour, de la charité, de l'*Agapé*, deux feux qui devraient concourir, l'un apportant plus de flamme, l'autre plus de transparence, et cela pour l'approfondissement du moi le plus intime, pour le rapprochement des esprits incarnés, pour le jaillissement libre et inventif de toutes les voies inexplorées, comme celles que nous parcourons aujourd'hui.

J.-J.A. — Est-ce qu'une telle orientation de la pureté n'exige pas la *conversion*, c'est-à-dire la mort de l'instinct animal en ce qu'il a de dévastateur, avec tous les risques de refoulement dénoncés par Freud ?

J.G. — Toute morale sexuelle est nécessairement ascétique. Cela ressort clairement de l'encyclique *Humanae Vitae* de 1968, tellement combattue par les tenants d'une prétendue libéralisation absolue des mœurs, qui nous mène, on le voit aujourd'hui, au drame du sida. Or, c'est l'observation des lois de la vie qui oblige « le singe nu » que nous sommes à se conduire d'une manière qui n'est pas celle de l'animal.

J.-J.A. — Nous voici loin des phénomènes mystiques !

J.G. — Pas si loin ! Il y a convergence entre ces deux lignes de faits, indépendants, que sont le donné scientifique et le donné dogmatique historiquement révélé, sur lequel s'appuient les mystiques et tous ceux qui veulent transcender l'humaine nature dans ce qu'elle a d'instinctif. Teilhard a bien fait ressortir que ces perspectives sur la pureté n'ont pas pour unique source l'observation du comportement humain. Elles sont inspirées par une vue sur l'union de l'esprit avec la chair, troublée par le péché ; sur l'idée de « corps glorieux », donnant l'assurance qu'en fin de course et après une opération de *re-création*, la chair peut être assumée par l'esprit, ce qui est bien notre propos dans ce livre. La pureté, la chasteté préparent cette création nouvelle, que Teilhard désigne sous le nom de point Omega.

J.-J.A. — Mais comment le mystique va-t-il résoudre ce vieux et incontournable problème de l'opposition de la chair et de l'esprit, qui engendre la scission de l'homme intérieur, ce qu'on appclait jadis le péché, toute la tradition paulinienne, augustinienne, en un mot catholique ?

J.G. — Ce qui est difficile à l'homme clos sur lui-même pourrait être facile à l'être ouvert par la grâce. L'intégration de la pureté suppose une grâce prévenante. De même que les rayons d'un cercle se consomment dans son centre qui les abolit et les rassemble, de même la virginité, la chasteté seraient le point Omega de la sexualité consciente et maîtrisée. Au dernier soir du monde, lorsque l'humanité passera en Dieu, l'amour des dyades se transformera pour s'éterniser. Il n'y aura plus « ni homme ni femme », mais « les enfants de la résurrection ». C'est en ce sens que les vies religieuses consacrées dans la chasteté préparent l'ultime transmutation du sexe et de l'amour.

J.-J.A. — De même que pour la chasteté, les deux autres vœux monastiques, la pauvreté et l'obéissance, ne paraissent-ils pas des phénomènes de régression dans notre société de consommation, où les jeunes proclament qu'il est interdit d'interdire ?

J.G. — Certes, nous ne pouvons manquer de les considérer comme des régressions, et c'est ainsi que le monde les ressent. On a vu que la chasteté est une régression par rapport à la jouissance immédiate et aux tendances vitales permettant la perpétuation de l'espèce ; de même, la pauvreté détache de la vie économique, de la jouissance ordinaire. Quant à l'obéissance, elle semble faire du moine un esclave. Or, ces trois renoncements, qui ramènent l'être adulte à l'état d'enfance, permettent à l'ascète une progression spirituelle qui l'aide à faire ce que les autres ne font pas, préparant l'union à Dieu. Et lorsque cette régression atteint certaines zones ultimes de la conscience, nous voyons les mêmes phénomènes se reproduire. La progression dans la vie spirituelle est donc conditionnée par une régression. C'est le paradoxe de l'Évangile : celui qui perd sa vie la trouve. Le grain de blé doit mourir pour porter du fruit. Le refoulement par mortification ascétique dans la progression de la vie normale — car il n'est pas question de tout brusquer — procure à la vie mystique les énergies dont elle a besoin. L'ascétisme et l'acceptation généreuse de la souffrance n'engendrent pas une régression de la vie. Celle-ci progresse souterrainement, c'est comme un fleuve qui coule sous les sables du désert, pour ressortir dans l'oasis, là où l'on creuse les puits en profondeur.

J.-J.A. — Voulez-vous dire que le refoulement volontaire des énergies physiques ordinaires, et notamment l'énergie sexuelle, engendre une force intérieure qui se métamorphose ?

J.G. — Oui. Encore que je préfère au terme d'énergie sexuelle celui de *libido* au sens ou C.G. Jung l'a pris : énergies vitales. H. Larcher a défini ce phénomène de transmutation comme l'écart entre le courant normal de la probabilité, de la vitalité ordinaire, et le contre-courant ascétique de l'improbabilité, générateur des ressources nécessaires à l'éclosion des grands phénomènes paranormaux de la vie mystique.

2

Les phénomènes issus du mysticisme et le miracle-rupture

JEAN-JACQUES ANTIER. — Voulez-vous que nous passions maintenant du personnage mystique à ces phénomènes que semblent engendrer parfois ses états particuliers ?

JEAN GUITTON. — Il ne s'agit pas dans ce livre de les étudier du point de vue de la théologie catholique, mais comme des « expériences », des « phénomènes » au sens de Husserl, c'est-à-dire des données psychiques dont l'intelligence peut chercher non seulement les conditions et la cause, mais le sens et la signification. Car « c'est la tâche de la philosophie de tout comprendre, même la religion ».

J.-J.A. — C'est aussi la tâche de la science. Mais d'abord, qu'est-ce qui caractérise le phénomène issu du mysticisme ?

J.G. — Il apparaît comme aberrant, accidentel, anormal, voire pathologique et délirant. Première remarque : c'est une expérience aussi ancienne que l'homme, du moins l'*homo sapiens* que nous connaissons. Socrate parlait déjà de son « démon » (*daimon*) et Platon chercha à réhabiliter l'expérience mystique dans *le Banquet* ou dans *Phèdre*.

J.-J.A. — Comment expliquer ces phénomènes au niveau de l'humaine compréhension ?

J.G. — Nous les voyons apparaître lorsque la régression atteint certaines zones ultimes de la conscience. Cela ressemble au retour à l'état de fœtus. Par exemple, la lévitation, que l'on observe chez saint Joseph de Copertino, fait flotter le corps en l'air comme un fœtus dans le liquide amniotique, ce qui ressemble aussi à la situation des cosmonautes en apesanteur ; l'inédie (ou anorexie) présentée par certaines stigmatisées, intériorise les sources du sang et procure parfois des états poétiques et visionnaires comme chez Catherine Emmerich. Ces phénomènes de régression et de récapitulation à rebours font que le mystique remonte le fleuve de la vie comme le saumon remonte à sa source, cybernétisant les fins avec les origines.

J.-J.A. — En quelque sorte, le mystique accélère l'évolution en rompant le conservatisme de l'espèce, qui a tendance à s'endormir à un certain stade.

J.G. — Oui. Le mystique est bien dans le sens de l'évolution, qui va vers plus de conscience. Ses charismes : clairvoyance, télépathie, lecture de l'avenir, discernement des esprits, parler en langues, bilocation, sont une assomption de nos facultés ordinaires qui, en se sublimant par des voies improbables, nous permettent d'accéder au spirituel, étape finale, retour en Dieu. Qu'est-ce qu'un mystique, sinon une argile que le Père travaille à la manière d'un sculpteur pour y imprimer l'image de son fils ?

J.-J.A. — Ce qui suppose une grande humilité de la part du mystique.

J.G. — Il a bien conscience d'avoir reçu un don gratuit qu'il n'a pas mérité, mais qui le fait passer à un état supérieur en l'éclairant lui-même, en le guidant à la fois vers l'avenir et l'éternel, en l'invitant à aider les autres hommes afin d'accomplir la destinée spirituelle de l'humanité tout entière. Jésus, de ce point de vue, est le guide et le pasteur des mystiques sur cette planète.

J.-J.A. — Cependant, chez beaucoup de mystiques, il n'y a pas de phénomènes paranormaux. Et comment expliquer ceux qui sont aberrants, inutiles, dangereux, parfois scandaleux ?

J.G. — Les phénomènes ne sont pas inévitables. Tous les vrais mystiques disent que ce sont les scories de l'expérience religieuse. Certains charbons de médiocre qualité donnent des scories, mais pas la houille pure, dépourvue d'éléments étrangers non incandescents.

J.-J.A. — Admettons que le phénomène aberrant, inutile, soit une scorie, et ne retenons que les autres. Pour Teilhard, la complexité croissante (on pense ici au cerveau) fait franchir un seuil lorsqu'un certain degré d'organisation est atteint. Là est peut-être la clé du phénomène.

J.G. — Görres a donné un exemple simple dans le domaine de la perception. Pour communiquer avec ses semblables, l'homme dispose notamment de la vue et de l'ouïe. Toutefois, il peut s'en servir de deux manières. La première, naturelle, normale : il voit et entend ce que tout le monde voit et entend. La seconde, anormale : il voit et entend ce que personne ne voit ni n'entend. C'est une faculté paranormale, appelée « vision » et « voix ». Le visionnaire a l'impression (vraie ou fausse) que l'objet de sa vision est plus réel que la perception. Dans certains cas, cette « voyance » est appelée « clairvoyance », le visionnaire croit avoir une information supérieure en ce qui concerne les choses qui sont cachées, soit dans le présent, soit parfois dans le futur. Il est devin, prophète, annonciateur. On pourrait faire une observation similaire pour les « voix ». La même différence existe aussi pour les autres sens, quoique ce soit moins fréquent. Ainsi, certains perçoivent des parfums, des odeurs, là où les gens normaux ne sentent rien.

J.-J.A. — Ne retrouve-t-on pas cela sur le plan de la communication ?

J.G. — En effet. La manière normale de communiquer consiste à utiliser les signes du langage, les gestes du corps. Mais certains reçoivent des communications sans langage, « télépathiques ». Des personnes sont averties de la mort de l'un des leurs à des milliers de kilomètres. Les « sociétés de recherches psychiques » s'y intéressent, et même la NASA ! Bergson a écrit une étude remarquable sur ces phénomènes qui attiraient son attention, comme celle de William James, de Gabriel Marcel et d'Alexis Carrel.

J.-J.A. — J'en ai eu un exemple dans ma famille. À vingt ans, notre fille, alors étudiante, nous a un soir annoncé pour le surlendemain très précisément la mort de son grand-père, qui se trouvait à cinq cents kilomètres. Nous avons sauté dans le train. Et ce pressentiment, que rien ne justifiait, se révéla, hélas, exact.

J.G. — Enfin, il existe une action du sujet sur l'objet. C'est le fait normal de l'action humaine qui déplace les objets, qui les transforme. Mais certains êtres semblent doués de facultés paranormales dans leur action sur les choses ou sur leur propre corps. C'est à ce mode d'action qu'il faut rapporter les phénomènes de lévitation et de télékinésie, qui commencent à être étudiés d'une manière positive. Par exemple, on observe un sujet qui déplace un objet sur lequel il n'a aucune prise directe. Tout se passe donc comme si certains êtres anormaux, c'est-à-dire sous-normaux ou surnormaux (et sans doute à la fois l'un et l'autre), obtenaient un second usage de leur corps et de leur psychisme, accédant par cet usage à un contact « surréel » avec le réel.

J.-J.A. — Et on a vu, il faut insister là-dessus, qu'il n'y a pas une différence de fond, dans ces facultés paranormales, entre les mystiques et ceux qui ne le sont pas, surtout les artistes et créateurs en général.

J.G. — En effet, ce pouvoir n'est pas si différent de la faculté poétique, de Platon à Valéry. L'intuition poétique, et peut-être tout phénomène d'invention, se ramène à une plongée paranormale dans une couche du réel qui n'est pas accessible à l'intelligence et à l'expérience ordinaires. Et ce n'est pas par hasard si des philosophes comme Platon et Plotin, de nos jours William James et Bergson, ont été à la fois des philosophes de l'intuition en même temps que des phénoménologues du mysticisme.

J.-J.A. — Revenons donc au mysticisme religieux. En étudiant les phénomènes, nous avons distingué ce qu'on peut appeler les scories du mysticisme, tout ce qui est inutile, bizarre, voire dangereux, comme la lévitation ; ensuite ces dons paranormaux très utiles comme la voyance ou la bilocation ; tout cela, l'homme espère l'expliquer un jour par des voies naturelles. Reste la rupture : une apparition, une guérison instantanée chez un mourant, une conversion inexplicable, tout ce qu'on englobe sous le nom de *miracle*. Est-ce vraiment une rupture providentielle des lois de la nature selon des vues « surnaturalistes » ? Ou est-ce un mouvement imprévu, hasardeux ou non, des événements, mais demeurant dans l'ordre naturel ?

J.G. — Dans ce deuxième cas, comme le remarquait Leibniz, *rien ne saurait arriver d'extraordinaire ni de surnaturel, vu que tous les événements ne sont que des suites de leur nature*. Mais dans le premier cas, si les événements sont compris dans notre essence, ils n'en sont pas tous également les effets. Certains de ces événements dépassent les forces de notre nature. On parle alors de miracle. Ils manifestent, non plus ce que nous appelons généralement « nature », laquelle est limitée, finie, mais ils expriment l'essence infinie de Dieu, notre union avec Dieu, qui n'a pas de limite et qui, passant les natures de toutes les substances créées, est *surnaturel*.

J.-J.A. — Il y a donc opposition dans l'esprit des hommes. Pour les rationalistes, le monde est ordonné, régulier, et rien ne saurait sortir des règles, que nous ne connaissons pas toutes. Pour les autres, inspirés de l'esprit religieux, une action imprévisible de Dieu est capable de modifier momentanément l'ordre qu'il a établi.

J.G. — Cependant, on peut toujours ramener l'action surnaturelle et l'action naturelle à une même opération logique. Le mathématicien est capable de réduire à un ordre la ligne la plus sinueuse. C'est cet ordre surnaturel que les théologiens cherchent à connaître.

J.-J.A. — Alors, il n'y aurait pas de désordre ?

J.G. — Pour Pascal, la finalité est partout présente, malgré les aspects du désordre, de la divergence et du hasard, qui n'existent que pour nos regards. C'est comme si à chaque instant du temps tout était disloqué et remis en question, et toutefois aussitôt rapporté à la fin, à l'ordre, qui se montre toujours. Pascal l'appelle « ordre de la charité ». L'homme ne peut saisir cet ordre ; il n'est évident que pour Dieu.

J.-J.A. — D'où le scandale de la souffrance injuste et le miracle.

J.G. — Cependant, certains, notamment les mystiques, sont capables de saisir cet « ordre », cet Esprit de Dieu, une faculté qui aurait des analogies avec l'acte d'aimer. Le miracle serait *un signe* d'Esprit à esprit, un message de Dieu à l'homme, destiné à le réveiller et à le faire passer dans une sphère de pensée et de vie entièrement nouvelle, l'arrachant à la coutume, à la « nature », le convertissant à cet univers dont Jésus est le centre et la fin. Ainsi l'incompréhension du miracle ne l'est que provisoirement, tenant à notre imperfection. Mais si le miracle n'est pas éclairé, il est toujours éclairant, et là est son but.

J.-J.A. — Aux yeux du scientifique rationaliste, le miracle, étant incompréhensible, demeure absurde. C'est pourquoi, s'il ne parvient pas à l'expliquer selon la nature, il le nie. Aux yeux du croyant, le miracle est seulement *mystérieux*, mot dont la racine se retrouve dans *mystique*.

J.G. — Et lorsque l'homme n'a le choix qu'entre deux incompréhensibles, dont l'un est absurdité et l'autre mystère, il doit retenir ce dernier. Car il est seul fécond en résultat, il recèle seul une intelligibilité supérieure, à laquelle notre esprit est invité à se hausser, en s'y soumettant. Et alors, l'homme s'aperçoit qu'il n'a rien risqué, ni rien abandonné au rationnel, mais au contraire qu'il retrouve ce qu'il a cru perdre. Le miracle, c'est comme la grâce ; c'est une nouvelle création, pénétrant et transformant la création première, c'est une greffe de l'éternité sur le temps. Imaginez dans le temps des points privilégiés de la pédagogie divine, où la relation secrète qui lie une parcelle de ce temps à un acte discret de la volonté divine éclaterait sensiblement. Ces points existent : ce sont les miracles.

J.-J.A. — Des événements extraordinaires disposés pour l'enseignement de l'homme.

J.G. — C'est cela. Leur rareté force l'attention et elle nous contraint malgré nous à devenir métaphysiciens : le miracle est un fait vu pour ainsi dire en profondeur, dans sa course, dans son origine et dans sa signification. C'est un fait pleinement intelligible et qui apparaît comme l'effet d'une volonté locale, temporaire et singulière de Dieu. Le voile de la nature s'est déchiré sur un point et nous voyons l'agencement interne. Il suffit. Après cette initiation, nous serons capables de reconnaître sous la généralité de l'ordre naturel la singularité des volontés divines. Ce qui est l'extraordinaire pour nous, nous aura enseigné l'ordinaire de Dieu. Le miracle nous aide en particulier à comprendre comment l'éternité peut intervenir dans le temps et comment un ordre inférieur peut être utilisé par un ordre supérieur.

J.-J.A. — Cependant, le miracle n'est-il pas une sorte de coup d'État et une invasion arbitraire de la volonté divine dans la nature ?

J.G. — Cette action se limite à un point de l'univers ; en ce point même, elle se borne à imprimer une direction à des énergies qui préexistaient. Encore, cette direction n'est-elle pas nouvelle, puisqu'elle avait été prévue dès l'origine.

J.-J.A. — Résumons donc la définition du miracle, par rapport aux phénomènes inexplicables dont la vie abonde : le miracle est un phénomène inexplicable qui ne dépend d'aucune loi, ni connue, *ni inconnue*.

J.G. — C'est cela. En conséquence, croire au miracle c'est accepter par avance que l'ordre de la nature n'est pas soumis à une nécessité mathématique, et que Dieu est libre d'intervenir dans le cosmos pour réaliser de plus hautes fins.

J.-J.A. — Avez-vous déjà été le témoin d'un phénomène inexplicable qui pourrait être qualifié de miracle ?

J.G. — Oui. Marthe Robin. Se nourrir de la

seule Eucharistie pendant un demi-siècle, c'est plus qu'un phénomène inexplicable !

J.-J.A. — Quelle a été votre attitude face à ce phénomène ?

J.G. — Dans un premier temps d'observation, résister à l'admiration, repousser le merveilleux et me borner au *minimum*. J'ai pratiqué ce que Descartes appelle le « doute méthodique ». Pascal aussi conseille de commencer par la négation.

J.-J.A. — Ce que fait l'Église chaque fois qu'on lui présente un nouveau cas d'apparition ou de phénomène peut-être issu du mysticisme.

J.G. — Mais on doit dépasser la défiance méthodique. Il faut pousser l'esprit critique jusqu'à l'exercer sur la critique elle-même. Sinon, on tombe dans le dogmatisme pseudo-scientifique. Dans cet esprit, découvrir un miracle, c'est passer des causes secondes à la Cause première. Dans ces problèmes ultimes, tout tourne autour d'une question préalable qui est métaphysique, d'un choix premier qui engage la liberté profonde.

J.-J.A. — L'état d'inédie de Marthe Robin, dont la sincérité ne peut être mise en doute, est-il vraiment un fait miraculeux ?

J.G. — C'est à la frontière de l'improbable et de l'impossible. Le passage ne peut être fait par le scientifique en tant que tel, mais par le métaphysicien qui prolonge le physicien. C'est pourquoi j'attends le jugement de l'Église, qui a ouvert en 1990 l'enquête préliminaire au procès en béatification.

J.-J.A. — Le peuple croyant, lui, ne doute pas qu'il s'agisse d'un fait miraculeux.

J.G. — Je suis tenté de penser comme lui.

L'expérience de Marthe a le caractère des signes divins : impossible pour les uns, lumineux pour ceux qui acceptent de le recevoir en silence comme *un signe* des temps. L'alliance en elle de tant de souffrance et de tant de sagesse, dans les stigmates et l'inédie, est *un signe*.

LA SOUFFRANCE TRANSCENDÉE

J.-J.A. — Nous avons distingué les scories et le mouvement évolutif ; et, au sein de ce mouvement somme toute « naturel », l'intervention « surnaturelle », le miracle. Le problème est maintenant de savoir si certains phénomènes mystiques relèvent de la pathologie ou d'un privilège : un don des dieux.

J.G. — C'est exactement la question que posait Virgile : *Sont-ce les dieux qui me donnent cette ardeur, ou chacun se fait-il un dieu de son désir ?* À notre époque, Baudelaire ne parle pas autrement : *Viens-tu du ciel profond ou sors-tu de l'abîme* ?

J.-J.A.- Ce mot *abîme* me semble révélateur d'une triple interrogation angoissée de notre époque, mais aussi de toutes les époques. L'abîme veut dire soit la puissance démoniaque, soit le mal, la maladie. On s'est toujours demandé, devant une stigmatisée : est-elle hystérique, ou est-elle possédée du démon ? Ou bien cela vient-il de Dieu, comme un signe ?

J.G. — Y a-t-il des cas où un état d'ordre inférieur (par exemple les maladies effroyables dont souffrait sainte Lydwine) peut concourir à la manifestation d'un état supérieur d'ordre spirituel, mystique, comme l'extase béatifique ? L'état pathologique (la maladie, la souffrance, la dégradation physique) peut-il avoir une valeur noologique, nous instruire sur l'esprit humain ?

J.-J.A. — Avant de tenter de répondre, n'est-il pas troublant de constater, là encore, que ce problème qui se pose dans le domaine mystique intervient quelquefois aussi pour la création artistique ?

J.G. — En effet. Si nous éclairons l'étude des mystiques par celle de certains artistes, nous remarquons que parfois une anomalie, physique ou psychique, une angoisse, une névrose, permet d'entrer dans une zone d'existence interdite à l'homme normal. Que l'on songe à Schubert et à Schumann parmi les musiciens, à Verlaine et à Rimbaud parmi les poètes, à Van Gogh et à Gauguin chez les peintres. Dans la vie de certains grands artistes, on observe que les plus hautes manifestations du génie semblent avoir eu pour condition des états maladifs, comme une exténuation du corps, une panne du système nerveux. Virgile s'était déjà posé la question, sans la résoudre. Quel est donc le lien de ces déficiences avec le génie, avec le mysticisme ? Celui qui le dirait éclairerait le mystère humain. Et il nous apprendrait peut-être comment on peut tirer parti d'un trouble du corps ou de l'esprit pour atteindre un équilibre supérieur.

J.-J.A. — Est-ce l'éloge de la folie ?

J.G. — Si la folie était cause de génie, les hôpitaux psychiatriques regorgeraient de poètes et d'inventeurs. C'est plus subtil. Il arrive qu'une anomalie, assumée par le sujet, devienne pour lui une clé qui lui permet d'avoir accès à ces univers mystérieux qui demeurent fermés à l'homme dit « normal ». C'est le mystère de la transcendance. Tout se passe comme si, chez certains sujets exceptionnels, les phénomènes « sous-normaux » de la zone la plus basse, celle du corps, du somatique, étaient la cause occasionnelle des phénomènes les plus élevés, dits « surnormaux ».

J.-J.A. — Vous voulez dire que la maladie, l'anorexie, l'hallucination, le délire peuvent donner à ces sujets accès à un état supérieur de l'intelligence, de la volonté et de l'amour ?

J.G. — Oui. On le voit parfaitement chez Marthe Robin. D'abord malade et déprimée, révoltée, elle prend appui sur son état de délabrement et de souffrance physique pour déboucher sur autre chose, d'un ordre supérieur, qui n'est nullement la simple sublimation des états de souffrance, mais l'entrée dans un espace entièrement nouveau.

J.-J.A. — Autrement dit, certaines déficiences physiologiques ou psychosomatiques seraient des clés susceptibles, si la volonté en est capable, d'ouvrir la « chambre au trésor ». C.G. Jung, à propos du passage à l'état « numineux », emploie souvent cette expression.

J.G. — Un botaniste me disait : *Votre hypothèse me fait penser à la manière dont certains considèrent la fleur : comme une feuille affamée.*

J.-J.A. — Le mystique est un être affamé de Dieu !

J.G. — La feuille doit être décomposée, et

comme étranglée en bouton pour devenir fleur ; et celle-ci pourrait être tenue pour une maladie de la plante. Cette pathologie ferait accéder la nature végétale à l'improbabilité d'une promotion furtive, instable, merveilleuse, étrange, vers la couleur et le parfum. La vie mystique est une mutation. Les mystiques sont des mutants, c'est-à-dire des types d'humanité en avance sur les autres. Ils préfigurent l'humanité de l'avenir temporel-éternel. Préadaptés à l'avenir, ils représentent, à titre d'échantillons exceptionnels, l'humanité future, si du moins celle-ci veut accéder jusqu'à leur expérience, y participer de quelque manière.

J.-J.A. — Bien que quantité de mystiques aient connu des abîmes de tristesse et d'angoisse, peut-on dire que chez eux la joie est la marque distinctive de leur état ? L'adage populaire ne dit-il pas : *Un saint triste est un triste saint* ? Marthe Robin avait transcendé ses souffrances sans jamais les renier. La joie la possédait.

J.G. — Chez l'âme mystique, la joie est toujours plus forte, triomphante. Jeanne, la fille de Bergson, née sourde et muette, me disait, peu de mois avant sa mort : *Vivre, c'est merveilleux !*, et en ce sens elle fut la première disciple de son père. En elle se retrouvaient les valeurs de Bergson : l'application, l'élan, la domination de l'élément réfractaire dans le corps par un supplément d'âme. Comme tous les mystiques souffrants, elle me faisait comprendre cette loi tacite qui veut que la souffrance, la peine ou la brisure entrent comme ingrédients dans le travail créateur de l'état mystique.

3

La société rejette ses mystiques. L'Église s'en méfie

JEAN-JACQUES ANTIER. — Ce sont surtout les phénomènes physiques (lévitation, télékinésie, inédie) qui troublent la science, parce qu'elle ne peut les *réduire* à aucune explication rationnelle. Par contre, elle croit expliquer les visions et apparitions, qu'elle réduit à des hallucinations. Mais elle n'explique pas la bilocation, la prédiction. Ces réserves sont normales, venant d'hommes de science. Mais d'où vient la réserve, voire l'hostilité que le grand mystique rencontre parfois de la part des autorités religieuses ?

JEAN GUITTON. — Le grand mystique nous fait accéder à une forme d'intelligence supérieure à l'intelligence normale, à une forme de volonté plus efficace, à une force d'amour plus universelle et plus intime. Il dépasse le niveau ordinaire commun, et cela apparaît inacceptable pour les esprits scientifiques de notre temps, comme ce l'était pour les esprits théologiques du temps de Jeanne d'Arc. Un esprit logique accepte difficilement ce paradoxe suivant lequel le sousnormal est susceptible d'apparaître comme la condition du surnormal, la maladie comme l'accès à une sorte de santé supérieure et plus efficace.

J.-J.A. — Et la « petitesse » thérésienne comme condition de l'élévation spirituelle et morale. Le mystique déstabilise tous les « corps constitués » et la société entière.

J.G. — Qu'il faille mourir pour renaître est difficilement accepté par « l'ordinaire », dont la seule ambition est de se perpétuer sans histoire. Le « bonheur » est sa vocation. C'est pourquoi le mystique déconcerte le milieu culturel et religieux dans lequel il évolue : inassimilable, inclassable, il est suspecté par les autorités de contrôle. Il doit alors, dans le meilleur des cas, répondre à une « inquisition », en prenant ce mot à la lettre : une recherche d'authenticité qui se propose de déjouer les impostures ou les contrefaçons.

J.-J.A. — Voire les pièges. *Es-tu de Dieu ou de Satan* ? demande l'Inquisition à Jeanne.

J.G. — De nos jours, l'inquisition est scientifique. Le mystique doit se justifier devant l'autorité médicale et psychiatrique, qui tente de lui enlever son caractère sacré, de le *réduire* à des phénomènes aberrants mais naturels. On ne lui inflige plus la torture physique, mais le bâillon et le silence.

J.-J.A. — J'ai pu le constater. J'avais appris par accident l'existence en province d'une sainte religieuse stigmatisée que l'on cache soigneusement. Son confesseur, qui par le plus pur des hasards (?) est un de mes amis, m'a interdit d'aller la voir !

J.G. — Cette « discrétion », comme cette inquisition qu'est l'analyse scientifique, est d'ailleurs respectable, puisque le phénomène trouble l'équilibre du milieu social.

J.-J.A. — Et même religieux, dans une communauté monastique pourtant destinée à la recherche de la transcendance. Sans remonter à Jeanne d'Arc, souvenez-vous du bouleversement provoqué par sainte Marguerite-Marie Alacoque à la Visitation de Paray-le-Monial : elle voyait le cœur flamboyant du Christ ! Une folle ! Sainte Bernadette Soubirous aussi a été traitée de folle.

J.G. — Il faut dire que le phénomène est difficile à discerner, à cause de la ressemblance que la vision, par exemple, présente avec les états pathologiques de la conscience, comme l'hallucination.

J.-J.A. — Une assistante sociale me disait que l'on rencontre parfois des stigmatisées dans les hôpitaux. Elles sont folles, et pourtant elles sont sincères !

J.G. — Il faudrait distinguer folie et folie... Le problème est de comprendre comment certains mystiques sont des anormaux qui peuplent les asiles, fort peu différents sous le point de vue du médecin, alors que d'autres mystiques sont des surnormaux, à la racine des plus grandes réalisations humaines dans le domaine religieux, philosophique ou politique.

J.-J.A. — Sainte Thérèse d'Avila et sainte Catherine de Sienne, dont Paul VI, en 1970, a fait des « docteurs de l'Église », titre rare, manifestaient des phénomènes que la science qualifie d'aberrants. Sainte Thérèse lévitait et Catherine présentait tous les phénomènes : inédie, stigmates, lévitation, visions. Comment faire admettre à l'homme « raisonnable » que le *surnormal* pourrait être un *anormal* qui aurait réussi, comme on voit certaines mutations réussies dans l'évolution ?

J.G. — Je remarque que cette ambiguïté du phénomène issu du mysticisme, parfois si visible et si choquant aux regards, n'échappe pas à la conscience du vrai mystique. Nous savons par les confidences de Thérèse d'Avila, par les autocritiques de Jean de la Croix, que le mystique ne se fie généralement pas aux lumières qu'il croit avoir reçues.

J.-J.A. — Ce ne fut pas le cas de Jeanne d'Arc, qui a toujours cru à ses voix.

J.G. — Disons que le vrai mystique s'efforce d'assimiler les phénomènes exceptionnels qui le touchent ; de les intérioriser, de les dépasser.

J.-J.A. — En effet ; Marthe Robin ne voulait pas qu'on parle de ses stigmates. Elle les considérait comme secondaires, et même ses visions de la Passion, son « anneau mystique ». Elle disait : *Ne vous attachez pas à ces choses*. Tous les stigmatisés reconnus comme des saints authentiques ont demandé d'être débarrassés des signes visibles, tout en gardant les souffrances. Quel signe d'authenticité ! Un charlatan et même les médiums professionnels organisent, eux, leur publicité ! Oui, le signe authentique est que le vrai mystique a reconnu le risque engendré par ses charismes : basculer dans la tentation de l'orgueil. Il sait tenir ses « pouvoirs » miraculeux d'un don gratuit, à partir de son effacement et de son ascèse, conditions préalables de la manifestation divine, sauf exception. Thérèse Martin disait que le Christ l'avait choisie parce qu'elle était « la plus petite ». Tout se passe chez le mystique comme si le diable lui soufflait de profiter de ses dons pour se prétendre supérieur aux autres, voire « égal à Dieu ».

J.G. — Résumons la position de l'Église : elle est souvent très positive comme le montrent les procès en béatification et en canonisation, dont les minutes constituent, on le verra par la suite, une mine inépuisable de documentation. L'Église a toujours eu soin de distinguer la Révélation officielle, transmise par les apôtres témoins du Christ, et les révélations privées. De même, saint Paul n'a jamais mis un phénomène mystique sur le même plan que la révélation qu'il a reçue de la Tradition apostolique. L'apparition du Christ dont il a été favorisé sur le chemin de Damas et qui avait provoqué sa conversion, il ne la plaçait pas davantage sur le même plan que les apparitions de Jésus après sa résurrection, devant les onze apôtres. Il a alors donné comme règle de discernement, que l'Église n'a cessé d'appliquer : *N'éteignez pas l'Esprit, ne méprisez pas les phénomènes prophétiques, mais faites le tri, retenez ce qui est bon.* En fait, l'Église ne se prononce pas sur la réalité historique des phénomènes. Elle examine les messages transmis par les voyants, et la vie des extatiques. Elle retient ce qui est conforme à la foi et à la morale évangélique. Tel est le sens des procès en béatification. Le phénomène miraculeux en lui-même n'est pas retenu, sinon comme un signe.

J.-J.A. — Un penseur catholique doué d'esprit critique jouit donc pour étudier ces phénomènes d'une liberté totale ? Il est vraiment libre de penser ce qu'il veut sur Lourdes ou La Salette ?

J.G. — Absolument. Il est plus libre qu'un rationaliste. Ainsi Renan, lorsqu'il étudie le récit d'un miracle dans l'Évangile, croit savoir, avant tout examen, que ce miracle est impossible. Même attitude d'esprit chez nos scientifiques athées. Le chrétien éclairé, croyant mais non crédule, garde l'esprit vacant, ce qui est la condition d'un libre examen. Il peut penser ce qu'il veut d'une apparition.

J.-J.A. — Beaucoup de scientifiques pensent que les guérisons miraculeuses de Lourdes ou autres pèlerinages sont dues aux énergies obscures produites par le rassemblement des consciences ; ou à l'autosuggestion qui résulte d'un climat de foi.

J.G. — Peut-être, dans les temps à venir, le développement des sciences métapsychiques et de la psychologie des profondeurs permettra-t-il d'y voir clair et de distinguer ce qui est naturel de ce qui est irrésistiblement surnaturel. Je me borne à noter l'importance de l'enjeu. Si les apparitions et autres manifestations dépassent les forces psychiques, alors il faudra bien remettre en question les problèmes posés à la science et à la conscience. Il faudra admettre, en faveur de l'Église catholique, comme des croyants de toute religion, une intervention du Donneur de l'énergie spirituelle qui gouverne et vivifie le monde. Mais on comprend que devant un tel « risque », une telle remise en cause, les savants, même ceux qui sont ébranlés, préfèrent interdire ou se taire.

J.-J.A. — En conclusion, que conseilleriez-vous

à un sceptique de bonne foi qui chercherait à comprendre l'inconnaissable mystique ?

J.G. — Montaigne demandait « la raison de la raison ». Mais le procédé qui consiste à présenter des preuves n'aura jamais barre sur un esprit rationaliste. Il faut chercher un levier ailleurs, un équivalent pratique de la certitude. Spinoza parlait d'un « moyen court » qui ferait d'emblée trouver la béatitude en nous faisant faire l'économie de l'espérance. Les anciens cherchaient le vrai dans la contemplation, par laquelle ils adhéraient à l'objet en le voyant, c'est-à-dire en l'épousant par l'esprit, en communiant avec sa vérité et son essence ; un état de conscience qui n'a pas besoin de preuves parce qu'il porte sa preuve avec lui.

J.-J.A. — C'est pourquoi la grande visionnaire sainte Catherine de Sienne conseillait au pape Grégoire XI et à ses successeurs *de ne pas s'entourer d'un collège de sages* (c'est-à-dire de savants) *mais de saints*. Seule la puissance de l'amour est capable de résoudre les grands problèmes, les signes et les merveilles ne valant que par la lumière de cet amour qu'ils révèlent.

4

Un peu de science...

Un peu de science éloigne de Dieu,
mais beaucoup y ramène.

Louis PASTEUR.

Dans un ouvrage récemment paru, nous écrivions* : « Il est impossible de tenter une description du réel sans faire appel aux idées les plus récentes de la physique moderne, et peu à peu nous avons été conduits vers *un autre monde* étrange et fascinant, où la plupart de nos certitudes sur le temps, l'espace et la matière n'étaient plus que des illusions parfaites, sans doute plus faciles à saisir que la réalité elle-même. Ainsi le monde objectif ne semble pas exister en dehors de la conscience qui en détermine les propriétés. Ce faisant, l'univers qui nous entoure devient de moins en moins matériel : il n'est plus comparable à une immense machine, mais plutôt à une vaste pensée. »

* Ici, Jean Guitton fait référence à son livre publié en collaboration avec Grichka et Igor Bogdanov, *Dieu et la science*, Grasset, 1991.

Dans cette nouvelle optique, les phénomènes métaphysiques issus de ce grand bouleversement de la conscience qu'est le mysticisme prennent une dimension nouvelle. Pour tout dire, ils y prennent leur place. La science du XIXe siècle les avait un peu vite relégués au rang d'illusions ou de pieuses légendes. Heureusement, les faits sont têtus et, comme l'a dit Claude Bernard, rien ne doit résister devant un fait établi, surtout pas une conviction philosophique, le dogme le mieux ancré, l'axiome jugé incontournable.

Dans ces conditions, la lecture matérialiste du réel, si reposante à l'esprit rationnel, s'effondre, avec son univers-machine dans lequel la pensée, ce miracle issu de la vie, ne serait qu'un épiphénomène de la matière et disparaîtrait avec elle.

Nous avons appelé *métaréalisme* la nouvelle pensée qui pour la première fois efface les frontières entre l'esprit et la matière. Or, cette nouvelle conception du monde était depuis des millénaires concevable au seul examen objectif des phénomènes paranormaux issus de l'expérience mystique de quelques-uns.

L'erreur du XIXe siècle, et aujourd'hui encore de la science officielle matérialiste, est d'avoir tenté de faire entrer dans le champ de sa pensée logique (mais limitée) ces phénomènes inconnus et pour ce faire de les avoir réduits à des conceptions, des schémas provisoires. Au contraire, la pensée métalogique franchit l'ultime frontière qui la sépare de l'inconnaissable : elle se situe au-delà des langages, au-delà même des catégories de l'entendement. Sans rien perdre de sa rigueur, elle touche au mystère et s'efforce de le décrire.

Toutefois, il est évident qu'il existe des limites physiques à la connaissance, et ceci est aussi vrai dans le monde de la physique des particules que dans celui, étudié ici, de la phénoménologie mystique. L'attitude réaliste sera donc celle d'une extrême modestie que commande la limitation de notre appareil cérébral, tout en restant ouvert, sans crédulité, sur les faits établis.

Avec le XXIe siècle, nous entrons dans un temps métaphysique qui annonce une réconciliation entre la science et la foi, qui ne sont plus antinomiques, mais complémentaires. Liés au réel des entités quantiques qui transcendent les catégories du temps et de l'espace ordinaires, nous existons au travers d'un univers transcendantal dont nous saisissons mal la nature et les étonnantes propriétés, mais qui se rapproche plus de l'esprit que de la matière telle que la concevaient les scientifiques les plus éminents de ce siècle.

JEAN-JACQUES ANTIER. — Pour comprendre les phénomènes psychiques, essayons de rester solidement ancrés dans une réalité bien matérielle, qui est la vie. Les mystiques possèdent un corps de chair et de sang, le même que celui de tous les hommes. Mais d'abord, qu'est-ce que la vie ?

JEAN GUITTON. — C'est une propriété émergente de la matière, un phénomène obéissant à une sorte de *nécessité* inscrite au cœur même de l'inanimé.

J.-J.A. — Cette nécessité est-elle inscrite dans la programmation génétique ?

J.G. — Sans doute, et on la découvrira peut-être un jour. Ce qui est certain, c'est que la vie est ordonnée par un principe organisateur. La science tend à montrer qu'il existeun passage continu entre la matière et la vie, qui résulte d'une promotion nécessaire de la matière. La révolution de la science est d'avoir compris que le « désordre » que l'on trouve dans la matière inerte et qui tend vers l'entropie, le refroidissement et la mort n'est pas inévitable. Il n'est que le stade précédant l'émergence d'un ordre plus élevé. À mesure que l'univers reflue vers son état d'équilibre, il crée, en vertu d'une mystérieuse nécessité, des structures de plus en plus complexes, de mieux en mieux informées, d'où va émerger cet autre mystère, l'esprit, une structure capable de se comprendre elle-même et de se modifier comme si elle se prenait en charge.

J.-J.A. — On constate aussi un phénomène surprenant au niveau de l'information. On s'étonnera dans ce livre que des êtres humains communiquent spontanément entre eux, sans fil et sans ondes, à d'immenses distances, par la télépathie. Or ce phénomène semble exister aussi au niveau de la vie cellulaire. Prigogine a dit que chaque molécule sait ce que feront les autres, en même temps qu'elle, et à des distances immenses à leur échelle.

J.G. — Cela démontre que l'univers est une vaste pensée. En chaque particule, chaque atome, chaque molécule, chaque cellule vit et œuvre à l'insu de tous une omniprésence. L'univers a un axe ; mieux encore : un sens, intérieur à lui-même sous la forme d'une cause transcendante, une cause de l'harmonie des causes, une intelligence.

J.-J.A. — Le progrès continu du vivant qui se fraie un chemin à travers le chaos originel semble évident, comme l'a montré Teilhard. On va vers une « super-espèce » dont l'humanité semble la flèche et dont les phénomènes parapsychiques pourraient être les *signes* annonciateurs. On peut prendre des dizaines d'exemples : l'incombustibilité, l'imputrescibilité, seraient comme des tentatives pour échapper aux lois ordinaires de la matière qui veut qu'en des circonstances précises un corps brûle ou pourrisse. L'inédie des stigmatisés serait un signe montrant que l'homme ne vit pas seulement de pain. Dans les télékinésies, les objets semblent s'animer et échapper commc pour obéir soudain mais de façon encore anarchique à un principe supérieur ; les lévitations seraient des tentatives similaires où les corps vivants paraissent échapper à la loi ordinaire de la pesanteur. Les guérisons instantanées mais aussi les conversions brutales procèdent de raccourcis, comme si un Esprit transcendant perdait patience. Même remarque dans le domaine des communications paranormales — cet Esprit semble nous montrer le chemin d'un raccourci et dire : *Mais parlez-vous directement* ! C'est la télépathie, la bilocation, qui vont jusqu'à sortir du schéma espace/temps. Tout se déroule comme si l'intelligence supérieure qui a fixé les lois globales de la nature nous invitait à en sortir pour entrer dans un ordre supérieur auquel nous sommes promis.

J.G. — Et tous ces phénomènes, qui nous paraissent hautement aléatoires à un certain niveau, se révèlent ordonnés à un niveau supérieur. J'ai l'impression que ce qu'on appelle le hasard n'est que notre incapacité à comprendre un degré d'ordre supérieur, dont il nous appartient de déchiffrer la hiérarchie.

J.-J.A. — Jung a donné un coup de pied dans la notion de *hasard*, d'aléatoire, avec son principe de synchronicité, que l'on retrouve si souvent dans les phénomènes mystiques. Par exemple, il arrive quelque chose que l'on attendait mais qui n'aurait pas dû logiquement arriver. Tel fondateur n'a plus un centime pour payer l'entrepreneur de son nouveau monastère ; c'est la faillite. Et soudain, mystérieusement et comme inévitablement, l'argent arrive, telle la manne du désert.

J.G. — Parce qu'un ordre implicite, profond et invisible est en œuvre qui se manifeste avec générosité. Dès lors, il faut réévaluer le rôle de ce que nous appelons le « hasard ». Ce que Jung suggère, c'est que l'apparition de « coïncidences significatives » implique nécessairement l'existence d'un principe explicatif qui doit s'ajouter aux concepts d'espace, de temps et de causalité. Ce principe de synchronicité est fondé sur un ordre universel de compréhension complémentaire de la causalité. Il est évident qu'à l'origine de la création, qui nous échappe absolument, il n'y a pas de hasard, mais un degré d'ordre, supérieur à tout ce que nous pouvons imaginer.

*LE CANTIQUE DES QUANTIQUES**

J.-J.A. — Nous vivons donc aujourd'hui dans ce qu'on appelle l'ère quantique, qui remet en question les croyances scientifiques des XVIIIe et XIXe siècles, selon lesquelles la matérialité, la « solidité » de toute la création semblait une évidence. À partir du moment où l'on se pose la question, qui n'est pas du tout philosophique,

* Ce sous-titre fait référence au titre de l'excellent livre de S. Ortoli et P.H. Pharabod, La Découverte, 1984.

mais très réaliste : qu'y a-t-il à la base de la substance solide, on tombe dans une sorte de « vide » qui remet tout en question.

J.G. — L'ère quantique part avec Einstein et sa théorie de la relativité, qu'il faudra presque un siècle pour vulgariser. Pour ma part, j'ai eu accès d'une manière différente à ces nouvelles réalités, non par le bas (la matière), mais par le haut : l'esprit. En 1921, âgé de vingt ans, étudiant la philosophie, j'étais allé écouter un cours de Bergson à l'Académie des sciences morales et politiques. Et là, j'ai reçu un choc qui m'a marqué à jamais : sa conception purement spirituelle de la matière. Cet exposé lumineux, qu'il avait développé dans *Matière et mémoire*, me révéla pour ainsi dire ce qui devint pour moi, par une sorte de grâce communicative, cette évidence : la réalité de l'esprit, à partir de laquelle se dégage l'idée d'un Dieu créateur à la fois de la matière et de la vie.

J.-J.A. — Comment Bergson en était-il arrivé à cette conclusion ? Était-ce une grâce donnée, ou pure intuition personnelle ?

J.G. — Une intuition peut être donnée par grâce. L'évidence s'imposa à lui qu'à l'origine de l'univers se trouve un élan de pure conscience, une sorte de jaillissement vers le haut qui dans sa retombée a engendré la matière. Rien d'étonnant, alors, que cette matière ait une « mémoire spirituelle » liée à ses origines. Sept années plus tard, je trouvais confirmation de cette intuition dans une rencontre avec le père Teilhard de Chardin. Il me raconta comment, alors âgé de sept ans, il avait eu un raccourci saisissant de la complémentarité de l'esprit et de la matière. Touchant de sa petite main le soc dur et froid d'une charrue, alors que sa mère lui parlait du Christ, il saisit intuitivement la réalité de l'Être, en unissant ses deux extrêmes : la matière et l'esprit. Comme Bergson et Teilhard, j'ai la tentation de croire que la matière est faite d'esprit et qu'elle nous conduit donc directement à la contemplation de Dieu.

J.-J.A. — Si l'on arrive à fonder objectivement que toute matière, tout phénomène physico-chimique a pour origine un « élan » spirituel, les phénomènes extraordinaires du mysticisme deviennent compréhensibles. Le sang des stigmatisés anorexiques est un « soleil liquide », une pure énergie ; l'esprit purifié parvient à dégager le corps des contraintes de la pesanteur de la nutrition et de la corruption ; enfin, à l'ultime étape, l'homme vaincra la mort, comme l'a réalisé le Christ, et là encore notre croyance devient fondée dans une rationalité nouvelle qui réconcilie la science et la foi.

J.G. — Ce qui est certain, et c'est la science d'aujourd'hui qui le dit : la matière, que l'on considère l'infiniment petit des atomes ou l'infiniment grand des étoiles, n'est qu'un vide organisé.

J.-J.A. — Les physiciens des particules affirment en effet que la particule ultime, le quark, n'a aucune réalité matérielle. Alors, qu'est-ce que c'est ?

J.G. — Vous posez là le problème de l'étoffe des choses. Les physiciens pensent que les particules composant la matière ne sont que des résultats d'interactions entre des« champs » immatériels.

Et c'est dans cette idée de « champs » que nous nous rapprochons de l'étoffe du réel ; le substrat ultime de ce qui est n'est pas matériel mais abstrait. C'est une idée pure, que seule la mathématique ou la foi peut comprendre. Comme l'ont montré les deux frères Broglie, l'univers cache un secret d'élégance abstraite dans lequel la matérialité s'efface. Sous la face visible du réel se cache un « logos », un élément intelligent, rationnel, « relationnel », qui règle, qui dirige, qui anime le cosmos, et qui fait que ce cosmos n'est pas chaos mais ordre. Il forme la substance de tout. Ce que les physiciens appellent les « champs de matière », qui sont les relations entre les particules impalpables, n'est autre qu'une fenêtre ouverte sur un arrière-plan beaucoup plus profond, le Divin, peut-être. Rien de ce que nous percevons n'est réel. L'univers-machine granulaire, composé de matière inerte, n'existe pas. Nous sommes plongés au cœur d'une illusion des sens. Sous ce voile existe une réalité étrange, profonde, qui ne serait pas matière mais esprit ; une vaste pensée créatrice, la substance ultime du réel, sous-tendue par des « champs », au premier rang desquels un champ primordial, caractérisé par un état de suprasymétrie, un état d'ordre et de perfection, posé par la science aux origines de l'univers, et qui me semble appartenir à Dieu.

J.-J.A. — Ce qui met fin au déterminisme mécaniste que la science du XIXe siècle a tenté d'imposer, bref à toute approche matérialiste réductrice du réel. Dès lors, les phénomènes physiques et psychiques du mysticisme prennent une résonance particulière. Tout est possible dans ce nouveau « champ » du réel. Et cela éclaire singulièrement les ruptures d'espace/temps auxquelles semblent familiers certains mystiques, de la lévitation à la bilocation. L'espace et le temps ne sont que des projections de ces champs fondamentaux, qu'une approche mentale et surtout mystique vient déranger. Ces champs n'ont aucune réalité « physique », ils ne sont en effet qu'une vaste pensée, c'est-à-dire de l'information diffusée par la Cause première. Mais si, comme le disent les frères Bogdanov, tout le créé n'est autre qu'un « logiciel de signification », que devient *le Dieu d'amour*, celui qui se manifeste dans le cœur des saints et qui les comble, les émerveille ?

J.G. — C'est justement peut-être au cœur de l'étrangeté quantique que nos esprits humains et celui de cet Être transcendant que nous appelons Dieu sont amenés à se rencontrer. Le tout et la partie sont une seule et même chose. Nous ne sommes pas créés à l'image de Dieu, comme le dit l'Ancien Testament, nous sommes l'image même de Dieu, et nous tenons l'infini au creux de notre main.

J.-J.A. — Voilà donc révélé le Dieu créateur, qui est aussi le Dieu d'amour. C'est l'idée pure, le geste d'amour du Créateur qui nous fait naître à la lumière.

J.-J.A. — Dans ce que nous venons de dire, on est frappé de voir à quel point l'homme, c'est-à-dire nous tous à l'exception de quelques mystiques et de quelques intuitifs de génie, a pu se fourvoyer dans une notion « mécaniste » de l'univers, Bergson disait *une psychologie atomistique qui ne tient pas compte de la pénétration réciproque des états de conscience*. Était-ce une étape nécessaire qui a tout de même permis les conquêtes technologiques de la science ?

J.G. — La science s'est adaptée à la matière, par la mathématique. L'esprit occidental, romain, pratique, s'est orienté vers l'Empire, la domination du cosmos par les techniques de la quantité ; ce qui, dans l'ordre matériel, a prodigieusement réussi. Mais une autre voie était possible, qui nous aurait introduits à un autre genre de connaissance, aussi exacte, aussi mûre quoique d'une autre certitude que la certitude formelle des mathématiques ; une connaissance fondée sur les expériences de faits très rares, très marginaux et sur l'étude des ressemblances de ces expériences.

J.-J.A. — Pourquoi cette voie a-t-elle été négligée ? Bergson a répondu : *Il fallait aller au plus pressé, l'étude de la matière*. Est-ce la seule raison ?

J.G. — L'autre voie s'enveloppait trop de fictions, de mythes. Et paradoxalement elle se trouvait, en Occident, si amalgamée à la révélation religieuse qu'on ne pouvait pas étudier, comme nous osons le faire aujourd'hui, ces faits paranormaux hors du sacré et en eux-mêmes. Bergson en était d'ailleurs conscient, qui ajoute : *Il n'était pas souhaitable que l'on commence par la science de l'esprit : elle ne fût pas arrivée par elle-même à la précision, à la rigueur, au souci de la preuve qui se sont propagés de la géométrie à la physique, de la chimie à la biologie, en attendant de rebondir sur elle*[1].

J.-J.A. — Faisons un rêve. Imaginons des scientifiques, des universités (on commence à en voir aux États-Unis), qui oseraient enfin le faire. Que se passerait-il ?

J.G. — On pourrait, en accumulant, critiquant et comparant les constatations, acquérir, sinon des certitudes absolues, du moins de hautes probabilités sur ce qui nous préoccupe le plus : l'avenir de l'âme après la mort, la communication entre les consciences hors du langage et de l'écrit, les intersignes, les messages, les pressentiments — en somme sur ce monde « préternaturel » dans lequel nous sommes immergés, comme les deux premières dimensions de l'espace le sont dans la troisième dimension de profondeur. Bergson se penchait avec curiosité sur les témoignages qui pouvaient nous introduire, fût-ce par fulgurations, par étincelles, dans l'univers invisible. À la dernière page de son dernier livre (*les Deux*

1. Les appels de notes chiffrés renvoient à la bibliographie p. 483 du présent ouvrage ; les paginations entre parenthèses renvoient à l'ouvrage cité en référence.

Sources), il parle de l'exploration de la *terra incognita*, « l'autre monde » :

Supposons qu'une lueur de ce monde inconnu nous arrive, visible aux yeux du corps. Quelle transformation dans une humanité généralement habituée, quoi qu'elle dise, à n'accepter pour existant que ce qu'elle voit et ce qu'elle touche ! L'information qui nous viendrait ainsi ne concernerait peut-être que ce qu'il y a d'inférieur dans les âmes, le dernier degré de la spiritualité. Mais il n'en faudrait pas davantage pour convertir en réalité vivante et agissante une croyance à l'au-delà qui semble se rencontrer chez la plupart des hommes, mais qui reste le plus souvent verbale, abstraite, inefficace. En vérité, si nous étions sûrs de survivre, nous ne pourrions plus penser à autre chose. Le plaisir serait éclipsé par la joie[2].

J.-J.A. — Ici, un mot me frappe, parce qu'il apporte une certaine justification à notre livre : Bergson qualifie les phénomènes comme *ce qu'il y a d'inférieur dans les âmes, le dernier degré de la spiritualité*. Et en effet, tous les mystiques qui les ont subis les ont plus ou moins écartés, méprisés, qualifiés de « scories ». Les visions de « l'autre monde », ils les acceptent — comment nier l'évidence ? — mais les stigmates, la lévitation, l'inédie, la bilocation, les gênent. Or, il me semble que cela forme un tout. À partir du moment où il y a rupture avec une seule des prétendues lois de la nature physique, tout est possible. Ces signes, ces merveilles, ne sont-ils pas là pour donner à voir l'invisible, nous aider à saisir l'essentiel ? Saint Paul parle dans sa *Lettre aux Romains* de *la puissance des miracles et des prodiges* qu'il ne dissocie pas de *la puissance de l'esprit de Dieu*, de son amour.

J.G. — C'est ce que nous allons examiner maintenant.

Deuxième partie

LES PHÉNOMÈNES PHYSIQUES

1

Ils n'auront plus ni faim ni soif*

Ils n'auront plus ni faim ni soif.
L'Agneau les conduira aux sources
des eaux vives.

JEAN, Apocalypse 7,16.

L'inédie, que la médecine appelle anorexie, est un phénomène complexe. Le « patient » soit refuse de s'alimenter, et même de boire, soit se déclare incapable de le faire malgré son désir d'obéir aux injonctions de son médecin, de sa famille ou de ses supérieurs religieux. Il existe deux grands types d'anorexie : l'anorexie hystérique qui procède d'un blocage psychique, d'une névrose ; et l'inédie mystique, qui a aussi des sources psychologiques et peut parfois relever de l'hystérie, mais, on va le voir, pas toujours.

La science simplificatrice et réductrice a beaucoup de mal à admettre qu'un être vivant puisse survivre dans ces conditions. Aussi a-t-elle tendance à nier le

* À compter de cette deuxième partie, toutes les introductions précédant les dialogues sont de Jean-Jacques Antier, sauf exception.

phénomène lorsqu'il devient durable. Elle admet que l'hystérique refuse de se nourrir, mais, l'hystérie étant par essence un masque, elle suppose que le patient triche inconsciemment, avec la complicité de son entourage. Il ne s'agit plus alors d'une véritable anorexie, mais d'un désir d'anorexie.

Tout autre est la démarche de l'inédique mystique non hystérique, qui par vocation a arraché le masque et se refuse au mensonge. Il ne sera question que de lui dans ce chapitre. En effet, c'est bien un phénomène mystique qui lui permet de survivre, dans tous les cas où l'inédie est totale (y compris de liquide) et où elle dure plus de quelques mois, étant admis qu'un être humain ne peut survivre en principe à plus de quelques semaines de privation de liquide, qui est l'élément constitutif de la cellule et des échanges.

Et c'est là où intervient de façon radicale le sacrement de l'Eucharistie, le « pain vivant » des mystiques chrétiens inédiques, leur seule nourriture.

Le tableau ci-contre résume les principaux inédiques de l'histoire, dont le cas semble incontestable, car s'il est possible de dissimuler sur une courte période, on ne saurait le faire durablement. Dans les cas de canonisation, à la « rumeur » populaire et aux témoignages des proches s'ajoute la caution de l'Église, qui, en matière de procès, vaut une étude scientifique pour la rigueur de l'enquête et l'authenticité des témoignages.

Époque	Inédiques	Durée	Observations
	Moïse	40 jours	
	Jésus	40 jours	
VIIIe s.	Saint Walpurge		
XIIIe s.	Sainte Angèle de Foligno	12 ans	
XIVe s	Sainte Catherine de Sienne	8 ans	Dr de l'Église.S*
XVe s.	Elisabeth von Reute	3 ans	
	Sainte Lydwine de Schiedam (Hollande)	38 ans	Boit un peu d'eau
	Sainte Catherine de Gênes	23 ans	
	Bienheureuse Catherine de Racconigi	10 ans	S
XVIe s.	Domenica del Paradisio	20 ans	
	Bienheureux Nicolas de Flux	19 ans	
XVIIe s.	Benoîte Rencurel (Le Laus)		
XVIIIe s.	Janet Mc Leod (Angleterre)	4 ans	Non mystique
	Catherine Emmerich (Allemagne)		
XIXe s.	Marie Fürtner (Bavière)	40 ans	Boit de l'eau
	Sœur Espérance de Jésus (Ottawa)	2 ans	
	Mollie Fancher (USA)	14 ans	Protestante
	Joséphine Durand (Genève)	2 ans	
	Louise Lateau (Belgique)	13 ans	S
	Rosa Andriani	28 ans	
	Domenica Lazzari	14 ans	S
	Marie-Julie (La Fraudais, France)	5 ans	S
XXe s.	Thérèse Neumann (Allemagne)	35 ans	S
	Marthe Robin (Châteauneuf, France)	52 ans	S. Record en Occident
	Padre Pio (Italie)		S. Jeûne partiel
	Maria Roselina Veira (Portugal)		
	Gini Bala (Inde)	60 ans	Record mondial

* S, pour stigmatisé. Rappelons que le « bienheureux » a été béatifié par l'Église, le mot « saint » étant réservé aux canonisés faisant seuls l'objet d'une vénération universelle.

LA SCIENCE DEVANT L'ANOREXIE

Les médecins appellent anorexie l'inappétence absolue pour la nourriture solide et la boisson. Théoriquement, on ne peut pas s'abstenir de nourriture solide plus de quarante jours. La mort survient, semble-t-il, par inanition.

L'anorexique n'accomplit aucune des fonctions ordinaires de la vie, sauf la respiration et la circulation sanguine, incontournables. On distingue les inédiques volontaires qui ont fait vœu de jeûne absolu, et ceux à qui cela est imposé.

Parmi les anorexiques involontaires, on distingue les vrais et les faux. Les vrais souffrent de la maladie de Simmonds, traduisant l'atteinte hypothalamique de l'axe gonadotrope, entraînant un déficit des fonctions de l'hypophyse. Les faux anorexiques entrent dans le cadre psychiatrique. La conscience accepte un comportement normal : manger pour vivre. Mais un mécanisme inconscient refoulé bloque le système volontaire.

Dans les deux cas (qui peuvent s'interpénétrer) on constate l'impossibilité de manger, car manger rend malade. C'est ce qui distingue le jeûne de Gandhi, purement volontaire et contrôlé, de celui de Marthe Robin, involontaire, dont il est impossible de dire s'il vient de lésions cérébrales, d'une névrose ou d'autre chose.

On distingue encore les anorexiques partiels, qui s'abstiennent de toute nourriture solide et liquide, mais boivent de l'eau (qui n'est pas un aliment) et les anorexiques complets, comme Marthe Robin, qui ne peuvent même pas déglutir. Chez elle comme chez beaucoup d'autres, l'absorption d'une petite hostie de quelques grammes une fois par semaine ne constitue pas une rupture du jeûne total, au sens physiologique du terme.

Il faut encore distinguer les anorexiques pathologiques, qui sont de pauvres malades, et les inédiques mystiques, qui, tout en vivant un phénomène exceptionnel, conservent leur équilibre mental. Cette définition de la pathologie dans le *Dictionnaire des sciences médicales* de 1890 montre la différence.

« Il est des abstinences qui ont été observées par des hommes si clairvoyants qu'on ne peut guère les révoquer en doute. Or, elles ont généralement lieu chez des femmes atteintes d'une lésion particulière du système nerveux, et dans lesquelles les fonctions de décomposition étaient dans une inertie pour ainsi dire absolue, comme le prouvaient la sécheresse de la peau, l'absence des évacuations intestinales et de toutes les sécrétions muqueuses, l'absence de menstruations, celle même de la sécrétion urinaire. Toutes ces femmes vivaient dans la plus parfaite inaction, et chez elles le flambeau de la vie ne jetait qu'une faible lueur à chaque instant sur le point de s'éteindre. »

Constat du fait, donc, mais il s'agit là de malades hospitalisés que le Dr Imbert-Gourbeyre compare à « des animaux hibernant qui vivent de leur propre substance, immobiles et endormis pendant toute la saison froide [1] ».

Autre est l'abstinence mystique, qui laisse intactes les facultés mentales, parfois physiques, et ne détruit ni la santé ni même le dynamisme.

L'inédie longue et totale peut-elle, dans l'état actuel des sciences, être tenue pour miraculeuse ?

Le défaut des sceptiques est de manquer à la fois de documentation et de patience. Contrairement à ce que croient certains, l'inédie, bien que rare, a été étudiée de très près chez de nombreux sujets. C'est pourquoi le père de la médecine expérimentale, Claude Bernard, est pris en défaut d'impartialité à propos de ce phénomène. Un médecin lui ayant demandé son avis sur le cas d'une femme vivant en bonne santé, sans avoir rien mangé ni bu depuis plusieurs années, rapportant le fait, il écrit : « Ce médecin, persuadé que la force vitale était capable de tout, ne cherchait pas d'autre explication et croyait que son cas pouvait être vrai. La plus petite idée scientifique et les plus simples notions de physiologie auraient cependant pu le détromper en lui montrant que ce qu'il avançait équivalait à peu près à dire qu'une bougie peut briller et rester allumée plusieurs années sans s'user. »

N'en déplaise aux rationalistes, il existe quelque chose de plus fort que « les idées scientifiques » et « les notions de physiologie », même énoncées par Claude Bernard. Ce sont les faits. Près de la stigmatisée Hélène Ostermayr des cierges brûlaient parfois sans se consumer !

LES GRANDS INÉDIQUES

Étudions quelques cas incontestables.

Les évangélistes ont rapporté le grand jeûne du Christ au désert, qui dura quarante jours. Trouvant que Jésus jeûnait à l'excès, les disciples craignirent pour sa vie. « Ils le pressaient, disant : *Rabbi, mange.* Il leur répondit : *J'ai quelque chose à manger que vous ne connaissez pas.* Les disciples se disaient entre eux : *Quelqu'un lui aurait-il apporté à manger ?* Jésus leur dit : *Ma nourriture est de faire la volonté de Celui qui m'a envoyé, et d'accomplir son œuvre*[2]. »

On retrouve le jeûne dans la tradition judaïque. De nombreux prophètes ont jeûné et appelé au jeûne, depuis les quarante jours de Moïse au Sinaï, jusqu'à saint Jean Baptiste. Et il est certain qu'une tradition millénaire orientale a privilégié le jeûne à caractère religieux, qui a valeur à la fois de pénitence et de préparation à la rencontre de Dieu, et, au plan psycho-physiologique, de mise en condition pour accéder à un nouvel état de conscience.

Le jeûne trouve aussi une place importante chez les chrétiens, même encore de nos jours. « C'est un moyen privilégié pour soutenir l'acte religieux de la prière de supplication », nous dit frère Marie-Silouane, cistercien de Sénanque. « Il rend dépendant de la force de Dieu, libère l'âme et la prépare. Il est purification et concentration de tout l'être vers sa finalité, qui est Dieu. »

Le jeûne avait pris une grande importance dans le monachisme chrétien. Saint Benoît, père des moines d'Occident, leur demande d'« aimer le jeûne », c'est-à-dire d'aller au-delà de sa dimension ascétique de purification des passions du corps. Car le jeûne laisse intact le désir de Dieu, qu'étouffent parfois les nourritures corporelles. Et ceci explique peut-être l'inédie, qui est le jeûne porté à son absolu.

On en relève plusieurs cas en Europe et les grands inédiques mystiques ont été bien étudiés dans les enquêtes de canonisation, notamment celui de sainte Catherine de Sienne (1347-1380), patronne de l'Italie et conseillère des papes, qui jeûna pendant huit ans. Elle se signala dès son jeune âge par un mysticisme précoce qui contrastait avec le matérialisme de l'entourage. À sept ans elle eut une vision du Christ et voua sa virginité à Marie. À quinze ans ses parents tentèrent de la marier, mais elle leur opposa son vœu. Elle se mortifiait à l'excès, ne mangeait plus que du pain et des herbes crues, s'imposait de ne dormir que trente minutes tous les deux jours et se flagellait trois fois par jour.

Elle entra volontairement dans l'anorexie, ce que la psychiatrie moderne traduira comme une réaction au matérialisme de l'entourage. Malgré l'opposition de son confesseur, elle pratiqua un jeûne total de deux mois et demi à partir du carême, et cela lui réussit tellement qu'elle ne put plus s'en passer. L'habitude prise, la nourriture la rendait malade.

Aux exhortations de sa famille et de son confesseur, elle opposa ses visions. Le Christ lui avait dit : « Je répandrai sur ton âme une telle abondance de grâces que ton corps lui-même en ressentira les effets et ne vivra plus que d'une manière extraordinaire. »

Elle ne pouvait survivre sans l'Eucharistie et si on l'en privait elle se sentait en danger de mort. Elle disait à son confesseur : « Dieu me rassasie tellement qu'il m'est impossible de désirer aucune espèce de nourriture corporelle. »

Ce que confirme sa biographe, témoin de sa vie, mère Francis-Raphaël Drane :

« L'Eucharistie satisfaisait non seulement son âme, mais son corps. Ainsi, les aliments ordinaires ne lui furent plus nécessaires et les tentatives pour les avaler étaient suivies de souffrances extraordinaires. Ceci parut si incroyable que son confesseur lui ordonna de prendre chaque jour de la nourriture et de ne tenir aucun compte des visions qui pourraient sembler lui prescrire le contraire[3]. »

Elle obéit. Mais elle rejetait tout et ses souffrances étaient atroces. Elle vomissait même du sang et cela confondit ceux qui prétendaient qu'elle mangeait en cachette. Alors, on l'accusa d'être possédée par le diable. Cette calomnie l'amena à un tel état de désespoir qu'on craignit pour sa vie. Son confesseur céda.

Impossible de parler chez elle d'autosuggestion ou

de fraude : « J'ai constamment supplié Dieu, je le fais et le ferai toujours, qu'il veuille m'accorder de vivre comme les autres. »

À la fin de sa vie elle écrivit à son confesseur :

« Mon corps subsiste sans aucune espèce de nourriture, même pas une goutte d'eau. Ma vie est suspendue, me semble-t-il, à un fil. » (ID.)

Ce jeûne total est attesté dans sa bulle de canonisation. Le plus étonnant est qu'elle garda toute son activité, soulageant les pauvres et admonestant les papes. Ici, l'inédie est signe de son don corporel pour sauver l'Église déchirée par le schisme et la corruption. En renonçant au besoin de nourriture terrestre, elle accède au désir dont il est dit qu'il est la nourriture des anges : « C'est le désir de Dieu qui attire l'âme et me fait une même chose que Lui », incorruptible et immortelle.

Autre cas surprenant, au XVe siècle, celui de la religieuse Elisabeth von Reute. Au père Konrad son confesseur elle déclara : « L'Esprit-Saint m'ordonne de me priver à l'avenir de toute nourriture, et pourtant je continuerai à vivre. Mais cela me semble si extraordinaire que je ne ferai rien sans votre conseil. »

Il l'autorisa à s'abstenir, ce qu'elle fit pendant trois années entières. L'entourage ne le supporta pas. « Le diable s'en mêle », dit-on. La supérieure lui apporta alors un bol de bouillie d'orge et lui ordonna de manger. Elle s'exécuta mais fut prise d'abominables douleurs. Et le père Konrad finit par admettre : « Lorsque Bethe recevait l'Eucharistie, elle était nourrie dans son corps et dans son âme. »

Le XIXe siècle compte une dizaine d'inédiques incontestables à caractère religieux. L'un des cas les mieux observés est celui de Louise Lateau (1850-1883). Cette simple paysanne de Bois d'Haine, en Belgique, avait été traumatisée à treize ans par un grave accident :

une vache l'avait piétinée. Elle devint mystique. Stigmatisée à dix-huit ans, elle connut visions, extases et cessa peu à peu de s'alimenter. À vingt et un ans elle était complètement inédique, mais, chose extraordinaire, cette simple servante de ferme continua à exécuter les plus durs travaux, excepté le vendredi.

Jusqu'à sa mort, donc pendant treize ans, elle n'absorba que l'Eucharistie. Elle ne dormait presque jamais. En vain tenta-t-elle d'obéir à son évêque et à son médecin qui lui ordonnaient de s'alimenter. Son estomac rejetait tout. Le Dr Warlamont fit même analyser le lait qu'elle s'était forcée à avaler et qu'elle avait vomi. Le laboratoire n'observa aucune trace de sécrétion gastrique et le médecin conclut que les processus de digestion étaient interrompus.

Travaillant « comme une esclave », aidant les plus pauvres, elle dut tout de même s'aliter en 1876 et vécut encore sept ans, étroitement surveillée. Même ses adversaires anticléricaux durent admettre que la fraude était impossible. Très pieuse, Louise, à la demande de son évêque, prêta serment de son inédie et le renouvela à l'article de la mort. Fuyant la notoriété, elle mourut aussi pauvre qu'elle avait vécu. Même le père Thurston, médecin jésuite spécialiste des états paranormaux, esprit scientifique très critique, parle à son propos de « miracle[4] ».

Autre spécialiste des phénomènes mystiques, le Dr Imbert-Gourbeyre, professeur à l'école de médecine de Clermont-Ferrand, a étudié personnellement, entre 1873 et 1875, Marie-Julie, du village de La Fraudais, en Loire-Atlantique[5].

Après sa stigmatisation, le besoin de manger diminua. Le 5 février 1874, elle annonça : « Je ne prendrai bientôt plus de nourriture. La sainte Eucharistie me nourrira. » Elle arrêta de s'alimenter le 12 avril. Son jeûne dura quatre-vingt-quatorze jours, puis elle s'alimenta. Le 28 décembre 1875, elle reprit l'abstinence complète, cette fois pendant cinq ans, un mois et vingt-deux jours.

Autre inédique, Mollie Fancher, de Brooklyn (1848-1901), observée en milieu hospitalier, vécut quatorze ans anorexique et nous intéresse particulièrement car elle n'avait pas un tempérament mystique.

Malade dès l'enfance, atteinte de tuberculose, elle cessa à quinze ans de manger. Parlant d'« indigestion nerveuse », les médecins lui conseillèrent de prendre de l'exercice, ce qui lui valut un traumatisme crânien après une chute de cheval. À dix-huit ans, invalide incurable, elle s'alita. Pliées sous elle, ses jambes se tordirent et s'atrophièrent, son bras se paralysa, elle devint aveugle. Totalement inédique, elle ne dormait pas. Sujette aux convulsions, elle demeurait sous contrôle médical permanent, avec garde de nuit, ce qui rendit impossible toute fraude alimentaire, pour laquelle n'existait d'ailleurs aucun mobile.

Son médecin, le Dr Speir, lui administra des émétiques. « L'estomac ne rejeta rien, dit-il, prouvant ainsi qu'il était vide. » On tenta de la nourrir de force avec une pompe stomacale, mais « cela la jeta dans des convulsions et sa gorge se noua ». Naturellement, pendant ses quatorze années d'inédie, toutes les fonctions d'évacuation se trouvèrent interrompues, comme en témoignèrent les infirmières. L'estomac s'atrophia. Le médecin ne trouvait plus l'estomac à la palpation. Il conclut :

« Je peux dire avec certitude qu'elle n'a rien mangé pendant quatorze ans. Ce cas renverse toutes les thèses médicales existantes. En un mot, il est miraculeux. »

Les médecins les plus éminents de la ville se penchèrent sur ce cas, sans le résoudre. Dans une interview au *New York Herald* du 29 octobre 1878, le Dr Ormiston déclara : « La ténacité de sa vie durant quatorze ans, sans une alimentation suffisante pour soutenir un bébé pendant une semaine, me fait croire, malgré moi, à des visitations surnaturelles. »

L'intéressée elle-même l'avait suggéré : « Je reçois de la nourriture d'une source que vous ignorez tous[6]. »

Et cependant, Mollie Fancher, de religion protestante, n'avait rien apparemment d'une mystique. Aucun prosélytisme religieux n'émanait d'elle. Ignorant le spiritisme, elle bénéficiait pourtant d'un don de seconde vue, affirmant converser avec des morts. Elle pouvait aussi lire des lettres sans les ouvrir. Elle voyait ce qui se passait dans des villes lointaines. Sujette au dédoublement de personnalité, elle en projetait quatre qui se révélaient la nuit au cours de transes cataleptiques.

Le XXe siècle ne compte que deux grandes inédiques religieuses : Marthe Robin et l'Allemande Thérèse Neumann.

Celle-ci, déjà célèbre pour ses stigmates, n'absorba pendant trente-cinq ans d'autre nourriture qu'une parcelle d'hostie. Elle ne buvait pas. À la demande de son évêque, elle accepta un contrôle scientifique. Médecins et théologiens sceptiques furent admis dans sa chambre de Konnersreuth. Ils déléguèrent quatre infirmières qui se succédèrent pendant quinze jours et quinze nuits pour vérifier si réellement elle ne prenait pas d'autre nourriture que l'Eucharistie. Toute fraude était impossible ; des centaines de gens l'épiaient.

Fait assez rare chez les inédiques, elle travaillait normalement. Après la messe matinale, aide aux malades du village et dur travail domestique à la maison. Elle était toujours disponible et joyeuse. L'Église a ouvert l'enquête préalable au procès en béatification.

Venons-en au cas le plus célèbre, celui de Marthe

Robin. L'inédie ayant duré cinquante-deux ans, elle a été particulièrement bien observée.

Née en 1902 dans une ferme isolée près de Châteauneuf-de-Galaure, Marthe souffre très jeune des suites d'une fièvre thyphoïde, dont le virus semble se réactiver à l'âge de seize ans. Bientôt frappée d'encéphalite léthargique, elle entre dans un coma qui dure vingt-sept mois, est donnée pour morte, mais se réveille après une vision de la Vierge.

Cependant, sa santé ne se rétablit pas, son corps se paralyse peu à peu. À vingt-cinq ans elle est à nouveau aux portes de la mort mais sort du coma après une vision de Thérèse de Lisieux, qui lui donne sa mission. En 1928, elle entre dans l'anorexie et l'absence de sommeil ; sa paralysie est totale.

Elle reçoit les stigmates en 1930 au cours d'une vision du Christ, dont désormais elle revit la Passion chaque vendredi. En 1936, l'arrivée de l'abbé Finet lui permet de concrétiser sa mission : créer partout dans le monde des Foyers de charité.

En 1942, un rapport médical établi par deux professeurs de la Faculté de Lyon constate la paralysie et l'anorexie, mais déclare Marthe « normale » au plan mental et affectif, ne relevant pas de l'hystérie, les phénomènes issus du mysticisme ne pouvant pas être expliqués.

Marthe Robin meurt en 1981 en odeur de sainteté. Grâce à elle, soixante-dix Foyers de charité ont été créés dans le monde. En 1990, l'évêque de Valence ouvre l'enquête préliminaire au procès en béatification, avec l'agrément du Vatican.

Nous parlerons souvent de Marthe Robin*. Étudions ici son inédie.

* Pour plus de détails, voir : Jean Guitton, *Portrait de Marthe Robin*, Grasset, 1986 ; Jean-Jacques Antier, *Marthe Robin, le voyage immobile*, Perrin, 1991.

De 1928 jusqu'à sa mort en 1981, elle a seulement absorbé l'hostie eucharistique, une hostie ordinaire. Elle ne pouvait même pas boire, ne pouvant déglutir en raison d'une paralysie du pharynx. Le père Finet a témoigné qu'il humectait ses lèvres et sa langue avec un peu de liquide pour qu'elle ne colle pas au palais et qu'elle puisse parler. Le liquide retombait sur un petit plateau placé sous le menton ; il était ensuite jeté dans le lavabo. Victorine Raynaud, qui l'assistait dans les années trente, a rapporté que Marthe lui demandait seulement de lui mouiller les lèvres. Au cours d'une conférence à Châteauneuf le 12 février 1961, devant trois évêques, le père Finet a solennellement confirmé l'inédie de Marthe :

« Depuis 1928, elle ne mange pas, elle ne prend aucun liquide, pas même une simple goutte d'eau. L'eût-elle voulu, elle ne le peut pas. Tout mouvement de déglutition lui est impossible. Étant paralysée, aucune simulation n'est concevable, d'autant que sa vie est exposée au regard de toute la communauté. »

Marthe elle-même ne voulait pas qu'on en parle : « Que je ne mange pas n'a pas d'intérêt. Ne vous attachez pas à ces choses », disait-elle.

Un médecin athée célèbre, le Pr Couchoud, qui a eu de très longs entretiens avec elle en 1956 et avec le père Finet, a écrit :

« Elle est un cas unique dans mon expérience de médecin et de psychanalyste de ce que j'appelerai le *minimum vital*. Il faut noter que cette capacité de ne pas se nourrir a un avantage. Comme elle ne mange pas, comme elle ne boit pas, comme elle n'exerce pas ses sens de la vue, elle fait une grande économie de forces nerveuses, et en particulier de cette énergie qui s'épanche à travers la rétine, lorsque nous captons la lumière[7]. »

Précisons que la déglutition est un phénomène musculaire complexe qui a pour but de faire passer le bol alimentaire dans le pharynx, puis l'œsophage, tout en obstruant le larynx qui conduit aux poumons. C'est un acte réflexe réglé par un centre nerveux situé dans le bulbe rachidien. Chez Marthe, il peut y avoir paralysie résultant d'une lésion cérébrale ; ce blocage a pu aussi être induit lors de ses crises d'ulcères gastriques de 1926 et maintenu par engramme cérébral. Il peut aussi avoir une cause psychique à connotation religieuse. Le Dr Assailly, psychiatre très connu, qui a examiné Marthe et demeure convaincu de son inédie totale, nous a dit que « le virus avait sans doute atteint son glosso-pharyngien et divers circuits, d'où son impossibilité de déglutir, toute cuillerée de liquide ressortant par les narines aussitôt [8] ».

Malgré son réalisme, on observe chez elle comme une attitude désincarnée, une sorte de tentative, provoquée par le creuset de la souffrance acceptée, d'atteindre dès ici-bas le « corps glorieux » promis par les Écritures. Un curieux « dit » de la stigmatisée, noté au cours d'une rencontre avec des retraitantes, le souligne, lorsqu'elle se compare (et les compare) à des hosties.

« Chaque jour, dépouillez-vous de quelque chose, purifiez-vous davantage, sanctionnez-vous sans cesse, devenez plus surnaturelles, plus pures, plus saintes, plus divines, et alors votre hostie ressemblera un peu mieux à celle du prêtre [9]. »

Chez tous les mystiques, le dépouillement, le détachement des contingences charnelles et humaines a toujours été le chemin abrupt vers l'illumination, la rencontre, la fusion avec ce Dieu qui se montre si avare de contacts avec l'humanité ordinaire embourbée dans sa pesanteur charnelle. C'est pourquoi on ne peut pas séparer l'inédie de Marthe de l'Eucharistie. Elle répétait : « Je ne vis pas de rien, je vis de Jésus. Ma nourriture, c'est de faire la volonté de mon Père. »

Dans ces conditions, le « minimum vital » dont parle le Dr Couchoud serait plutôt un « maximum vital ».

L'ANOREXIE, SUPPORT DE CONCEPTUALISATION ?

Quel bilan peut-on dresser de ce panorama de l'anorexie religieuse ? Quels points communs se dégagent ?

Les femmes sont surtout concernées. En outre, on observe que quinze pour cent des stigmatisés sont inédiques, et beaucoup visionnaires. On sait que le jeûne favorise l'émergence des images de l'inconscient : ce qui ne préjuge rien de leur origine, car l'inconscient n'est pas seulement une banque de données à la manière de la mémoire, mais aussi un « ailleurs » hors de l'espace-temps.

Le jeûne est souvent précédé par une douloureuse épreuve physique et (ou) morale, qui est finalement acceptée et surmontée dans un grand mouvement d'abandon, de don de soi, dont le but est l'amour.

Naturellement, la psychanalyse a tenté d'expliquer le mystère. Pour le Dr Freud, l'anorexie exprime le refus de devenir adulte chez l'adolescent, son incapacité à assumer la transformation propre à la puberté. Ce n'est pas le cas de Marthe Robin, qui cessa de s'alimenter à vingt-six ans.

« C'est une forme particulière de schizophrénie », reprennent en chœur les psychanalystes. Mais Marthe n'était pas schizophrène. D'après Lacan, l'enfant refuse de manger « afin que demeure vivante la dimension du désir ». Cela est déjà plus nuancé. Toutefois, ce n'est valable que pour les enfants gavés.

Ce n'était pas le cas de Marthe, qui avait appris à apprécier la valeur d'un morceau de pain.

Cependant, les psychanalystes nous mettent sur une piste intéressante lorsqu'ils suggèrent avec Ginette Rimbault et Caroline Eliacheff que « les facteurs prédisposants de l'anorexie relèvent d'une difficulté d'autonomisation et d'acquisition du sentiment d'identité [10] ».

Que Marthe soit totalement dépendante, c'est évident. Qu'elle ait renoncé à son moi, à son ego, d'une manière radicale, c'est tout aussi certain. Telle est la voie de l'ascèse poussée à l'extrême, même si elle n'entraîne pas généralement l'anorexie.

Autre remarque intéressante : « L'anorexie mentale pourrait ne pas être un paradigme psychosomatique, mais un support de conceptualisation. » Marthe est possédée par la certitude que « Dieu seul suffit » (l'idéal de Thérèse d'Avila). L'Eucharistie la nourrit totalement.

Enfin, on trouve souvent chez les anorexiques un fantasme de culpabilité pour un crime qu'ils n'ont pas commis mais qu'ils doivent payer. Pour Marthe, ce serait le péché originel et ceux du monde actuel, qu'elle assume généreusement, après s'être identifiée au Christ.

D'après la psychanalyse, l'anorexique tente désespérément de dire quelque chose d'essentiel à son entourage. Chez Marthe, c'est la primauté de l'amour, de la vie spirituelle et du rapport à Dieu, renforcés par ses visions, s'opposant à la vie terre à terre de ces campagnards plus ou moins incroyants préoccupés d'abord de vivre, puis de bien vivre.

Marthe vivait d'une spiritualité innée, elle pratiquait un véritable mysticisme expérimental où le vécu de l'Absolu n'avait qu'un lointain rapport avec le catéchisme tel qu'il était alors enseigné. De toute évidence, dans la première partie de sa vie, elle ne trouva pas dans son entourage la réponse à son attente mystique, même chez le bon curé de Châteauneuf qui se préoccupait surtout du dogme, de la morale, et qui avait en horreur le « mysticisme ».

Comme l'écrivent très justement G. Rimbault et C. Eliacheff, « la mère vit dans un monde matériel de devoir, de santé, de réussite sociale. L'anorexique demande autre chose. La plupart de ces mères ignorent qu'il y ait *autre chose*, et cette ignorance, les filles ne le pardonnent pas [11] ».

Ceci peut s'appliquer à Marthe Robin jusqu'à sa prise en charge par le père Finet. Mais ensuite ? L'habitude est prise ; le corps est soumis à un nouvel état ?

OSER PARLER DE MIRACLE

Motiver l'anorexie est une chose. Plus ardu est de comprendre comment l'anorexique peut survivre. L'alimentation apporte à l'adulte les calories nécessaires pour entretenir la vie et l'effort. Marthe étant paralysée, peut-on suggérer qu'elle pourrait s'en passer et vivre de son capital ? Un an, peut-être ; mais plus de cinquante ?

L'alimentation apporte aussi des substances rares, les vitamines et les oligo-éléments, indispensables à la vie, que le corps ne peut fabriquer. Comme ils ne se stockent pas, ils doivent être renouvelés chaque jour. En outre, la vitamine K intervient dans la coagulation du sang. Son absence favorise-t-elle les hémorragies des stigmates ? Mais avec quoi le sang se refait-il, qui nécessite la vitamine B12, l'acide folique ?

Les scientifiques, quant à eux, déclarent le phénomène « impossible » lorsqu'il est poussé à l'extrême (anorexie totale et durable). Cela amène à parler de miracle.

« L'abstinence totale, écrit le Dr Thurston, impose un effort presque intolérable à l'organisme. Si elle se poursuit et laisse intacte la vitalité du sujet, nous sommes induits à présumer l'action de quelque influence ou force inexplicable par des causes naturelles et normales [12]. »

L'inédie peut-elle avoir une origine surnaturelle ?

Ce qui complique tout, c'est que les phénomènes refusent de se laisser réduire et qu'il y a imbrication du « naturel » (ce qu'explique la science) et du « surnaturel » (ce qu'elle n'explique pas). Elle a déjà bien du mal à débrouiller ce qui revient au physiologique de ce qui relève de la psychosomatique !

Doit-on laisser de côté ce qu'on ne comprend pas ? Mais l'Église ne peut pas faire l'impasse sur l'inédie, des cas lui étant soumis dans les procès en béatification. En son temps, le cardinal Lambertini, *promoto fidei* (avocat du diable) au Vatican pour ces procès, demanda l'avis de l'Académie des sciences de Bologne, qui nomma une commission d'enquête. Au vu de ses travaux le cardinal imposa d'abord l'observation la plus stricte pour éliminer les fraudes. Devenu pape en 1740 (Benoît XIV), il fixa la condition du jeûne mystique : « Posséder les vertus au degré héroïque. *C'est la sainteté qui fait preuve.* » Doivent s'y ajouter les effets habituels de l'union mystique : extase, science infuse, prophéties ; le serment de l'intéressé et de ses témoins. Le jeûne doit être pratiqué « sous l'impulsion de l'Esprit et dirigé par l'obéissance ». Mais on a vu que les plus saints inédiques n'obéissent guère pour ce qui est de la nourriture !

En fait, ce qui établit le jeûne surnaturel, c'est que, « nourris par l'Eucharistie, les serviteurs de Dieu se trouvent rassasiés ». (Pignatelli.)

Quand y a-t-il miracle ? S'il y a arrêt prolongé des fonctions métaboliques et lorsque le sujet demeure en activité. En fait, pour les gens d'Église comme pour les scientifiques, l'énigme demeure totale. Peut-on échapper à l'alternative corps/esprit, matérialisme/spiritualisme ? N'y a-t-il pas une explication qui pourrait satisfaire tout le monde ? N'est-on pas aveuglé par la tendance occidentale au dualisme matière/esprit, alors qu'en définitive, comme nous l'avons vu, la science découvre petit à petit que la matière elle-même est « une vaste pensée » ? Ainsi le scandale de l'inédie ne résulterait que de l'idée superficielle que nous nous faisons de la vie en général, et de l'être humain en particulier.

L'inédie n'est pas une preuve de sainteté. Mais elle peut être un signe, une voie, un moyen donné à l'homme pour transcender la matière. Marthe Robin dit : « Je ne vais pas mourir. J'expérimente combien il est doux d'aimer, même dans la souffrance, car la souffrance est l'école incomparable du véritable amour. » On pourrait remarquer qu'à l'inverse la boulimie est une compensation affective et que le régime draconien que s'imposent beaucoup de femmes procède d'un désir de dominer leur corps au nom d'une certaine idée de la beauté, celle-ci attirant l'amour.

A propos de sa patiente, Elisabeth K., stigmatisée et inédique, le médecin allemand Leschler, ayant constaté que son poids ne changeait pas, lui posa sous hypnose la bonne question.

— Qui vous empêche de maigrir ?

— Il ne faut pas que je maigrisse. J'ai peur de mourir.

Donc, se dit Leschler, son métabolisme se trouve sous la dépendance de ses impressions mentales [13].

Banal, pensera-t-on, bien qu'on ne puisse imputer la peur de la mort à Catherine Emmerich, Louise

Lateau et Marthe Robin, qui la désiraient ardemment. L'intérêt de l'observation est ailleurs. En poussant la suggestion sous hypnose, Leschler prétend avoir fait grossir sa patiente de sept livres en une semaine, sans apport de nourriture ! Et on est bien obligé de constater que des inédiques comme Louise Lateau, Thérèse Neumann et Marthe Robin (sauf à la fin de sa vie) ne maigrissaient pas tout en perdant leur sang. Sous stricte surveillance médicale, Thérèse Neumann manifestait, en inédie absolue, d'incroyables variations de poids : de 55 kilos habituellement, le poids tombait à 51 kilos après la Passion du vendredi, puis remontait à 55 kilos le samedi.

Cette création de matière *ex nihilo*, par le seul pouvoir du mental, n'est-elle pas aussi extraordinaire que les hémorragies chez les stigmatisés inédiques ? Et ne se rapproche-t-on pas de la perte de masse des mystiques en lévitation, qui semblent échapper aux lois de la pesanteur ?

D'où notre conclusion : quel que soit le processus, s'il a pour canal le mental humain, c'est-à-dire l'invisible, l'immatériel, rien n'empêche aussi qu'il soit provoqué par une entité extérieure.

D'autre part, comme l'écrit Aimé Michel, « si l'on retient ce que rapporte Leschler, on met la main dans un engrenage, puisque le jeûneur constitue un défi aux lois les plus fondamentales de la physique connue. Si l'on peut par suggestion créer ou faire apparaître de la matière, que signifient les mots possible et impossible [14] ? ».

C'est bien toute la différence entre phénomène naturel et miraculeux.

Il y a donc une modification extraordinaire des processus du métabolisme. Le sujet n'absorbant que de l'air (oxygène et azote) et de l'eau (hydrogène et oxygène) par la respiration (l'hostie, quelques grammes de froment pur, ne compte pas), comment peut-il produire les éléments indispensables à la vie : carbone, sodium, calcium, potassium, fer, magnésium, etc. ? Ou comment s'en passer ? (Le cerveau fonctionne au carbone et à l'oxygène.)

Il y a le *prana*, disent les Orientaux, que ces phénomènes n'émeuvent pas outre mesure. Le prana serait une « énergie vitale » sans support atomique. L'horreur absolue pour les scientifiques rationalistes qui ont déjà assez à faire avec la gravitation, autre énergie sans support apparent.

S'il y a beaucoup plus d'inédiques femmes qu'hommes, ce n'est pas parce que les femmes sont plus spirituelles, intérieures (introverties), abandonnées, offertes, ou... hystériques. Le moi chez elles a moins d'importance que chez l'homme, plus porté à l'action.

Y a-t-il une liaison entre l'inédie et les paralysies et contractures des membres inférieurs qui frappent certains mystiques ? Y a-t-il atteinte de la moelle épinière supérieure, centre du contrôle de la faim et autres phénomènes, et qui correspond aux *chakras* des yogis maîtres de leur corps ?

Le jeûne modifie à l'évidence les fonctions métaboliques. Tout se passe comme si l'organisme s'adaptait pour la survie. N'est-ce pas le jeûne qui provoque les convulsions (attribuées au démon) et le tétanisme (rigidité cataleptique) par la rétention du calcium, ou hypercalcémie ? Le jeûne déclenche-t-il un métabolisme aberrant entraînant les autres manifestations (paralysie, épilepsie, hallucinations) physiques et mentales ? Le jeûne est-il produit par les lésions de la moelle (ou cérébrales), ou est-ce l'inverse ?

Reste le mystère des faits incontournables. Marthe Robin et Thérèse Neumann, suractives, non seulement ne mangeaient ni ne buvaient, mais, stigmatisées, elles perdaient leur sang en abondance. Certains stigmatisés perdent l'équivalent de leur volume de sang, cinq litres, au rythme de deux cents cinquante grammes par jour, et le récupèrent sans s'alimenter.

On connaît le cas des végétaux pauvres qui poussent dans le désert et ne tirent rien du sol, qui est de sable sec, mais qui vivent d'un peu d'humidité de l'air (l'inédique par sa respiration). Toute la source de leur énergie vient du soleil. Mais Marthe vivait dans l'obscurité, comme les recluses du Moyen Âge, véritables enterrées vivantes telle sainte Colette.

Y a-t-il à l'intérieur même de la matière une source cachée d'énergie qui agirait à la manière des centrales nucléaires, dont l'énorme puissance vient de quelques kilos d'uranium enrichi ? Pour Marthe, ce serait l'hostie, donc une énergie spirituelle. Son sang est-il un « soleil liquide » ? Ne se nourrissant que d'une parcelle de matière consacrée, le sang est-il devenu chez elle un organe d'adaptation à la matière, une sorte d'intime lumière ?

Selon Patanjali, l'un des fondateurs du yoga, l'homme serait capable de contrôler la matière, donc son corps, grâce aux *chakras*, sorte de centres nerveux qui correspondent à nos plexus. Le *chakra vishuddha*, cinquième plexus, ou « centre fluidique » (au niveau de la gorge), contrôle l'*akasha*, principe unique de la matière, ce qui permettrait à quelques adeptes très avancés de puiser l'élément nutritif directement à la source de toute matière. La *Bhagavata Purana*, texte très ancien, enseigne comment y parvenir grâce à la méditation, la concentration, appuyées sur la récitation des *mantras*, le contrôle de la respiration et les postures. Bref, l'énergie vitale serait tirée du prana énergétique contenu dans l'air, grâce notamment au contrôle de la respiration. En effet, aucun ascète n'a jamais pu survivre sans respirer, si l'on excepte, pour une durée très limitée, certains « morts vivants » enterrés, volontaires ou non.

Nous voudrions terminer ce chapitre difficile par

une réflexion que nous inspire Giri Bala, une mystique hindoue. Née en 1882, elle jeûna depuis l'âge de douze ans (ni solide ni liquide) jusqu'à sa mort, donc pendant plus de soixante ans. Le yogi Paramhansa, qui la visita en 1950 (elle avait alors soixante-huit ans), après avoir contemplé son visage « illuminé par la sagesse », lui demanda :

— Mère, à quoi sert que vous vous soyez singularisée en vivant ainsi sans nourriture ?

— À prouver que l'être humain est esprit. À montrer que par le progrès vers Dieu il peut apprendre à vivre de lumière vivante et non de nourriture.

Cela rappelle la réponse de Thérèse Neumann à son confesseur :

— Il faut se référer à la transfiguration du Christ au mont Thabor. Lors de ma vision de cette Transfiguration le 6 août 1926, j'ai laissé la faim et la soif au Thabor [15].

Le chrétien pense alors au psaume 17 : « Je serai rassasié quand ta gloire sera visible. » Pour lui, l'inédie est un signe qui donne à voir l'invisible.

JEAN-JACQUES ANTIER. — Quand un problème paraît insoluble, quand un phénomène semble « impossible », on dit qu'il y a eu fraude ou erreur. C'est plus simple que de chercher à comprendre. Des milliers d'observations ont été faites sur les inédiques, et pourtant, les « scientifiques » ne sont pas convaincus ; et même beaucoup de croyants. Marthe Robin, qui a jeûné plus de cinquante ans, représente le record absolu de l'inédie dans notre Occident chrétien. Vous qui l'avez vue des dizaines de fois, avez-vous douté, et qu'avez-vous compris ?

JEAN GUITTON. — Je n'ai pas compris ; et

comme tout le monde, j'ai d'abord douté ! À ma première visite, je me demandais ingénument : *Mais qui donc la ravitaille clandestinement* ? Et je ne suis pas le seul à avoir cherché à expliquer le phénomène par quelque supercherie. Or, Marthe a reçu des milliers de visiteurs au cours de sa longue vie, et souvent des esprits éminents et défiants ; juristes, médecins, psychiatres, des ecclésiastiques formés à suspecter les mystiques et volontiers incrédules en matière de merveilles. Comme eux, j'ai observé les regards, les démarches, les paroles de l'entourage. Je dis : la fraude n'était pas seulement improbable, mais impossible. Supposer que Marthe ait pu abuser si longtemps ces enquêteurs si différents est plus improbable que l'absence de nourriture.

J.-J.A. — Mais elle, qu'en pensait-elle ? À scruter minutieusement sa vie, on a l'impression que, au début, elle en a été effrayée. Ensuite elle a dépassé ce stade. Ne pouvant comprendre au sens rationnel du mot, elle a « oublié » le problème.

J.G. — C'est bien ça. Il m'est arrivé de l'interroger ; ses réponses étaient doucement ironiques : *Cela n'a pas d'intérêt ; ne vous attachez pas à ces choses*. Un jour, j'ai osé lui dire : *Lorsque je raconte que vous ne mangez pas, que vous ne buvez pas, on me répond que cela n'est pas possible ; que certainement vous vous glissez la nuit dans votre garde-manger pour prendre un peu de fromage, ou pour boire un peu d'eau*. Elle a ri, puis, redevenant sérieuse, elle m'a dit : *Je n'attache pas d'importance à ce jeûne auquel Jésus m'a soumise*. Là est le secret de son authenticité et peut-être de sa sainteté. Le Dr Couchoud, qui l'a aussi longuement questionnée, m'a dit : *Ce que je redoute, c'est que Marthe fasse des miracles. Ce que j'ai apprécié en elle, c'est son détachement par rapport à ses états de conscience. Un jour où je lui disais :* Marthe, vous n'êtes qu'un cerveau !, *elle me répondit gentiment :* Croyez-vous que je ne suis pas aussi un cœur ?

J.-J.A. — Due à la maladie, l'inédie de Marthe, qu'elle acceptait et offrait, comme elle consentait, au lieu de se révolter, à toutes ses souffrances physiques, lui était-elle difficile à supporter ?

J.G. — Oui, à cause des tentations diaboliques qui l'assaillaient souvent et s'emparaient de son esprit en proie à une soif et à une faim dévorantes. Elle me disait avec émotion se souvenir du goût du café qu'elle aimait, qu'elle préférait au chocolat, plus fade.

J.-J.A. — On lui a reproché d'avoir refusé de se laisser observer dans une clinique.

J.G. — Elle n'a pas refusé. Elle a dit qu'elle se soumettrait à l'ordre de son évêque, comme elle s'était soumise en 1942 à l'examen des professeurs Dechaume et Ricard. Quand Mgr Marchand s'est décidé à la faire hospitaliser pour ces examens, qu'elle avait acceptés par esprit d'obéissance, il était trop tard. Elle est morte entre-temps. En fait, elle demeurait convaincue que de tels examens, auxquels se sont souvent soumis les mystiques en pure perte, ne serviraient à rien. Elle me disait simplement : *Ceux qui n'admettent pas n'admettraient pas davantage.*

J.-J.A. — Elle avait un grand respect de son corps. Il lui paraissait impensable de le livrer comme un cobaye, un sujet d'examen. Elle avait gardé un détestable souvenir des examens de 1942. Gemma Galgani, la stigmatisée de Lucques, ne supportait même pas l'idée qu'on puisse la déshabiller et refusait les examens. Quand il a fallu l'opérer, elle a refusé toute anesthésie. Le padre Pio de même, auquel ses supérieurs avaient ordonné de ne pas montrer ses stigmates.

J.G. — Marthe disait simplement : *Mon corps est à moi ; je suis maîtresse de mon corps.* Elle avait *tout* donné aux autres. Mais le corps, c'est autre chose. C'est sacré.

J.-J.A. — Les stigmates étaient comme un secret entre Dieu et elle. Maintenant qu'il n'y a plus de doute sur la réalité du phénomène de son inédie, allons au fond des choses. Comment l'expliquez-vous ?

J.G. — Je ne l'explique pas ; mais je peux user de comparaison. Le rapport de l'animal et de l'homme à son milieu procède ordinairement de la respiration et de la nutrition. Or, la solution du végétal diffère. Dépourvu de mobilité, il assimile directement l'énergie solaire, sans détruire une substance vivante, mais par un rapport direct avec la source. Paul Valéry a suggéré un animal recevant toutes préparées les substances dont l'élaboration demande tant d'industrie coordonnée, d'où économie des organes de relation : les sens, les moteurs, les instincts, la psyché, et les organes de la chaîne alimentaire.

J.-J.A. — Le Pr Jean Bernard imagine d'ailleurs un sang artificiel de substitution. Cela n'est pas utopique.

J.G. — Le sang, voilà peut-être la clé des

inédiques. Pour eux, tout le corps n'est que pour le sang.

J.-J.A. — Le sang nous fait entrer dans le monde mystérieux des stigmatisés. Or, il y a un rapport étroit entre inédie et stigmatisation, puisqu'on observe souvent ces deux phénomènes exceptionnels chez le même mystique.

J.G. — Comment retrouvent-ils leur poids sans s'alimenter ? Y a-t-il une source cachée d'énergie à l'intérieur de la matière, comme dans les corps radioactifs ? Et ce qui est courant dans la technologie physique : la centrale électrique, la centrale nucléaire convertissant la matière en énergie par une sorte de respiration atomique, pourquoi cela ne pourrait-il se réaliser au niveau de la vie ? Plus que le nôtre, le sang de certains stigmatisés est comme un soleil liquide. Simone Weil voulait chercher s'il n'était pas possible aux êtres humains de vivre sans manger, en se nourrissant seulement de lumière solaire.

J.-J.A. — Les inédiques mystiques chrétiens ne se nourrissent que de l'Eucharistie. Est-ce la clé du mystère ?

J.G. — Le mystère ne peut être compris que par la foi. Sous les éléments du pain et du vin consacrés par un successeur des apôtres qui reproduit les gestes et les paroles du Christ à son ultime cène — *ceci est mon sang livré pour vous* —, la foi affirme que le Christ devient présent sacramentellement, d'une manière invisible et insensible.

J.-J.A. — Pas insensible pour certains. Le padre Pio entrait en extase dès qu'il communiait. Marthe Robin aussi, et par un étrange phénomène de psychokinésie, l'hostie s'échappait parfois des mains du prêtre pour se poser sur ses lèvres. Quantité de mystiques savent si l'hostie est ou non consacrée. Mais que se passe-t-il dans ce petit bout de pain azyme ?

J.G. — Le Verbe de Dieu s'est replié tout entier sur son germe, son point nucléaire, son gène impénétrable, là où repose son essence : le moi de son moi. Et par cette concentration que seul un créateur des mondes pouvait obtenir, s'est produite une expansion indéfinie, une explosion atomique de l'Incarnation, qui par sa retombée occupera tous les siècles de cette planète. Dans le repas eucharistique réside peut-être, en effet, la clé du mystère chez les grands inédiques mystiques, qui se nourrissent du Verbe fait chair.

2

De la multiplication des pains à la transsubstantiation

Nous regroupons dans ce chapitre des phénomènes en apparence étrangers les uns aux autres, mais qui obéissent tous à un point commun : la rupture de l'élément de liaison entre atomes, qui fait la cohésion d'un objet matériel ou d'un corps, et que nous avons appelée au début de ce livre « une vaste pensée », l'idée même du Créateur :

— création à partir de « rien » : c'est l'acte propre au Créateur : distribution de la manne dans le désert ;

— multiplication d'objets à partir du modèle : multiplication des pains par le Christ, ou de blé par un saint ;

— modification de la nature d'un objet : eau changée en vin ;

— création de formes visibles par des médiums (ectoplasme) ;

— apparition d'objets venus d'ailleurs, chez les saints et les médiums. L'intérêt du phénomène est ici que l'objet semble se dématérialiser pour franchir murs et portes.

Mais voyons d'abord les miracles dans la tradition

chrétienne*. Nous présenterons en fin de chapitre les miracles de Jésus, qui font partie intégrante du dogme chrétien.

Les miracles des saints ne sont pas « articles de foi », mais il est difficile de mettre ces témoignages en doute lorsqu'ils sont, par exemple, cités par le cardinal Lambertini (futur Benoît XIV) dans son traité sur la béatification et la canonisation des saints, étant donné qu'il était justement chargé de les contester de par sa fonction d'« avocat du diable ».

Il mentionne comme miraculeux les cas concernant sainte Claire d'Assise, saint Richard de Chichester, sainte Thérèse d'Avila, sainte Françoise Romaine, sainte Marie-Madeleine de Pazzi, sainte Rose de Lima, saint Louis de Gonzague, saint François Xavier, saint Pie V. N'oublions pas sainte Véronique Giuliani, saint Paul de la Croix, sainte Lydwine de Schiedam, pour ne citer que les canonisés.

Examinons quelques cas reposant sur des témoignages de première main.

DES DONS SURPRENANTS DANS L'HAGIOGRAPHIE CHRÉTIENNE

Sainte Germaine Cousin († 1601) fut béatifiée en 1854. C'est pendant l'examen de la cause que commencèrent à se produire, en 1845, au monastère du Bon-Pasteur de Bourges, des faits étranges.

La réserve de farine s'épuisait. Pas d'argent. Comment nourrir cent seize personnes ? Les sœurs, en désespoir de cause, implorèrent sainte Germaine. Il

* Miracle, du latin *minari* (admirer) ou *mirabilia* = merveille.

fallait douze paniers de farine pour pétrir vingt grosses miches tous les cinq jours. On n'employa que huit paniers et l'on supplia Germaine de pourvoir au reste. Les trois premières tentatives, avec huit paniers, n'ayant pas abouti, les supplications redoublèrent et le miracle se produisit. Les paniers de farine, au nombre de huit, produisirent les vingt pains. À la seconde cuisson, avec seulement quatre paniers, la farine gonfla et déborda du pétrin. Les sœurs en remplirent le four et il resta vingt livres de pâte. Cinq jours plus tard, la même multiplication se répéta aux deux fournées. En outre, la réserve de farine du grenier cessa de baisser, quelque prélèvement que l'on fît. Ces phénomènes durèrent de novembre 1845 à février 1846 [1].

Le père André-Hubert Fournet (1751-1833), canonisé en 1933, fondateur des Filles de la Croix, dites de Saint-André, eut une vie extraordinaire. Prêtre réfractaire au début de la Révolution, il risqua sa vie en célébrant clandestinement la messe, puis tenta de ranimer la foi d'un peuple marqué par l'athéisme. Les minutes du procès de canonisation révèlent ses dons de guérison, de lévitation (lorsqu'il disait la messe ou prêchait).

D'après la déclaration sous serment de sœur Bartholomé, religieuse de sa congrégation chargée du grenier, en 1824 à La Puye (Bretagne), le prêtre aurait réalisé le miracle dc la multiplication des vivres. La mère fondatrice (Élisabeth Bichier) s'étant opposée à l'invitation des sœurs des autres communautés pour la retraite annuelle, faute de vivres et de moyen d'en acheter, le père la rabroua, en lui rappelant le miracle du Christ multipliant les pains. Les invitations furent donc lancées et deux cents religieuses et orphelines se retrouvèrent à La Puye. Or il n'y avait au grenier que deux petits tas de blé et d'orge, environ vingt boisseaux, qui n'auraient permis de s'alimenter que pendant une semaine. Le prêtre se contenta de « tourner autour ». Et pendant les deux mois et demi que dura le séjour des invités, atteste sœur Bartholomé, « j'allais chaque jour au grenier pour y prendre le grain nécessaire, sans y voir aucun signe de diminution[2] ».

Il y eut beaucoup d'autres témoignages de ce genre dans la communauté.

Autre miracle. Le bienheureux Gaspard de Bufalo, fondateur en 1815 de la congrégation du Précieux Sang, aurait répondu au père Blaise Valentini qui lui réclamait de l'argent pour subvenir aux besoins de la communauté, parce qu'à San Felice (Giano, Italie) où il se trouvait, « il n'y avait d'autres ressources que les pierres » : « Bénissez les pierres et elles se changeront en piastres. » Ce qui advint[3].

Le père Valentini, plus tard supérieur général, a déposé sous serment en affirmant qu'une erreur initiale ou une supercherie étaient impossibles.

Plus proche encore de nous, à Malestroit en Bretagne, voici une personnalité étonnante, mère Yvonne-Aimée de Jésus (1901-1951), supérieure générale des Augustines, dont la vie n'est qu'une suite de prodiges : stigmates, bilocations, glossolalies, extases, visions, guérisons et plusieurs phénomènes de matérialisation sur lesquels l'Église ne s'est pas encore prononcée.

Elle voit en extase l'Enfant Jésus, qui vient se blottir dans ses bras. À cinq reprises, la vision s'achève par une matérialisation : « En sortant de mon extase, j'avais dans les bras un Jésus en cire[4]. »

On trouve souvent des fleurs dans sa cellule, dont la provenance est inexpliquée (il s'agit d'un ordre contemplatif en clôture), et qu'Yvonne-Aimée attribue au Christ. Tout le couvent en est persuadé, et la maîtresse des novices, mère Ange-Gardien, pourtant solide infirmière de métier, y croit aussi et invite les religieuses à entrer dans la cellule. Le 19 janvier 1928, elles y trouvent une profusion de guirlandes de fleurs. Yvonne-Aimée est étendue sur son lit, en extase. Elle paraît morte. Le miracle est attesté par mère Ange-Gardien [5].

Le 14 novembre 1931, une autre religieuse, également infirmière, témoigne : « Le soir, pendant une extase, je vis sortir doucement de la blessure de son cœur (stigmate) une rose rouge dont la tige avait environ vingt-cinq centimètres. Le dessous de quelques pétales et de quelques feuilles était comme lamé d'or [6]. »

Le fait se renouvela plusieurs fois.

Or, il ne s'agit pas d'une quelconque religieuse exaltée, d'une malade hystérique ou folle, mais d'une femme solide, fondatrice de monastères, dans un ordre ayant pour mission de soigner. Cette femme héroïque, décorée de la Légion d'honneur par le général de Gaulle en personne pour avoir caché pendant la guerre des aviateurs anglais et des résistants menacés de mort, est décédée en 1951 en odeur de sainteté. Les préliminaires de son procès en béatification sont engagés.

MATÉRIALISATION ET DÉMATÉRIALISATION DES MÉDIUMS

On peut douter de ce qui précède. Et pourtant, on va trouver d'étranges faits similaires chez quelques grands médiums de la fin du XIXe siècle, révélés dans les annales des sociétés pour la recherche des phénomènes psychiques, dont le but n'est ni religieux ni spirite, mais uniquement scientifique.

C'est à la suite des recherches sur la « force psychique », en 1871, d'un savant incontestable, le physicien britannique sir William Crookes (le découvreur du thallium et des rayons cathodiques), que fut fondé en 1882 par des scientifiques un organisme international de recherches, indépendant, qui s'efforça d'établir expérimentalement des faits jusqu'alors contestés ou inexpliqués : la *Society for Psychical Research* (S.P.R.). Elle fut présidée par un universitaire de Cambridge, le professeur Sidgwick, qui déclara :

« Il faut placer les incrédules devant ce dilemme : admettre que les phénomènes psychiques sont inexplicables, ou accuser les investigateurs de mensonge, d'aveuglement ou d'oubli. »

La S.P.R. fut ultérieurement présidée par trois Français célèbres : Charles Richet en 1905, Henri Bergson en 1913 et Camille Flammarion en 1923. Le bilan de cette société est considérable et on ne cesse de s'y référer aujourd'hui, même si certaines annales sont parfois entachées d'erreurs involontaires.

Mais revenons aux matérialisations. Bien qu'elles constituent un phénomène différent des miracles observés par les évangélistes et chez les mystiques, leur étude peut aider à en comprendre le mécanisme.

Les faits sont bien connus : des médiums sérieux, comme Home ou Mme Palladino, sous le contrôle sévère de scientifiques et de professeurs d'université, ont produit sous auto-hypnose des formes étranges appelées *ectoplasmes**, reproduisant des formes vivantes : main, visage ou corps. En outre, ils ont fait apparaître des objets, pierres ou fleurs, mais on ignore ici s'il s'agit de création *ex nihilo*, ou de « déplacement » d'objets existant ailleurs, qui auraient tout de même la particularité d'avoir traversé les murs ou les portes

* Ectoplasme : plasma d'origine psychique émané d'un médium, dit le Larousse.

fermées. On pense aux mystérieuses fleurs de mère Yvonne-Aimée.

Dans tous les cas il y a, sous l'influence de l'esprit, une modification de la cohésion des atomes qui donne à un objet son aspect familier ou à un corps sa forme, son volume.

Dans son sérieux *Traité de parapsychologie*, René Sudre, qui s'appuie sur l'expérimentation scientifique rapportée par les annales de la S.P.R., écrit :

« Les expériences sur la télergie ont fourni la preuve de la réalité des matérialisations métapsychiques. À l'état de transe, certains sujets peuvent extraire de leur organisme, et probablement des organismes voisins, une substance inconnue étroitement assujettie à l'inconscient, capable d'imiter toutes les formes de la vie et de la matière brute[7]. »

R. Sudre, qui n'est ni mystique ni spirite, l'assimile à ce qu'il appelle le « fluide psychique », qui serait « la substance organique fondamentale ». Qu'est ce fluide psychique ? « À la fois de la matière et de l'énergie. Sous l'aspect énergie, on retrouve la force psychique de Crookes. Sous l'aspect matière, c'est l'ectoplasme de Richet. » Et Sudre conclut :

« Nous ne comprenons pas encore sa nature. Nous ne pouvons que reconnaître son extraordinaire polymorphisme, et son aptitude à imiter instantanément les formes matérielles les plus compliquées. À cet égard, le fluide n'est comparable à aucun agent physique, mais nous offre l'exemple d'une matière vivante presque affranchie des lois physiologiques, et organisée immédiatement par l'esprit[8]. »

C'est justement en cela qu'il intéresse notre recherche.

Crawford, Wallace, Rochas et d'autres savants ont constaté *de visu* l'existence de ces « ectoplasmes », toutefois, il y a une différence notable entre ces matérialisations et les multiplications de pains des récits bibliques ou hagiographiques chrétiens. Les expérimentateurs ont en effet tenté de s'emparer des matérialisations ectoplasmiques, mais elles s'évanouissent dans leurs mains. On a seulement pu les photographier, vérifier les traces de leur passage, et constater que le médium perd du poids en fonction de leur importance, puis le retrouve après leur disparition.

F.W. Myers, l'une des têtes fondatrices de la parapsychologie expérimentale [9], s'inspirant du physicien C. Maxwell, explique ces phénomènes comme étant une rupture des lois moléculaires sous un effet psychique inconnu. Ce sont les énergies de liaison entre atomes qui provoquent la « solidité » de la matière, selon la température. Dans les phénomènes psychiques d'extériorisation, le « démon de Maxwell », ou l'« effet psy », agirait au niveau moléculaire : il démolirait l'édifice du corps et le rebâtirait ailleurs, ce que semblent réaliser les médiums producteurs d'ectoplasmes. Mais quel est ce « démon », ou cet esprit intelligent qui paraît sortir de notre espace inconscient ou d'ailleurs ? Myers et les autres ne le disent pas.

LES MYSTÈRES DE LA PHYSIQUE ET DE LA BIOLOGIE

Bien qu'il n'y ait qu'un rapport lointain avec les matérialisations, on devrait au moins s'étonner des phénomènes courants de transformation instantanée dans la nature, sous le simple effet des variations de température. Un cube de glace fond à la chaleur en donnant de l'eau. Lorsque la température s'élève encore, l'eau devient vapeur qui s'évanouit, invisible dans l'espace, puis retombe en pluie ou en neige avec des formes géométriques merveilleuses.

La biologie offre aussi de nombreux cas de transformations extraordinaires qui sont devenues « ordinaires » en passant dans la mémoire de l'espèce, mais qui n'en demeurent pas moins inexpliquées. G. Gelet postule l'existence d'une substance organique unique, qui n'est pas un tissu musculaire, nerveux ou conjonctif, ni un amas cellulaire. On le voit dans la chrysalide du papillon, sorte de bouillie sans figuration cellulaire d'où naît rapidement, à un ordre mystérieux inscrit dans la matière brute, un animal ailé d'une grande beauté. D'après Gelet tout se passe dans la nature comme si l'être physique était constitué à l'origine par une substance primordiale unique dont les formations organiques ne seraient que de simples représentations [10].

Mais comment cette « substance primordiale » donne-t-elle la variété infinie des créatures vivantes ? Il y a un dynamisme supérieur, la fameuse « idée directrice » que Claude Bernard place au sommet de la physiologie. Et c'est cette idée directrice que l'on retrouverait dans la création, et aussi dans les matérialisations réalisées par des êtres aux pouvoirs exceptionnels.

Reste à savoir comment l'esprit humain, inconscient dans le cas des médiums qui se placent en autohypnose, ou des saints le plus souvent conscients, peut s'en rendre maître. Mais, on va le voir avec le Christ, il s'agit d'un tout autre phénomène, comme élevé à un degré supérieur. Celui du Créateur, qui possède dans l'absolu le pouvoir de l'esprit sur la matière et le délègue à ses saints, qui ont une foi à déplacer les montagnes, selon la parole du Christ : « Si vous avez la foi comme un grain de sénevé, vous direz à cette montagne : *Transporte-toi d'ici là.* (Matthieu XVII, 20.)

JEAN-JACQUES ANTIER. — Ce chapitre pose le

problème de la réalité de la matière. Ce qui *est*, est-ce du solide comme le rocher, ou de l'impalpable comme une idée créatrice, tout aussi réellement évidente ?

JEAN GUITTON. — C'est l'une des préoccupations centrales de la philosophie. Pour la résoudre, on est bien obligé de passer par l'esprit, notre esprit, qui est à la fois un assemblage de particules matérielles, les neurones, mais procédant d'une organisation, qui est par essence esprit. Il existe deux modes de connaissance. L'un, « matérialiste », va de l'extérieur à l'intérieur. Il projette sur l'intérieur de l'être les symboles et les concepts issus de la connaissance de la quantité, de la « matière », du « corps », ce qui a pour effet de déformer l'objet intérieur, qui est mémoire, esprit, qualité pure. L'autre mode, « spiritualiste », procède de l'intimité, de l'intériorité, de l'esprit ; il nous permet de coïncider avec l'intimité des êtres, ce que la science ne peut atteindre.

J.-J.A. — Quel rapport avec la réalité ou l'irréalité de la matière ?

J.G. — Le père Teilhard me racontait un trait de son enfance. Il avait touché une pierre et c'était du résistant, du consistant. Et cette pierre, cet élément le plus opposé à l'âme, lui avait paru l'image de ce qui existe absolument. Hegel, devant le massif des Alpes, avait la même réaction. Puis un jour, Teilhard vit sa mère brûler une mèche de cheveux. Ainsi, cette matière pouvait être anéantie en un éclair ! Enfant, voyant ma mère brûler des lettres, j'ai éprouvé le même sentiment d'angoisse devant la néantisation. Mais Teilhard avait eu simultanément, à travers la profonde spiritualité de sa mère, l'intuition de l'union de la matière et de l'esprit, de l'amour. Novalis a bien exprimé cela :

La pierre possède un signe plein de mystère
Profondément gravé au sein de son ardeur.
La pierre est l'image d'un cœur
Où repose la ressemblance de l'Inconnu.

J.-J.A. — Mais quel serait le moyen d'unir les modes de connaissance, l'un matérialiste et l'autre spiritualiste ?

J.G. — Un être vivant peut être conçu comme un intermédiaire entre la matière et l'esprit. Une expérience spirituelle, comme celle de la liberté, de la mémoire ou de l'amour, serait intermédiaire entre le domaine exploré de la science et celui pressenti par les mystiques. Expérience tout intérieure.

J.-J.A. — Mais entre un *corps*, organisation bien matérielle, et un esprit, quelle opposition polaire, même si cet esprit illumine la matière !

J.G. — Il faut unir ces termes contraires, tirer la synthèse de la juxtaposition et de la convergence des essences en apparence les plus opposées. Une telle manière de penser donne la jouissance du tout, qu'elle semble tenir entre ses deux bras dans une étreinte. Un mot cathare peut amener non pas à comprendre le mécanisme du phénomène au sens scientifique du terme, mais à s'en approcher : le mot *pur*, qui désigne la limite vers laquelle tendent la matière, la mémoire, le souvenir. La zone où « composent » la matière et la mémoire, le corps et l'esprit. Cette zone est celle de l'expérience humaine saisie à la fois dans sa banalité et dans sa profondeur. Lorsqu'un philosophe comme Bergson aborde la religion, ce qui l'intéresse au plus haut point, ce n'est pas l'extase des mystiques, état incomplet à ses yeux, mais l'expérience de ce mystique qui a traversé l'extase pour être de nouveau un homme habité par le divin, mais indiscernable.

J.-J.A. — Ce chapitre pose le problème du pouvoir de l'esprit sur la matière. Il faut renoncer à l'idée que la matière se compose de particules solides, de « briques », d'objets intangibles. Tout corps physique se réduit à des atomes, eux-mêmes composés de particules élémentaires, dont l'existence est aléatoire et dépend de la conscience d'un observateur extérieur. Un photon de lumière, par exemple, n'existe que sous forme d'onde de probabilité.

J.G. — Il y a donc interpénétration entre ce que nous appelons la matière et l'esprit. Quand nous tentons d'observer cette onde de probabilité, elle se transforme en une particule précise. Autrement, elle garde toutes options ouvertes. Donc, le photon manifeste une connaissance de ce que fait et pense l'observateur. Les parties sont en rapport avec le tout.

J.-J.A. — Quant à la particule non observée, elle cesse pratiquement d'exister. Elle devient un objet fantôme. Cette notion de disparition étant intolérable, puisque « rien ne se perd », on en arrive à postuler l'existence d'un monde parallèle à celui dont nous avons conscience.

J.G. — Mais rien ne le confirme, scientifiquement. Ce n'est qu'une possibilité. Rien n'existe qui n'ait été « matérialisé » par un observateur. Les univers dits « parallèles » n'existent que dans le domaine quantique, c'est-à-dire à l'état virtuel. Nous sommes donc confrontés à un univers unique, indivisible, dont les conditions initiales d'apparition et les constantes physiques ont été fixées avec une précision rigoureuse. Dès son origine, la matière contient une étincelle, une pensée féconde, qui va permettre l'apparition de la vie, de la conscience, en un mot de l'homme, et ceci au sein d'une immense liberté de choix.

J.-J.A. — Ainsi donc, tout est « miracle » dans la création, le premier miracle étant la création elle-même, ce qui fait qu'il y a quelque chose plutôt que rien. Mais venons-en aux miracles du Christ.

LE PREMIER MIRACLE DE JÉSUS AUX NOCES DE CANA

« Le vin ayant manqué, la mère de Jésus lui dit : *Ils n'ont plus de vin*. Jésus lui répondit : *Femme, qu'y a-t-il entre toi et moi ? Mon heure n'est pas encore venue*. Sa mère dit aux serviteurs : *Faites ce qu'il vous dira*. Or, il y avait là six vases de pierre, destinés aux purifications des Juifs. Jésus leur dit : *Remplissez d'eau ces vases*. Et ils les remplirent jusqu'au bord. *Puisez maintenant*, leur dit-il, *et portez-en à l'ordonnateur du repas*. Et ils en portèrent. Quand l'ordonnateur eut goûté l'eau changé en vin — ne sachant d'où venait ce vin, tandis que les serviteurs qui avaient puisé l'eau le savaient bien —, il appela l'époux et lui dit : —

Tout homme sert d'abord le bon vin, puis le moins bon après qu'on s'est enivré. Toi, tu as gardé le bon vin jusqu'à présent. — Tel fut, à Cana en Galilée, le premier des miracles que fit Jésus. Il manifesta sa gloire, et ses disciples crurent en lui. » (Jean II, 1-11.)

JEAN-JACQUES ANTIER. — Ce miracle est tout simplement « fabuleux ». Est-ce une réalité, ou une « fable » édifiante inventée par saint Jean (qui seul le relate) pour en faire un symbole théologique ?

JEAN GUITTON. — Il est clair qu'on ne peut prendre parti sur ce point sans poser toute la question de l'authenticité johannique, et peut-être même tout le problème de la causalité divine. Comme je suis persuadé de l'historicité de cet Évangile, je ne puis opter pour la légende. Je pense que Jean complète l'Évangile public par un Évangile d'intimité. La prédication faite au peuple rapportait les choses extérieures. Cana est réservée à des privilégiés. C'est une histoire secrète qui ne pouvait être transmise que plus tard.

J.-J.A. — Quel est donc ce secret ?

J.G. — Lorsque la Vierge demande du vin, elle ne suppose pas qu'on ira le chercher dans un village. Elle sait les « pouvoirs » de son enfant. Elle a une certaine hâte maternelle de les voir se produire. Si, cessant de considérer le miracle, je réfléchis sur le mystère dont il est le *signe*, j'y trouve un élément dramatique, que la Vierge, sans doute, ne sait pas : changer l'eau en vin, c'est précipiter le film qui aboutit à la Passion, ce don total, c'est avancer l'heure de la souffrance. Dans cette perspective, les mots de Jésus : *Mon heure n'est pas encore venue* préfigurent le cri de Gethsémani : *Éloigne de moi ce calice* ! Ce que Marie demande, au-delà de la futilité qui consiste à redonner du vin à ceux qui en ont déjà beaucoup bu, c'est la première manifestation de la puissance du Christ, de son amour, le premier vrai miracle, d'où son recul : *Mon heure* (ma mort) *n'est pas encore venue et voici que tu la précipites.*

J.-J.A. — Donc, Cana se déroule comme un drame classique. Au premier degré, le miracle a pour but d'éveiller l'attention du peuple en répondant à son attente charnelle : nourrir le corps. Au second degré, il s'agit de la nourriture de l'âme. Cana ne préfigure-t-il pas le mystère de l'Eucharistie ?

J.G. — En effet. Si dans l'Eucharistie il fallait choisir entre les deux symboles du pain et du vin, c'est le symbole du vin qui paraîtrait le plus adéquat pour traduire le sacrifice d'amour. Le Vin de Cana symbolise le sang qui coule de l'Agneau. Il existe une analogie entre Cana et le Calvaire. À Cana comme sous la Croix, l'Évangile de l'Esprit nous présente la Femme éternelle, l'Ève nouvelle. Il est dit qu'à partir de Cana, de ce miracle, de ce signe, les disciples commencèrent à croire à la divinité de Jésus. L'intervention de Marie aurait donc déclenché la foi ? Il est vrai qu'en tant que nouvelle Ève, Marie est celle qui a cru la première, le jour de l'Annonciation. Elle est le prototype de la foi.

J.-J.A. — Vous parlez de la nouvelle Ève. En effet, c'est toute la scène originelle de la *Genèse* qui se trouve inversée. Dans la *Genèse*, Ève tente Adam avec le fruit défendu. À Cana, Marie tente le Christ pour qu'il réalise le miracle. Elle demande, comme Satan, une transmutation de matières, un prodige luxueux et inutile : *Changez les pierres en pain*, dit Satan. *Changez l'eau en vin*, demande Marie.

J.G. — Mais ici, la Femme régénérée obtient l'effet de son désir. C'est la scène de la chute inversée, comme l'arbre de la Croix inverse l'arbre du jardin d'Eden.

J.-J.A. — Donc, le miracle de Cana est l'une des clés des Évangiles ?

J.G. — Oui, si l'on considère ce miracle dans le mystère du temps, qui divise par le délai le passé avec l'avenir tout en les unissant dans les profondeurs. L'heure dont parle Jésus en disant à sa mère : *Mon heure n'est pas encore venue*, c'est l'heure fatale. À Cana, le Christ n'a fait qu'un miracle figuratif : la réalité de cette figure se trouve au Calvaire ; le vin véritable, composé de sang et de feu, n'est donné qu'au dernier moment. Mais Marie obtient que l'heure du Calvaire soit précédée par une heure anticipatrice. Il y a deux heures, qui sont à la fois séparées par un intervalle et mystérieusement associées : l'heure de l'oblation et celle de l'ablation.

J.-J.A. — C'est pourquoi on ressent obscurément Cana comme un épisode tragique.

J.G. — En effet. Dans ce miracle qui fait passer Jésus de la vie privée, humaine, à la vie publique, où va se manifester sa divinité, c'est Marie qui déclenche l'engrenage. Là repose le tragique, parce que Cana paraît être le lieu des noces, alors qu'il est le lieu des douleurs, en ce sens que le passage à l'action publique désormais inévitable annonce la Passion et la mort.

JÉSUS ET LA MULTIPLICATION DES PAINS

« Ayant levé les yeux, et voyant qu'une grande foule venait à lui, Jésus dit à Philippe : *Où achèterons-nous des pains, pour que ces gens aient à manger* ? Il disait cela pour l'éprouver, car il savait ce qu'il allait faire. Philippe lui répondit : *Les pains qu'on aurait pour deux cents deniers ne suffiraient pas pour que chacun en reçût un peu*. Un des disciples, André, frère de Simon Pierre, lui dit : *Il y a ici un jeune garçon qui a cinq pains d'orge et deux poissons ; mais qu'est-ce que cela pour tant de gens ?* Jésus dit : *Faites-les asseoir*. Il y avait dans ce lieu beaucoup d'herbe. Ils s'assirent donc, au nombre d'environ cinq mille hommes. Jésus prit les pains, rendit grâces et les distribua à ceux qui étaient assis ; il leur donna de même des poissons, autant qu'ils en voulurent. Lorsqu'ils furent rassasiés, il dit à ses disciples : *Ramassez les morceaux qui restent, afin que rien ne se perde*. Ils les ramassèrent donc, et ils remplirent douze paniers avec les morceaux qui restèrent des cinq pains d'orge, après que tous eurent mangé.

« Ces gens, ayant vu le miracle que Jésus avait fait, disaient : *Celui-ci est vraiment le prophète qui doit venir dans le monde*. Et Jésus, sachant qu'ils allaient venir l'enlever pour le faire roi, se retira de nouveau sur la montagne, lui seul. » (Jean VI, 5-15.)

L'Évangile rapporte une deuxième multiplication des pains. Dans le désert, la foule a suivi Jésus, « *quatre mille hommes, sans les femmes et les enfants* ». Jésus opère de nombreuses guérisons, pendant trois jours. Mais la foule n'a rien à manger. Les disciples n'ont que « *sept pains et quelques petits poissons* ». Alors, Jésus les multiplie, et, après que tous eurent mangé, « *on emporta sept corbeilles pleines des morceaux qui restaient* ». (Matthieu XV et Marc VIII.)

JEAN-JACQUES ANTIER. — Que vous inspire ce récit ?

JEAN GUITTON. — L'attitude de Jésus est en apparence celle d'une improvisation, d'une soudaine soumission à la circonstance, comme pour Cana. Il prend les personnes et les événements comme ils se présentent. Ce qui se présente ici, c'est l'offrande de quelques pains. À partir de là, il les distribue indéfiniment. Les pains ne s'épuisaient jamais. C'était à la fois très riche et très pauvre : la pauvreté de la matière passait d'emblée à la munificence, à la surabondance, sans qu'on pût trouver le « truc » de cette prestidigitation.

J.-J.A. — Il y avait donc un « truc » ? N'était-ce pas plutôt, dans cette scène où l'on partage, le pouvoir absolu d'un Dieu venu nous enseigner l'amour ? Au premier degré, Jésus a pitié de la foule qui a faim, il nourrit les corps. Au deuxième degré, voici la préfiguration eucharistique : Jésus s'offre, il se donne pour témoigner de l'amour du Père, et par lui de cet amour que nous devons témoigner aux autres.

J.G. — Oui. On le voit levant les yeux, rendant

grâces, rompant le pain, geste qu'aujourd'hui la liturgie répète. Jean fait de cette multiplication du pain la figure de l'Eucharistie. Pour celui qui ne part pas d'un axiome philosophique sur l'impossibilité du miracle, c'est clair. En effet, comment admettre qu'une institution aussi étrange que la « fraction du pain », sans racines dans le passé, ait été aussitôt comprise par tous les témoins, puis par toutes les communautés primitives, qui était aussi bien admise par les gnostiques, les premiers hérétiques, que par les fidèles catholiques.

J.-J.A. — Cependant, ce miracle n'a pas tellement déconcerté les apôtres ni la foule. Aux yeux des Juifs nourris par l'Écriture, Jésus agit comme l'avait fait Moïse nourrissant son peuple au désert ; Élisée aussi avait nourri cent personnes avec vingt pains. (Exode 16 et 2Rois 4, 42-44.)

J.G. — C'est pourquoi ici l'événement diverge dans un sens que ne veut pas Jésus. Comme l'indique l'Évangile de Jean, *ils allaient l'enlever pour le faire roi*. Les Juifs interprétaient ce fait mystique comme un fait politique : un chef apparaissait, qui allait redonner au peuple juif sa souveraineté. C'était le moment de ressaisir le pouvoir confisqué par les Romains. En somme, ce que le démon avait proposé à Jésus, le peuple, ce soir-là, le lui proposait de nouveau.

J.-J.A. — Tentation d'autant plus grande que, dit saint Marc, *ils étaient comme des brebis qui n'ont pas de berger*. Pourtant, il renvoie cette foule. Jean dit : *Il se retira de nouveau sur la montagne, lui seul*. Quelle concision ! L'Évangile de Matthieu précise : *Quand il eut renvoyé la foule, il monta sur la montagne, pour prier à l'écart; et, comme le soir était venu, il était là, seul.* À la lecture de ces textes, on ressent une impression bouleversante : d'une part, Jésus, miracle de l'amour, semble doté d'un pouvoir absolu sur la matière ; d'autre part, il paraît craindre la foule, ses mouvements spontanés qui pourraient le porter vers ce qu'il ne veut pas : *Mon royaume n'est pas de ce monde.* Dramatique mélange de divinité et d'humanité !

J.G. — Jésus veut se tenir à l'écart, se préserver de ce mouvement ambigu qui pourrait faire avorter la bonne nouvelle, la primauté de l'amour.

J.-J.A. — Mais pour que l'on croit en lui, il doit aussi manifester sa puissance et faire ces miracles qui révèlent la tendresse de Dieu.

J.G. — L'épisode final donne la mesure de ce balancement entre la pesanteur et la grâce. Jésus prie seul. La prière est le dialogue de l'âme solitaire avec son Créateur, également unique, et comme solitaire. Mais pour Jésus, le créateur n'est pas seulement le père providentiel ; c'est aussi le principe de sa propre essence. Et lorsqu'on a conçu que Jésus est Dieu, le mystère de sa prière devient impénétrable. C'est comme si un être se parlait à lui-même, se priait lui-même. Il a son principe dans son père, qui lui est égal, et en même temps, par l'Incarnation, il s'est fait serviteur, *fils de l'homme*, et par conséquent dépendant.

J.-J.A. — Cette prière ne recèle-t-elle pas la clé du miracle des pains ?

J.G. — Oui. On peut deviner que sa prière a deux aspects : reconnaissance pour le don créateur qui lui a été communiqué par son égal suprême, le Père (qui vient de se manifester par sa puissance sur le pain) ; mais prière de crainte, d'angoisse naissante devant les événements préfigurés par l'erreur de ce messianisme populaire qui cherche en lui non le Messie, mais un roi terrestre.

J.-J.A. — Il fuit alors, il se retire, *seul*, dans la montagne, pour prier, pour se rebrancher en quelque sorte sur l'unique nécessaire, puis il redescend vers le lac sur lequel naviguent les apôtres. Alors, c'est à nouveau le miracle, les miracles ; il marche sur les eaux, il apaise la tempête, et pendant ce temps la foule erre sur les rives à sa recherche, comme le troupeau égaré cherche le berger.

J.G. — Jésus apparaît à la fois soumis aux événements et maître des événements, finalement aplanissant les choses au moment où elles paraissent à jamais compromises. Il ne semble pas que ce soit pour lui un travail : plutôt un jeu. On dirait que Dieu, en Jésus, se joue des choses. On dirait que les apôtres sont comme des ballons de football que le destin ironique lance d'un côté, et puis sans avertissement dans une autre direction.

J.-J.A. — Est-ce que cela ne fait pas un peu désordre ? On pense à la notion de création dans la philosophie orientale : *lila*, le jeu divin !

J.G. — C'est l'image de la vie humaine à travers les événements, les accidents souvent incompréhensibles à nos yeux. Mais c'est aussi le caractère du monde physique, tel que l'a découvert la mécanique quantique. Les molécules, les atomes s'entrechoquent les uns contre les autres dans une sarabande désordonnée et statistique, avec des discontinuités, des rythmes, des chocs.

Les choses tourbillonnent. Et pourtant, à travers ces distributions aléatoires, un ordre supérieur s'établit et s'impose. Bien plus, on pourrait dire que c'est à cause de ces hasards qui se compensent sans cesse que cet ordre s'établit. Et tel est l'ordre du monde.

J.-J.A. — Auquel le Christ se soumet, tout en laissant passer ses messages, marqués du sceau de sa divinité : le signe, le miracle, la merveille ! l'Évangile de Jean qui suit le miracle des pains est très clair. La foule le cherche, et le lendemain elle le retrouve. Alors Jésus leur dit : *Vous me cherchez, non parce que vous avez vu des miracles, mais parce que vous avez mangé des pains et que vous avez été rassasiés.* (Jean VI, 26). En fait, c'est bien à cause du miracle qu'on le cherche ! Il ajoute aussitôt : *Travaillez, non pour la nourriture qui périt, mais pour celle qui subsiste pour la vie éternelle. Seigneur, donne-nous toujours de ce pain !* réclame la foule. Alors, il se déclare, il se révèle : *Je suis le pain de vie. Je suis descendu du ciel pour faire, non ma volonté, mais la volonté de Celui qui m'a envoyé. La volonté de mon père, c'est que quiconque voit le Fils et croit en lui ait la vie éternelle ; et je le ressusciterai au dernier jour. Celui qui croit en moi a la vie éternelle. Je suis le pain de vie, le pain vivant descendu du ciel. Si quelqu'un mange de ce pain il aura la vie éternelle ; et le pain que je donnerai, c'est ma chair, que je donnerai pour la vie du monde.* À partir de ces paroles scandaleuses, la vie de Jésus est menacée. On va chercher à le faire taire, puis à le faire périr. Les miracles n'auront servi à rien. Pour le moment.

J.G. — Ce jour-là, Jésus a prononcé un axiome

à la fois simple et déconcertant : *Je suis le pain de vie*. Il avait dit aussi : *Je suis la vigne, je suis le pasteur, je suis la lumière*. Dans un certain sens, il est figurativement chose créée, étant Dieu. Mais alors que les autres axiomes d'identité étaient des métaphores, cette fois, avec le pain, on peut se demander s'il ne va pas au-delà de l'image. S'il ne descend pas dans la profondeur de l'être que l'on appelle *pain*. Nous voici au seuil du mystère des mystères. Ici, je pense à la *parole*. Comme la lumière, la parole publique semble se partager tout en restant tout entière en elle-même : parole, lumière, pain multiplié liturgiquement, pain multiplié miraculeusement, ce sont quatre réalités qui ont des analogies. Jésus élève les êtres de l'inférieur au supérieur, il les prépare au mystère des mystères.

J.-J.A. — L'Eucharistie.

« *CECI EST MON CORPS* » *OÙ LE MYSTÈRE DE L'EUCHARISTIE*

J.-J.A. — Parvenus à ce point, qui est le plus dramatique du Nouveau Testament, le plus essentiel aussi, on est en droit de se poser les questions sans détour. Si Jésus est Dieu, comme en témoigneront les apôtres par leur martyre, alors tout est possible : la multiplication des pains, l'eau changée en vin, les morts ressuscités. Cela, des centaines, voire des milliers de témoins l'ont vu. Cependant, pourquoi le scandale éclate-t-il dans le mystère de la *transsubtantiation* ? Le pain et le vin devenus corps et sang du Christ et nourriture de vie ? Mais d'abord, est-ce un symbole, ou une réalité substantielle ? L'Évangile dit : *Jésus prit du pain ; et, après avoir rendu grâces, il le rompit et le donna à ses disciples en disant :* Prenez et mangez, ceci est mon corps. *Il prit ensuite une coupe ; et, après avoir rendu grâces, il la leur donna en disant* : Buvez-en tous ; car ceci est mon sang, le sang de l'alliance, répandu pour la rémission des péchés (Matthieu XXVI, 26-29).

J.G. — L'axiome *ceci est mon corps* est parfaitement clair. Mais il est aussi profondément irrationnel, incompréhensible. Nous sommes projetés dans le domaine du non-logique.

J.-J.A. — On pourrait même dire du magique.

J.G. — Mystère de la foi ! Et on ne peut pas dire que la tradition synoptique* donne un moyen absolu de le résoudre. Heureusement, il y a l'Évangile de Jean, chapitre 6. Le problème se trouve clairement posé. Jésus est devant un contradicteur, Juif parfait et instruit pour qui l'Incarnation est impensable à cause de la transcendance et de l'unicité divines. Si un Dieu fait homme est impensable, à plus forte raison un Dieu fait pain. Vous parlez de magie ; mais même la pratique magique n'en donne pas d'exemple. Or Jésus est catégorique. Il affirme le caractère réaliste du pain céleste. Il ne le présente pas comme un symbole ou une parabole, ou même une réédition de la manne que les Juifs reçurent au désert. Le pain céleste qu'il donnera sera une

* Les trois Évangiles de Matthieu, Marc et Luc.

chair mystérieuse, mais vivante, principe de la vie spirituelle, lié au mystère de son Ascension.

J.-J.A. — Ce qu'il y a de surprenant dans cette affaire, c'est que Jésus est conscient du fait que ce « scandale » risque de faire échouer son projet. D'ailleurs, regardez : les disciples s'éloignent, les apôtres doutent, Judas trahit, les Juifs fourbissent les arguments juridiques qui le conduiront sur la croix, le supplice des esclaves, l'échec total.

J.G. — Jésus a accepté ce risque, il l'a voulu. Ceci est au centre du mystère de l'Eucharistie chrétienne, de ce qu'on appelle encore la messe. Et c'est ce qui fait la spécificité du catholicisme. Avant lui, Dieu n'était pas une personne, en tout cas sa sagesse ne se manifestait pas comme une personne. La révélation de Jésus fut d'assumer en lui tout ce qui était dit de la sagesse, puisqu'il était lui-même cette sagesse. La multiplication des pains veut faire comprendre cela. La vraie sagesse seule nourrit. (La sagesse est l'art de goûter, pas seulement de manger.) La personne du Christ est d'abord sa parole, mais en tant que cette personne se traduit dans une chair. C'est par là que « la parole faite chair » est comparable à un pain. Elle n'est pas purement abstraite, comme la science.

J.-J.A. — Mais là, on passe du symbole au mystère.

J.G. — En effet. Sur le plan symbolique, tout enseignant peut à la rigueur parler comme lui. Il n'y a pas scandale. Mais on passe insensiblement des paroles de Jésus sur sa personne, qui sont claires, à des paroles sur son sacrement, qui sont ténébreuses. On peut donc situer ce passage très exactement entre le début du verset : *Si quelqu'un mange de ce pain il vivra éternellement*, et la fin du verset où Jésus, exprimant son mystère, va se détacher de ses amis, se couper presque de tous les siens : *Et le pain que je vais vous donner, c'est ma chair pour la vie du monde*. Comme vous le soulignez, ce passage est dramatique.

J.-J.A. — Comment expliquer ce mystère ?

J.G. — Jésus ne l'a pas expliqué, mais il l'a affirmé. Il le rattachera par un lien tellement solennel à sa parole, que sa personnalité profonde, son honneur divin paraissent engagés dans cette proclamation sans équivoque.

J.-J.A. — Qu'il confirmera par le témoignage suprême de sa mort volontaire. Mais à cette proclamation, plusieurs disciples se retirent.

J.G. — En effet. Après le départ des disciples, il ne reste que les douze apôtres. Pas même ; Judas est parti. *Alors, vous aussi vous allez me quitter ?* demande tristement Jésus. Simon Pierre se dresse. Il ne dit pas qu'il croit. Il dit seulement qu'il a confiance : *Te quitter, Seigneur ? Mais à qui irions-nous ? Tu as les paroles de la vie éternelle*. En lui, l'amour est le plus fort. Et soudain, il croit : *Nous croyons, nous, et nous savons que tu es le pain de Dieu*. Tout est dit, et l'Église est en marche jusqu'à la fin des temps.

3

De l'*incendium amoris* à la Transfiguration

Dans ce chapitre, nous examinerons les phénomènes produisant de la chaleur et de la lumière, à la suite d'un état mystique, phénomènes que l'on nomme hyperthermie (ou *incendium amoris*), incombustibilité, luminosité, et, à l'extrême, la Transfiguration.

L'HYPERTHERMIE OU « INCENDIE D'AMOUR »

L'hyperthermie est un phénomène assez fréquent chez les mystiques. Elle se manifeste par une élévation extraordinaire de la température interne du corps, qui passe de trente-sept degrés centigrades à quarante et jusqu'à cinquante degrés, peut-être plus.

Chez le commun des mortels, une intense émotion provoque souvent une forte élévation de la température. On ne peut donc s'étonner que les ardeurs émotionnelles déclenchées par les transports d'amour divin soient liées à l'*incendium amoris*, phénomène absolu d'hyperthermie, bien des fois rapporté dans la vie des grands mystiques, consumés, au sens propre du mot, par cet amour. Signe extérieur, à juste titre, de leur *ferveur*, du latin *fervor* = chaleur.

« Ce fut comme un feu dévorant allumé dans mes os », dit le prophète Jérémie (XX, 15). Et saint Paul : « Notre Dieu est un feu dévorant. » (Hébreux XII, 29.)

C'est bien d'un effet physique qu'il s'agit. La grande extatique sainte Angèle de Foligno (1250-1309) brûlait littéralement d'amour pour Dieu : « Il me fut donné un tel feu que, debout près de la croix, je me dépouillai de tous mes vêtements », ose-t-elle écrire dans *le Livre des visions*.

Sainte Catherine de Gênes (1447-1510) qui, après une vie mondaine, s'était vouée à « souffrir comme le Christ », fut elle aussi consumée par l'Amour dévorant. On possède comme référence sa *Vita* publiée en 1551 et la biographie de Salvatori, fondée sur les témoignages du procès en béatification, dont il faut rappeler qu'ils sont faits sous serment par des personnes considérées comme fiables et soumises à la critique du *promotor fidei*.

Pendant trois carêmes et autant d'avents, sainte Catherine s'abstint de tout aliment solide, ne buvant qu'un étrange breuvage composé d'eau, de vinaigre et de sel !

« Quand elle buvait cette mixture, lit-on dans sa *Vita*, il semblait que le liquide tombait sur une dalle chauffée au rouge et qu'il était tout de suite séché par le grand feu qui brûlait en elle. Aucun estomac, si robuste fût-il, n'aurait pu supporter une boisson de ce genre, à jeun, mais elle déclarait que la brûlure interne qu'elle ressentait était si grande, que même cette boisson au goût atroce rafraîchissait son corps. »

De janvier à septembre 1510, « elle fut souvent

frappée d'une flèche encore plus aiguë de l'amour divin, comme si elle sentait des tenailles rougies au feu attaquer son cœur et d'autres parties internes. Une fois, elle se sentit brûler avec intensité. Elle semblait placée dans une grande flamme. Cette angoisse dura un jour et une nuit et il était impossible d'effleurer sa peau à cause de la douleur aiguë qu'elle ressentait à n'importe quel attouchement ». (ID.)

Elle ne brûlait pas seulement du cœur. Les paumes de ses mains aussi. Ayant voulu les rafraîchir, dit la *Vita*, on lui apporta une coupe d'eau glacée où elle les plongea. L'eau devint alors si brûlante que même la coupe brûlait l'assistante, sœur Argentina, lorsqu'elle l'emporta.

Le 28 août 1510, elle parut s'embraser. Les témoins disent qu'« elle criait que toute l'eau qui existe au monde ne pourrait lui procurer le plus petit rafraîchissement ». A la fin, sa langue et ses lèvres étaient si parcheminées qu'elle ne pouvait plus parler ni déglutir, à l'exception de l'Eucharistie.

Le plus étrange fut sa dernière heure. Même le père Thurston, qui ne se trouble pas facilement, évoque « l'embrasement intime qui dévora les derniers vestiges de sa vitalité [1] ».

Entre le 13 et le 15 septembre, jour de sa mort, elle perdit de grandes quantités d'un sang brûlant. Non seulement il chauffait les vases qui le recueillaient, laissant dans l'argent une marque indélébile, mais encore il brûlait la chair au passage.

Le sang qui bout, est-ce possible ? Lisez les témoignages sur mère Seraphina di Dio, carmélite de Capri, morte en odeur de sainteté en 1699, et dont la biographie fut publiée à Rome en 1748, sous la plume des Oratoriens Sguillante et Pagani, entièrement fondée sur les témoignages du procès en béatification.

« Les religieuses disent l'avoir souvent vue en prière,

la figure rayonnante comme une flamme et les yeux étincelants. Si elles la touchaient, elles se brûlaient. Elle se disait consumée par un feu vivant ; *son sang bouillait.* »

Après sa mort, le procès-verbal précise :

« Pendant vingt heures, son corps garda une telle chaleur, surtout dans la région du cœur, qu'on pouvait s'y chauffer la main. La chaleur demeura perceptible trente-trois heures après la mort. Le corps ne perdit sa chaleur qu'après qu'on en eut retiré le cœur. »

C'est donc le cœur qui est la source de la chaleur. En matière de centrale nucléaire, on parle aussi du « cœur ».

Sainte Marguerite-Marie Alacoque (1647-1690), la visionnaire du cœur de Jésus, raconte dans son *Autobiographie* :

« Cette plaie (du cœur), dont la douleur m'est si précieuse, me consume et me fait brûler toute vive. »

Ces phénomènes ne sont pas rares. Dans son *Traité de l'amour de Dieu*, saint François de Sales écrit à propos de saint Stanislas Kostka (1030-1079), patron de la Pologne :

« Stanislas était assailli avec une telle violence par l'amour de Notre Sauveur, que souvent il s'évanouissait et souffrait de spasmes. Il était obligé d'appliquer sur sa poitrine des linges trempés d'eau froide pour tempérer l'ardeur de l'amour qu'il ressentait. » Une inscription latine en porte encore le témoignage sur la fontaine du jardin. Une nuit glaciale où le vent soufflait, son supérieur le rencontra errant à travers le jardin du noviciat où se trouve cette fontaine.

— Que fais-tu là, Stanislas ?

— Je brûle ! Je brûle !

C'était bien le cœur qui brûlait, comme en témoigna le père Sanguigni, qui devait lui baigner la poitrine pour en atténuer la chaleur [2].

Saint Philippe Néri, prêtre fondateur de l'Oratoire (1515-1595), nous est bien connu par la biographie du père Bacci et par les témoignages de son ami et disciple le père Gallonio, au procès en béatification. Là encore, la chaleur vient du cœur et s'étend à tout le corps. L'homme est pourtant âgé, d'une extrême maigreur, le corps usé par l'ascèse et le jeûne. L'énergie en excès ne peut donc pas venir d'un processus chimique ordinaire produisant des calories. Souvent l'*incendium* le surprend la nuit et il faut ouvrir les fenêtres même en plein hiver, l'éventer, le rafraîchir. Le cardinal Crescenzi a témoigné que parfois, lorsqu'il lui prenait la main, « elle brûlait comme si le saint souffrait d'une fièvre dévorante ».

Mais ce n'est pas la fièvre. Le père Bacci rapporte encore qu'il était parfois pris d'extase en disant son office. Alors, « des étincelles dardaient de ses yeux, son visage resplendissait. Ce feu interne était tel qu'il défaillait, une syncope le jetait sur son lit où il restait étendu une journée entière sans autre maladie que celle de l'*Amour divin*. Une fois, sa gorge en fut si brûlée qu'il en fut malade plusieurs jours ».

C'est donc bien d'un phénomène physique qu'il s'agit. On en a d'autres preuves avec le rapport d'autopsie publié à Rome en 1613. Les chirurgiens découvrirent une grosseur sous le sein gauche, pouvant résulter de deux côtes cassées et écartées vers l'extérieur, lésion qui semblait très ancienne. L'*incendium amoris* était en effet accompagné parfois de palpitations considérables, que de nombreux témoins constatèrent lorsque le saint les serrait sur son cœur.

Le déplacement des côtes (sans fracture), comme soulevées par une extraordinaire dilatation du cœur, a été observé aussi chez saint Paul de la Croix (1694-1775) et chez Gemma Galgani, la mystique de Lucques († 1903).

Eux aussi brûlaient : « Je sens mes entrailles desséchées, disait Paul de la Croix. J'ai soif et je voudrais boire ; mais pour étancher cette soif, je voudrais boire des torrents de feu. »

Et sainte Gemma :

« Ce feu s'est tellement accru que je ne puis presque plus le supporter. Il me faudrait de la glace pour l'éteindre. Il m'empêche de dormir, de manger. Bien qu'il me délecte plus qu'il me torture, il m'épuise et me consume. »

Et elle conclut : « Ô Dieu ! Vous êtes flamme ! »

Même témoignage chez sainte Marie-Madeleine de Pazzi (1565-1607), la grande patronne de Florence.

Née en cette ville d'une famille de l'aristocratie, Catherine de Pazzi est élevée dans une atmosphère de ferveur, mais aussi dans le luxe de cette cité au moment le plus brillant de son histoire. Remarquablement douée et d'un caractère indomptable, dès l'âge de dix ans elle est fascinée par la spiritualité. De tempérament à la fois mystique et sensuel, à onze ans elle fait vœu de virginité et de chasteté perpétuelle. Désormais, son corps et son esprit deviennent un champ de bataille où s'affrontent les aspirations mystiques et les pulsions charnelles. En vain elle tente de les mater par des macérations insensées, qui augmentent avec l'âge : privations, jeûnes, enfin flagellations. À quinze ans elle repousse le mariage et à dix-sept ans réalise son rêve en entrant chez les Carmélites de Florence, sous le nom de Marie-Madeleine, en référence à la pécheresse convertie par le Christ. Elle donne un sens à ses sacrifices en se vouant à la conversion des pécheurs. Elle se singularise aussitôt par ses mortifications excessives, ses extases, ses visions entrecoupées de nuits de l'esprit et d'assauts démoniaques. La plus sévère règle monastique et son amour mystique n'ont nullement apaisé ses désirs charnels et c'est dans ce contexte explosif que se situent les phénomènes.

Ceux-ci sont bien observés et ne peuvent être suspectés, car ils ne concourent en rien à établir sa sainteté, qui sera reconnue *malgré* eux.

Ses extases ont diverses particularités. Elles sont fréquentes, souvent journalières, remarquablement longues. Un simple mot les déclenche : *Jésus, amour*. L'extase s'accompagne parfois de phénomènes inexplicables : perte de poids avec lévitation, ou au contraire extrême rigidité, pétrification, que nous étudierons dans d'autres chapitres. Enfin, certaines extases ont cette particularité de provoquer en elle un *incendie d'amour*. Une hyperthermie embrase son corps et particulièrement son cœur, au point de dégager une chaleur qui rayonne d'elle et que ses compagnes ressentent avec effroi. Le père Cepari, son biographe, raconte :

« À cause de la grande flamme brûlante de cet amour divin, elle courait au jardin. Au plus fort de l'hiver, ne pouvant supporter ses vêtements de laine à cause du brasier d'amour qui dévorait sa poitrine, elle les déchirait et les rejetait. Elle allait à la source où elle buvait d'énorme quantité d'eau froide, trempait sa figure et ses bras, versait de l'eau sur sa poitrine. Et si grande était la flamme qui consumait son sein que, de l'extérieur même, elle semblait se consumer [3]. »

L'eau s'évaporait, en ébullition, dit-on, au contact de sa peau.

Ce n'est pas une fièvre banale, elle n'est pas malade. Le père Cepari dit encore, ce que confirment les témoins au procès en béatification, que « son visage perdait en un instant la pâleur causée par ses pénitences et devenait rayonnant, radieux. Ses yeux brillaient comme des étoiles et elle criait : *Amour ! Dieu d'amour !* ».

La vie de Maria Villani, dominicaine de Naples († 1670) a été écrite quatre ans après sa mort par le dominicain Francis Marchese. Il la qualifie de « fournaise ardente d'amour », ce qui correspond au *désir* sans cesse exprimé par cette religieuse d'être consumée d'amour divin. Pour calmer ses brûlures bien réelles, elle buvait quinze à vingt litres d'eau par jour. La déglutition, dit-on, était suivie d'un grésillement, comme si l'eau se vaporisait sur une plaque chauffée au rouge.

Sœur Maria connaissait l'origine de ce phénomène. Comme Thérèse d'Avila et beaucoup d'autres mystiques, elle avait été blessée au côté et au cœur par « une flamboyante lance d'amour ». Cette blessure existait réellement. Trois de ses confesseurs la touchèrent et même la sondèrent. Après sa mort, l'autopsie des chirurgiens Trifone et Pinto le confirma, le père Marchese la vit :

« Les lèvres en étaient dures et cicatrisées comme après l'emploi d'un cautère, évoquant une lance de feu. »

On dispose ici d'un document scientifique, l'autopsie réalisée par les deux chirurgiens. Le corps, qui de son vivant était désséché, de couleur sombre, avait pris un teint frais, il était devenu souple. L'ouverture du corps neuf heures après la mort révéla d'autres surprises. Un sang clair et fluide s'écoula du cœur. « Une fumée (*fumo*) et de la chaleur s'en exhalèrent, véritable brasier d'amour divin. »

Le chirurgien recula. Un moment plus tard, « il mit la main dans le cadavre pour retirer le cœur, mais il le trouva si chaud que, se brûlant, il fut contraint de retirer plusieurs fois la main avant d'y parvenir ». Ce cœur a été conservé et demeura incorrompu, au moins jusqu'en 1673, date de la rédaction de la *Vita*.

Maria Villani était en outre coutumière de lévitation et émettait des parfums mystérieux.

Dans les dernières semaines de sa vie, la bienheureuse Élisabeth de la Trinité (1880-1906) était elle aussi devenue un feu dévorant. Certes, la jeune carmélite de Dijon se mourrait de la tuberculose, mais n'y avait-il que cela ? Elle *brûlait* d'amour pour Celui qui, irrésistiblement, l'attirait vers lui. Son palais, sa langue étaient en feu, et elle brûlait dans tout son corps. Elle dit alors :

« Dieu est un feu dévorant ; c'est son action que je subis. »

Elle s'éteignit le 9 novembre 1906. Ses derniers mots avaient été : « Je vais à la Lumière, à l'Amour, à la Vie. »

À une époque plus récente encore, signalons le cas bien connu du padre Pio. Le 17 mars 1918, le jeune moine capucin, lui aussi brûlant de l'amour de Dieu, était réformé de l'armée pour broncho-alvéolite double. Il subit des examens médicaux à l'hôpital de Naples et sa température stupéfia infirmiers et médecins. Les thermomètres éclataient à leur graduation maximum : quarante-huit degrés centigrades ! Or, ce n'était pas une fièvre ordinaire, puisqu'il rentra tranquillement chez lui par ses propres moyens.

L'hyperthermie corporelle est-elle l'exclusivité des mystiques chrétiens ? La réponse est non.

Alexandra David-Néel a assisté à des expériences de *tumo resskiang*, exercice psychique des yogis pour la maîtrise de la température interne, par concentration mentale. L'adepte est assis nu dans la neige l'hiver et on place sur son dos des draps trempés dans l'eau glacée. Il doit les sécher. Les témoins ont constaté que l'on voit la vapeur d'eau fumer dans l'air glacé ; et le drap sèche.

Ces phénomènes impliquent une modification radicale du métabolisme, dont l'activité augmente dans des proportions inconcevables.

JEAN-JACQUES ANTIER. — Dans l'Ancien Testament, Job dit à propos de la venue de Dieu : *Ce fut comme un feu dévorant allumé dans mes os. Tout en moi se désagrégeait.* Marthe Robin a aussi repris cette même expression classique des mystiques : *Dieu est un feu dévorant*. Saint Bonaventure, relatant la stigmatisation de François d'Assise, dit qu'elle fut précédée d'un « incendie intime », puisqu'il fut littéralement brûlé par un ange. Qu'évoquent pour vous ces êtres incendiés de l'amour divin ?

JEAN GUITTON. — Je les replace dans la signification profonde des sacrifices, que nous évoquions à propos de l'inédique stigmatisé. C'est un phénomène du même ordre : l'alliance entre le Créateur et la créature par le sacrifice. Il y a une étroite relation entre le sang et le feu. Dans l'holocauste, le don du sang est porté à son plus haut degré : la créature est consumée, le sang anéanti. C'est la plus parfaite donation d'elle-même qu'une créature puisse exprimer. Au cœur de l'idée d'holocauste, je trouve la combustion. Au-delà de l'immolation, je m'avance vers la consommation. Au-delà de la mort, vers la résurrection. Au-delà de ce qui est, vers une surexistence que j'appelle sublimation. Le feu la symbolise, qui est à la fois consumant et consommant. Toute « consomption » est une figure de consommation, en laquelle on peut voir le terme final de toute évolution spirituelle, le moment où Dieu sera « tout en tous ».

J.-J.A. — Le stigmatisé qui « brûle », c'est donc une forme poussée du sacrifice. Un sacrifice consumant ?

J.G. — Oui. Le sacrifice n'est pas complet s'il se borne à la libation du sang. Il faut qu'intervienne le *feu*, c'est-à-dire le souffle de l'Esprit, l'opération qui seule est capable de transformer. C'est le feu de l'Esprit qui achève le sacrifice du sang ; c'est par ce feu de l'Esprit que le sang, se changeant en flamme, devient le principe du monde nouveau.

J.-J.A. — À l'image du Christ, ces saints mystiques s'offraient en sacrifice par amour de Dieu pour le salut de l'humanité entière, sa transformation, sa conversion. Ce qu'exprimait d'une façon si poignante Élisabeth de la Trinité dans ce passage de l'admirable prière qu'elle nous a laissée :

Ô feu consumant, Esprit d'amour, survenez en moi afin qu'il se fasse en mon âme comme une incarnation du Verbe : que je lui sois une humanité de surcroît en laquelle il renouvelle tout son mystère.

INCOMBUSTIBILITÉ

Y a-t-il une relation entre l'hyperthermie et l'incombustibilité ? En tout cas, celle-ci semble la condition nécessaire de celle-là.

On trouve dans l'histoire des saints de nombreux témoignages les montrant insensibles au feu. Leurs contemporains traduisant cela par un signe d'intervention surnaturelle, on vit souvent au Moyen Âge, en cas de litige, des personnes soumises au « jugement de Dieu », se soumettre à l'épreuve du feu, ou ordalie, sous le strict contrôle des autorités ecclésiastiques. Ce que fit en 1062 le moine, plus tard cardinal Pierre Aldobrandini (devenu saint Pierre Igneus), sur l'ordre de son évêque, en présence de la foule.

Le phénomène est sinon fréquent, du moins universellement admis : cas miraculeux provenant du mysticisme chrétien, cas relevant simplement d'une immunité naturelle encore que mystérieuse, phénomène spirite de médium en état de transe, enfin « marches du feu » observées chez les peuplades primitives dans toutes les parties du monde, soit associées à un rite religieux païen, soit simplement magiques.

Sainte Catherine de Sienne (1347-1380), patronne de l'Italie, que Paul VI a élevée à la dignité de docteur de l'Église, était insensible au feu. Un témoin, mère Francis-Raphaël Drane, raconte cet épisode :

Catherine se trouve à la cuisine devant le feu, occupée à tourner la broche. Ce faisant, elle est ravie, en extase. Ses compagnes la laissent à cet état qui lui est habituel et vont manger. Puis sœur Lisa retourne à la cuisine et pousse un cri. Catherine, toujours en extase, est tombée dans le feu, qui est très vif. Lisa se précipite et la tire de la cheminée, persuadée qu'elle doit être brûlée au dernier degré. Or elle est intacte, non seulement sa chair, mais ses vêtements, sur lesquels « l'odeur du feu n'est même pas passée ».

Dans les vies de saints, on les voit parfois manipuler des braises à mains nues sans la moindre précaution, de sainte Austreberte au VIIIe siècle jusqu'à Domenica dal Paradisio au XVIIIe siècle, en passant par Marguerite Parisot et la bienheureuse Angelina di Marsciano. Le roi de Naples l'ayant menacée de la brûler comme sorcière, elle lui apporta le contenu enflammé d'un poêle, entre son manteau et sa peau ; il se le tint pour dit !

Saint François de Paule (1416-1507), fondateur de l'ordre des Minimes, était coutumier du fait. Non seulement il semblait insensible au feu, mais il pouvait en outre communiquer cette insensibilité à autrui. Il saisit à pleines mains une barre de fer chauffée au rouge dans le foyer du forgeron. Il répara à mains nues un four à chaux encore brûlant. Son évêque lui envoya deux ecclésiastiques de haut rang pour enquêter.

— Il vous est facile de faire ces choses ; vous êtes un paysan habitué à la dure.

— Oui, je suis rustique et si je ne l'étais pas, je ne pourrais agir ainsi.

Ce disant, il plongea ses mains dans le feu brûlant de la cheminée et les remplit de tisons et de charbons ardents. Stupéfaits, les chanoines se jettèrent à ses pieds.

Il s'agit chez lui d'une insensibilité et d'une incombustibilité permanentes, et non issues d'une extase ou d'un état hypnotique. Un jour, il plongea sa main et son bras dans une marmite d'huile bouillante ; un autre jour, dans la lessive en ébullition. On le vit éteindre de son pied nu l'incendie d'une meule de charbon de bois.

Pourquoi ces excentricités ? Pour convertir, comme en témoigne à Léon X le comte Grotteria en 1516, attestant que le saint prenait à pleines mains des charbons rouges pour amener certains incroyants, par ces signes, à la foi.

Légende dorée des saints ? Écoutez ce témoignage du Dr Dozous, l'un des meilleurs témoins de sainte Bernardette Soubirous pendant ses apparitions de Lourdes.

La jeune fille est agenouillée en extase devant sa

vision. Soudain, le cierge allumé qu'elle tient à la main droite penche vers la gauche, qui tient le chapelet ; la flamme lèche les doigts. Les proches se précipitent, mais le médecin les écarte. Il tire sa montre : « Il n'y a pas de stupeur qui résiste à la douleur de la brûlure », se dit-il. Pendant dix minutes, la flamme lèche les doigts sans que Bernadette ne réagisse. Ils sont seulement noircis.

Elle sort enfin de son extase et reprend conscience. Le médecin examine sa main, qui est absolument exempte de brûlure. Alors, il approche la flamme des doigts, et Bernadette écarte vivement sa main. « Pourquoi me brûlez-vous ? » s'écrie-t-elle. La sensibilité normale est revenue.

Bernadette n'est ni un fakir, ni une ascète, mais « une petite bonne femme très ordinaire » assurent ses proches. C'est la vision, l'apparition, qui l'a modifiée. Si miracle il y a, il est là. Ce n'est pas une hystérique, le rapport médical la donne comme normale et bien portante, sans troubles nerveux ni dispositions pathologiques.

Ce phénomène n'est pas l'exclusivité du mysticisme chrétien. On obtient parfois la même absence de réaction lorsqu'on brûle un yogi en état d'extase.

La transe hypnotique peut expliquer l'insensibilité à la douleur par déconnection des neurotransmetteurs, jamais la non-combustion des tissus.

On ne peut non plus nier les prouesses des « mangeurs de feu », tel le fameux Richardson, aussi célèbre en Angleterre qu'en France, qui mâchait et avalait du soufre brut et des charbons incandescents.

Enfin, parmi les médiums bien observés, au XIXe siècle figure le cas de D.D. Home. Plus de vingt fois son immunité au contact des charbons ardents qu'il saisissait à pleine main fut attestée par des témoins dignes de foi.

Il pouvait transmettre cette immunité à d'autres personnes, à condition qu'elles aient en lui une foi absolue, ce qui montre qu'il s'agit aussi d'un phénomène psychologique, c'est-à-dire spirituel. Devant témoin, Home prit un charbon ardent à pleine main et le garda sans dommage. Puis il le fit tenir à lord Adare. Une autre fois, il le mit dans les cheveux de Samuel Carter Hall, l'éditeur de *l'Art Journal*, et sur la robe de fine mousseline blanche d'une assistante, sans la moindre trace de brûlure [4].

Ce phénomène est d'ailleurs assez connu, il était même exploité comme distraction dans l'Inde des maharajahs. On organisait pour les invités un spectacle de « marches sur le feu », dans une allée de quatre mètres de long pleine de charbons ardents, sur une épaisseur de trente centimètres. La démonstration n'avait pas nécessairement une signification religieuse. Le fakir, après avoir persuadé des témoins, les engageait à s'avancer dans l'allée rougeoyante, et à leur grande surprise ils ne se brûlaient pas.

Mais à la fin du spectacle, le fakir se tordait de douleur sur le sol, comme en proie à d'atroces brûlures. D'après les brahmanes, il avait pris sur lui la brûlure du feu.

Mgr Despatures, évêque catholique de Mysore, a assisté en 1922 à un de ces spectacles et a été entièrement convaincu. À la fin, il ajoute :

« Certains soutenaient que nous étions tous hypnotisés et que ce spectacle ne pouvait qu'être une illusion. Pour moi, je crois pouvoir affirmer qu'il n'en est rien. J'étais en possession parfaite de moi-même, j'ai parlé à ceux qui sont allés dans les flammes, j'ai même dit quelques *Ave Maria* pour tenter de faire échec au pouvoir du diable. Il ne peut être question d'hypnotisme ou de prestidigitation. Le feu était un vrai feu comburant, mais il avait perdu son pouvoir à l'égard de ceux qui le traversaient. À quoi attribuer ces effets ?

Je crois à l'influence d'une entité spirituelle qui n'est pas Dieu[5]. »

Mais alors, qui est-ce, ou qu'est-ce que c'est ? S'agit-il d'une suspension de l'agitation moléculaire thermique dans un rayon suffisant pour protéger les tissus ? Myers et le physicien C. Maxwell l'cxpliquent en effet par une action psychique au niveau moléculaire, mais le fait demeure bien mystérieux.

COMBUSTION SPONTANÉE

À l'opposé de l'incombustibilité, on trouve ce phénomène extraordinaire de la combustion spontanée. À la lecture de l'Ancien Testament, on aurait tort de n'y voir qu'une légende symbolique.

Souvent, dans les livres sacrés, un « feu divin » vient châtier les pécheurs. Dans le livre de Moïse, une flamme sort du tabernacle et dévore Coré Dathan et Abiron. Dans un autre récit, le « feu de Yahvé » jaillit à travers le camp et brûle les Israélites infidèles. Ailleurs, Élie appelle le feu du ciel, qui brûle l'autel de Baal et les bêtes immolées.

Quelle qu'en soit la raison, le cas est plus fréquent qu'on ne le croit. Tel individu, apparemment en bonne santé, brutalement se consume sans que la foudre puisse être mise en cause. La victime ressent comme un coup de massue sur un membre. Elle voit une bluette de feu s'attacher à sa chemise, qui est aussitôt réduite en cendres. La peau de la tête est brûlée, mais pas les cheveux. Le corps est gravement brûlé, par endroits. La victime appelle à l'aide. Les témoins la trouvent environnée d'une flamme légère qui s'éloigne à mesure qu'on s'approche, et s'éteint.

La mort s'ensuit peu après. Dans la pièce, aucun feu, pas d'odeur, pas de fumée, pas de dégâts, les vêtements sont souvent intacts.

« Il y a un cas de ce genre tous les quatre ans, écrit Rémy Chauvin. Ils sont inexplicables ; aucune hypothèse ne tient plus de cinq secondes[6]. »

Cela montre simplement que l'on ne connaît pas tout sur la structure du créé. Mais voici, aussi extraordinaires, les phénomènes lumineux.

QUE LA LUMIÈRE SOIT !

De nombreux saints ont produit des phénomènes lumineux inexplicables, qui ressortent d'une manière systématique dans l'iconographie religieuse avec l'auréole, le *nimbe* qui entoure leur tête. Ce phénomène se retrouve dans toutes les religions, et aussi dans certaines expériences de médiums.

À ce sujet, le cardinal Lambertini (futur pape Benoît XIV), qui nous sert de référence car il fut procureur impitoyable aux procès de canonisation et a consigné par écrit ses observations dans un traité qui demeure d'actualité, distingue entre le naturel et le surnaturel. Il estime que certains phénomènes lumineux constatés chez les saints peuvent être dus à des causes naturelles inconnues.

« Par moments des flammes naturelles encerclent visiblement une tête humaine et, parfois aussi, toute la personne rayonne naturellement du feu, non pas comme une flamme qui s'élève, mais plutôt sous forme d'étincelles qui jaillissent de tous côtés. En outre, certains êtres favorisés resplendissent d'un flamboiement de lumière, qui n'émane pas d'eux, mais plutôt de leurs vêtements, ou du bourdon, ou de l'épée qu'ils portent [7]. »

En revanche, évoquant la lumière éclatante qui entourait certains saints lorsqu'ils prêchaient ou officiaient, tels saint Philippe Néri, saint Charles Borromée, saint Ignace de Loyola, saint François de Sales et beaucoup d'autres, le cardinal en admet l'origine surnaturelle et ajoute :

« Il est indiscutable que des centaines d'exemples se trouvent dans nos archives hagiographiques. »

Ces êtres de transparence qui incarnent l'amour du Christ rayonnent sa lumière, au point qu'elle devient visible, comme un signe de sa présence.

Sainte Angèle de Foligno (1249-1309), après sa conversion, brûle d'amour pour Dieu. Frère Arnauld, le franciscain qui a recueilli ses propos dans *le Livre des visions*, raconte :

« Quand elle causait avec le Seigneur, la joie donnait à Angèle une autre figure et un autre corps. La délectation du Saint-Esprit mettait sa chair en feu. J'ai vu ses yeux, ardents comme la lampe de l'autel. J'ai vu son visage ressembler à une rose pourpre. Sa figure avait par moment une richesse, une plénitude de vie, une splendeur, une magnificence angélique qui l'élevait au-dessus de la condition humaine. Elle oubliait alors de boire et de manger. On eût dit un esprit sans corps, et pourtant le corps était éblouissant. »

Sainte Lydwine (1380-1433) a elle aussi connu une vie extraordinaire, cumulant dans son corps « toutes les maladies de son temps sauf la lèpre », en outre visionnaire, inédique et stigmatisée. N'étant pas religieuse, elle a été épiée et observée toute sa vie par les habitants de Schiedam et par des milliers de visiteurs. Son biographe contemporain, Thomas Kempis, a écrit :

« Outre son illumination mentale qu'admiraient extrêmement de grands hommes, et de lettres et de religion, versés dans les études spirituelles, très souvent, de jour ou de nuit, quand elle revenait de la contemplation des choses célestes, ses compagnes la découvraient entourée d'une clarté divine si grande que, voyant la splendeur, et saisies d'un effroi profond, elles n'osaient s'approcher. Et bien qu'elle reposât toujours dans l'obscurité et que la lumière matérielle fût insupportable à ses yeux, néanmoins la lumière divine lui était agréable. Sa chambre en était parfois si merveilleusement inondée la nuit que, pour les témoins, cette petite pièce elle-même paraissait pleine de lampes matérielles ou de feux allumés[8]. »

Les témoignages de ce genre sont si nombreux dans la vie des saints qu'on ne peut pas tous les juger légendaires, alors qu'ils émanent de personnes saines d'esprit, de moralité irréprochable, craignant l'enfer et témoignant sous serment.

Ainsi, dans la procédure en béatification du franciscain Thomas de Cori, des témoins déclarent que toute l'église, par un sombre matin, fut illuminée par la splendeur rayonnante du visage du père. De même, chez le bienheureux Gilles d'Assise, au milieu de la nuit, « une si grande lumière brillait autour de lui que la clarté de la lune en était tout à fait éclipsée ». La maison de la bienheureuse Aleidis de Scarbeke semblait un feu quand elle priait chez elle avec une physionomie rayonnante. La cellule de saint Louis Bertrand « apparaissait comme si toute la pièce était illuminée par les lampes les plus puissantes[9] ».

Le père François Suarez, jésuite espagnol et grand théologien (1548-1617) non seulement lévitait, mais encore lui aussi rayonnait. Le frère convers, portier du collège des Jésuites de Coïmbra, déposant sous serment, raconte comment il le surprit en extase :

« Je vis une grande lumière qui partait du crucifix. Elle aveuglait, comme lorsque le soleil réverbère vivement sur les vitres, projetant des rayons très enflammés. Ainsi elle sortait du saint crucifix, de sorte qu'elle m'aveuglait quand je la fixais. Et tel était l'éclat qu'elle projetait que je ne pouvais rester dans la pièce sans être ébloui par cette lumière qui la remplissait. Elle se reflétait sur le visage et la poitrine du père Suarez. Et, à cette clarté, je le vis à genoux devant le crucifix, le corps élevé au-dessus du sol de cinq palmes en l'air [10]. »

Ici, ce qui est intéressant dans ce phénomène lumineux, c'est qu'il n'émane pas du religieux, mais du crucifix, ce qui ruine la thèse d'une réaction chimique au niveau de la peau.

Parmi les témoins sérieux du procès en béatification du jésuite Bernardino Realino († 1616), figure le seigneur Tobias da Ponte. Il atteste qu'en 1608 à Naples, il vit le bienheureux qui lévitait, comme enveloppé de flammes, à tel point qu'il avait d'abord cru qu'il y avait du feu dans la cellule.

De nombreux témoins confirmèrent que son visage en extase émettait une lumière extraordinaire, et même que des étincelles jaillissaient de tout son corps, comme les flammèches d'un feu, d'où l'impression d'incendie. Parfois encore, la lumière de son visage était si éblouissante que l'on ne pouvait plus en distinguer les traits, au point d'être obligé de détourner son regard. Un jésuite étant allé le réveiller avant l'aube, il le trouva à genoux, le visage si rayonnant qu'il illuminait la cellule [11].

Très proche de nous, voici mère Yvonne-Aimée de Jésus, religieuse des Augustines de Malestroit, en Bretagne, déjà citée, dont sa supérieure a dit : « Sa vie est un tissu de prodiges, de miracles et de grâces.

C'est une sainte, non pas à cause des manifestations extraordinaires, mais de sa haute vertu [12]. »

En 1948, alors supérieure générale de sa congrégation, elle connaît l'union mystique. Témoin, sœur Marie de la Croix :

« Je reste en arrêt avec un oh ! Le cœur de Mère générale est *lumineux*, et quelle lumière ! »

Appelée, la mère prieure constate aussi le prodige. En fait, ce n'est pas la première fois que mère Yvonne-Aimée est ainsi transfigurée. Une sœur raconte :

« Elle me prit les mains et me fixa profondément. J'étais très impressionnée. Elle semblait être comme dans un feu qui la brûlait. *Oh ! l'amour, ma petite fille ! L'amour, l'amour !* [13] »

Si un amour humain peut rayonner d'une certaine « aura », combien plus l'amour divin qui s'empare d'un cœur et inspire l'amour de l'amour. « Jésus roi d'amour. » C'est dans le cœur que se lient, que se nouent et se vivent la fidélité à Dieu et l'ouverture aux autres, qui chez les saints les transfigurent.

LE SANG, SOLEIL LIQUIDE

La critique rationnelle demeure muette au sujet de ces grands phénomènes lumineux. Elle tente seulement une explication naturelle en parlant de « phosphorescence de la peau ». Le Dr E.N. Harvey, dans son traité sur *la Nature de la lumière animale* (1920), parle de « la présence occasionnelle de bactéries lumineuses dans les blessures des stigmatisés ». Mais ces bactéries fantômes n'ont jamais été isolées, donc identifiées, pour la bonne raison, on le verra, que les stigmates sont totalement aseptiques. Il suggère aussi que « la peau peut parfois être une source de lumière, surtout après une transpiration, source due à des bactéries lumineuses sur des dépôts de substances expulsées par la transpiration qui servent de milieu nutritif ». Mais la phosphorescence, très faible, est à peine perceptible et ne rend pas compte des phénomènes de grande luminosité.

De son côté, le médecin britannique Protti, qui étudia en 1934 la « femme lumineuse » de Pirsano, attribue le phénomène à une production de rayons ultraviolets provoqués par des réactions chimiques dans le sang sous des stimuli à caractère religieux. S'agissant d'une mystique qui jeûne pendant le carême, « le pouvoir rayonnant de son sang serait alors le triple de la normale ».

D'après ce médecin, le jeûne favoriserait une production excessive de composés soufrés, qui deviendraient lumineux quand ils sont excités par des radiations ultraviolettes. Comment le sang les produit-il ? C'est « son pouvoir radioactif », qui s'élève avec l'accroissement des battements du cœur sous l'influence de l'émotion religieuse. Après quoi, des sueurs profuses abondent, ruissellent.

Là, on retrouve l'idée spirituelle du sang « soleil liquide ». C'est une recherche intéressante et il est certain que bien des émanations lumineuses pourraient être produites d'une manière naturelle sous l'effet d'un stimulus spirituel ou psychologique extrême.

D'autant plus que ces phénomènes lumineux se retrouvent chez les médiums étudiés par les parapsychologues, hors de tout contexte religieux.

Rochas a vu une vapeur brillante sortir de la poitrine du médium Espérance. La main du médium Home et le sommet de sa tête devenaient parfois phosphorescents. Klouski affirme que tous les « téléplastes », médiums produisant des phénomènes psychiques dits « plastiques », produisent également des luminosités brillantes et mobiles [14].

Le célèbre physicien chimiste Crookes a observé lui aussi des objets lumineux autour des médiums et les a déclarés « inimitables ». Lord Adare, qui a expérimenté sur Home, compare ces objets à la foudre en boule, phénomène jamais expliqué. Des étincelles s'y ajoutent, que Morselli a aussi observées à l'Institut psychologique chez Eusapia Palladino, impossible à confondre, dit-il, avec des phosphorescences. Sa tête devenait lumineuse [15].

Seules certaines luminosités ont reçu un commencement d'explication. D'après le Dr Kliner, membre du Collège royal des médecins de Londres, qui se réfère en 1912 aux idées de Reichenbach, tout être vivant émet des ondes ultraviolettes, donc invisibles. Il aurait réussi à les faire apparaître avec un réactif, la dicyanine, sur fond d'écran noir. Le nimbe des mystiques et l'aura des occultistes seraient une accentuation de ce phénomène, devenu visible. On voit que sur ce sujet il reste encore beaucoup à découvrir. On pourra conclure, avec le Dr Thurston :

« Il y a tant d'histoires de saints moines qui éclairent une cellule obscure ou toute une chapelle, par la lumière qui ruisselle d'eux-mêmes ou qui les baigne, que j'incline fort à adopter l'interprétation la plus littérale [16]. »

C'est-à-dire, au minimum, la véracité des témoignages.

TRANSFIGURATION DU CHRIST

Impossible de passer sous silence la Transfiguration du Christ, que rapportent les évangélistes.

Jésus avait emmené Pierre, Jacques et Jean sur la montagne :

« Il se transfigura à leurs yeux. Son visage devint brillant comme le soleil, et ses vêtements blancs comme la lumière. » (Matthieu XVII, 2.) Saint Marc dit : « Étincelant d'une telle blancheur qu'il n'y a pas de foulon sur terre qui puisse donner une blancheur pareille. » (IX, 3.)

Le phénomène se doubla d'une *vision* de Moïse et d'Élie, puis « une nuée lumineuse les recouvrit ».

JEAN-JACQUES ANTIER. — Ce phénomène de la Transfiguration de Jésus est-il du même ordre que celui de Moïse au Sinaï, dont le visage émettait des rayons de lumière après qu'il eut vu Dieu ?

JEAN GUITTON. — Non. Cette « lumière de gloire » dans laquelle Jésus apparaît n'est pas un reflet, comme serait la lumière lunaire. C'est une lumière qui émane de Jésus comme s'il était lui-même source de lumière. Ce n'est pas la gloire du Père qui se reflète dans Jésus, comme pour Moïse qui voyait la face de Dieu. Il s'agit d'une lumière prise dans le sujet même. La splendeur qui émanait de Jésus était le rayonnement de son être.

J.-J.A. — Quelle est la nature de ces lumières ?

J.G. — Les Juifs pensaient qu'à la fin des temps Moïse resplendirait comme le ciel. Toute leur histoire était suspendue à un événement initial où la *matière* était *lumière*, en même temps qu'à un événement final où la matière serait de nouveau lumière. Et il s'agissait là non de la lumière naturelle, mais d'une lumière spirituelle plus éclatante que la lumière et qui fait paraître le soleil pâle. Platon semble avoir le souvenir de telles expériences. Ces états de la conscience ont pu mettre sur la voie de ce que les prophètes et les apôtres appelleront plus tard *doxa*, la gloire, et en hébreu la *chekkina*.

J.-J.A. — Une lumière transfigurante au-delà de la lumière.

J.G. — L'Évangile de Marc parle d'une blancheur qu'il met au-dessus de la blancheur lumineuse. Il semblerait qu'au-delà de la lumière, il y ait une extase de blancheur, l'*apaugasma* , dit Salomon, *candor lucis*, traduit la Vulgate.

J.-J.A. — L'Évangile de Luc va d'ailleurs plus loin : *Son vêtement devint d'une éclatante blancheur ; ils virent la gloire de Jésus*. La lumière vient du Christ source d'amour. Alors, comme on serait plus près de la vérité du cœur et de l'Évangile si l'on traduisait plus simplement le mot « gloire » par « tendresse », qui rapproche de Dieu au lieu de nous en éloigner.

4

Le vol mystique ou lévitation

La lévitation est à la fois, paradoxalement, le phénomène le plus extraordinaire et le plus facilement observable. En effet, n'importe qui peut le constater. La lévitation est ou n'est pas. C'est un fait indiscutable. Sous l'emprise de forces inconnues, des êtres en état de transe extatique ont été soulevés de terre à des hauteurs variables et sont restés suspendus en l'air un temps plus ou moins long. Parfois ils se déplaçaient comme s'ils volaient.

Les hagiographes des saints relatent ces lévitations. On en relève mille cas connus, dont plus de cent ne peuvent être mis en doute en raison du sérieux de l'enquête et des témoins. Le phénomène concerne autant les femmes que les hommes. Le Dr Leroy a dénombré cent douze hommes pour quatre-vingt-treize femmes sur les deux cent cinq sujets qu'il a recensés comme étant des cas sérieusement étudiés, qu'il ramène à cent soixante incontestables, soit un pour cent des seize mille saints répertoriés, donc non compris les autres et les cas ayant été jugés diaboliques par l'Église, comme celui de la malheureuse Élisabeth Ranfaing, « l'énergumène de Nancy ». Dans son *Traité de la béatification*, le cardinal Lambertini, se référant aux archives hagiographiques les plus sérieuses du Vatican, avance le chiffre de « plusieurs centaines », et admet la possibilité de causes naturelles inconnues.

Le critère de la lévitation mystique repose évidemment sur le sérieux de l'enquête en béatification. Il en ressort que le mystique ne manifeste aucun désir de faire sensation. Bien au contraire il en est bouleversé, consterné et fait tout pour se cacher, car l'humilité, le détachement est la condition même de l'état mystique. Et c'est peut-être l'excès du détachement spirituel qui provoque le « détachement » physique du corps, au sens propre du mot.

Comme presque tous les phénomènes mystiques, la lévitation ne se limite pas à ces cas-là. Depuis la plus haute antiquité, que ce soit en Occident ou en Orient, elle a été constatée chez des êtres épris d'absolu. Des médiums présenteraient aussi des cas de lévitation, mais ils ne sont pas comparables, comme nous le verrons plus loin. La lévitation d'objets matériels (les tables spirites, par exemple) est un fait bien observé. Or, si une table lévite, pourquoi un corps humain ne pourrait-il le faire ? Ce qui est intéressant, c'est qu'il le fait en état d'extase.

L'Église, comme toujours avec les phénomènes mystiques, ne retient pas la lévitation comme preuve de sainteté. C'est au contraire la sainteté de vie qui est susceptible d'accréditer le phénomène de la lévitation, car un saint ne saurait s'amuser à de telles supercheries, et ceci est valable pour tous les phénomènes.

DES CAS BIEN ÉTUDIÉS

On observe la lévitation dès l'Antiquité païenne. Elle était considérée par les Grecs comme un effet du mysticisme et liée à l'illumination du corps. Le philosophe néo-platonicien Jamblique (280-335), considéré comme un saint, aurait été vu par ses disciples élevé de terre alors qu'il priait, le corps baigné d'une lumière dorée.

Théodoret de Cyr et Grégoire de Nazianze rapportent qu'à Éphèse, l'ascète Maxime (disciple de Jamblique), s'éleva de terre avec l'empereur Julien qu'il initiait aux mystères de Diane.

On retrouve ces mêmes phénomènes dans l'Orient mystique. Ainsi, Philostratus rapporte que le Grec Damis vit des brahmanes hindous « s'élever en l'air de deux coudées », pendant leur méditation.

Mais venons-en au « vol mystique » chrétien. Voici le témoignage d'un religieux, frère Léo, qui partagea au mont Alverne la solitude de saint François d'Assise (1182-1226) :

« Le frère Léo, en toute pureté et excellence d'intention, se mit à observer la vie de saint François, et à cause de sa pureté il mérita d'apercevoir mainte et mainte fois saint François ravi en Dieu et soulevé du sol, quelquefois de l'espace de trois coudées, quelquefois de quatre, et quelquefois même au sommet du hêtre ; et parfois il l'aperçut soulevé si haut dans l'air et entouré d'une telle clarté qu'à peine pouvait-il le distinguer[1]. »

De son côté, saint Bonaventure, biographe de saint François, rapporte qu'« on voyait le saint priant pendant la nuit, rayonnant de lumière et complètement soulevé de terre[2] ».

Même phénomène chez saint Dominique, contemporain de saint François, fondateur de l'ordre des Frères prêcheurs. Sa biographe, mère Francis-Raphaël Drane, a écrit :

« Souvent, en ravissement, on le voyait élevé au-dessus du sol. Ses mains allaient et venaient, comme s'il recevait quelque chose de Dieu et on l'entendait s'exclamer : *Écoute, Seigneur, la voix de ma prière quand je crie vers Toi !*[3] »

Cet auteur rapporte aussi un témoignage de sœur Cecilia relatant une célébration eucharistique de saint Dominique :

« Quand il parvint à l'élévation, il fut soulevé lui-même d'une paume au-dessus du sol. Tous le virent ainsi et furent frappés de grande stupeur à cette vue. »

Sur saint Ignace de Loyola (1491-1556), fondateur des Jésuites, on possède une déposition de Juan Pascual dans la procédure de canonisation. À Barcelone, en 1524, « le saint fut aperçu plus d'une fois élevé de quatre ou cinq paumes au-dessus de la terre, tandis qu'il exhalait les plus brûlantes aspirations d'amour et que toute la pièce était remplie d'une lumière éblouissante ». Les religieuses jéromites de Barcelone confirment de semblables ravissements devant l'autel de saint Matthieu.

On trouve aussi dans les enquêtes de 1616 pour la cause en béatification de saint François-Xavier de nombreux témoignages de lévitation.

Avec sainte Thérèse d'Avila (1515-1582), la célèbre réformatrice du Carmel, on obtient sur le phénomène des précisions remarquables[4]. Au procès de canonisation, on recueille une dizaine de dépositions assermentées comme celle de sœur Anne de l'Incarnation, carmélite de Ségovie :

« J'étais au chœur quand notre sainte mère entra et s'agenouilla. Comme je la regardais, elle fut élevée d'environ une demi-aune au-dessus du sol sans que ses pieds le touchent. À cette vue, je fus terrifiée. Elle tremblait de tout son être. Je m'approchai d'elle doucement et je mis mes mains sous ses pieds que je baignai de mes larmes, tant que l'extase dura, peut-être une demi-heure. Alors soudain elle retomba, se posa sur ses pieds. Elle m'ordonna de ne rien dire de ce que j'avais vu[5]. »

Dans sa *Vida de santa Teresa*, l'évêque Yepes rapporte la lutte de la sainte contre un ravissement qui fondait sur elle, avec les conséquences physiques qu'elle redoutait en public. Elle sent son corps soudain échapper à la pesanteur. Dans un effort désespéré elle s'agrippe aux barreaux de la grille, mais en vain. Elle s'élève dans les airs et ce cri s'échappe de ses lèvres :

— Seigneur, pour une chose d'aussi petite importance que mon être, ne permets pas qu'une créature si vile que moi soit honorée comme une sainte femme !

L'évêque n'est pas au bout de ses stupeurs. Il raconte qu'un ravissement la saisit un autre jour au chœur. Thérèse, en oraison, prosternée sur le sol recouvert de nattes, se sentant enlevée s'y accrocha et les emporta avec elle dans les airs.

Mais venons-en aux témoignages de la sainte elle-même lorsqu'elle relate dans sa *Vie* ses lévitations, qu'elle appelle « ravissements ».

« On en éprouve une suavité et une joie extrême. Ici, il n'y a aucun moyen de résister. Dans l'union, comme nous nous trouvons sur notre terrain, nous le pouvons, bien qu'avec peine et difficulté ; mais on peut presque toujours y résister. Ici, c'est impossible, au moins ordinairement. Très souvent même, prévenant toute pensée, toute coopération, le ravissement fond sur vous avec une impétuosité si soudaine et si forte, que vous voyez, que vous sentez s'élever cette nuée, ou cet aigle puissant qui vous emporte sur ses ailes.

« La violence était telle que j'aurais voulu très souvent y résister. J'y opposais toutes mes forces spécialement quand parfois il me prenait en public, et fréquemment en particulier, parce que je craignais d'être l'objet d'une illusion. Parfois, je pouvais opposer quelque résistance ; mais c'était au prix d'une fatigue extrême. D'autres fois, tout effort était impossible ; mon âme était enlevée et même ordinairement ma tête suivait ce transport sans qu'il y eût moyen de la retenir ; quelquefois même le corps tout entier était emporté, lui aussi, et ne touchait plus terre. Mais cela n'est arrivé que rarement.

« Un jour, en particulier, je me trouvais au chœur avec toutes les religieuses ; j'étais à genoux, prête à communier, quand le ravissement me surprit. J'en eus la peine la plus vive. D'autres fois, dès que je comprenais que le Seigneur allait me ravir de la sorte, je me jetais par terre. Un jour, cela m'arriva pendant un sermon auquel assistaient des dames de qualité, en la fête de notre titulaire. On s'empressa autour de moi pour retenir mon corps, mais on ne laissa pas de reconnaître le ravissement. Aussi suppliai-je instamment le Seigneur de ne plus me donner de ces faveurs qui se manifestent par des signes extérieurs.

« Lorsque je voulais résister au ravissement, il me semblait que des forces, si puissantes que je ne sais à quoi les comparer, me soulevaient par les pieds ; elles me saisissaient avec une impétuosité beaucoup plus grande que dans ces autres choses de l'esprit dont j'ai parlé. Aussi j'en étais toute brisée. Car c'est là un combat terrible et, quand Dieu le veut, tous nos efforts servent de peu ; il n'y a pas de pouvoir contre le sien [6]. »

Ce qui est sûr, c'est qu'elle se trouve en pleine conscience quand le phénomène la surprend.

« Le ravissement arrive en général comme un choc, rapide et brusque, avant que vous puissiez rassembler vos esprits ou vous défendre d'aucune façon. Souvent, mon corps devenait si léger qu'il perdait toute sa pesanteur ; parfois même c'était à tel point que je ne sentais plus pour ainsi dire mes pieds toucher le sol. » (*Ibid.*, p. 203.)

De ces textes étonnants, on retiendra qu'il ne peut s'agir d'autosuggestion, puisqu'elle lutte contre le ravissement. On remarquera aussi, et cela nous semble essentiel, qu'il y a confusion voulue dans le terme *ravissement*, concernant aussi bien l'esprit que le corps. Démonstration parfaite que l'esprit et le corps sont tout un, la matière n'étant qu'une vaste pensée. Thérèse elle-même le dit clairement :

« Union, ravissement, qu'on appelle encore élévation, vol de l'esprit, transport, c'est tout un. Je dis que tous ces dons signifient une même chose, qu'on appelle aussi extase. » (*Ibid.*, p. 193.)

Le « vol mystique », ou lévitation, serait l'effet physique (exceptionnel) de l'extase.

« Le ravissement l'emporte de beaucoup sur l'union, il produit des effets plus grands. » Bien entendu, l'union semble être tout à la fois « le point initial, intermédiaire et final du ravissement ; mais les autres effets du ravissement sont d'un ordre beaucoup plus élevé et se manifestent à l'intérieur et à l'extérieur. » (*Ibid.*)

Thérèse insiste pour souligner qu'elle a résisté « de toutes ses forces » aux effets physiques du ravissement, pour finir par avouer qu'« elle n'était plus maîtresse de son corps », tout en étant parfaitement consciente du phénomène.

« J'avoue même que dans les débuts j'étais saisie d'une frayeur très vive en voyant mon corps ainsi élevé de terre. Et bien que l'âme l'entraîne à sa suite avec la plus grande suavité, quand on ne résiste pas, elle ne perd pas, cependant, l'usage des sens : je le conservai assez pour comprendre que j'étais élevée de terre. » (*Ibid.*, p. 196.)

Elle n'explique pas la raison de ce phénomène, sinon par le bon plaisir de Dieu :

« Non content d'élever l'âme jusqu'à lui, le Seigneur veut élever aussi ce corps si fragile. » (*Ibid.*, 197.)

Cependant, la clé du ravissement pourrait être *le désir* d'atteindre Dieu, son amour infini, dans ce degré extrême où il concorde avec le sien :

« Ce désir ardent de *voir* Dieu me fait oublier tout le reste. » (*Ibid.*, 201.) Et lorsque le désir est réalisé, la vue de Dieu dans l'extase, le corps est comme entraîné : « C'est le désir que le corps et l'âme ont de ne point se séparer. » (*Ibid.*, 201.)

Que se passe-t-il au sortir du ravissement ?

« Je demeure assez longtemps sans que le corps puisse se mouvoir, parce que l'âme lui a pris toutes ses forces. Souvent ce corps, qui est infirme et torturé de douleurs aiguës, se trouve guéri et plus dispos pour agir. » (*Ibid.*, 206.)

Cela explique-t-il la remarquable vitalité de la réformatrice du Carmel, fondatrice d'une quinzaine de monastères, et auteur de livres qui comptent parmi les chefs-d'œuvre du mysticisme chrétien ? Ces seuls textes seraient suffisants pour attester de la réalité de la lévitation. Canonisée en 1622, puis déclarée docteur de l'Église par Paul VI en 1970, la « grande Thérèse » est l'une des plus hautes figures de la mystique universelle. Le Dr Thurston, si sévère pour les écrits hagiographiques des saints, lui fait toute confiance, après avoir lu et analysé la *Vida* à partir du facsimilé du manuscrit authentique. Toutes les preuves scientifiques de véracité sont ici réunies : Thérèse a une haute moralité ; elle est consciente du phénomène ;

elle en combat les effets avec persistance avant de s'abandonner ; elle tente de le cacher par modestie, et ne le porte finalement par écrit que sur l'ordre de ses supérieurs, dans le but unique de « rendre témoignage de la grandeur de Dieu, qui réalise en elle de telles merveilles. »

Saint Pierre d'Alcantara (1499-1562), réformateur des Franciscains, dont Thérèse d'Avila elle-même relate une lévitation, a été vu au chœur « élevé de quinze pieds ou davantage, sa tête touchant le toit ». D'autres fois, il prenait son essor « comme un oiseau, jusqu'au sommet des arbres ». Ou bien il était projeté comme une flèche à travers d'étroites portes. On le voyait aussi voler, les bras étendus, pour embrasser un crucifix sur un monticule élevé[7].

Fait curieux, il poussait d'abord un cri perçant, dont on voit mal pourquoi les témoins l'auraient inventé en vue d'une édification, alors même qu'ils étaient glacés d'épouvante.

Saint Philippe Neri (1515-1595), fondateur de l'Oratoire, a été vu aussi plusieurs fois soulevé de terre, notamment au cours de la messe. Son disciple le père Gallonio en a témoigné. Le saint lui a déclaré qu'« il lui semblait avoir été empoigné par quelqu'un et, d'une façon étrange, avoir été soulevé par force, très haut au-dessus du sol ». Il résistait à ces ravissements, « de toutes ses forces », mais il ne pouvait pas toujours les prévoir ni les empêcher[8].

On remarque là encore qu'il s'agit d'une force dynamique et non d'une simple rupture des lois de la pesanteur.

Retrouvons, toujours aussi surprenante, sainte Marie-Madeleine de Pazzi (1566-1607), qui, dans son Carmel de Florence, continue à mener une vie sans concession tissée de toutes sortes de prodiges. Elle a alors vingt-six ans. L'un de ses plus sérieux biographes et témoins, le père Cepari, son confesseur, décrit l'une de ses lévitations :

« Elle allait d'une vitesse incroyable d'un endroit à l'autre, montant et descendant les escaliers avec une telle agilité qu'elle semblait voler plutôt que toucher terre avec ses pieds. Elle bondissait avec sûreté aux endroits les plus dangereux. Le 3 mai 1592, jour de la fête de l'Invention de la croix, elle entra en courant dans le chœur et, sans aucune aide humaine, sans aucune espèce d'échelle, elle sauta sur la corniche, à quinze aunes (environ dix mètres) du sol. Là, elle décrocha le crucifix et, détachant le personnage de la croix, le posa sur sa poitrine, le serra contre elle, puis le présenta aux religieuses. Tous ces gestes donnaient le vertige[9]. »

D'après les descriptions des témoins, ces phénomènes révèlent une perte de masse et d'inertie. Elle se déplace avec légèreté et, lorsqu'elle est perchée sur la corniche, elle se penche sans tomber. Si elle tombe, elle roule sans se faire mal. Elle ressemble à un cosmonaute en apesanteur.

Est-il besoin de dire que ces lévitations excentriques n'avaient rien de spécialement édifiant et allaient même contre la discrétion qui sied à une carmélite. Ses biographes sont d'accord pour dire qu'elle embarrassait tout le monde et que sa mort précoce soulagea le Carmel et les milieux religieux.

Saint Joseph de Copertino (Giuseppe Desa, 1603-1663) constitue avec sainte Thérèse le cas le plus étonnant et le mieux établi de lévitation mystique. Né à Copertino, dans le talon de la botte italienne, il est dès l'enfance fasciné par la vie intérieure, et ses penchants mystiques se révèlent à huit ans par une première extase. Préoccupé d'ascèse, il l'organise autour d'un végétarisme intégral (le « végétalisme », légumes et herbes), entrecoupé de jeûnes, et pour se mortifier porte un cilice. On le dépeint comme dans un état de contemplation quasi permanent, ce qui lui vaut à l'école le surnom de *Bocca aperta*, bouche bée. Inapte à tout sauf à la contemplation, à vingt ans il réussit de justesse à entrer au tiers ordre franciscain de Grotella, comme palefrenier chargé du mulet. Touchés par son humilité et sa piété, ses supérieurs l'admettent comme novice en 1627. Il est ordonné prêtre l'année suivante.

Voilà donc un homme qui se caractérise comme vivant en état d'extase presque continuel, dont il ne sort que pour se mortifier de la manière la plus excessive, se désolidarisant de son corps, qu'il traite en ennemi dans sa lutte entre le corps et l'esprit.

C'est alors que ce corps exténué est pris par des phénomènes étranges, très peu appréciés de l'entourage. Pendant ses extases, Joseph quitte le sol ; il lévite. Il y a trop de témoins (dont beaucoup sont gênés, voire scandalisés) pour que l'on puisse nier la réalité des faits, longuement relatés dans les *Acta sanctorum*, qui rapportent plus de cent lévitations, dont soixante-dix dans sa jeunesse au monastère de Grotella, voisin de Copertino.

Son biographe Pastrovicchi raconte que pendant l'érection d'un calvaire à Grotella, dix personnes avaient dû renoncer à soulever l'énorme croix de douze mètres de long. Joseph assistait à la scène de la porte du couvent, à environ soixante-cinq mètres du tertre. « Soudain, il s'envola, s'empara de la croix, comme si son poids n'existait pas et la plaça dans le trou préparé pour elle ; puis il s'éleva jusqu'à l'un des bras et adora le Sauveur. »

Cet événement étrange, pour lequel on peut émettre quelques réserves, du fait que les témoins sont de seconde main, figure dans les dépositions du procès en béatification [10].

Un autre jour, dans l'église du couvent voisin des

franciscaines de Copertino, où l'on allait célébrer une cérémonie de prise d'habit, Joseph, du fond de la nef, s'envola vers l'officiant, le saisit par la main et l'enleva du sol. (*Ibid.*)

Ces prodiges se répétant et troublant la paix monastique, son abbé le pria de s'abstenir, ou de ne plus paraître aux offices, puis il avisa les supérieurs qui, ne sachant si l'on devait attribuer les phénomènes à Dieu ou au diable, en référèrent au Saint-Office.

Voilà donc notre moine volant aux mains de la terrible Inquisition, qui en avait brûlé plus d'un pour moins que cela ! En effet, qui, au Moyen Âge, lévitait le plus souvent, sinon, disait-on, les sorciers et sorcières se rendant au sabbat démoniaque ?

Assigné à résidence en 1638 au monastère de San Lorenzo, à Naples, Joseph est interrogé à trois reprises par les juges de l'Inquisition. Ils ne trouvent rien à redire de sa « doctrine », strictement conforme à ce qui lui a été enseigné, ni à sa vie, d'une totale sainteté. Les graves docteurs de la foi en viennent alors à douter des prodiges rapportés par ces Pouilleux et autres Calabrais, quand Joseph lui-même les détrompe. Ayant célébré la messe dans la chapelle du Saint-Office, soudain, comme saint Pierre d'Alcantara, il pousse un cri et, les bras tendus en croix, s'élève au-dessus du sol pour aller se poser sur l'autel au milieu des fleurs et des cierges allumés. L'assistance est bouleversée d'effroi. Va-t-il s'embraser ? Non. Après un moment d'adoration, il pousse à nouveau un cri, s'élève dans les airs et, revenant en arrière, se pose sur les genoux, dans la nef de l'église, où il se met à tourner sur lui-même en répétant : « Ô bienheureuse Vierge Marie ! »

Les théologiens prennent alors peur. Sans oser trancher sur son cas, ils se débarrassent du moine volant en l'envoyant à Rome, sous la garde du père général de l'ordre. Celui-ci décide de le présenter au pape Urbain VIII, aristocrate cultivé, plutôt sceptique, politicien habile nullement enclin aux extravagances mystiques.

Joseph s'agenouille devant lui pour lui baiser le pied, selon le protocole, puis soudain entre en extase, pousse son cri et s'élève dans les airs, où il reste sous le regard médusé du pape, jusqu'à ce que le père général, fort gêné d'un tel comportement en présence de Sa Sainteté, lui ordonne :

— Redescendez, au nom de la sainte obéissance !

Aussitôt, docile, Joseph se pose délicatement sur le sol. Troublé, le pape s'écrie :

— Si cet homme meurt avant moi, je viendrai moi-même attester l'authenticité du prodige*.

Alors, ne sachant plus que faire de ce saint embarrassant, l'ordre l'envoya dans le monastère franciscain d'Assise, dont le supérieur était réputé pour ne pas donner prise aux pieuses légendes.

On est en 1639. Joseph va y demeurer jusqu'en 1653, tous ses gestes passés au crible. Suivant une méthode éprouvée, le supérieur décide de le traiter en suspect, intrigant, incapable, ce que Joseph accepte avec humilité. Il doute même de sa vocation. Effet de cette nuit de l'esprit, pendant deux ans aucun prodige ne se produit et l'abbé a beau jeu de déclarer à Rome que ce moine ne présente aucun intérêt.

Mais le jour de la fête de saint Joseph, à Assise, dans la basilique même où repose le corps de saint François, Joseph va à nouveau étonner, non plus cette fois un petit groupe, mais la foule des fidèles assemblés. Levant les yeux vers une image de la Vierge, peinte au-dessus de la loggia qui surmonte l'autel, il pousse un cri, s'élève dans les airs et vole par-dessus la tête des assistants jusqu'à l'image, à environ dix-huit

* Ce qui ne put se réaliser, puisque le pape mourut dix-neuf ans avant Joseph.

mètres, l'embrasse pieusement et redescend doucement vers le sol devant la foule médusée, les moines et les notables.

Désormais, les vols ne se comptent plus, rapportés par les dépositions assermentées du procès en béatification, qu'on n'a aucune raison de mettre en doute. Prenons par exemple ce témoignage, qui émane cette fois d'un grand personnage laïque, Juan de Cabrera, duc de Medina, grand amiral de Castille, ambassadeur d'Espagne auprès du pape Innocent X. C'est en rejoignant son poste à Rome que, passant par Assise avec sa femme, sa famille et sa suite, il souhaite rencontrer le célèbre capucin volant. Il ne s'agit nullement, cette fois, d'un homme pieux, mais d'un politicien retors à qui l'on n'en conte pas.

Il voit d'abord le saint dans sa cellule. Puis, édifié, retourne à l'église où l'attend sa femme, qui n'a pu pénétrer dans la clôture.

— J'ai vu un nouveau saint François et je lui ai parlé.

La duchesse se tourne vers le père gardien.

— Puis-je jouir du même privilège ?

Une femme ne pouvant franchir la clôture, le supérieur va chercher Joseph, qui s'exécute avec réticence. Ces mondanités ne lui plaisent pas, et encore moins la compagnie des femmes !

Dès qu'il pénètre dans l'église, son regard se pose sur la statue de Marie Immaculée au-dessus de l'autel. Pris par l'extase, il s'élève aussitôt d'environ quatre mètres de hauteur au-dessus des personnes présentes, jusqu'au pied de la statue, à douze mètres de là, et après s'être recueilli un moment, il pousse son cri accoutumé, vole en arrière, retombe sur le sol qu'il embrasse, et retourne tout droit à sa cellule, laissant l'amiral, sa femme et la brillante suite qui les accompagne saisis d'étonnement. La duchesse s'évanouit, ainsi que plusieurs personnes de sa suite. L'amiral est tellement secoué lui aussi que, dit-on, il faillit en mourir.

Là encore, les références des témoins directs figurent dans la procédure en béatification [11].

Existe-t-il des témoins importants non catholiques ? Oui. Passant par Assise en février 1651 avec sa suite, J.F. de Brunswick, duc de Saxe, entendit parler du capucin volant. Tenaillé par la curiosité, il voulut le voir, et bien que luthérien, donc hérétique aux yeux de l'Église catholique, il réussit à se faire introduire avec un gentilhomme de sa suite, J.H. Blume, par un ami catholique nommé Georg Sittig. Le prieur les installa dans la partie du monastère réservée aux visiteurs de marque, la « chambre du pape », mais refusa de leur ménager un entretien avec le moine. Il fut seulement convenu qu'à l'insu de ce dernier ils assisteraient à sa messe privée, dans la chapelle de l'ancien noviciat.

À cette époque, les extases aériennes de Joseph étaient quotidiennes. Ils le virent s'élever en l'air en position agenouillée et demeurer en extase face à l'autel. Puis, après avoir poussé son cri, il revint au pied de l'autel et poursuivit sa messe.

Le duc et ses deux compagnons n'en croyaient pas leurs yeux. Ils obtinrent de revenir le lendemain et assistèrent à une nouvelle lévitation, qui dura cette fois quinze minutes. Les deux luthériens se retirèrent bouleversés. Henrich Blume ne décolérait pas.

— Puissé-je être maudit d'avoir fait ce voyage ! J'arrive ici l'esprit paisible et me voilà troublé, furieux et en difficulté avec ma conscience.

— Pour moi, dit le duc, l'affaire est claire. Nos yeux ont vu. Je vais me convertir au catholicisme.

Blume résista, mais il se convertit deux ans plus tard [12].

Or, ce duc de Brunswick n'est pas n'importe qui. Il eut plus tard le mérite de s'attacher le célèbre philosophe et mathématicien Leibniz, à l'un des moments les plus difficiles de sa vie.

Il convient d'insister sur le fait que les supérieurs de Joseph, de même que toutes les autorités religieuses de l'époque, gênés par ces manifestations, firent tout pour les cacher. Non seulement il était interdit de le voir, mais il fut exclu de la communauté. Il disait sa messe seul dans une chapelle désaffectée.

Si l'on étudie les nombreux témoignages, on observe qu'il suffisait d'un rien, un mot, une fleur, une image, pour le mettre en extase, ce qui entraînait parfois la perte de masse et la lévitation dont le mobile était l'adoration. Ses vêtements obéissaient à la perte de masse, comme ceux de cette bienheureuse mère Lukardis, dont l'habit, heureusement, ne retombait pas tandis qu'elle se tenait sur la tête ! Avec Joseph, on nota des exceptions. Ses sandales tombèrent au sol.

Lorsqu'il sortait d'extase, il retrouvait son poids. Un fait confirme qu'il ne commandait pas au phénomène. S'étant élevé, il se posa sur une haute branche d'arbre qui ne plia pas. Mais quand l'extase prit fin, elle menaça de se rompre, et Joseph étant incapable de redescendre, il fallut utiliser une échelle pour le sortir de ce mauvais pas.

Le saint passa à Osimo les six dernières années de sa vie et continua à léviter, comme en témoignent ses contemporains dans les dispositions sous serment de la procédure de canonisation, notamment celles des médecins qui l'ont soigné, D. Bernino, F. dePierpolo et J. Carosi. Non seulement il renouvela le vol dans l'église pour prier devant une statue, mais il saisit un autre moine et l'entraîna dans son élévation. En 1663, à sa dernière messe, un mois avant sa mort, il vola devant toute la communauté, qui l'attesta sous serment.

Il sera béatifié en 1753 par Benoît XIV, le pape le moins crédule de l'Histoire, puisqu'il établit les règles strictes en matière de preuves dans les causes de canonisation, utilisées encore de nos jours. Or c'est lui, alors cardinal Lambertini, qui était promoteur de la foi (avocat du diable) lorsque la cause de Joseph vint en discussion devant la Sacrée Congrégation des Rites. Si ce pape avait eu le moindre doute, il n'aurait jamais béatifié Joseph, le caractère extravagant de ses lévitations l'amenant plutôt à la réserve.

Dans son traité de référence, *De la béatification des serviteurs de Dieu*, le cardinal avait précisé : « Tandis que je remplissais la charge de *promotor fidei*, la cause de Joseph vint en discussion. Des témoins oculaires, d'une honnêteté indiscutable, portèrent témoignage des fameuses élévations au-dessus du sol et des vols prolongés du serviteur de Dieu alors qu'il était en extase. »

Enfin, Joseph de Copertino sera canonisé par le pape Clément VIII en 1767.

Au XIXe siècle, on relève cinq cas de lévitation :

Saint André Hubert Fournet († 1821), J.B. Cottolengo († 1842), sœur Marie de Jésus crucifié († 1878), sainte Gemma Galgani († 1903), sœur Marie de la Passion († 1912).

Le seul cas signalé au XXe siècle est celui du padre Pio, qui aurait dit : « Jésus est toujours généreux envers moi, arrivant même parfois à me lever de terre et à me coucher sur mon lit [13]. »

Existe-t-il des cas récents de lévitation mystique ? Dans son livre *Metanoïa*, Aimé Michel écrit :

« Ces faits incroyables ne semblent pourtant pas très difficiles à observer... à condition d'être introduit dans les couvents de contemplatifs. » (p. 225.)

Mais l'Église, par prudence et discrétion, n'aime pas faire état de ces phénomènes.

Aimé Michel parle d'un cas récent à Paris, l'information venant d'« un neurologue éminent ».

Dans une lettre privée du 9 juin 1992, il nous écrit à ce propos :

« Le Dr A. était psychiatre et conseiller direct de l'archevêché de Paris pour les cas embarrassants survenant dans les couvents. Nous avons souvent discuté d'un de ces cas. Il s'agissait d'une de ces étranges mystiques dont parle Thurston ; plutôt "prodigieuse" que sainte. Le Dr A. l'a vue une fois, non pas monter au plafond, mais en redescendre. (Il était arrivé trop tard pour le début.) Il l'a vue retomber. En d'autres occasions, il l'a vue faisant des bonds franchement excessifs aux yeux d'un newtonien respectueux ! »

Aimé Michel ajoute :

« La conscience étant par nature un fait qui ne relève pas de la science, il est prévisible qu'elle fasse parfois apparaître des aspects de ce fait qui étonnent le sens commun. »

À PROPOS DES MÉDIUMS

La lévitation s'observe aussi chez les médiums, mais elle est plus rare et on ne possède pas toujours des témoignages aussi indiscutables et moralement irréprochables que ceux relatifs aux saints et à leur entourage. Sans constituer une preuve en soi, la sainteté reste la meilleure caution du phénomène.

Il existe une différence notable entre le vol mystique et la lévitation des médiums. Celle-ci est recherchée, et le médium doit se mettre en état de transe hypnotique. Il n'a pas de motivation religieuse. Sa lévitation est faible. Pour la réaliser, il doit être en bonne santé. Au sortir du phénomène, il est glacé et ressent une immense fatigue, alors que le mystique, pourtant souvent malade, ou diminué physiquement par le jeûne, en sort détendu et fortifié. Les médiums sont en général des êtres faibles, influençables, des personnalités peu affirmées, alors que les saints que nous avons cités sont des êtres exceptionnels, à l'intelligence et à la volonté surhumaines.

Il semble aussi que le médium emprunte l'énergie de la lévitation au milieu ambiant, alors que le mystique la tire, soit de son métabolisme exceptionnel fruit d'une longue ascèse, soit de son extase. Chez lui, la lévitation serait alors comme les scories d'un apport extérieur d'énergie.

Le point commun entre mystiques et médiums est l'hypersensibilité.

La lévitation semble précédée par une perte de poids, une rupture des lois de la pesanteur. Ce phénomène a été mesuré par les scientifiques dans le cadre d'exercices de « dématérialisation » des médiums produisant des « ectoplasmes ».

Le colonel Olcott les a mesurées en 1874 en pesant le sujet, qui passe de cent vingt et une livres à cinquante-deux livres, la perte de poids semblant compenser la matérialisation externe. De même, Crawford mesura sur balance et enregistra des pertes de poids de sept à vingt-quatre kilos, le sujet en pesant ordinairement soixante-deux [14].

Il semble, comme l'a montré René Sudre dans son *Traité de parapsychologie* (p. 269), qu'il y ait « une loi de conservation de la substance » (« la somme du poids du sujet et du poids de la substance extériorisée demeure constante »). Mais alors, il n'y a pas de lévitation. Au contraire, chez le mystique, il n'y a jamais d'ectoplasme, mais il y a lévitation, qui est comme une sorte d'extériorisation de l'énergie mystérieusement acquise.

Signalons quelques cas spectaculaires de lévitation de médiums bien connus, étudiés et critiqués par des scientifiques.

D.D. Home aurait lévité plus de cent fois. Le célèbre physicien W. Crookes a assisté à trois séances et en témoigne. Le 13 décembre 1868, en présence de témoins notoires, Home serait sorti par une fenêtre du quatrième étage et rentré par l'autre. Généralement il était soulevé jusqu'au plafond, où il laissait des marques [15].

Autre célèbre médium, Stainton Moses lévita plusieurs fois, dont une fois avec sa chaise, à trente centimètres du sol, ce dont F. Myers rendit compte. Eusapia Palladino était soulevée de quatre-vingts centimètres avec sa chaise [16]. Maria Wollhart lévita douze fois et fut photographiée. À Vienne, Willy lévita devant des professeurs d'université et des médecins dans des conditions de contrôle rigoureux. Nous ne citerons pas les cas récents, le recul critique faisant défaut, mais ces cas existent et la science aurait intérêt à s'y intéresser.

René Sudre explique le phénomène, non par une annulation de la gravité, mais par la théorie du « levier téléplastique », qui expliquerait aussi les télékinésies d'objets. « Il n'y a point élusion de la gravité, mais opposition à la gravité d'une force égale et dirigée de bas en haut. » (p. 297.)

Des scientifiques comme Zöllner, se référant à la théorie mathématique de Riemann, tentent quant à eux de l'expliquer par une hypothétique quatrième dimension de l'espace, ou « hyperespace ».

Le Pr Lombroso, de Turin, qui d'abord ne croyait pas aux phénomènes, fut le témoin, à Milan en 1892, d'une lévitation d'Eusapia Palladino. Enlevée de sa chaise, elle fut transportée sur une table. Reconnaissant les faits, mais refusant d'adhérer au spiritisme, Lombroso conclut que chez certains sujets sous hypnose « l'excitation des centres cérébraux provoque une transposition et une transmission de forces psychiques [17] ».

Quantité de scientifiques, dont Charles Richet (*Traité de métapsychique*) reconnurent aussi les faits, se bornant à admettre qu'il s'agissait de « phénomènes d'une nature inconnue ».

Il nous intéresse seulement ici de voir confirmée leur réalité par des hommes de science éminents. Quant à la cause, elle demeure *mystérieuse*.

CONCLUSION

Le phénomène étant amplement prouvé, même s'il ne peut être reproduit à volonté, peut-on tenter d'établir une classification ?

Nous distinguons deux grandes catégories : les cas liés au mysticisme et les autres. À l'intérieur de ces deux catégories nous relevons trois variétés.

Dans la première, le sujet est passif. Il échappe simplement à la pesanteur. Il n'a plus de masse. Un souffle le déplace. Ce mot peut être pris à la lettre. Les compagnes de la visionnaire Marie d'Agreda s'amusaient à souffler sur elle pour la déplacer.

Dans le second cas, le sujet se déplace, *il vole*, généralement vers l'objet de son désir, toujours un objet de piété chez le mystique. Néanmoins, on peut supposer qu'il se déplace par sa propre volonté, née de son désir, même inconscient. Peut-être bénéficie-t-il de la connaissance infuse d'une loi encore inconnue de la nature, manifestation d'un pouvoir divin en lui.

Le troisième cas se retrouve chez le mystique, qui est comme happé par une force qui lui est extérieure ; il est *saisi*, *ravi*, parfois même il tente de résister, mais cela n'est pas en contradiction avec le désir de fusionner en Dieu. C'est seulement le corps physique qui résiste, par humilité ou par obéissance.

À ces divers cas s'ajoute parfois, on va le voir, une

surprenante force d'inertie, apparemment contradictoire. On ne peut plus alors le faire bouger, comme s'il pesait un poids infini.

Le champ de lévitation est un autre sujet d'étonnement. Le phénomène s'étend aux vêtements, aux objets qui le touchent, voire à d'autres humains qui l'approchent. Saint Jean de la Croix s'élevait avec sa chaise, la mère Marie de Jésus avec son prie-Dieu, mais Joseph de Copertino pouvait perdre ses sandales. Chez certains stigmatisés reproduisant les blessures de la Passion, on observe parfois le sang couler comme sur un Christ vertical alors que le stigmatisé demeure allongé, comme si le sujet reproduisait avec perfection l'image du crucifié.

On peut aussi tenter de classer les phénomènes physiques accompagnant la lévitation. Dans l'extase, l'aliénation complète des sens, ou non. Le cri qui annonce ou achève l'envol. Joseph de Copertino n'en avait pas l'exclusivité. On le signale aussi chez Vito de Martino, François de Saint-Nicolas et saint Pierre d'Alcantara. Ce cri, Joseph l'expliquait ainsi au cardinal de Lauria, qui s'en offusquait, comme s'il était plus scandaleux de troubler le silence monastique que de voler ! « Quand l'amour divin éclate dans le cœur, c'est comme quand la poudre, s'enflammant dans l'arquebuse, éclate avec grand bruit. »

La chaleur, l'incombustibilité et le tremblement accompagnent aussi certaines lévitations. Et d'inexplicables phénomènes lumineux.

Ainsi, on ne peut que conclure, avec Aimé Michel, que pour les mystiques, « l'essence du prodige, quoique se produisant en conformité avec les lois de la nature, suppose leur connaissance et leur manipulation par un je ne sais quoi qui dépasse notre connaissance. Survenant à la suite de l'ascèse, activité délibérée et pleinement consciente, il se présente comme l'apparition d'un surcroît d'information dont la source échappe à toute définition [18] ».

« J'ai vu les secrets de Dieu », dit la mystique Catherine de Sienne en sortant de l'extase.

JEAN-JACQUES ANTIER. — Au premier degré, voilà donc des faits troublants encore inexpliqués, miracles pour les uns, donc phénomènes métaphysiques. Pour les autres, phénomènes de la nature dont la science découvrira peut-être un jour les lois. Mais au deuxième degré, symboliquement, la lévitation mystique évoque la liberté du saint, de celui qui a su se « désencombrer », se libérer du poids des inutilités comme le conseillait Marthe Robin, pour atteindre cette « liberté des enfants de Dieu ». On retrouve ce même esprit dans une célèbre chanson : *Il est libre, Max. Certains même disent qu'ils l'ont vu voler.* Alors ? La lévitation ? Est-ce une forme extraordinaire de liberté, et comment l'expliquer ?

JEAN GUITTON. — Pour que l'homme soit libre, il faut qu'il ait, même dans les éléments ultimes de la matière, dans les arcanes premiers, un élément aléatoire qui permet l'acte libre. Si je suis vraiment capable de lever le doigt, c'est qu'il y a dans l'univers, soit des carrefours d'indétermination, soit une indétermination de base ; ce que certains physiciens ont nommé des « relations d'incertitude ». La pensée reconnaît dans l'univers un caractère artistique, élégant, sélectif, puisqu'il est tel et non pas tel, et qu'il émerge des possibles sans être nécessité. L'univers ressemble à la pensée en tant qu'elle crée des pensées à son image, qu'elle choisit des accidents substantiels en inventant des formes, comme le fera l'artiste en tant qu'il ajoute l'humanité à la nature.

J.-J.A. — Peut-on supposer que les mystiques capables de léviter sont des mutants qui annoncent un phénomène qui sera commun à tous dans l'avenir ?

J.G. — La biologie pose à l'esprit humain le problème de la finalité, qui suppose l'idée que le présent d'un vivant ne s'exprime pas seulement par son passé, mais aussi par l'avenir ; qu'on ne peut pas expliquer l'œil ou l'embryon par la seule causalité, qui ne montre que le jeu des mécanismes ; qu'il faut encore rendre compte de ces mécanismes.

J.-J.A. — Même à notre siecle où l'homme voyage dans le ciel et les cosmonautes dans l'espace, l'idée de la lévitation a quelque chose d'effrayant.

J.G. — Aujourd'hui, on peut se référer aux astronautes en apesanteur. Expérience plutôt désagréable. Se souvenant seulement de sa première descente en parachute, Lindbergh disait : *Je n'avais jamais compris quelle sécurité la pesanteur offre, avec son orientation permanente. Ma mère la terre me tient comme une mère son enfant ; elle m'accueille avec bonté.* La pesanteur met de l'ordre dans le corps. Elle crée le haut et le bas, ces deux directions inverses, présentes dans chaque partie de notre être, et qui sont déjà les images du bien et du mal, de ce qui attire et de ce qui tente, de la grâce et de la chute. Cet effort permanent que nous faisons pour nous tenir droit contre toutes les déviations, c'est la pesanteur qui le permet.

J.-J.A. — C'est la pesanteur aussi qui nous limite. On pense irrésistiblement au titre du livre de Simone Weil, *la Pesanteur et la Grâce*. Imaginez une âme dans le moment qui suit la mort, quand l'esprit se détache des choses !

J.G. — Toute limite est une certitude, une douceur, un repos. La statuaire fixe l'assise des choses, leur lourdeur orientée vers la terre. Mais la béatitude de la pesanteur est inconnue de nos sens.

J.-J.A. — Curieusement, les mystiques n'ont pas vraiment décrit leurs impressions en apesanteur.

J.G. — Étant en extase, leurs préoccupations étaient « ailleurs ».

J.-J.A. — Dans la vie du Christ telle que la rapportent les évangélistes, on note trois cas de lévitation : LA TENTATION DU DÉMON. Après avoir jeûné quarante jours au désert, Jésus est tenté par le démon : « Alors il le mena dans la ville sainte (Jérusalem), le plaça sur l'angle du temple et lui dit : *Si tu es le fils de Dieu, jette-toi en bas...* » (Matthieu IV, 6.) Puis, *le diable l'emmena sur une montagne très élevée*. (IV, 8.) Second cas, LA MARCHE SUR LES EAUX : « Il vint à eux en marchant sur la mer. Les disciples furent effrayés. *Seigneur*, dit Pierre, *Ordonnez-moi de venir vers vous sur les eaux*. Il dit : *Viens*. Pierre sauta de la barque et il marchait sur les eaux » (Matthieu XIV, 25-29.) Enfin, L'ASCENSION : *Jésus fut enlevé au ciel et il est assis à la droite de Dieu*. (Marc XVI, 19.) C'est le second phénomène qui est le mieux observé, en ce sens que Pierre a une réaction « scientifique » : il veut le reproduire pour être sûr de n'être pas victime d'une hallucination, ou, dit-il, d'un fantôme.

J.G. — Il est probablement trois heures après minuit. Jésus semble porté sur les flots. Il se présente comme un laboureur. Il avance sur les sillons d'un champ. Il est présenté comme dominant le liquide, cette forme fluide de la matière. D'après la phénoménologie mystique, c'est en effet un phénomène de lévitation. Jésus a rendu son corps léger, sublime déjà, par une sorte d'anticipation de la gloire.

J.-J.A. — Mais les apôtres sont effrayés. Un fantôme ! *N'ayez pas peur !* leur dit Jésus, mot sublime qui sera repris par Jean-Paul II, à propos de la vie et de l'avenir. Mais je crois que l'épisode le plus intéressant est celui de Pierre, qui va expérimenter la puissance de la foi.

J.G. — Oui. C'est un marin-pêcheur, il n'a pas peur de l'eau, et il a assez de foi pour risquer l'incroyable aventure. Il se jette à l'eau, puisque Jésus lui a commandé de venir. Si Jésus lui commande de venir, c'est qu'il lui en donne le pouvoir. Pierre ose oser : c'est son excès, c'est sa nature. Et pourtant, il sait que l'eau, même calme, est perfide.

J.-J.A. — Est-ce le doute qui le perd ?

J.G. — Le pouvoir d'avancer sur l'eau, il le perd dès que sa foi cesse d'être absolue, que le doute, si humain, s'insinue dans son esprit. En étudiant les grands artistes, j'ai souvent noté que le génie compose avec l'angoisse. Et l'angoisse sécrète le doute. Tel est l'enseignement que l'on peut tirer de ce récit. Il me rappelle une visite au Vatican. En 1958, quelques mois avant la mort de Pie XII, j'avais été reçu par le pape. L'angélus de midi avait sonné. Le Vatican était dés[illegible]e fus accueilli dans la longue bibliothèque. Le pape intimidait par sa hauteur, son mystère, son air céleste, comme s'il était déjà hors de ce monde ; j'ajouterai, je ne sais quoi d'illuminé : une flamme qui le brûlait, un regard porté vers ce que les autres ne voyaient pas.

J.-J.A. — N'avait-il pas eu une vision du Christ ? On a dit aussi qu'à quatre reprises, dans les jardins du Vatican, il aurait vu « le soleil danser », reproduction du fameux miracle de Fatima ?

J.G. — En effet. Notre entretien, qui portait sur la Bible, fut court et pathétique. Soudain, le pape s'arrêta. Il fixa un point de la salle situé dans le fond, comme s'il voyait une personne que je ne voyais pas : certainement un être qui n'était pas de ce monde. Le sachant malade, j'eus peur qu'il n'eût un malaise, qu'il mourût sous mes yeux. Je l'entendis alors qui parlait de sa vision ; il articulait en latin un verset de l'Évangile que je connaissais bien : *Jube me ad te venire super aquas*.

J.-J.A. — *Ordonne, Seigneur, que je vienne à toi par-dessus les eaux*. L'exclamation de Pierre !

J.G. — À cet instant, la destinée de Pierre, chef des apôtres — sa promptitude, ses défaillances, son repentir, sa certitude —, tout est déjà présent dans cette incroyable aventure du lac de Génésareth, sous la lune. Peut-être aussi l'histoire intime, à jamais inconnue, de Pie XII et de plusieurs papes. Lorsque j'appris sa mort solitaire, lorsque je vis son corps exposé dans la basilique de Saint-Pierre, je me récitai le verset : *Viens, Seigneur, par-dessus les eaux*.

HOSTIES VOLANTES

Autre phénomène de télékinésie, mais très différent, celui des hosties volantes. Si des supercheries ont été dénoncées par l'Église, de nombreux cas demeurent incontestables.

Bien qu'il soit ancien, il faut citer le cas de sainte Julienne Falconieri, fondatrice de l'ordre des Mantellate († 1341), parce qu'il figure dans une des leçons du bréviaire romain.

Âgée de soixante-dix ans, la sainte, à Florence, se trouve aux portes de la mort. Notons qu'elle a passé sa vie à se mortifier. Malgré ses souffrances, elle se désespère seulement de ne pouvoir communier, son estomac refusant toute nourriture. Elle demande toutefois au père Jacques de Campo-Regio de lui apporter l'hostie et de la poser près de son cœur.

« À la stupéfaction de toutes les personnes présentes, le pain divin disparut à l'instant. Au même moment, un sourire de paix et de joie illumina le visage de Julienne, et elle rendit l'âme. Tout le monde demeurait confondu. Quand on fit la toilette funèbre du corps on trouva sur le côté gauche de la poitrine une marque, comme l'empreinte d'un sceau, reproduisant la forme de l'hostie avec l'image du Christ crucifié. Naturellement, on rechercha et on ne retrouva jamais l'hostie [19]. »

Voilà donc un double cas de communion télékinésique et de stigmate avec image, reproduisant le Christ en croix au centre d'un cercle.

Le fait d'une hostie pénétrant miraculeusement dans le corps à travers l'épiderme n'est pas unique, mais il est difficile de trouver des témoignages absolument fiables. En revanche, les récits d'hostie volant vers la bouche abondent.

L'abbé J.-J. Olier, fondateur des Prêtres de Saint-Sulpice, étant de passage à la Visitation de Nantes, eut la surprise, en distribuant la communion, de voir l'hostie se détacher de sa main pour aller d'elle-même se poser dans la bouche d'une sœur réputée sainte, Françoise-Madeleine de La Roussière. Un autre prêtre, le recteur de Niort, confirma le phénomène ; il avait vu lui aussi « l'hostie voler dans sa bouche en la communiant ». L'abbé Martinon, archiprêtre de Langeac, connut une expérience plus étonnante encore avec une sainte dominicaine sujette à extase et non moins réputée, mère Agnès de Jésus. Une hostie avait quitté le ciboire de la chapelle pour voler jusqu'à la cellule de la religieuse, qui n'assistait pas à la messe, tout en y participant à distance.

Les témoignages sur sainte Catherine de Sienne ne sont pas moins sérieux. Ils émanent du bienheureux Raymond de Capoue, son confesseur, plus tard général de l'ordre des Dominicains, et de mère Francis-Raphaël Drane, la biographie de sainte Catherine, qui eut accès aux documents de la procédure de canonisation. Elle cite deux cas :

Frère Bartholomé Dominique sentit l'hostie s'agiter entre ses doigts, d'où elle s'échappa et vola vers la bouche de Catherine. Francesco Malevolti attesta lui aussi sous serment qu'il vit souvent l'hostie quitter la main du prêtre et « voler comme une flèche » jusqu'à sa bouche. Raymond de Capoue témoigne lui-même de plusieurs autres phénomènes similaires où il se trouve en cause[20].

Au XIXe siècle, sainte Marie-Françoise des Cinq Plaies était coutumière de ces manifestations. Son confesseur, le père Cervellini, témoigne :

« Quand je fus sur le point de lui donner la communion, à peine eus-je fait demi-tour et prononcé les mots *ecce Agnus Dei*, je m'aperçus que l'hostie n'était plus dans mes doigts. J'en fus terriblement bouleversé, mais Marie-Françoise me fit signe qu'elle avait déjà l'hostie sur la langue. Témoin de l'incident, le seigneur Borelli en était aussi ému que moi [21]. »

Un autre témoin sérieux, également confesseur de Marie-Françoise, le père Bianchi (il sera béatifié), raconte le transport mystérieux du calice pendant la messe, jusqu'à la cellule de la sainte, après la consécration et avant la communion de l'officiant pour lui permettre de participer au précieux sang.

« Elle en prenait parfois très peu, mais c'était suffisant pour m'amener à la questionner et m'assurer du fait. Une fois où elle en but presque la moitié, je notai l'absence indubitable d'une partie du contenu du calice. En quelques rares occasions elle recevait aussi par l'intermédiaire des anges le fragment de l'hostie que j'avais déposé dans le calice. » La sainte lui confirma le fait [22].

Enfin, impossible de mettre en doute le témoignage de saint Jean-Marie Baptiste Vianney, curé d'Ars, lorsqu'il déclara à deux pasteurs protestants qui doutaient de la « présence réelle ».

« Écoutez bien ; ceci m'est arrivé à moi. Au moment où un homme qui doutait se présenta pour recevoir la communion, la sainte hostie s'est détachée de mes doigts, quand j'étais encore à bonne distance ; elle est allée elle-même se poser sur la langue de cet homme [23]. »

Plus proche encore de nous, Marthe Robin. Mgr J. Marziou l'a communiée en 1939. Il raconte :

« Le père Finet m'avait prévenu : *Marthe ne peut rien absorber. Présentez-lui seulement l'hostie devant les lèvres, elle sera aspirée*. Ce que je fis, en voyant, non sans émotion, l'hostie s'échapper de mes doigts quand je la présentai devant ses lèvres. »

Le père Finet, fondateur des Foyers de charité et confesseur de Marthe, a confirmé :

« Trois fois l'hostie m'a échappé des mains à vingt centimètres de distance, pour se précipiter dans la bouche de Marthe. À ce moment-là, elle tombait en extase [24]. »

Le père Thurston souligne que les cas de communion télékinésique abondent dans les procès de canonisation :

« Quand nous sommes convaincus d'une réception surnaturelle de l'Eucharistie, confirmée par la disparition simultanée et inexplicable d'une hostie consacrée, il ne semble pas irrationnel de croire que, par quelque voie mystérieuse, l'objet d'un désir si intense ait pu être transporté physiquement à travers l'espace intermédiaire. Si la télékinésie existe, il est difficile d'imaginer une condition où le pouvoir de l'esprit sur la matière soit plus susceptible de se déployer qu'à l'égard de ces espèces consacrées, qui appartiennent déjà aux deux règnes de l'esprit et des sens [25]. »

Constatant que la conscience agit sur l'environnement physique, et réciproquement, Rémy Chauvin écrit :

« La volonté peut agir au niveau électronique, c'est-à-dire, tranchons le mot, au niveau quantique, comme l'a toujours pensé Costa de Beauregard. La volonté est une force mystérieuse qui agit au-dedans de nous, mais nous ne savons pas ce qu'elle est [26]. »

Pour les mystiques, le miracle serait la domination de l'esprit d'amour sur la matière, grâce à la foi qui transporte les montagnes.

PESANTEUR ABSOLUE, ÉLONGATION ET AUTRES PHÉNOMÈNES

L'inverse de l'apesanteur dont semblent jouir certains mystiques en lévitation, c'est la pesanteur absolue qui cloue au sol quelques-uns d'entre eux.

Nous avons raconté les extases brûlantes de la carmélite de Florence, Marie-Madeleine de Pazzi. Mais voici un nouveau prodige survenu en 1586 (elle n'a alors que vingt ans) dans la chapelle Sainte-Marie des Anges.

Ayant appris que le cardinal-archevêque Alessandro Ottaviano de Médicis devait rendre visite au monastère pour l'élection de la nouvelle prieure et célébrer l'office, elle déclara en extase qu'elle voulait lui parler. Redoutant quelque excentricité mystique, la prieure s'y opposa. Marie-Madeleine s'inclina et accepta de n'assister qu'à une messe précédant l'arrivée du cardinal, après quoi elle regagnerait sa cellule.

Mais pendant la communion, elle tombe à nouveau en extase, étendue sur le sol. On tente en vain de la rappeler à elle. Elle est rigide, comme en catalepsie. La prieure ordonne alors de la faire porter dans sa cellule, mais impossible de l'arracher au sol. Or la jeune fille, qui depuis quatre ans ne se nourrit que de pain sec et d'eau, ne pèse pas quarante kilos. Le confesseur s'y met, et les plus robustes converses. En vain. Les témoins, nombreux, dont le père Puccini, son confesseur, sont unanimes : impossible de la soulever de terre.

Cependant le temps passe. Le cardinal va arriver pour le second office. On décide de laisser Marie-

Madeleine là où elle est et on prie pour qu'elle ne se réveille pas. Hélas, elle se réveille ! Apercevant le cardinal, elle se dirige vers lui et s'écrie :

— Tu seras pape. Oui, tu seras pape, mais cela ne durera pas un mois. Tu mourras moins d'un mois après ton élection.

Le cardinal la regarde avec stupeur. Il n'a que cinquante et un ans et il est en bonne santé.

Naturellement — c'est un Médicis —, il ne rêve que d'être pape !

Dix-neuf ans plus tard, le 1er avril 1605, il sera élu sous le nom de Léon XI et mourra vingt-six jours après, deux ans avant Marie-Madeleine. Cette affaire, rendue publique, fit un bruit énorme dans toute l'Italie. Il faut savoir que les Médicis et les Pazzi s'étaient jadis violemment affrontés en politique et en affaires. Un Pazzi avait assassiné en pleine église un Médicis en 1478. Or, lors de la procédure de canonisation de Marie-Madeleine, ce miracle fut reconnu alors même qu'un Médicis régnait à Florence. Et il n'y aura personne pour contester les dires des témoins.

5

Les stigmates et le mystère de la souffrance

Le premier, saint Paul a employé le terme : « Je porte dans mon corps les marques (*stigma*) de Jésus. » (Galates, 6,17.)

On connaît des cas très anciens, mais c'est la sainteté de saint François d'Assise qui entraîna l'Église à admettre la respectabilité du phénomène. En effet, qui fut plus cosmique, plus ami de la vie, de la nature, plus joyeux, plus aimant que le *Poverello ?* Qui ressemble davantage à Jésus ?

D'après le récit de saint Bonaventure, « frère François était en prière, le 14 septembre 1224, au mont Alverne, s'élevant à Dieu par la ferveur de ses désirs, se transformant en Celui qui, par excès d'amour, a voulu être crucifié pour nous. Il vit comme un séraphin, ayant des ailes éclatantes et toutes de feu, qui descendait vers lui des hauteurs du ciel. Et alors apparut entre ses ailes l'image d'un homme crucifié. La vision disparut, lui laissant dans l'âme une ardeur séraphique et lui marqua la chair d'empreintes non moins admirables. Car à l'instant, dans ses mains et dans ses pieds, commencèrent à paraître des marques de clous, telles qu'il venait de les voir dans l'image de l'homme crucifié [1] ».

Le Dr Imbert-Gourbeyre a recensé, depuis saint François, trois cent vingt et un cas de stigmatisation, dont quarante et un hommes. Soixante-deux stigmatisés furent canonisés et vingt béatifiés. On ne compte pas les stigmatisations d'origine hystérique observées dans les hôpitaux, ni les stigmatisations invisibles : douleurs sans marques apparentes.

La stigmatisation est un phénomène exclusivement catholique. Les spécialistes la définissent ainsi : elle est localisée aux cinq plaies du Christ (plus la couronne d'épines). Elle s'accompagne de très vives souffrances physiques et morales. Elle a lieu en général au jour de la Passion. Les plaies ne suppurent pas, le sang est pur, alors qu'en général une lésion, une blessure, amène la suppuration. Les stigmates ne guérissent pas, malgré soins et remèdes. Lorsqu'ils disparaissent, c'est toujours d'une manière inattendue liée au psychisme, ou à une cause surnaturelle, ou à la mort.

Ils produisent parfois d'abondantes hémorragies (jusqu'à un quart de litre et plus). Ces hémorragies se renouvellent régulièrement, sans aucun motif pathologique ou accidentel.

La stigmatisation est liée à la méditation sur la Passion du Christ chez un mystique prêt au détachement héroïque pour « suivre l'Agneau partout où il va », pour l'imiter jusque dans sa passion, parce qu'« il n'y a pas de plus grand amour que de donner sa vie pour ceux qu'on aime » (Jean XV, 13). Elle survient lorsque l'identification est parfaite. Elle peut être aussi une réponse à la demande du Christ de partager sa Passion : « Veux-tu être comme moi ? » dit le Christ à Marthe Robin. Elle est souvent liée à d'autres phénomènes mystiques : visions, extases, lecture de pensée, bilocation, inédie, lévitation, parfums exhalés. S'ajoutent chez certains stigmatisés des phénomènes pathologiques plus ou moins classés, et même des symptômes d'hystérie, que l'on ne doit toutefois pas confondre avec la réaction d'un individu sain troublé par un phénomène extraordinaire. Il faut cesser de qualifier d'hystérie ce qu'on ne comprend pas. L'hystérie, a dit le Dr Lasègue (cité par le Dr Babinsky), est « une corbeille dans laquelle on jette les papiers qu'on ne sait pas classer ».

D'autres mystiques éprouvent, comme Thérèse d'Avila, les douleurs de la stigmatisation sans en avoir les marques extérieures. Après la mort, l'autopsie montre parfois des marques au cœur, au foie, aux reins et dans les os (mystique plastique). L'organe est comme traversé par une lame. Enfin certains, qui ont les marques, obtiennent qu'elles disparaissent.

En général, les stigmatisés ont demandé à souffrir pour s'unir à la Passion du Christ, se fondre dans son océan d'amour. Souvent, ils sont d'abord atteints de maladies graves, dont ils guérissent miraculeusement. Ou bien ils sont préparés par des visions. Il s'agit alors parfois de jeunes enfants. La bienheureuse Catherine de Racconigi, stigmatisée à vingt-quatre ans, s'était vu présenter un calice par l'apôtre Pierre à l'âge de quatre ans. À dix ans, elle avait vu le Christ. À huit ans, Magdeleine Morice recevait les stigmates, mais c'est une exception.

Sainte Catherine de Sienne (1347-1380) raconte :

« J'ai vu mon Sauveur crucifié qui descendait vers moi avec une grande lumière. Des cinq ouvertures des plaies sacrées, je vis se diriger sur moi des rayons sanglants qui frappèrent mes mains, mes pieds et mon cœur. Je compris le mystère et m'écriai : *Seigneur, que les cicatrices ne paraissent pas extérieurement sur mon corps !* Pendant que je parlais, les rayons sanglants devinrent brillants et parvinrent en forme de lumière aux cinq endroits de mon corps. »

Elle croit mourir. Elle est morte. Non, elle se réveille et, stupéfaite, elle dit : « J'ai vu les secrets de Dieu[2]. »

On retrouve les rayons lumineux chez sainte Lydwine, sainte Thérèse d'Avila, sainte Marie-Madeleine de Pazzi, sainte Véronique Giuliani, Catherine Emmerich... Marthe Robin parlait de « traits de feu » sortant du cœur du Christ pour la transpercer.

Quelquefois, la stigmatisation par rayons a des témoins, qui entendent un bruit et perçoivent comme un ébranlement. Ils voient une lumière, une colombe, les rayons.

Parmi les stigmates, l'*anneau nuptial* tient une place à part, marque du « mariage mystique ». On en connaît soixante-dix-huit cas, dont cinquante-six avec anneau visible (dont quarante-cinq stigmatisés), la moitié des anneaux restant visibles après l'extase visionnaire. D'autres ne sont vus que de la sainte. Certains brillent d'une lumière étrange, d'autres exhalent un parfum. « C'est la marque d'une éternelle alliance, dit Marthe Robin. Je crois l'avoir vu à mon doigt une douzaine de fois [3]. »

LES GRANDS STIGMATISÉS CONTEMPORAINS

Lorsqu'il s'agit de saints du Moyen Âge, on peut toujours parler de pieuses légendes ou d'exagération, encore que, nous l'avons souligné, un procès d'Église vaille un procès civil. Mais les observations sur les stigmatisés contemporains nous touchent davantage. Aucune n'a été mieux étudiée que Catherine Emmerich (1774-1824).

Religieuse du couvent des Augustines de Münster (Westphalie) depuis 1803, elle vit sans presque boire ni manger, a des visions et la connaissance d'événements passés ou futurs, lévite, enfin revit la Passion du Christ tous les vendredis et en porte les stigmates, qui saignent chaque semaine. Ces phénomènes se passant à l'intérieur de la clôture ne furent connus qu'après la fermeture du monastère, dissout en 1811 par l'administration française, lorsque Catherine se réfugia dans une petite maison à Dülmen, où elle fut recueillie par l'abbé Lambert, prêtre français émigré.

Un témoin, l'abbé Manesse, a raconté qu'elle tint d'abord ces événements cachés autant qu'elle put. Informé, le grand vicaire de Münster prit aussitôt toutes les précautions possibles pour s'assurer de la vérité.

L'Allemagne était alors occupée par les armées de Napoléon. Le préfet français de Münster et le lieutenant de police s'en mêlent. Incrédule, le préfet lui envoie dix médecins et chirurgiens de l'armée, « avec ordre d'employer toutes les ressources de l'art pour cicatriser les plaies ». En vain. La religieuse est gardée jour et nuit. Le curé et même le pasteur sont requis par le préfet, à toutes fins « d'empêcher la sainte de faire des miracles à sa façon ».

Le rapport demandé par le préfet conclut : « Il n'y a pas d'imposture. C'est un effet accidentel des forces de la nature, mais si rare qu'aucun pas n'a été fait vers la découverte de sa cause. »

Le ministre de l'Intérieur, l'évêque, le gouverneur militaire français vont voir Catherine en 1813. « Je vis, écrit le ministre, une jeune fille à l'article de la mort, gisant sur un lit et réellement marquée des stigmates d'où le sang coulait. Elle ne pouvait ni parler ni bouger. Il était clair que ses faibles forces corporelles étaient épuisées par le miracle dont elle était l'objet [4]. »

En 1819, après le départ des Français, une nouvelle commission d'enquête est nommée, encore plus sévère. Catherine est gardée à vue ; des médecins s'emparent de son corps, elle n'est plus qu'un pitoyable cobaye entre leurs mains. Ils reconnaîtront la réalité des stigmates et de l'inédie, sans accepter pour autant de « cautionner le surnaturel », admettant que les limites de leurs connaissances ne sont pas celles de la nature. Les esprits rationnels continuèrent à douter ou trouvèrent plus simple de parler de fraude.

Or, chez les grands mystiques stigmatisés, la présomption de fraude est indéfendable : de par leur sainteté d'abord ; en outre, le phénomène dure trop longtemps ; ils sont trop bien observés. Et l'on retrouve chez eux des points communs qui montrent que les phénomènes obéissent à des lois précises, y compris chez d'autres stigmatisés, non spécialement mystiques.

Prenons le cas de Domenica Lazzari (1815-1848), une Tyrolienne de Capriana, observée par le Dr Cloche, directeur de l'hôpital de Trente. Voici une fillette pieuse, mais sans ferveur exceptionnelle. Adolescente, à la suite d'un choc psychologique, elle présente ce qu'on croit être des manifestations d'hystérie. En 1833, âgée de dix-huit ans, sous le coup d'une grande peur, elle est prise d'une attaque de catalepsie et ne quittera plus son lit jusqu'à sa mort, à l'âge de trente-trois ans. Inédique, elle avait cessé de manger et de boire.

Par vœu ? Non. L'odeur seule de la nourriture la fait s'évanouir. Hyperesthésique des sens (et peut-être d'autre chose), elle ne supporte pas les odeurs, pas plus que la lumière. Elle entend de son lit le sermon d'un prêtre dans l'église, à cinq cents mètres. Elle ne dort pas. Elle brûle intérieurement.

En 1837, un vendredi, les stigmates apparaissent. Autosuggestion ? Sûrement pas. Elle le supporte très mal et pousse des cris pitoyables. Elle est prise de convulsions puis tombe dans un état de mort apparente.

L'Église enquête. Les experts reconnaissent la sincérité des témoignages. L'entourage de la stigmatisée ne cherche jamais à en tirer profit. Apparemment, ce n'est pas un phénomène religieux, il n'y a pas d'extase mystique. La malade est vertueuse et pieuse, sans plus. Elle ne se concentre pas sur la Passion, ce qui bat en brèche les tenants de l'autosuggestion. Le père jésuite Wynne reconnaît qu'il n'y a pas chez elle de relation entre les marques que porte son corps et la sainteté. Mais alors ?

Est-ce un appel, une invitation de la Transcendance, qui ne serait pas acceptée ?

Tous les stigmatisés sont hypersensibles, mais tous les hypersensibles ne sont pas des mystiques. L'hypersensibilité est-elle une brèche naturelle, ou une porte, ouverte ou fermée, par laquelle le divin se manifeste et tente de s'introduire ? En ce cas, la personne choisie est toujours libre de dire non, comme Domenica Lazzari et bien d'autres dont la rumeur et l'Histoire ne se sont pas emparées.

LOUISE LATEAU EXAMINÉE À LA LOUPE...

Nous voici à la fin de ce XIXe siècle qui se veut rationnel. Autre stigmatisée bien observée, Louise Lateau (1850-1883) de Bois-d'Haine en Belgique. Cette jeune paysanne travailleuse et très pieuse, dont nous avons déjà parlé, est devenue elle aussi un véritable cobaye entre les mains de médecins qui l'ont examinée à la loupe, tous éminents spécialistes et professeurs.

À dix-huit ans, elle reçoit ses premières extases et les stigmates de la Passion. Le Dr Gérald Molloy témoigne de sa couronne d'épines :

« Elle consiste en un grand nombre de points saignants, visibles les vendredis seulement [5]. »

Le Dr Lefebvre, professeur de pathologie à la faculté de médecine de Louvain, a décrit la plaie du côté dont il a suivi lui aussi toute l'évolution à la loupe ! Il note le 30 août 1868 :

« Le saignement se produit au niveau de l'espace qui sépare la cinquième de la sixième côte. On voyait sourdre le sang, de trois petits points. Je reste au-dessous de la vérité en évaluant la quantité totale de sang perdu à deux cent cinquante grammes[6]. »

Les premiers témoins l'ont évaluée à un litre. Ce médecin note encore que le sang n'est pas artériel, ni veineux, mais « capillaire ». L'analyse le révèle normal. Et « il n'y a aucune trace de suppuration ».

Le Dr Warlomont examina les stigmates en profondeur avec des appareils optiques et fera une communication devant l'Académie royale de médecine :

« Ces excroissances sont des papilles hypertrophiées du derme, ainsi que nous l'avons démontré dans l'examen microscopique sur une parcelle excisée du fond du stigmate dorsal d'une des mains pendant que la malade était dans l'anesthésie extatique. Les vaisseaux ont subi une amplification considérable : 28/1 000 au lieu de huit à douze[7]. »

Ce qui explique les hémorragies habituellement impossibles dans les blessures du derme. Avec un acide (de l'ammoniaque !), ce médecin sans scrupule provoqua une plaie artificielle, mais sans jamais parvenir à obtenir du sang, ce qui constitue la preuve que les stigmates n'étaient pas provoqués par quelque manipulation frauduleuse. Cette plaie suppura peu après, juste à côté des vrais stigmates, demeurés sains.

SAINTE GEMMA GALGANI

Avec une précision quasi médicale, le père Germain de Saint Stanislas, son biographe et confesseur, décrit lui aussi les stigmates de sainte Gemma Galgani (1878-1903), une laïque vivant à Lucques, en Italie, dont il a témoigné sous serment au procès en béatification :

« A part le recueillement qui annonce l'extase, aucun symptôme physique, aucune impression douloureuse, n'annonçait le phénomène. Tout à coup, avec l'extase, on voyait apparaître au dos et à la paume des mains une tache rouge. Progressivement s'ouvrait sous l'épiderme et dans le vif de la chair une déchirure irrégulièrement circulaire à l'intérieur de la main et oblongue sur l'autre face. Enfin, l'épiderme se lacérait, mettant à nu une plaie vive d'un bon centimètre de diamètre sur la paume et, au dos, deux centimètres sur deux de large.

« Cette déchirure, parfois superficielle et même invisible, atteignait d'ordinaire une grande profondeur, jusqu'à paraître traverser toute l'épaisseur de la main qu'on eût dite percée de part en part. Nous disons *jusqu'à paraître*, car les blessures, remplies de sang en partie coagulé, se contractaient dès que l'hémorragie cessait.

« Parfois, au lieu de se former peu à peu dans l'espace de cinq à six minutes, en commençant sous la peau ou l'épiderme, les blessures s'ouvraient *instantanément*, de l'extérieur, comme sous la poussée violente de clous invisibles. Et c'était alors un supplice de voir la chère martyre, ainsi frappée à l'improviste, trembler de douleur dans tous les muscles de ses bras, de ses jambes, de tout son corps.

« Le mode de disparition des stigmates n'était pas moins merveilleux. Après l'extase du vendredi, l'épanchement sanguin cessait, les fibres des tissus lacérés se ressoudaient peu à peu, et le jour suivant, au plus tard le dimanche, il ne restait aucun vestige de ces profondes blessures, qui s'étaient recouvertes d'une peau nouvelle[8]. »

Ce que confirme le père Pierre Paul, supérieur général des Passionistes, dans une lettre à Mgr Volpi :

« J'ai vu de mes yeux les blessures ouvertes. À la fin de l'extase, tout s'est cicatrisé et il ne restait que des traces. Comment est-il possible qu'une plaie se referme instantanément ? »

Il s'agit donc d'un processus biologique similaire à celui de la guérison instantanée, dont nous parlerons par ailleurs. C'est pourquoi l'étude des stigmatisés pourrait avoir une importance capitale si la science médicale voulait s'y intéresser.

Le père Pierre Paul souligne que « la jeune fille est très humble, obéissante et droite ». Elle n'est pas hystérique, et Pie XII, dans son acte de canonisation, soulignera plus tard qu'« elle fut comblée par Dieu de grâces extraordinaires, dont celle d'exprimer dans sa chair l'image vivante de Jésus-Christ ».

THÉRÈSE NEUMANN ET LE PADRE PIO

Et nous voici au XXe siècle. Thérèse Neumann (1898-1962) est née un vendredi saint à Konnersreuth, en Bavière. Modeste paysanne, elle ne va pas au-delà de l'école primaire, où elle se montre une excellente élève. À vingt ans, elle se retrouve aveugle et paralysée à la suite, semble-t-il, d'une hernie discale. S'étant confiée à Thérèse de Lisieux, elle recouvre la vue, mais reste alitée. Sa jambe gauche se replie et elle souffre de plaies purulentes. À nouveau sainte Thérèse la guérit, mais elle lui dit : « Tu devras encore beaucoup souffrir ; on sauve les âmes par la souffrance. »

En 1926, après une suite de maladies suivies de guérisons inexpliquées : gangrène, luxation, appendicite aiguë et pneumonie, apparaissent les stigmates. Elle revit la Passion du Christ pendant ses extases du vendredi, avec une précision étonnante. Elle parle en araméen, la langue du Christ. Elle cesse de s'alimenter et de dormir. Tout cela a été attesté par d'innombrables témoins, non seulement des théologiens et des évêques, mais aussi des médecins et des scientifiques croyants et incroyants, dont certains, profitant qu'elle n'était pas protégée par un ordre monastique, ont opéré sur elle avec une absence totale de scrupule qui n'est pas à leur honneur, allant jusqu'à profiter de son inconscience extatique pour vérifier... sa virginité ! Hélas, le ridicule ne tue pas plus de nos jours que du temps de Jeanne d'Arc !

Or Thérèse n'a rien d'une hystérique. Psychiquement et physiquement, elle est équilibrée. Toute la plus grande partie de sa vie, elle poursuivra même son humble et rude travail de paysanne bavaroise. Éprise de vérité, elle reçoit les pauvres et les malades, déteste les curieux, les journalistes, et se tient sur ses gardes en leur présence. Elle meurt en odeur de sainteté après avoir fondé un monastère d'adoration, les carmélites de Notre-Dame de Ratisbonne, inauguré par cinq évêques.

Parmi les grands stigmatisés, le padre Pio (1887-1968) tient une place exceptionnelle, parce que c'était un homme et un prêtre. Des milliers de personnes ont vu les stigmates de ses mains lorsqu'il disait la messe.

En raison de sa médiocre santé, ce jeune capucin italien d'origine rurale avait failli être rejeté de la vie monastique à laquelle son cœur brûlant d'amour aspirait. Ordonné prêtre de justesse, il s'était retiré en 1916 dans le modeste monastère rural de San Giovanni Rotondo. Les lettres que, sur ordre, il adressa à son directeur spirituel sont bouleversantes.

Le 20 septembre 1918, il est seul au couvent et, après sa messe, il prie en l'église déserte et silencieuse devant un grand crucifix de bois.

« Je fus surpris par un repos semblable à un doux sommeil. Tous mes sens et mon esprit se trouvaient dans une quiétude indescriptible, une grande paix, et je m'abandonnai à la complète privation de tout. Soudain, je vis devant moi un personnage mystérieux dont les mains, les pieds, la poitrine, ruisselaient de sang. Je sentis mon cœur blessé par un dard de feu. Une force invisible me poussait dans ce feu. Ah ! quel volcan je sens en moi ! Je sens brûler mes entrailles ! Tout est mis à feu et à sang, âme et corps. Il s'approcha de si près de l'âme qu'elle sentit parfaitement son toucher. J'ai éprouvé souvent ces transports d'amour et je suis resté comme hors de ce monde assez longtemps. Je me sentais mourir. Ce personnage disparut à ma vue et je m'aperçus que mes mains, mes pieds, ma poitrine étaient percés et ruisselaient de sang ! Imaginez la torture que j'éprouvai alors et que je continue à éprouver continuellement presque tous les jours. La blessure du cœur saigne constamment, surtout du jeudi au samedi. Je crains de mourir saigné. »

Il ne demande pas d'être délivré de la torture physique, mais seulement de la honte qu'il éprouve, lui, pauvre moine, devant cette manifestation qui l'identifie au Christ. Dans une autre lettre, il avoue :

« Je me vois plongé dans un océan de feu. La plaie (du thorax) qui s'est rouverte saigne toujours. Elle suffirait à elle seule à faire mourir plus de mille fois. Ô mon Dieu, pourquoi donc je ne meurs pas [9] ? »

Les Capucins sont en effervescence. À la demande du provincial de l'ordre, le Dr L. Romanelli, chef de service à l'hôpital de Barletta, va examiner le padre Pio le 15 mai 1919, et quatre autres fois jusqu'en juillet 1920. Il écrira dans son dernier rapport du 7 novembre 1920 :

« La blessure du thorax montre clairement qu'elle n'est pas superficielle. Les mains et les pieds sont transpercés de part en part. »

Et en conclusion :

« Ces blessures ne peuvent être classées, par leurs caractéristiques, par leur cours clinique, parmi les communes lésions chirurgicales. Elles ont bien une autre origine et une cause que je ne connais pas [10]. »

En 1919, le père Pietro, provincial des Capucins, avait ordonné au padre Pio d'enlever les mitaines avec lesquelles il cachait ses blessures, et de poser les mains ouvertes sur la table, recouverte d'un journal. « Je vis alors le trou qui traversait la main. Je pouvais même entrevoir à travers les blessures les grosses lettres du journal [11]. »

En octobre 1925, le Dr Festa doit l'opérer d'une hernie. Le padre refuse de se laisser anesthésier, de peur que l'on examine ses stigmates, que ses supérieurs lui ont interdit de montrer. Il supporte héroïquement l'opération, puis perd connaissance. Le Dr Festa en profite aussitôt pour examiner les stigmates et plus particulièrement la plaie du thorax. « L'escarre était tombée et la lésion apparut toute fraîche et vermeille avec de courtes radiations lumineuses se dégageant des bords. » Et de conclure à « une série de phénomènes, reliés harmonieusement entre eux, qui se soustraient au contrôle des recherches objectives et de la science [12] ».

Entre-temps, et dès 1919, le pape s'en était inquiété et avait ordonné un nouveau contrôle scientifique. Le corps du martyr fut littéralement passé au crible. Un médecin athée, le Pr Bignami, alla même jusqu'à faire apposer des scellés sur les bandages pour vérifier que nul ne versait quelque acide sur les plaies !

Le padre Pio est finalement reconnu sincère, sain d'esprit, exempt de maladies psychiques. Ses lettres le montrent comme un homme équilibré, nullement névrosé. Il offre ses souffrances pour ceux qui le lui demandent et, dit-il, « pour ces âmes qui vont en enfer parce qu'il n'y a personne qui se sacrifie et qui prie pour elles ».

Trois jours avant sa mort en 1968, les stigmates disparurent mystérieusement ; on ne retrouva même pas de cicatrices. Ce fait n'est pas unique et concerne aussi Marthe Robin.

MARTHE ROBIN

Nous voici donc à nouveau dans son humble ferme des Moïlles, en Galaure. Fin septembre 1930, le Christ lui apparaît.

— Veux-tu être comme moi ?

— Mon moi, c'est toi. Que ma vie soit la reproduction parfaite et incessante de ta vie.

Début octobre, elle reçoit une nouvelle vision du Christ crucifié.

« Alors, j'ai senti un feu brûlant qui sortait de Jésus. Je le voyais comme une lumière qui me brûlait. Il me sembla qu'un dard sortait de son cœur et se divisait en deux rayons pour percer mes mains. Puis un dard partant du cœur se divisa pour percer mes pieds. Une douleur torturante me brûlait au point que je croyais que la vie s'en allait. Enfin un nouveau trait de feu frappa mon cœur et le traversa de part en part. Une douleur mortelle m'envahit. Je restai dans cet état de souffrance et d'amour, remerciant Notre Seigneur de ce qu'il venait de faire en moi [13]. »

Le sang apparaît aux blessures. Marthe perd connaissance.

Dès lors, chaque semaine, le jeudi soir, elle entre en agonie avec le Christ et revit sa Passion dans sa chair. Cela durera pendant cinquante ans, jusqu'à sa mort. Presque chaque nuit — elle ne dormait jamais —, elle versait des larmes de sang.

La clé de Marthe Robin, comme celle de tous les stigmatisés, est dans l'identification parfaite au Christ crucifié. Elle a dit :

« Dans ma soif d'amour et de donner des âmes à Jésus, j'ai laissé maintes fois sa main divine graver au fer et au feu jusqu'aux plus intimes profondeurs de mon âme ces deux mots si sublimes et si doux qui de plus en plus sont devenus ma vie : victime et hostie. »

Puis elle tente de décrire ce mystère paradoxal qui se révèle à la fois souffrance et volupté :

« Ce n'est plus immenses délices, profondes ivresses d'amour, merveilleuses clartés, divines béatitudes dans mon âme, mais tourments extrêmes, agonie d'amour. C'est la croix nue, la pure souffrance ! L'amour, la souffrance, m'étreignent de plus en plus. Je souffre une intense passion d'amour, je brûle d'amour, j'agonise dans l'abîme de cet océan de feu, sans que la plus petite fraîcheur vienne en tempérer l'amertume. Et cela m'est si tendrement bon. »

Marthe vivait donc une Passion à la fois passive, puisque acceptée dans l'abandon, et active dans sa passivité même. « Suivre Jésus en portant sa croix, disait-elle, ce n'est pas mettre des boulets à ses pieds mais des ailes à son cœur, du ciel dans sa vie. La souffrance est l'école du véritable amour. » (ID.)

La souffrance l'unit au Christ, grâce auquel elle connaît Dieu, puis elle s'ouvre aux autres pour les aider. Sa passion peut se définir comme une suite d'abandon-identification : abandon à la volonté du Christ, identification à lui grâce à cet abandon ; union en Dieu, suprême récompense ; puis la mission proprement dite : identification aux pécheurs, qu'elle veut ramener à Dieu par la voie douloureuse du Christ :

« Ma mission, c'est l'offrande. Ma vie est une messe continuelle. Je n'ai jamais l'impression que mon lit est un lit. C'est un autel, c'est une croix. Mais il y a des fois, j'avoue humblement que j'aimerais dormir, pour oublier un peu. Il y a pourtant bien des faiblesses. Mais on est faible avec amour [14]. »

LES EXPLICATIONS SCIENTIFIQUES ET LES AUTRES

La stigmatisation mystique est donc un phénomène réel. Mais quelle est sa cause ?

Le croyant la jugera « surnaturelle », voulue par une entité (le Christ) dans le but d'attirer l'attention, de convertir. Il sera conforté dans sa foi ; l'incroyant sera peut-être ébranlé. Sinon il recherchera une cause « naturelle ». La stigmatisation ne serait alors qu'un phénomène sanguin créé par l'autosuggestion, généralement chez un esprit dévot influençable, voire « hystérique ».

Tout le débat porte donc sur le fait de savoir s'il est possible de produire artificiellement des stigmates.

À la fin du XIXᵉ siècle, les rationalistes pensaient avoir trouvé l'explication grâce aux expériences de l'école de la Salpêtrière à Paris, conduites par J.M. Charcot, professeur de pathologie nerveuse, qui développa une théorie suivant laquelle l'hystérie serait susceptible de provoquer des pathologies et même des stigmates. Il tenta de les provoquer par la suggestion sous hypnose. En fait, il ne produisit que quelques cas de rubéfaction et de vésication, jamais de plaies véritables et d'hémorragies.

Il est également possible de provoquer l'apparition éphémère sur la peau de dessins et inscriptions baptisés dermographisme, congestion sous-cutanée des capillaires, sans hémorragie.

Les plus récentes écoles psychiatriques ne sont d'ailleurs pas unanimes sur la thèse de l'autosuggestion. Babinski l'avait catégoriquement réfutée ainsi que le Pr Jean Darier, dermatologue de l'hôpital Saint-Louis, de l'Académie de médecine, dont le *Précis de dermatologie* fait autorité.

Même l'*Encyclopédie protestante*, qu'on ne peut accuser de complaisance vis-à-vis des phénomènes mystiques, conteste que l'on puisse reproduire la vraie stigmatisation. De telles suggestions provoquées sous hypnose peuvent donner des stases sanguines, voire de légères exsudations, formations d'ampoules ou des taches avec inflammation, mais non les ruptures capillaires sanguines des vrais stigmatisés. Et d'avouer qu'il s'agit là « de phénomènes extraordinairement complexes », dans lesquels interviennent contradictoirement médecins, physiologistes, psychologues, psychiatres, biologistes et théologiens !

Réfutant lui aussi les conclusions hâtives des magnétiseurs du genre Salpêtrière, le Dr Jean Lhermite, professeur agrégé à la faculté de médecine de Paris, écrit dans les *Études carmélitaines :*

« Il n'existe aucun processus naturel qui, de près

ou de loin, se rapproche de la stigmatisation. Lorsqu'elle n'est pas supercherie, elle répond à un mécanisme qui échappe complètement aux prises des savants. »

Voici ce que nous en a dit le Dr Assailly, neuropsychiatre bien connu, spécialiste des phénomènes mystiques :

« Pour ce qui est des stigmates de Marthe Robin, j'ai pu les comparer avec ceux de deux fausses mystiques. Le diagnostic différentiel m'a paru évident. Superficiel chez celles-ci, la couronne d'épines présentait, chez Marthe, des turgescences dermiques. Si j'accepte l'hypothèse de l'autosuggestion en matière de *préparation* de l'état de stigmatisation, je suis porté à penser que l'ouverture des plaies suppose une intervention d'ordre surnaturel ; car une bouffée émotionnelle, même accompagnée d'une forte décharge de catécholamine, ne saurait suffire [15]. »

À la différence de ce que l'on observe dans les manipulations expérimentales et dans les cas psychiatriques d'autosuggestion, les vrais stigmates sont profonds, nets, indélébiles, avec d'abondants saignements. Aucune suggestion hystérique sous hypnose n'a jamais pu produire des plaies à vif, mains et pieds transpercés à travers lesquels on voit le jour (padre Pio) ; une plaie du thorax si profonde qu'on voit battre le cœur (Louise Plazza). Chez sainte Véronique Giuliani, l'air des poumons sort à travers la plaie béante. Le foie d'Ida de Louvain est visible. Tous les médecins affirment que la survie normale est impossible avec de telles blessures non soignées. Pourtant, tous ces stigmatisés ont vécu de nombreuses années. Et comment expliquer les hémorragies à répétition chez les inédiques ? Le sang renouvelé est fabriqué avec quoi ?

D'ailleurs, comment parler d'autosuggestion alors que quantité de saints ne croient pas à la stigmatisation quand elle arrive ? « Au premier doute, écrit Madeleine

Rémuzat, ce Dieu de bonté se présenta à moi pour guérir mon incrédulité ; il imprima lui-même sur moi les marques que je croyais imaginaires. Une lumière ardente sortit de ses plaies adorables et il me fit voir sur mes mains les marques qu'elles imprimaient en dedans[16]. »

Comment parler d'autosuggestion alors que tous les saints demandent d'être épargnés par les signes visibles qui en feront un objet de curiosité, voire de scandale, ou d'une vénération dont ils se savent indignes ? « Ô Jésus, rendez ces marques invisibles, ou ôtez-les moi tout à fait ! » supplie sainte Lydwine.

Il y a une différence radicale entre le phénomène mystique authentique et la psychose profonde. Les stigmatisés par extase vraie sont équilibrés, alors que les sujets psychotiques sont des malades à la volonté affaiblie, où les émotions dominent, jouets de leurs caprices et de n'importe quelle suggestion. Chez le mystique, la personnalité ne se désagrège pas sous les coups des phénomènes, elle se fortifie.

Pourquoi d'ailleurs le vrai mystique ne serait-il pas, dans certains cas, un malade qui a réussi à dominer son mal, à le transcender ? De la même manière, chez l'artiste, folie et génie peuvent cohabiter. La clé des stigmates, c'est l'identification. Comme l'inédie, c'est un signe. Le phénomène dépend de processus physiologiques rares, mais pas nécessairement surnaturels. Comme l'avait observé Alexis Carrel à propos des guérisons miraculeuses, il pourrait procéder par exagération ou accélération des processus physiologiques classiques.

Finalement, pour juger des stigmates, en tant que manifestation extérieure de sainteté, c'est le contexte qui importe. L'arbre produit-il de bons fruits ? Le phénomène s'accompagne-t-il d'une vie intérieure exceptionnelle et de vertus chrétiennes poussées jusqu'à l'héroïsme ? Ce qui est le cas de tous les personnages béatifiés par l'Église. Dès lors, pourquoi ces saints, si proches de Dieu, ne bénéficieraient-ils pas d'une prescience infuse des lois naturelles encore inconnues ?

Nous ferons nôtre la conclusion de Mgr Amann dans le *Dictionnaire de théologie* :

« Qui empêche la Providence de mettre en œuvre, pour le bien du stigmatisé et pour l'édification des témoins, des mécanismes psycho-physiologiques qui, en d'autres sujets normalement moins bien disposés, n'aboutissent qu'à des phénomènes n'ayant aucune valeur morale et religieuse ? Une maladie nerveuse, voire l'hystérie, qui semble renforcer les mécanismes en question, serait-elle, plus que telle infirmité somatique, un empêchement à la vie intérieure et morale de celui qui en est atteint ? Suivant le cas, la force inconsciente idéoplastique peut être déclenchée par une méditation de la Passion du Sauveur, tout comme une suggestion étrangère[17]. »

Mgr Amann conclut que la stigmatisation n'est pas en elle-même « un témoignage irrécusable de la sainteté héroïque, ni de la grâce mystique absolument authentique ». Cependant, dans certains cas, « le croyant peut, sans imprudence, déclarer que le doigt de Dieu use, pour produire ces effets, de virtualités qui sommeillaient au fond de l'organisme ».

Il s'agirait donc de causes « naturelles » à l'état extrême provoquées dans certains cas par la Transcendance. La question que l'on devrait se poser est non pas : le stigmate est-il naturel ou surnaturel, mais y a-t-il ou non, grâce à l'extase, un contact et peut-être une fusion avec la Transcendance ? Dès lors, le stigmate devient le *signe* visible de l'union.

Sainte Thérèse d'Avila, qui ressentit la crucifixion sans marques extérieures de stigmates, écrivait dans son autobiographie : « Cette souffrance n'est pas corporelle, mais spirituelle, et pourtant le corps n'est pas sans y participer quelque peu et même beaucoup. »

Là se trouve peut-être la clé de la stigmatisation, qui peut ou non se produire après des visions de la Passion et de la fusion extatique avec le Christ crucifié. La souffrance précède la lésion organique. Celle-ci peut ou non survenir, par « entraînement », force du désir d'identification, par osmose du mental et du physiologique et en raison de prédispositions. Qu'il y ait ou non autosuggestion dans le déclenchement du phénomène physiologique n'enlève rien à la cause fondamentale. Si elle est « surnaturelle », elle demeure inexplicable, sauf par la foi, signe d'un amour extraordinaire, d'un désir immense de participer au salut des hommes avec le Christ.

JEAN-JACQUES ANTIER. — Alors, les stigmates : autosuggestion ou signe de Dieu ? Ou les deux ?

JEAN GUITTON. — La prudence conseille de supposer d'abord que ce phénomène sanguin s'explique par la puissance de la suggestion, éventuellement par l'hystérie, la maladie mentale, et non par une cause noble et transcendante. Mais les causalités peuvent être effectives à des niveaux différents, l'inférieure étant sublimée par la supérieure.

J.-J.A. — Ce qui signifie que le stigmatisé par identification, reproduisant par un amoureux mimétisme les blessures du Christ, peut atteindre ce dernier et communier à lui dans un acte religieux authentique.

J.G. — Reste qu'un stigmatisé est un mystique d'un genre très rare, où les traits du mysticisme se trouvent portés à l'intensité, presque au scandale, dans l'identification de la Passion. Comment se fait cette symbiose de la mort et de la vie ? Nous ne le savons pas.

J.-J.A. — Quel sens donnent-ils aux phénomènes étranges qui se passent en eux et dont la souffrance est le centre ?

J.G. — Je pense qu'ils acceptent puis assument d'abord leur destin de malade et lui donnent un sens en l'offrant en union avec les souffrances du Christ en croix. Quelquefois, comme pour Marthe Robin, c'est le Christ qui le leur demande : *Veux-tu être comme moi ?* Ils conçoivent alors un projet presque insensé, celui de s'attaquer au problème de la misère humaine : la douleur, la faim, la pauvreté, l'inégalité, tout ce qui est l'« enfer » de ce monde, qu'aujourd'hui le progrès technique n'a pas aboli. Ils croient au drame du salut. L'homme a péché, mais il existe une loi de substitution qui permet que l'innocent rachète le pécheur, et dont le Christ est le modèle. Ils se tiennent aux portes de l'« enfer » pour que l'enfer soit vide. Comme le Christ dans cette terrible tâche, ils se retrouvent souvent seuls.

J.-J.A. — Mais qui croit à l'enfer, à notre époque ? Même le Concile a remplacé la crainte de l'enfer par l'amour miséricordieux. Il a fait s'évanouir la croix dans la Résurrection.

J.G. — Cependant, le Concile n'a jamais évacué les textes de l'Évangile, où le « feu éternel » est désigné, où le jugement s'annonce, où l'idée d'une substitution rédemptrice de l'innocent au pécheur pour racheter le peuple demeure le fond du drame. Ce que l'on appelle en langage plus courant la communion des saints.

J.-J.A. — Mais l'idée d'immolation, de sacrifice

sanglant reste pour beaucoup intolérable, barbare, dépassée ; le sacrifice, même volontaire, d'un innocent pour le rachat des fautes d'un pécheur. C'est une histoire vieille comme le monde cette idée que le sang de l'innocent, donc de l'être bien-aimé de Dieu, doit être versé pour lui plaire.

J.G. — Le sacrifice du sang tel que vous le présentez est coloré par une mentalité primitive. Sous la mentalité il faut chercher l'*esprit.* À cause de la solidarité des hommes et de leur communion intime et substantielle, l'acceptation d'une mort sanglante par l'être pur, purifie l'être impur. Dans le rite eucharistique que le stigmatisé imite dans son corps, le sang et le corps se trouvent mystérieusement sublimés. Tel est l'esprit profond des religions juive et chrétienne, l'esprit des prophètes, des apôtres et du Christ. Nous retrouvons alors ce qui est admis tacitement par la conscience universelle : la prééminence du don de soi fait par amour.

J.-J.A. — Mais la souffrance, la mort d'un juste, cela reste un scandale.

J.G. — Oui, mais un scandale fécond. Décrivant l'état d'un juste persécuté pour le salut des autres, le second Isaïe dit : *Il est blessé pour nos péchés, brisé pour nos iniquités, et c'est par ses meurtrissures que nous avons été guéris.* Tout le mystère de la rédemption christique et des stigmatisés est là. Il existe une solidarité des hommes, c'est un fait. Sans elle, c'est le chaos, c'est la guerre. La haine engendre la haine. L'acceptation d'une mort sanglante, ou de la souffrance injuste par l'être pur purifie tout ce qu'il y a d'impur chez les autres, tout ce qui les sépare de Dieu. De ce fait, il n'est pas de plus grande preuve d'amour que de donner sa vie pour ceux qu'on aime, surtout lorsqu'on les voit dans l'erreur. Ainsi, sous l'écorce barbare, le sacrifice du sang, apparaît le sublime. Et il l'est *infiniment* quand il s'agit du sacrifice d'un dieu. L'incarnation sanglante de Jésus était une seconde création, ou plutôt l'achèvement de l'œuvre dont la Création était le support et l'annonce. C'est une nouvelle *genèse*, la véritable Genèse.

J.-J.A. — Ainsi, on comprend que de grands mystiques, saisis par « la folie de la croix » tentent de l'imiter et on pense à ce qu'écrivait E. de Miribel sur le sacrifice de la carmélite Édith Stein : *Longtemps elle avait connu et partagé la quête des hommes avides de Dieu ; voilà qu'elle allait connaître et porter le poids de l'amour infini de Dieu pour les hommes. Elle avait dit* oui *par avance à son Seigneur pour tout ce qu'il demanderait d'elle. Puis elle l'avait suivi les yeux fermés, sans chercher à savoir où mènerait le chemin* [18].

J.G. — Suivre l'Agneau, partout où il va, c'est-à-dire jusqu'à la croix.

SOUFFRANCE ET JOUISSANCE

J.-J.A. — Une étrangeté, un paradoxe, m'a toujours frappé chez les mystiques stigmatisés. Ils souffrent atrocement, c'est certain ; et en même temps *ils jouissent*. Sainte Thérèse d'Avila dit que *la douleur était si vive qu'elle me faisait pousser des gémissements, mais la suavité causée par ce tourment incomparable était si excessive que l'âme n'en désirait pas la fin.* Ailleurs, elle parle de *savourer son tourment.* Les incroyants sont alors tentés de parler de « masochisme ».

J.G. — Ce point m'a frappé aussi. J'ai interrogé Marthe Robin et j'ai compris qu'il y avait communion de la souffrance physique et de la joie spirituelle. Elle m'a dit : *C'est une souffrance extrême, insupportable, mais c'est une souffrance très douce. Ce n'est pas une joie humaine, sensible, c'est une joie intérieure, une joie divine.* Puis elle ajoutait : *Je ne peux pas vous expliquer. C'est insupportable et c'est délicieux.*

J.-J.A. — La souffrance librement consentie se transforme en joie par une mystérieuse union au Christ souffrant. C'est cette union, cette identification, qui apporte la joie qui submerge toute souffrance en lui donnant son sens.

J.G. — Oui. Je l'ai compris lorsqu'elle m'a dit : *On a l'impression que Jésus souffre en vous, hors du temps, hors de l'espace ; mais Jésus dans sa gloire.*

J.-J.A. — Il n'y avait pas que les stigmates. Elle subissait toute la Passion, depuis l'angoisse du jardin des Oliviers, jusqu'à la mort au Calvaire.

J.G. — Elle ne la subissait pas, elle s'y livrait librement, comme le Christ. Là est sans doute le secret. Sur le point de mourir, abandonnés de toutes leurs forces physiques, tenus par leur entourage pour morts, certains ont l'impression d'entrer dans une zone calme, irradiante, lumineuse, comme si leurs facultés jusqu'alors endormies se trouvaient réveillées. Chez les mystiques, on parle d'une vision par laquelle ils semblent fusionner avec l'Océan divin, en même temps que celui-ci, par vagues successives, les pénètre. Dans le cas du stigmatisé qui se donne par amour, il faut voir dans le sacrifice le moment où la mort coïncide avec l'amour absolu. Il est évident que celui qui se sacrifie suppose que le fini n'existe hors de l'infini que provisoirement, par une sorte de tolérance à laquelle l'âme sent qu'il est bon de renoncer.

J.-J.A. — Il s'agit bien d'un détachement ; absolu celui-là.

J.G. — Émile Boutroux, mon maître à l'École normale, disait : *Nous ne pouvons cesser de nous vouloir nous-mêmes que si Dieu condescend à se vouloir en nous.* C'est la vie de Marthe Robin la stigmatisée qui m'a éclairé plus tard sur ce mot plein de mystère.

J.-J.A. — La souffrance acceptée, accueillie, demeure en nous comme une semence. Mystère qui lie une âme au Christ, jusqu'à la croix. Ainsi, les stigmates sont-ils le signe merveilleux du plus grand amour. Et l'on pense à l'*Hymne des saints* qui exprime si profondément ce mystère :

Heureux celui que ton visage a fasciné, Seigneur Jésus, et dont l'amour a reconnu partout le sceau de ton image.

Heureux celui que ta présence a dépouillé, tu l'envahis. Saisi par toi, toute sa vie te laisse voir en transparence.

Heureux celui qui dans tes mains passe avec toi du monde au Père, vivante icône où ton mystère est apparu sur nos chemins.

J.G. — En effet, parmi tous les êtres que j'ai

fréquentés dans une longue vie, Marthe Robin est celui qui m'a le plus donné cette impression si rare, faite de curiosité, d'envie et de surprise, que tout esprit ressent devant le « génie » de la sainteté, cette merveille de l'amour incarné.

6

Guérisons miraculeuses

La seule puissance est dans
l'infini du désir.

Catherine DE SIENNE.

Les guérisons miraculeuses occupent une place importante dans l'Écriture. Déjà, dans l'Ancien Testament, on peut citer la guérison de Nahaman, général de l'armée du roi de Syrie, par le prophète Élisée (2 Rois 5, 1-15). Tous les fondateurs de religion ont été des « guérisseurs », du corps et de l'esprit, et là est peut-être la clé. On ne peut pas séparer le corps de l'esprit. Celui qui guérit l'un guérit l'autre. Et cela rejoint cette intuition de la médecine moderne que toute maladie aurait plus ou moins une origine psychosomatique, même si elle est virale, car dans ce cas les défenses naturelles de l'organisme n'ont pas réagi correctement, parce que l'équilibre psychique était ébranlé.

Signes et merveilles, les miracles de guérison de Jésus. Saint Luc lui-même dit : « Il y avait en lui une puissance divine de guérison. » (Luc V, 17.) Et Jésus, après sa résurrection, la transmet à ses apôtres : « Voici les miracles qui accompagneront ceux qui auront cru : ils chasseront les démons en mon nom, ils parleront des langues nouvelles, ils toucheront les serpents et, s'ils boivent quelque poison, il ne leur fera rien. Ils imposeront les mains aux malades et ils seront guéris. » (Marc XVI, 17-18.)

Cependant, sans la foi pas de miracle. Le Christ ne dit pas : « Dieu t'a guéri », mais « ta foi t'a guéri ». Il y a là une clé de la relation de confiance de l'homme à Dieu.

Le Christ a guéri de nombreux aveugles, qui venaient au-devant de lui sur sa route.

À l'aveugle de Jéricho, « Jésus dit : *Va, ta foi t'a guéri*. Aussitôt, il recouvra la vue ». (Marc X, 52.) À l'aveugle de Betsaïde, « il mit de la salive sur les yeux et lui imposa les mains ». Mais l'homme ne voyait qu'imparfaitement. « Alors, il lui mit de nouveau les mains sur les yeux et il voyait toute chose distinctement. » (Marc VIII, 23-25.)

Le Christ insiste : c'est la foi qui guérit. À deux autres aveugles, il dit, après leur avoir touché les yeux : « Qu'il vous soit fait selon votre foi. » (Matthieu IX, 30.) Et leurs yeux s'ouvrirent.

Il guérit aussi le possédé aveugle et muet, « en sorte que le muet voyait et parlait ». (Matthieu XII, 22.)

Et avec l'aveugle-né, il ne s'agit pas d'un mal

d'origine hystérique ! « Jésus fit de la boue avec sa salive. Puis il l'appliqua sur les yeux de l'aveugle et lui dit : *Va et lave-toi au réservoir de Siloé.* Il y alla, se lava et s'en retourna voyant clair. » (Jean IX, 6,7.) Et l'aveugle répliquera aux pharisiens qui ne voulaient pas reconnaître le Messie en Jésus : « Jamais on n'a entendu dire que quelqu'un ait ouvert les yeux d'un aveugle-né. Si cet homme ne venait pas de Dieu, il ne pourrait rien faire. » (Jean IX, 33.)

Pire que la cécité, à l'époque était la lèpre, qu'on ne savait pas guérir et qui, en raison de l'extrême contagion, retranchait définitivement le malade de la communauté, ce qui était d'autant plus dramatique que le lépreux était aussi considéré comme moralement impur, son mal étant, croyait-on, le châtiment de son péché. Or Jésus guérit aussi des lépreux :

« Et voici qu'un lépreux s'approcha et se prosterna à ses pieds, disant : *Seigneur, si vous le voulez, vous pouvez me guérir.* Il étendit la main, le toucha et dit : *Je le veux, sois guéri.* Aussitôt, il fut guéri de la lèpre. » (Matthieu VIII, 2-3.) « Il guérit encore dix lépreux à la fois, qui à distance criaient vers lui : *Jésus, maître, ayez pitié de nous !* Dès qu'il les eut vus, il leur dit : *Allez vous montrer aux prêtres.* Et, pendant qu'ils y allaient, ils se trouvèrent guéris. » (Luc XVII, 14.)

Il a guéri aussi des paralytiques : à un infirme qu'on lui présentait, Jésus dit : *Lève-toi, prends ta civière, et retourne chez toi.* L'homme se leva et s'en retourna chez lui. » (Matthieu IX, 6.)

« Étends la main », dit-il à l'homme à la main desséchée. « Il l'étendit et elle redevint saine comme l'autre. » (Matthieu XII, 13.)

Mais le plus surprenant est la guérison à distance du serviteur paralysé du centurion :

« *Va*, dit-il au centurion. *Qu'il te soit fait selon ta foi.* Et le serviteur se trouva guéri à l'heure même. » (Matthieu VIII, 13.)

Dès lors, rien d'étonnant si « des foules nombreuses s'approchaient de lui, ayant avec elles quantité de boiteux, d'estropiés, d'aveugles, de muets, d'autres encore ». « On les déposait à ses pieds et il les guérissait. » (Matthieu XV, 30.) « On lui amena tous ceux qui étaient tourmentés de quelque mal, affligés de maladies ou de souffrances diverses, et il les guérit. » (Matthieu IV, 24.)

Si la convalescence est l'heureuse évolution d'une maladie, que dire de la « merveille » que représente la révolution d'une guérison instantanée, qui éclate au cœur de l'homme comme le miracle des miracles, celui de l'amour.

Dans son *Dictionnaire de théologie catholique*, C. Ruch écrit :

« Le charisme des guérisons, lié d'une certaine manière à la sainteté de la personne, est destiné à l'édification de l'Église, manifestation de ce pouvoir miraculeux que le Christ a exercé sur toute maladie ou infirmité. » (V, 1045.)

Ce charisme est donc donné comme *un signe* pour révéler la puissance et la tendresse de Dieu dans la joie de la foi comblée. Alors, l'être tout entier frémit de cette « présence », attente indéfinie au cœur de l'homme.

LE PADRE PIO GUÉRISSEUR

Impossible de recenser ici tous les miracles de guérison survenus dans nos sanctuaires ou par l'intervention d'un personnage charismatique. Bornons-nous à citer quelques cas récents rapportés par Paul Lesourd du plus extraordinaire d'entre eux, le padre Pio, qui guérissait, dit-on, des paralysies infantiles, des tuberculoses, des fractures accidentelles, des broncho-pneumonies, des méningites et même des cancers[1]. Peu importe si les sceptiques nous disent que ces cas étaient peut-être dus à l'hystérie, l'autosuggestion ou à une simple coïncidence de guérisons spontanées. Tous n'en relevaient pas et le fait est là : ces malades étaient guéris et les guérisons *à distance* sont les plus inexplicables.

Lucia Bellodi, de Vallalta, souffre d'un diabète grave. Elle est dévorée par la soif et boit sans arrêt. En 1952, à l'hôpital, elle entend parler du padre Pio et le prie. Un jour de crise où elle le supplie de la faire mourir, « je vis un frère mineur qui me regardait les yeux fixes et sombres sans rien dire ». La crise augmente. Quatre heures plus tard, on pense que c'est la fin, la mort. Soudain, elle s'assoupit. « Cependant, je sentais autour de moi un fort parfum de violette et me demandais d'où il provenait. Je suis restée endormie environ une heure et demie. Tout à coup, tandis que je dormais, j'entendis ces mots : *Lève-toi, Lucia. Tu es guérie. Viens me voir à San Giovanni.*

« Elle se réveille. Elle est guérie. » (p.128.)

Le miracle se déroule dans ce cas indirectement. Le malade contemple une photo du padre, ou palpe un linge l'ayant touché. En rêve, il le voit qui lui dit : « Tu es guéri. » Tout se passe parfois par l'intermédiaire d'un parent. Ainsi, la petite Lina Cassese, cinq ans, pratiquement aveugle, souffre d'hératite lymphatique. À sa demande, sa mère va voir le padre Pio, à mille kilomètres de là. Au moment même où elle le rencontre, la fillette est guérie (p.131).

Mère Teresa Salvadores, en 1921 supérieure d'un monastère de Montevideo, est à la mort : lésion cardio-aortique incurable et cancer de l'estomac. On a cessé les soins depuis trois jours. Mais ses religieuses ont écrit au padre Pio. Le jour où il reçoit la lettre, une parente de Mgr Damiani, rentrant de San Giovanni, apporte au monastère un gant du padre, que l'on applique sur la mourante. Mère Teresa s'endort. Elle voit padre Pio en rêve ; il la touche et lui parle « de choses qui ne sont pas de ce monde ». Trois heures plus tard, elle se réveille, se sent bien, se lève, s'habille sans aide, va à la chapelle, puis au réfectoire, alors qu'elle ne mangeait plus depuis des années. Elle est définitivement guérie (p.144).

Mais voici plus étonnant encore.

Anna-Gemma di Giorgi est née en Sicile la nuit de Noël 1939, aveugle car *sans pupilles,* comme le constatent deux ophtalmologistes de Palerme. À sept ans, elle fait un vœu à sainte Gemma Galgani et distingue peu à peu, vaguement, les objets. Mais on ne peut pas parler de guérison. Une religieuse amie confie son cas au padre Pio, qui répond : « Je prierai pour la fillette. » Sa grand-mère, Maria Miceli, décide alors de l'emmener voir le padre, à San Giovanni Rotondo. Dans le train qui longe le rivage, Maria prie avec ferveur, tandis que la fillette aux yeux sans pupilles a le visage tourné vers la mer. Soudain, elle s'écrie :

— Je vois une barque !

Mais l'image est encore vague.

Les voici enfin à San Giovanni. Padre Pio, de sa main stigmatisée, touche les yeux de l'enfant. Des larmes montent aux yeux de la grand-mère.

— Confiance, ma fille. Gemma voit et tu le sais.

Elle voit. Gemma se fera religieuse sous le nom d'Ancella della Divina Misericordia, et aujourd'hui encore les médecins déclarent ne pas comprendre comment on peut voir sans pupilles (p.125).

Observons que dans tous les cas, le padre Pio ne s'attribue pas le mérite de la guérison, qu'il dit dépendre du Christ ou de la Vierge. Son humilité demeure totale.

Parmi les miracles acceptés par l'Église au vu des constatations du Bureau médical de Lourdes, voici un cas troublant.

Juliette Tamburini habite avec ses parents une H.L.M. du Trioulet, à Marseille. À douze ans, en 1948, elle est menacée de pleurésie purulente et les médecins provoquent un abcès de fixation à la cuisse gauche, qui dégénère en ostéomyélite : une plaie infectée de staphylocoques dorés, inguérissable. Les meilleurs médecins des hôpitaux de Marseille tentent en vain de la guérir. Pendant douze ans elle souffre le martyre, subissant des curetages osseux, sans résultat. De 1954 à 1959, elle va en pèlerinage à Lourdes mais sans croire au miracle, uniquement « pour demander le courage de supporter la souffrance ». Croyante, elle n'est pas mystique.

Elle subit onze interventions. Chaque fois, le diagnostic d'ostéomyélite est confirmé. Immobilisation, plâtres, vaccin et antibiotiques demeurent sans effet.

Le 13 juillet 1959, Juliette est à Lourdes, très affaiblie par une hémorragie. Le Dr Bouyala lui fait son pansement et constate une suppuration abondante. De même les 14 et 15 juillet. Ce jour-là, Isabelle Fabre de La Maurelle, l'infirmière, lui propose de lui faire dans sa plaie une injection de dix centimètres cubes d'eau de la grotte. Elle accepte. Le lendemain, elle est guérie et les médecins stupéfaits constatent que la plaie est saine. Elle se cicatrise et il n'y aura pas de récidive. La guérison est constatée chaque année de 1959 à 1964 par le Bureau médical de Lourdes. Le 11 mai 1965, Mgr Lallier, archevêque de Marseille, constate le miracle. Il n'y aura par la suite ni rechute, ni séquelles, ni ankylose[2].

Il s'agit là d'un miracle « exemplaire », puisque le diagnostic est sûr, confirmé ; que la guérison, instantanée, n'est pas due à un traitement médical et reste définitive. Soulignons qu'on ne saurait incriminer un état hystérique de la malade, très équilibrée.

JEAN-JACQUES ANTIER. — Alors, croyez-vous aux miracles de guérison ?

JEAN GUITTON. — Bergson disait à M. Pouget, en parlant de « Jésus, le chef des mystiques » : *Comme il serait désirable qu'on étudiât ces questions si importantes, en particulier celles qui concernent la Bible, avec un esprit neuf, sans parti pris, en décidant d'oublier toutes les spéculations anciennes en se bornant à la constatation pure et simple des faits.* Avec le père Lagrange, fondateur de l'École biblique de Jérusalem, dont l'Église instruit le procès en béatification, c'est bien des faits qu'il s'agit. Il me disait que dans les Évangiles, on ne peut pas nier le miracle historique, car il est témoigné comme le reste, et même le reste n'est témoigné que pour le miracle.

J.-J.A. — C'est ce que disait aussi Louis Veuillot, le converti de 1838 : *Comment se seraient convertis sans miracle tous les bourreaux du christianisme des origines, martyrs à leur tour ?* On ne peut nier ce signe suprême que nous donnent les martyrs, attestant leur foi. Mais quelle est ici la signification du miracle ? Quoi de plus « signifiant » que la guérison instantanée ? Le Christ lui-même en a usé, et il n'agissait pas que par charité. Il voulait aussi frapper les esprits.

J.G. — En effet. Renan avait raison de dire que la réalité d'un seul miracle réfuterait l'athéisme. L'enjeu est si grand qu'il faut se raidir contre et n'accepter le miracle que si les autres explications sont impossibles. Le but de Jésus n'est pas d'éblouir, ni même de convaincre, mais de rappeler ou de manifester qu'il est supérieur à la nature et au cosmos, c'est-à-dire qu'il participe à l'essence de Dieu qu'il appelle son Père. C'est ainsi que le père Lagrange posait le problème du miracle comme *un envahissement des choses divines qui étonne la raison*, l'insertion de la divinité dans l'humanité, la nature humaine participant par la grâce à la nature divine, une telle prodigalité de dons, des exigences si hautes qu'une raison trop courte en est écrasée plutôt qu'attirée.

J.-J.A. — On est tenté de dire que c'est trop beau !

J.G. — Mais en dehors il n'y a rien, rien qui compte pour nous, rien qui porte la marque de l'infini.

J.-J.A. — De l'espérance. Et nous voilà en face du néant, de ce néant qui a écrasé Nietzsche, Freud, Gide, Sartre et tant d'autres.

J.G. — Pour ma part, plutôt que de m'enfermer dans un doute fastueux ou désespéré, je préfère croire au miracle, me serrer autour de Pierre qui dit toujours : *À qui irions-nous, Seigneur ? Tu as les paroles de la vie éternelle* ; et m'abandonner à l'étreinte de Dieu en Jésus-Christ.

J.-J.A. — C'est bien de ce choix fondamental que découle l'étude du miracle comme de tout phénomène mystique. Ce qui le fausse à la base.

J.G. — Tout se passe comme si, chez Charcot comme chez Freud, ou chez n'importe quel scientifique rationaliste, le monde spirituel n'avait pas en lui-même d'existence réelle, autonome ; comme si, par conséquent, seules avaient puissance d'explication, de causalité et de vie, les causes biologiques, simples ou complexes : l'instinct, les associations d'instincts, engendrant la névrose. Chez un esprit spirituel, et notamment chez celui qui se réfère à la grâce, l'homme est lié à Dieu. La source de notre vie psychique est au-dessus et non pas au-dessous de nous.

J.-J.A. — Et il ne faut pas chercher ailleurs la clé des miracles.

J.G. — C'est un problème, non pas historique, non pas physique, mais métaphysique. Pour faire face aux questions radicales, il faut se placer au-delà de l'expérience. Il faut s'élever à la notion d'un monde moral auquel est subordonné le monde matériel. Cette subordination ne trouble pas l'équilibre du cosmos et des lois qui le régissent. Mais on ne voit pas vraiment pourquoi Dieu n'interviendrait pas quelquefois en faveur de l'esprit si exposé à se laisser submerger par la matière. Ces interventions rares ne constituent pas un désordre, car l'ordre est aussitôt rétabli, celui de la supériorité des buts moraux et religieux sur les résultats de la matière.

MIRACLE ET LIBERTÉ. CARREL À LOURDES

J.-J.A. — Observateur impartial s'il en est, tel fut Alexis Carrel à Lourdes. Voici un jeune médecin lyonnais, athée déclaré, détaché de ses croyances familiales, qui se trouve propulsé en 1903 dans une aventure proprement incroyable.

Il va voir à Lourdes un miracle se dérouler sous ses yeux !

J.G. — Son cas est exemplaire de l'attitude d'un véritable homme de science face au miracle ; exemplaires sa liberté d'action, son ouverture d'esprit. Il faut rappeler comment cet homme, qui ne pratiquait plus aucune religion, s'est retrouvé médecin du train diocésain des grands malades de Lyon, ayant accepté, autant par curiosité que par générosité, de remplacer le médecin bénévole du pèlerinage, empêché de partir au dernier moment. Voilà bien les « hasards » de l'existence !

J.-J.A. — Dans le train, Carrel est appelé auprès d'une jeune fille mourante, Marie Bailly, qui souffre d'une péritonite tuberculeuse et de tuberculose pulmonaire au dernier degré, d'origine héréditaire. Ses parents et son frère en sont morts. Son médecin sachant Marie condamnée a accepté à regret de la laisser partir, persuadé qu'elle décéderait en route. Le voyage se passe mal, Carrel doit lui soutenir le cœur avec des piqûres. Elle arrive à Lourdes agonisante. Devant la grotte, Carrel ne la quitte pas des yeux. Elle va de plus en plus mal et il s'attend à la voir mourir d'une minute à l'autre. Un autre médecin fait la même observation.

J.G. — Alors, Carrel a ce mot imprudent : *Si celle-ci guérit, ce serait vraiment un miracle. Je croirais à tout et je me ferais moine*. Et soudain, c'est le miracle !

J.-J.A. — Carrel voit le ventre énorme de la malade distendu par la tumeur se déprimer. Marie, extatique, ressent une immense douleur, puis plus rien. Elle est guérie. Carrel, stupéfait, observe et note tout ; à défaut de papier, sur le revers de sa manchette. Marie Bailly, ramenée à l'hôpital, demande à manger ; elle se lève, elle marche, elle est normale, tous les médecins présents l'examinent, la palpent. Un peu en retrait, Alexis Carrel sent un bouleversement immense le soulever : il perd pied, toutes ses certitudes scientifiques et ses doutes philosophiques sont balayés. *C'était*, a-t-il écrit, *la chose impossible, le miracle venait de se produire ! Quelle impression effrayante et délicieuse donne ce spectacle unique de la vie qui rapidement rentre dans un organisme presque détruit*[3].

J.G. — Et pourtant, il ne se convertira pas. Pas encore. Or la guérison de Marie Bailly sera définitive. Elle se fera religieuse, fille de la Charité, consacrant sa vie aux malades, et mourra à cinquante-sept ans. Ce qui me passionne dans cette histoire, ce n'est pas le miracle puisque j'y crois, c'est d'étudier le cheminement de l'intelligence chez Carrel, l'un des hommes les plus intelligents de son temps — il recevra le prix Nobel de médecine dix ans plus tard. Carrel raisonne. Athée par logique rationnelle — la science de son temps était réductrice et dogmatique —, par influence aussi du milieu médical lyonnais très matérialiste, il ne pouvait pas croire. Dès lors, deux solutions seulement lui sont offertes : l'erreur de diagnostic ; la péritonite ne serait pas tuberculeuse, c'est-à-dire mortelle ; elle ne serait pas organique mais nerveuse, d'origine hystérique. L'autre solution « rationnelle » lui dit que la science n'explique pas encore tout, mais patience ! elle l'expliquera plus tard, car il ne peut pas ne pas y avoir d'explication « naturelle ».

J.-J.A. — Et c'est finalement vers cette seconde explication qu'il tend. Il ne peut pas nier la guérison instantanée d'une affection mortelle organique ; le dossier médical est là pour en témoigner. Il ne se convertit pas. Il ne se fera pas moine. Dieu nous violente un peu, beaucoup parfois même, mais respecte notre liberté.

J.G. — Notez cependant que Carrel reste ébranlé. Il réserve la part du mystère. Il écrit : *Coûte que coûte j'irai jusqu'au bout, comme s'il s'agissait d'expérimenter sur un chien.* Et en cela Carrel est remarquable, il incarne le véritable homme de science. Au fond, l'humanité est une espèce curieuse mais paresseuse. Désire-t-elle tant savoir ? Je me le demande lorsque je constate combien il est rare de rencontrer parmi les esprits objectifs une attitude acharnée pour l'enquête, comme était celle du Dr Carrel. Nous avons nos sièges faits. Les foules qui se succèdent à Lourdes sont plus sages que nous. Ce qui les attire en ce lieu métaphysique, c'est l'espérance que le voile qui couvre le seul mystère va se déchirer un instant sur un point.

J.-J.A. — Mais c'est un fait, le miracle dérange.

J.G. — Oui. Jadis, à Jérusalem, autre ville sacrée, lorsque le soleil couchant dorait les créneaux, j'allais causer avec le père Lagrange sur certaines difficultés de croire. Un jour, il me cita avec surprise ce mot d'un de ses visiteurs chrétiens : *Ce qui me gêne dans l'Évangile, ce sont les miracles.* En ce temps-là, Simone Weil écrivait dans ses cahiers : *La régularité des lois de la nature est une image saisissante de l'impartialité de Dieu.* Il y a des gens, disais-je au père Lagrange, qui n'osent pas demander la faveur : ils préfèrent l'ordre à tout. L'ordre les rassure. *N'empêche,* me répliqua le dominicain, *que lorsque leur enfant ou leur patrie sont à l'agonie, ils demandent eux aussi un miracle.*

J.-J.A. — Vous avez prononcé le mot clé : *ils demandent.* Demander avec humilité, c'est prier. Plus tard, Carrel sera frappé par l'efficacité de la prière. Dans un petit livre intitulé *la Prière*, il notera avec étonnement que les gens qui prient sont exaucés, à condition d'oublier la suffisance de leur intelligence pour ne laisser parler que leur cœur. Il écrira :

La prière est toujours suivie d'un résultat si elle est faite dans des conditions convenables. Son influence consiste en une sorte de transformation mentale et organique. Elle soulève les hommes au-dessus de leur stature mentale. La prière a parfois un effet explosif. Des malades ont été guéris presque instantanément. Le miracle est caractérisé par une accélération extrême des processus normaux de guérison, qui n'a jamais été observée au cours de leurs expériences par les chirurgiens et les physiologistes. Tels sont les résultats de la prière dont j'ai une connaissance certaine. En somme, tout se passe comme si Dieu écoutait l'homme et lui répondait. Par quel mécanisme la prière agit-elle sur nous ? Elle aurait quelque analogie avec la fonction respiratoire et devrait alors être considérée comme l'agent des relations naturelles entre la conscience et son milieu propre. C'est par la prière que l'homme va à Dieu et que Dieu entre en lui. L'homme a besoin de Dieu comme il a besoin d'eau et d'oxygène[4].

J.G. — Et cette constatation sera pour lui la révélation de l'expéricnce de toute une vie à la recherche de la vérité.

J.-J.A. — Nous parlions tout à l'heure de l'intelligence, qui chez trop d'êtres, pourtant remarquables, masque l'essentiel. Après un très long et douloureux cheminement, un dépouillement radical qui va de *l'Homme, cet inconnu* jusqu'aux *Réflexions sur la conduite de la vie,* Carrel se convertira au Christ aimant et souffrant, au Dieu plein de tendresse et de pitié. L'une de ses dernières paroles a été : *Ce Dieu si abordable à qui sait aimer se cache à celui qui ne sait que comprendre ; c'est pourquoi la prière trouve sa plus haute expression dans un essor de l'amour à travers la nuit obscure de l'intelligence*[5].

J.G. — Chez lui, l'intelligence avait rejoint le cœur.

J.-J.A. — Mais quel chemin immense parcouru depuis les gradins de la faculté de médecine de Lyon, ce milieu médical lyonnais du début du siècle, dont vous avez souligné combien il était marqué par le matérialisme rationaliste. Or c'est ce même milieu qui, quarante ans plus tard, va donner deux médecins éminents, le Dr André Ricard, chirurgien des hôpitaux de Lyon — un titre qui fut refusé à Carrel parce qu'il avait osé suggérer le caractère *mystérieux* du miracle —, et le Dr Jean Dechaume, professeur à la faculté de médecine de Lyon, chef de clinique neuropsychiatrique, deux scientifiques qui, en 1942, après avoir examiné pendant toute une journée Marthe Robin à la demande de l'évêque de Valence, oseront écrire dans leur rapport médical assermenté :

Elle ne présente aucun trouble psychique important, aucun signe clinique d'affection ; nous éliminerons la supercherie, la simulation et l'origine hystérique des manifestations (stigmates, inédie, visions, extase) ; nous sommes obligés de reconnaître notre impuissance ; nous affirmons la réalité des stigmates sanglants en dehors de toute supercherie, nous aimons mieux reconnaître que nous ne voyons ni la cause ni le mécanisme dans l'état actuel de nos connaissances et nous les considérons d'ordre surnaturel[6].

Et nos deux médecins lyonnais de conclure leur rapport en citant qui ? Alexis Carrel !

Nous faisons nôtres ses pensées : « Certaines activités spirituelles, comme la prière, peuvent s'accompagner de modifications anatomiques et fonctionnelles. Cela exige le renoncement à soi-même, forme élevée de l'ascèse. Ainsi comprise, la prière déclenche parfois un phénomène étrange, le miracle[7]. »

Mais on ne convaincra pas celui qui refuse de l'être. Alors, que répondre à ces personnes, même croyantes, qui demeurent choquées par le miracle ?

J.G. — Robert Aron, ce juste, me disait : *Vous admettez les miracles, ces exceptions aux lois naturelles : pour moi, tout est miracle. Vous opposez sacré et profane : pour moi, tout est sacré. Vous opposez le prêtre et le laïc : pour un juif, tout laïc est prêtre.*

MIRACLE ET DISCRÉTION DIVINE

J.-J.A. — En matière de guérisons miraculeuses, si l'Église est de plus en plus réservée pour les admettre, c'est peut-être qu'elles ne sont pas toutes aussi miraculeuses qu'on le croyait autrefois. Il y a, certes, accélération, parfois foudroyante, des processus naturels, mais ne reste-t-on pas toujours dans le cadre des lois ? Par exemple, on n'a jamais vu un membre amputé repousser. Dieu serait-il limité dans son action, ou aurait-il des raisons que nous ignorons ?

J.G. — Le miracle absolu serait indigne de la causalité et de la discrétion divine s'il *détraquait* l'ordre, la loi, la nature et l'être des choses au lieu de les respecter, de les sublimer, de les faire entrer dans une sphère d'existence supérieure.

J.-J.A. — On est donc tenté aujourd'hui d'admettre de plus en plus de guérisons inexpliquées en dehors de toute intervention divine. Car les lois qui régissent l'univers n'ont nullement la rigidité qu'on leur attribuait autrefois. Mais alors, que reste-t-il du miracle, que reste-t-il du mystère ?

J.G. — Il suffit que l'improbable, qui demeure tout de même le possible, si petite que soit sa chance, vienne à se produire. On voit dès lors comment l'extraordinaire, l'imprévu, le miraculeux peut s'introduire, mais sans rien déranger de l'ordre du monde, et sans que Dieu ait besoin de bouleverser le mécanisme universel. L'improbable, au sens absolu et technique, n'est pas ce que la raison et la foi entendent par miraculeux. Tirer le numéro gagnant entre des millions n'a jamais été regardé comme un miracle. Et toutefois, je crois que ces vues probabilistes peuvent expliquer le mécanisme du miracle, d'abord parce que les vues modernes des physiciens sur l'indéterminisme fondamental de la nature permettent d'expliquer l'insertion de l'action perpendiculaire de Dieu dans la nature des choses. Peut-être aussi en ce sens que Dieu respecte, même dans les miracles, une sorte de loi des hasards. On a l'impression, à lire les annales de Lourdes, que les miracles se font comme ces tirages au sort : ils sont imprévus, soudains, sans relation avec le mérite du sujet ou même avec la densité de prière individuelle ou collective.

J.-J.A. — N'est-ce pas une marque de la liberté divine ?

J.G. — Certes. Mais je voudrais chercher si cette liberté ne se manifeste pas par une action de type probabiliste. À mon avis, elle se manifeste. Et le vrai miracle existe.

J.-J.A. — Même et surtout dans la discrétion.

J.G. — Mon amie Hélèna, qui possédait une foi viscérale, toute féminine, me disait à propos du miracle : *Pour me permettre d'accéder à l'intelligence d'un vrai miracle, comme la multiplication des pains, je préfère m'habituer le regard `par la réflexion sur des miracles purs, des rencontres extrêmement* *improbables, comme celle où Jésus, voulant payer l'impôt du didrachme, dit à Pierre :* Jette ton filet. *Et dans la bouche d'un poisson qui passait, ils trouvent ce didrachme.* C'est le croisement des deux fils de vie et de destinée.

J.-J.A. — Ce que Jung nomme synchronicité.

J.G. — Ce genre de miracle qui n'offusque pas et qui éclaire intimement, j'en ai connu plusieurs dans mon existence, rencontres silencieuses, ordinaires, explicables et qui pourtant sont comme une parole pour moi seul prononcée.

PRIÈRE ET GUÉRISON

J.G. — Mais revenons à la prière. Quel est le rapport de la guérison à la prière ?

J.-J.A. — Carrel a répondu. Celui qui prie avec confiance est guéri, mais il faut d'abord se guérir de son doute. Il faut avoir la foi, mais une foi absolue, comme on le voit dans le récit où le Christ invite l'apôtre Pierre à marcher sur les eaux, comme lui. D'abord, Pierre y croit, il se jette à l'eau avec une foi absolue, et il marche ! Ensuite, son esprit critique reprend le dessus et il doute. Au même instant, il coule. Pour moi, ce récit des Évangiles est l'un des plus importants. C'est la foi qui fait le miracle, par coexistence entre mon désir et celui de Dieu, qui en quelque sorte nous « tend la perche », mais sans jamais attenter à notre liberté.

J.G. — La guérison miraculeuse s'obtient aussi

sans que le sujet soit conscient, soit croyant. Un autre a prié pour lui. J'ai connu un célèbre miraculé, M. Gargam. Il me disait qu'au moment où on l'avait mené à la grotte, il était à peine croyant, presque à l'agonie, quand soudain, sur le passage de l'hostie, une force l'a dressé. Une force...

J.-J.A. — Des nouveau-nés ont été guéris.

J.G. — Le père Lagrange m'a raconté qu'il était né en 1855, déjà presque mourant. Sa mère le mena au curé d'Ars, lequel, ayant posé sa main sur son front, prédit qu'il guérirait et qu'il serait un homme de Dieu.

J.-J.A. — Presque mort-né, celui qui sera mon père a été rappelé à la vie en 1896, après une lotion d'eau de Lourdes. Mais lui n'a pas pour autant été croyant, et le pèlerinage d'action de grâces à Lourdes promis par sa mère, c'est moi qui l'ai fait plus tard à sa place ! Sa liberté a été respectée. Cette étrange histoire a fortifié ma foi. Non pas sa guérison peut-être miraculeuse, mais sa liberté respectée au plus profond du miracle. À l'occasion de ce pèlerinage où tant de malades vont implorer leur guérison, et avec eux tous ceux qui les entourent, j'ai été frappé par la densité de la prière. Cette qualité de la prière tient-elle à ces grands lieux saints de pèlerinage ?

J.G. — J'ai souvent observé les foules silencieuses à la chapelle miraculeuse du 140, rue du Bac, où en 1830 la Vierge apparut à Catherine Labouré. Là s'élève la prière à l'état pur et l'imploration. Est-ce de l'adoration issue de la foi, mêlée à l'imploration, que naît la rupture physiologique entraînant la guérison ? Je ne sais.

J.-J.A. — Si magie il y a des lieux de pèlerinage, ne vient-elle pas d'un certain silence, d'un certain « creux », qui finit par être visité, habité par la Transcendance ?

J.G. — Oui. Rue du Bac, comme aussi dans la chapelle de Paray-le-Monial, à Montmartre la nuit et dans toutes les cryptes sacrées, le silence absolu est comme un silence à l'intérieur du silence. On dirait que ceux qui prient sont reconnaissants par avance, à cause de la certitude d'obtenir ce qu'ils demandent. On dirait qu'ils possèdent déjà en eux-mêmes ce qu'ils implorent.

J.-J.A. — Le Christ a clairement dit que celui qui a la foi est exaucé. Il est *déjà* exaucé.

J.G. — Même s'il s'agit de cas désespérés : la jonction sur un point précis de l'impossible et du nécessaire. Voici donc un silence étonnamment dense, fait de toutes les angoisses rassemblées, recueillies, offertes, océan d'imploration à propos de l'insoluble, de l'impossible, du désespéré, de l'épreuve invraisemblable, de ce qui est sans issue.

J.-J.A. — En effet, il n'y a pas que les guérisons du corps. L'essentiel est ailleurs. L'unique nécessaire...

J.G. — Oui. Certains viennent ici porter l'inquiétude fondamentale inscrite dans la structure même de l'homme : le sens de la vie, l'avenir de l'humanité ; demander à Dieu de se révéler enfin sans ambiguïté ; de dire clairement s'il est ou s'il n'est pas. Le silence du sanctuaire est tissé de ces interrogations implorantes, et il semble que la Vierge les tienne entre ses mains.

J.-J.A. — Ici se pose une nouvelle interrogation.

Celle du lieu, « le lieu où souffle l'Esprit ». Pourquoi la rue du Bac ? Pourquoi Lourdes, Montmartre, La Salette, Rocamadour, Fatima, Compostelle ?

J.G. — L'Esprit souffle où il veut.

J.-J.A. — L'Esprit est donc capricieux ? Que signifie cette notion de lieu privilégié ?

J.G. — *Pourquoi suis-je en ce moment-ci, en ce lieu-ci ?* demandait Pascal. Pourquoi ce lieu, ce temps ont-ils été destinés à moi ? Nul ne peut encore répondre. L'Amour universel se propose par des amours particulières. Le Verbe a choisi Nazareth, le Thabor, le Golgotha. L'Esprit qui a élu tel lieu l'a élu pour toujours, car il est sans repentance. À nous d'y voir le signe.

J.-J.A. — Et le signe a souvent été une apparition de la Vierge : Lourdes, rue du Bac, Pontmain, La Salette ; ou le lieu marqué par la vie d'un saint, le rayonnement de sa foi : Ars, Lisieux, San Giovanni. Toujours des êtres charismatiques liés à Dieu.

L'ÉGLISE DEVANT LE MIRACLE

J.-J.A. — Avant de clore ce chapitre sur la guérison miraculeuse, il nous faut aborder le problème délicat de la position de l'Église catholique face à ces phénomènes. Je trouve l'Église actuelle très méfiante. On dirait que certains clercs répugnent à l'idée même du miracle, et à la limite du « surnaturel », ce qui serait paradoxal !

J.G. — L'Église est gardienne du dépôt de la foi, donné publiquement aux apôtres par le Christ et consigné dans l'Écriture. Elle opère donc avec prudence et, face à un phénomène inhabituel, elle ne se prononce pas sur le fond. Si elle reconnaît certains miracles, elle n'en fait pas une question de foi.

J.-J.A. — En poussant un peu loin la méfiance, l'Église ne risque-t-elle pas d'éteindre l'Esprit qui peut-être se manifeste par le phénomène ? Cette attitude est visible quant à son approche des communautés charismatiques, qui opèrent beaucoup de guérisons, du corps comme de l'âme, et constituent un excellent observatoire de phénoménologie mystique.

J.G. — Peut-être. Mais de nos jours, à notre époque où les sciences humaines se développent plus que jamais, où la psychanalyse, la sociologie, la métaphysique, la psychologie des profondeurs, sans parler de la relativité et de la physique des quanta, déplacent les limites de ce qui est « naturel » et de ce qui est improbable, il est plus que jamais nécessaire que l'autorité ecclésiastique ne prononce pas d'emblée le mot de miracle. Tout phénomène extraordinaire fait courir un risque à l'esprit, qui est de nous séduire par son côté extatique et bénéfique en nous faisant oublier ou négliger la réalité quotidienne de la souffrance acceptée et donnée, de la pénitence, du jeûne, de la prière, du détachement, qui sont les conditions de la vie mystique authentique. Il existe deux domaines, qui sont à la fois distincts et merveilleusement, secrètement entrelacés ; celui qui est officiel, public, ecclésial et dont le chrétien peut témoigner, en tant que fidèle ; et celui qui est privé, caché, secret et comme clandestin. C'est souvent d'ailleurs la source intime de la certitude. Comme tout ce qui est intime, on n'en témoignera que par confidence.

J.-J.A. — Ce que vous dites là souligne que dans l'histoire d'une guérison ou d'une conversion, qu'il s'agisse de saint Augustin ou de Carrel, le biographe doit faire le partage de deux types de conviction.

J.G. — Oui. Il va mettre l'accent principal sur le confidentiel, auquel nous ne sommes pas tenus de croire, puisqu'une histoire intime n'a qu'un seul témoin. Mais nous sommes là dans l'envers de l'histoire, qui contient sans doute l'explication de plusieurs histoires. Qui nous dit que ce chef d'État, maître de la paix ou de la guerre, avant de prendre une de ces décisions qui engagent l'avenir pour des siècles, n'a pas prié, ou fait prier « rue du Bac » ?

7

Mort et résurrection

Lorsque ce corps corruptible aura revêtu l'incorruptibilité, alors s'accomplira la parole : « La mort a été engloutie dans la victoire. »

SAINT PAUL (I Corinthiens).

La résurrection d'un mort est bien le miracle par excellence. Mais avant d'en venir à cet aspect capital de la phénoménologie mystique, étudions tout ce qui concerne les corps après la mort, qui fait l'objet d'une littérature abondante : les odeurs suaves, l'absence de rigidité cadavérique, l'incorruptibilité, la chaleur persistante, la non-coagulation du sang. S'agit-il de phénomènes naturels inexpliqués, ou de miracles liés à la sainteté du personnage, comme l'ont toujours cru les foules ferventes et parfois les autorités religieuses ? Les deux sans doute, la sainteté développant, comme nous l'avons vu, des potentialités inconnues.

CADAVRES EXQUIS. L'ODEUR DE SAINTETÉ

L'expression « mourir en odeur de sainteté » peut parfois être prise au pied de la lettre. Habituellement, un cadavre dégage une odeur de putréfaction. Ici, le signe, ce parfum *post mortem*, pourrait signifier que certains élus échappent au moins provisoirement à la corruption.

La plus ancienne relation se trouve dans une lettre des chrétiens de Smyrne après le martyre de leur saint évêque Polycarpe, en 155 :

« Les hommes d'armes allumèrent le feu. Formant une voûte il fit un mur autour du corps, qui était au milieu comme de l'or ou de l'argent dans une fournaise. Nous sentions un parfum exquis, comme une odeur flottante d'encens ou de quelque autre épice précieuse. »

Même observation dans la lettre envoyée en 177 par les chrétiens de Vienne relatant le martyre des leurs :

« Ils embaumaient de la douce odeur du Christ. Certains croyaient même qu'ils avaient été oints d'un onguent. »

Autre cas célèbre, celui de sainte Thérèse d'Avila, dont le parfum persista de longues années. Plus tard, en 1634, la tombe de sainte Agnès de Jésus, dominicaine, prieure de Langeac, dégageait des parfums merveilleux, mais, chose étrange, le phénomène était surtout perceptible à certains visiteurs favorisés et les portait à une grande ferveur, sans que pourtant l'on puisse parler d'autosuggestion, puisque l'« odeur de sainteté » était aussi perçue par de simples curieux ou des observateurs éloignés de toute préoccupation spirituelle, notamment des médecins.

Notons encore que souvent le parfum persistait très longtemps après la mort, dans la cellule vide, comme le cas fut attesté pour la bienheureuse Marie des Anges, morte à Turin en 1717.

Plus proche de nous, en 1878, l'odeur de sainteté après la mort a été observée dans les monastères (et non la tombe) où vécut, à Pau et à Bethléem, la carmélite Marie de Jésus crucifié. Ce qui pose toujours le problème de suggestion, non pour réduire le phénomène, mais au contraire pour le dépasser dans l'optique de la physique contemporaine qui affirme qu'un phénomène est toujours influencé par son observateur. Dans le cas qui nous occupe, ce phénomène dû à la sainteté (ou à l'ascèse) pourrait parfois dépendre, non seulement de celui qui l'émet, mais encore de celui qui le perçoit.

Le parfum se manifeste parfois aussi du vivant du personnage, et nous allons l'étudier, car il éclaire notre recherche.

Dans son *Livre des fondations*, sainte Thérèse d'Avila écrit, à propos de la fameuse ascète Catalina de Cordona, qui avait séjourné au Carmel de Tolède :

« Toutes nos religieuses m'assurèrent qu'il flottait autour d'elle un parfum comme celui des reliques, si fort qu'elles en rendirent grâce à Notre-Seigneur. Il imprégnait même son habit, qu'elle laissa chez nous. Et plus elles l'approchaient, plus violemment percevaient-elles la senteur, quoique la robe, à cause de la chaleur terrible qui régnait alors, fût d'une espèce à être nauséabonde plutôt qu'autre chose. »

De semblables manifestations furent ensuite signalées chez plusieurs membres de son ordre que sainte Thérèse, pourtant particulièrement perspicace, ne mit jamais en doute.

Que le parfum soit lié à l'état mystique, à l'ascèse

et à la dévotion nous semble évident. Il se manifestait d'autant plus fort chez la carmélite Claire-Marie de la Passion, fille de Colona, grand connétable de Naples, « que la sainte religieuse discourait avec ferveur de l'amour de Dieu », précise sa *Vie*.

Dans les procès en canonisation, l'odeur de sainteté, contrairement aux autres phénomènes, est souvent avancée par le postulateur de la cause comme « preuve de la sainteté ». C'est bien ainsi que le ressentait l'entourage ; et c'est pourquoi ceux qui en bénéficiaient faisaient tout pour s'en débarrasser, par humilité, mais en vain.

Ce phénomène s'observe encore de nos jours. Le cas le plus connu est celui du padre Pio, qui dégageait un parfum de violette ou de lis, que l'on percevait même hors de sa présence lorsqu'il intervenait par bilocation pour soulager une détresse.

Lié à la sainteté, ce signe merveilleux a bouleversé les témoins, à toutes les époques, faisant invinciblement pressentir l'invisible à travers ce qu'ils éprouvaient comme une manifestation de la tendresse de Dieu.

ABSENCE DE RIGIDITÉ CADAVÉRIQUE ET INCORRUPTION

Le premier cas connu d'absence de rigidité cadavérique remonte à 1160, avec saint Raynier de Pise, phénomène attesté dans le livre de sa vie écrit par un homme digne de foi. Mais l'exemple le plus fameux qui, comme pour les stigmates, va faire date, est celui de saint François d'Assise († 1226). Frère Élias raconte :

« Après sa mort, sa mine fut très belle, rayonnant

d'un éclat merveilleux, donnant de la joie à tous ceux qui le voyaient, et les membres, auparavant rigides, devinrent extrêmement souples : on pouvait les tourner çà et là comme ceux d'un tout jeune enfant. »

Thomas de Celano, son premier biographe officiellement désigné, confirme :

« Ses muscles n'étaient pas contractés comme ceux des morts, sa peau n'était pas durcie ni ses membres raidis. »

Cette observation va s'appliquer à de nombreux cas pour des cadavres de gens morts en odeur de sainteté, et récemment encore sœur Maria della Passione, religieuse italienne, décédée en 1912, dont une foule de personnes pieuses saisirent les mains, les soulevant pour les baiser avec vénération, ou les presser sur leur cœur.

En règle générale, la rigidité est complète cinq ou six heures après la mort ; elle disparaît ordinairement au bout de quelques jours (plus tôt selon le climat), pour faire place à la putréfaction. Le temps varie, mais la double règle est que la rigidité se manifeste forcément, et que la putréfaction suit. Les médecins légistes disent : entre quinze jours et deux mois après la mort, sauf froid extrême. L'incorruptibilité, phénomène rarissime, se manifeste surtout chez les mystiques et les saints, sans que l'on puisse chez eux avancer des explications naturelles, comme la qualité de l'air, la nature du sol, les effets conservateurs des sous-sols et caveaux, engendrant des phénomènes chimiques de dessiccation ou de soponisation.

Chez les saints, on a tenté de l'expliquer par le jeûne. Mais tous ne jeûnaient pas. Et le corps de beaucoup de ceux qui jeûnaient subissait la corruption après leur mort. On n'a jamais constaté de phénomène d'incorruptibilité dans les groupes humains soumis à la famine. C'est pourquoi l'Inde brûle ses morts.

La conservation est-elle due à l'absence d'humidité

de certains caveaux ? Le cadavre de Thomas de Villeneuve, archevêque de Valence en Espagne († 1555), fut découvert intact vingt-trois ans plus tard, alors qu'il avait été inhumé en pleine terre à grande profondeur, pour déjouer les voleurs de reliques.

Le nombre de saints dont le corps n'a pas subi la putréfaction après la mort compte suffisamment pour que l'Église russe orthodoxe en fasse une condition théoriquement nécessaire pour la canonisation. L'Église catholique, sans en faire une obligation, y attache aussi une importance, bien que de nombreux saints, retrouvés intacts des années après leur mort, n'aient pas, à l'évidence, été canonisés pour cela.

Citons seulement sainte Catherine de Sienne († 1380), saint François de Paule († 1507), sainte Catherine de Gênes († 1510), saint François-Xavier († 1552), saint Pierre d'Alcantara († 1562), sainte Thérèse d'Avila († 1582), saint Charles Borromée († 1584), saint Louis de Gonzague († 1591), saint Jean de la Croix († 1591), saint Philippe Néri († 1595), sainte Marie-Madeleine de Pazzi († 1607), sainte Rose de Lima († 1617), saint François de Sales († 1622), sainte Jeanne de Chantal († 1641), saint Vincent de Paul († 1660), saint Joseph de Copertino († 1663), saint Jean-Baptiste de la Salle († 1719), saint Alphonse de Liguori († 1787)...

Plus proches de nous furent découverts en état de parfaite conservation les corps de saint Jean-Baptiste Vianney († 1859) et de sainte Bernadette Soubirous († 1879).

Le cas le plus étrange est celui de saint Jean de la Croix, le plus mystique de nos saints. Son corps fut trouvé incorrompu et odorant neuf mois après sa mort, son sang coula des doigts coupés, et ce corps, bien que recouvert de chaux vive, était toujours intact en 1859.

Parfois, c'est seulement le cœur qui est conservé

frais et entier, comme celui de sainte Brigitte de Suède († 1373) ; ou la langue, telle celle de saint Antoine de Padoue, découverte « rouge, souple et entière », le reste du corps étant tombé en poussière. Elle fut conservée intacte quatre cents ans dans un reliquaire. Y a-t-il un lien de cause à effet, comme avec la découverte similaire après trois cent quatre-vingt-deux ans de la langue « entière, intacte, douce et flexible » de saint Jean Népomucène, mort martyr pour avoir gardé le secret de la confession ? Parfois encore c'est la main, avec saint Etienne de Hongrie, et le roi Oswald d'Angleterre.

Phénomène plus rare, on a aussi constaté l'incorruptibilité lorsque la ferveur populaire exige des autorités religieuses le maintien de l'exposition à l'air du corps de saints personnages, bien au-delà de la période ordinairement fixée pour l'inhumation, comme ce fut le cas pour saint Laurent Justinien († 1455), exposé soixante-sept jours sans être embaumé et dont le cadavre demeura intact, dégageant une odeur suave. La corruption naturelle est-elle aussi retardée par la dévotion des fidèles, en vertu du principe selon lequel, nous le disions, l'observateur influence le phénomène qu'il observe ?

Peut-on citer au moins un cas incontestable d'autopsie pratiquée sur le corps exhumé d'un mystique « incorruptible » ? Oui. La bienheureuse Maria-Anna Ladroni (1565-1624). Quelques années après son décès, le cardinal Treso, évêque de Malaga, dans le cadre d'une procédure de béatification, demanda l'exhumation et fit cette déposition :

« Je vis, et en fus très étonné, un corps éteint depuis quelques années, qui n'avait jamais été ouvert et embaumé, et néanmoins parfaitement conservé [1]. »

Ceci était d'autant plus remarquable que, dans le même caveau, d'autres corps avaient suivi la loi commune de la corruption.

Plus d'un siècle après, en 1731, une nouvelle exhumation suivie d'une véritable autopsie fut réalisée à la demande de l'évêché par onze des meilleurs professeurs de médecine et de chirurgie de Madrid. Ils se livrèrent non seulement à un examen rigoureux du corps, mais à une dissection intégrale, « procédé irrégulier, irrévérent et déplacé », fulmine le biographe de la *Vita*, qui le reconnaît cependant « utile pour établir la réalité du miracle ».

Après quoi les médecins firent leur déposition sous serment :

« Les organes internes, les viscères et les parties charnues sont tous entiers, sains, moites et élastiques. Le liquide qui suinte du corps imprègne tout l'intérieur et toute la substance de la chair. Il exhale un parfum remarquable ; de tout le corps filtre un certain fluide gras, une espèce d'essence balsamique odorante qui humidifie les organes internes et la peau et qui sature aussi le linceul. Plus les incisions sont profondes, plus suave est l'odeur dégagée, au point qu'un des chirurgiens ne voulut pas laver, plusieurs jours de suite, la main avec laquelle il avait manipulé les viscères, de peur de faire évaporer le parfum surnaturel qu'elle avait acquis. » (ID.)

La Sacrée Congrégation des rites admit alors la conservation du corps comme un miracle. L'Église ne reconnaît pas l'incorruptibilité comme preuve de sainteté, mais la découverte de ces « merveilles » chez les saints à l'occasion de leur exhumation de nombreuses années après leur mort, en rehaussant encore leur renom, ne manque pas de réveiller la dévotion et la foi des fidèles. Merveille, sans doute, et peut-être « signe ».

PRODIGE DU SANG

Beaucoup moins courants que l'absence de rigidité et l'imputrescibilité, les phénomènes associés à l'écoulement du sang après la mort se retrouvent cependant assez souvent dans l'hagiographie. Ils étaient généralement observés à la suite d'une tentative d'incision ou d'amputation sur le corps d'un saint pour en conserver des reliques. Et l'on sait l'importance que l'Église et les fidèles y ont attachée, au point de provoquer rivalités et vols. Les phénomènes souvent observés sur le cadavre des saints ne sont pas explicables par la seule coïncidence.

Dans un cadavre, le sang cesse de circuler (donc de jaillir à la suite d'une incision) du seul fait que le cœur, la pompe vitale, ne bat plus. Après la mort, le sang reste cependant fluide dans les vaisseaux quatre à huit heures, exceptionnellement douze heures, puis il coagule. C'est pourquoi on parle de prodige lorsqu'il coule après ces délais. Des saignements peuvent s'expliquer par la formation de gaz dans le tronc qui chasse le sang du thorax vers les extrémités, mais il y a une limite. Il peut s'agir d'hypostases. Des accumulations de sang non coagulé, se déplaçant dans le corps, sont susceptibles de provoquer saignements et rougeurs post mortem, mais ils n'excèdent jamais trois jours.

Après ces réserves, voyons des cas particulièrement bien observés par des témoins fiables.

Paulinus, se référant à la découverte du corps de saint Nazaire, plusieurs années après sa mort, déclare que « son sang était aussi frais que s'il avait été versé ce même jour », et saint Amboise fait une observation similaire à propos des corps de saint Gervais et de saint Protais.

Le cas le plus extraordinaire est celui de sainte Catherine de Bologne, abbesse franciscaine morte en 1463. Selon la coutume de l'ordre, elle est inhumée en pleine terre, sans cercueil. Bientôt, un merveilleux parfum émane de la terre, des guérisons se produisent. Dix-huit jours après, on exhume le corps, on le lave et la chair apparaît rose et fraîche, puis le corps est déposé dans une châsse pour être vénéré. Plus tard, ouvrant la châsse et soulevant « le voile de soie qui couvre le corps virginal », on le trouve « tout baigné de moiteur exhalant une agréable odeur ». Une sœur tentant de récupérer un petit morceau de peau comme relique provoque « un flot de sang rouge, comme si le corps était vivant ».

Même phénomène chez saint Jean de la Croix († 1591), dont le cadavre incorrompu fut exhumé neuf mois après avoir été enterré. On lui coupa un des trois doigts qui tenaient la plume quand il écrivait, et « le sang coula aussi librement que du membre amputé d'un homme en vie », raconte un témoin.

Et, toujours d'actualité, le sang de saint Janvier, conservé à Naples dans une ampoule, se liquéfie presque chaque année devant la foule fervente.

Enfin, soulignons le phénomène de suintement d'une huile odorante de cadavres incorrompus, déjà remarqué par les anciens Grecs orthodoxes qui les appelaient « lanceurs d'onguent ». Suintements parfois durables (plus de mille ans) et considérables, comme chez sainte Walburge, abbesse de Heidenheim en Allemagne († 779). Du cœur de saint François de Sales († 1622), conservé à part, de l'huile sortait aussi, comme de tout le corps de sainte Marie-Madeleine de Pazzi († 1607). Plus récemment, saint Gérard Majella, moine décédé en 1756, eut sa tombe ouverte en 1856. On remarqua alors qu'une huile blanche, répandant un parfum suave, suintait en abondance de la tête et des os. Elle remplit un vase.

Dans *La Cathédrale*, Huysmans raconte la belle histoire de la carmélite belge Marie-Marguerite des Anges (Van Valckenissen) :

« Elle supplia le Seigneur de lui permettre de se dissoudre, de se liquéfier, en une huile qui pourrait se consumer devant le tabernacle. Et Jésus lui accorda ce privilège. Quand elle mourut, son visage se transfigura. Près de trois semaines s'écoulèrent, et alors l'huile sortit, blanche, limpide et parfumée, puis se fonça et devint peu à peu couleur d'ambre. Les rapports des médecins sont si précis que nous constatons, jour par jour, l'état du corps, jusqu'à ce qu'il tourne en huile et puisse remplir les flacons dont on versait, suivant son désir, une cuillerée chaque matin dans la veilleuse pendue près de l'autel. On put la répartir en plus de cent fioles, dont plusieurs sont encore gardées dans les Carmels de Belgique. »

Plus proche encore de nous, le père Charbel, moine maronite libanais, mort en odeur de sainteté en 1898, inhumé non embaumé dans le « Lourdes libanais » qu'est devenu Annaya, où se manifestent des centaines de guérisons, demeure imputrescible et souple. Il sécrète une huile mystérieuse, le tout constaté par une commission de médecins et d'ecclésiastiques.

Inexplicables aujourd'hui, ces phénomènes d'exsudation de fluides odorants de nombreux corps exempts de décomposition sont des faits incontestés, jamais mentionnés dans un contexte profane par la science médicale. Ils touchent probablement à un autre ordre, celui non encore exploré du mystère, comme si le symbole de l'essence même de l'âme, son parfum de sainteté, continuait à s'exhaler du corps. Merveilles que Dieu emploie pour nous toucher.

RÉSURRECTION D'UN MORT ET RÉSURRECTION DES MORTS

Tous ces phénomènes liés à la mort pâlissent toutefois lorsqu'on évoque le miracle absolu, la résurrection d'un mort.

Rarissimes, mal observés (étaient-ils vraiment morts ?), on trouve quelques cas dans l'hagiographie des saints. Ainsi, saint Dominique aurait ressuscité le jeune Napoléon, neveu du cardinal Orsini.

En revanche, les évangélistes relatent avec précision les trois résurrections opérées par le Christ.

La fille du chef de la synagogue : « Il saisit la main de la jeune fille et elle se leva. » (Matthieu IX, 25.)

Le fils de la veuve de Naïm : « Il s'approcha, toucha le cercueil, les porteurs s'arrêtèrent, et il dit : *Jeune homme, je te le dis, lève-toi !* Le mort se dressa sur son séant et se mit à parler, et Jésus le rendit à sa mère. » (Luc VII, 14-15.)

Le miracle le mieux décrit est celui de la résurrection de Lazare, le seul où le signe de corruption, qui marque indubitablement la mort irréversible, est mentionné :

« Lorsque Jésus arriva à Béthanie, il y avait déjà quatre jours que Lazare était dans le sépulcre. Marthe dit à Jésus : *Seigneur, si vous aviez été ici, mon frère ne serait pas mort, mais je sais maintenant que Dieu vous accorde tout ce que vous lui demandez.* Jésus lui dit : *Ton frère ressuscitera. Je sais,* lui répondit Marthe, *qu'il ressuscitera à la Résurrection, au dernier jour.* Jésus lui dit : *Je suis la résurrection et la vie. Celui qui croit en moi vivra, quand même il serait mort ; et quiconque vit et croit en moi ne mourra jamais. Crois-tu cela ?* Elle lui dit : *Oui, Seigneur.*

« Jésus se rendit au sépulcre : *Ôtez la pierre.* Marthe lui dit : *Il sent déjà, car il y a quatre jours qu'il est là.* Jésus lui dit : *Ne t'ai-je pas dit que, si tu crois, tu verras la gloire de Dieu ?* Ils ôtèrent donc la pierre. Et Jésus leva les yeux au ciel et dit : *Père, je te rends grâce de ce que tu m'as exaucé. Pour moi, je savais que tu m'exauces toujours, mais j'ai parlé à cause de la foule qui m'entoure, afin qu'ils croient que c'est toi qui m'as envoyé.* Ayant dit cela, il cria d'une voix forte : *Lazare, sors !* Et le mort sortit, les pieds et les mains liés de bandelettes, et le visage recouvert du suaire. Jésus dit : *Déliez-le, et laissez-le aller.*

« Alors, les sacrificateurs et les pharisiens assemblèrent le Sanhédrin et dirent : *Cet homme fait beaucoup de miracles. Si nous le laissons faire, tous croiront en lui et les Romains viendront détruire notre ville et notre nation.* Dès ce jour, ils résolurent de le faire mourir. » (Jean XI.)

La résurrection d'un mort, si l'on y croit dans un esprit de foi, nous interpelle avec violence. Cela paraît impossible à l'homme raisonnable, qui n'y voit, au mieux, qu'un mythe, un symbole ou une erreur : il n'y aurait eu que mort apparente. On peut admettre l'inédie comme un jeûne extrême, la guérison instantanée comme une accélération des processus naturels, la lévitation comme une rupture du champ gravitationnel. Mais la résurrection d'un mort !

Tout autre encore est la résurrection de la chair après la mort. « Je crois en la résurrection de la chair », article de foi du *Credo*.

Dans l'Ancien Testament, on voit déjà poindre une certaine idée de la résurrection.

« Les morts vivront, leurs cadavres ressusciteront. Réveillez-vous, chantez, vous qui gisez dans la poussière, car la rosée est une rosée de lumière et du sein de la terre les ombres renaîtront. » (Isaïe XXVI, 19.)

Le Nouveau Testament est plus précis. S'adressant à la foule, Jésus dit : « Car telle est la volonté de mon Père que quiconque, à la vue du Fils, croit en lui, ait la vie éternelle, et que je le ressuscite au dernier jour. » (Jean VI, 39-40.)

JEAN-JACQUES ANTIER. — La résurrection de la chair implique le franchissement d'un seuil évolutif, une étape du développement total de l'être, elle pose un problème philosophique majeur : l'entrée dans un monde où ce que nous serons n'est pas encore apparu. Alors, la Résurrection, mythe ou réalité essentielle ?

JEAN GUITTON. — De tous les dogmes chrétiens, celui de la Résurrection est à la fois le plus central et en même temps le moins assimilable aux esprits, le plus mythique d'apparence, même aux esprits religieux. La résurrection est « impensable », en ce sens qu'elle apparaît comme un coup d'État, inexplicable dans la trame du devenir ou de l'être. Mais on ne peut pas se contenter de lui appliquer pour l'étudier les méthodes modernes des sciences humaines. Elles visent le phénomène, ou le langage, et non pas l'être. Elles ne font pas face à l'essence. Elles se détournent de ce qui est le fond mystérieux du problème. Elles ne concernent que la transmission d'une croyance par des langages et des récits.

J.-J.A. — Ne conviendrait-il pas dès le début de bien marquer la différence entre la résurrection de Lazare et celle du Christ, qui introduit la foi en la « résurrection des corps » ? Le Christ est « le premier ressuscité d'entre les morts ».

J.G. — En effet. Le mot « résurrection » fait croire à un retour à la vie antérieure, comme si Jésus, à la manière de Lazare, était redevenu mortel. C'est pourquoi je préfère parler d'*anastase*, et ce terme concerne aussi la future *résurrection des morts* dont parle le *Credo*, qui nous concerne tous. L'anastase, c'est la survie d'un être qui n'est plus dans l'espace-temps, qui est vivant, mais d'une autre manière ; qui domine le cosmos, au lieu d'être, comme nous, dominé par lui ; une sublimation de tout l'être dans un nouveau mode d'existence divine, inimaginable.

J.-J.A. — La mort, a dit saint Paul, c'est « la fin de l'âme », il voulait dire de la psyché, du mental provisoire qui nous accompagne dans cette vie. Au-delà, il y a le pneuma, qui participe à l'Esprit.

J.G. — Dans l'anastase, la partie la plus haute de nous-même, le pneuma, assumerait en elle la partie la plus basse, le corps. Cette réédification de nous-même, sans la psyché, autour de l'esprit qui sublime le corps, est ce que saint Paul appelle la Résurrection. Ressusciter, c'est accomplir pleinement sa destinée, voir en soi réconciliées en une union éternelle la partie la plus basse et la partie la plus haute de nous-même, le biologique et le mystique par-delà le psychique.

J.-J.A. — Est-ce la finalité de l'évolution ?

J.G. — Toute la question posée par l'évolution est de savoir si son véritable secret n'est pas d'obtenir le plus improbable. La science est séduite par l'apparence d'une évolution physique ou biologique, celle qui va vers l'homogène, le quantitatif, le plus probable. Or n'y a-t-il pas, sous cette évolution, une autre évolution en sens contraire, qui prépare l'improbabilité totale d'un être qui franchit la frontière de la mort, qui prépare pour l'humanité la réintégration dans un autre mode d'existence ? Une même loi de sublimation se manifeste dans l'univers.

LE CORPS, ORGANE D'ADAPTATION AU COSMOS

J.-J.A. — Un croyant admet sans peine l'immortalité de l'âme ; mais le corps ? Selon le mot de Bossuet, nos cellules « retournent dans le commerce », et toute l'expérience humaine indique qu'il y a décomposition physique.

J.G. — C'est pourquoi la résurrection d'un mort, telle qu'elle est montrée dans l'Évangile, constitue l'événement le plus néguentropique de l'évolution, donc le plus improbable de tous les événements concevables. D'après la conception platonicienne de l'âme et du corps, le corps est un appendice accidentel lié à l'insertion d'une essence dans le cosmos, la mort n'étant jamais que le retour de l'essence à elle-même. On peut dire au contraire que le corps est l'aspect externe de l'esprit ; qu'il ne se sépare pas plus de lui que la forme ne se sépare de la matière. Mais pour les penseurs contemporains, Gabriel Marcel, Merleau-Ponty, par exemple, le corps serait moins un instrument, un organe, une réalité cosmobiologique, qu'une expression et un langage, tour à tour écran ou miroir destiné à faire communiquer et communier des consciences.

J.-J.A. — Il est clair qu'un corps est un organe destiné à l'insertion d'un esprit dans la biosphère. Mais un corps ressuscité est-il encore une *matière* ?

J.G. — C'est une matière informée par un élément d'un autre ordre. On pourrait le comparer à l'œuvre artistique, notamment la peinture : le peintre dégage du corps une « gloire » immanente. Une toile réussie, c'est plus que quelques grammes de peinture sur un support de fibres végétales. C'est une splendeur qui semble émaner de la toile, du « corps » pour en exprimer l'essence cachée. L'artiste dégage dans les corps un élément qui n'est pas proprement matériel, qui n'est pas davantage abstrait ou purement spirituel, mais qui nous fait penser à ce que serait la sublimation du corps dans un autre mode d'existence. Ce que nous appelons la beauté est le pressentiment et l'ébauche de cette situation de la partie au sein du tout, promesse encore inaccomplie.

J.-J.A. — Si vous assignez au corps deux fonctions, l'une organique, l'autre déjà spirituelle, quelles seraient alors les conditions de la résurrection ?

J.G. — Qu'une puissance récréatrice s'oppose à sa dissolution ; qu'un langage nouveau demeure pour mon moi : un médiateur de la communication des consciences. Ainsi seule la Résurrection et la Transfiguration du Christ permettent de comprendre vraiment ce qu'est le corps humain. Si la mort d'un homme, au lieu de se faire d'une manière lente par décomposition, s'opérait en un éclair, si toutes les particules qui nous composent explosaient, il est probable que nous aurions une idée plus adéquate de ce que sont la mort et la possible anastase.

J.-J.A. — Ne pourrait-on maintenant définir ce qu'est un corps dans son rapport *avec* le cosmos ?

J.G. — Logiquement, notre perception devrait s'étendre au cosmos tout entier, alors que je ne perçois que ce que mon champ visuel découpe dans la minuscule étendue qui m'entoure. Bergson a montré que c'est le cerveau qui restreint à un champ limité, une saisie virtuelle. Ainsi, la « matière grise », ordonnante et récapitulante, serait un organe d'obturation, plus que de connaissance, réduisant la perception du tout à une « miniperception » liée aux nécessités de l'action dans le moment. On pourrait faire une remarque analogue pour la temporalité. Il est possible que sans le cerveau qui la limite, jouant un rôle d'obturateur, la conscience s'égalerait à la totalité du temps passé, et à une vue confuse de l'avenir. Peut-être est-ce là ce qui découle comme conséquence de la relativité, en particulier de la « fonction psi » dans la mécanique quantique. Dans ces perspectives, le corps et le cerveau sont considérés comme organes d'adaptation à la totalité de l'être, mais d'une adaptation par réduction.

J.-J.A. — Soyons pragmatiques. Physiquement parlant, après la mort le corps se décompose en se redistribuant. Ses molécules redeviendront demain herbe, pierre, étoile. Elles rentreront dans la composition d'un enfant qui n'est pas encore né.

J.G. — Sans doute. Mais le problème est de

savoir si le rapport entre le cosmos et le *soma* qui constitue mon individualité organique ne peut pas se reconstituer sous une autre forme ; si la relation de mon être au cosmos ne peut pas changer de mode.

J.-J.A. — Si les rapports du microcosme que je suis avec le macrocosme qu'est le cosmos ne pourraient pas être invertis ? Et qu'alors je pourrais envelopper le cosmos au lieu d'être enveloppé par lui ?

J.G. — Oui. C'est le problème que l'on peut se poser. La psychologie considère le corps comme le lieu le plus profond des échanges entre le moi et le cosmos. On a souvent noté cette présence du monde à la conscience : la perception la plus fine, celle du regard, capte les nébuleuses. Elle contracte l'espace, qui est déjà un résumé de la profondeur du temps. Étendant encore ce rapport du cosmos avec la psyché, mon corps est un sujet-objet, centre de relations virtuellement étendues à l'ensemble du monde matériel.

J.-J.A. — Maintenant, comment envisager le *devenir*, l'évolution globale de l'être entier ?

J.G. — Le devenir de l'être entier n'est pas uniquement horizontal, linéaire, historique, défini par un simple progrès dans le temps. À ce devenir horizontal se superpose ou s'accorde un survenir vertical. Comme l'ont pressenti plusieurs penseurs anciens et modernes, l'être ne doit pas être envisagé seulement selon les phases et les étapes de son « évolution », mais selon les niveaux, les étapes et les étages de son développement intime, de ses mutations et transformations ascendantes. Au niveau d'existence ordinaire, cosmique, appelé

« corps », s'ajoutent deux autres niveaux : celui du psychisme, qui inclut la pensée, le mental, dans lequel se réalise le moi de la réflexion et de la conscience. Et celui qui implique le concept d'esprit, de vie éternelle et pneumatique, dans lequel le moi se manifeste par une vie spirituelle engagée dans une expérience à la fois intérieure et supérieure.

J.-J.A. — Tel est le monde des mystiques et des génies. Mais pourquoi est-il si rare ?

J.G. — Dans cette phase du temps qui est le nôtre et dans notre univers particulier, la terre, il n'a pas obtenu sa plénitude. Ce moi profond ne peut être pleinement donné à lui-même, dans l'économie actuelle, que par des voies rares ou des conjectures improbables, à travers des ombres et d'obscures palpations. C'est en effet dans cette troisième zone que surgit et se déploie l'intuition des grands mystiques, et aussi des artistes de génie.

J.-J.A. — Mais quel est le but de ce mécanisme, qui part de la naissance et qui va à la mort ?

J.G. — Au cours de l'existence se développent deux phases. La première comprend l'enfance, la croissance, l'âge adulte. Alors se développe la conscience « somatisée », « cosmisée », portée par le mystérieux élan vital. La vie médiane, qui est celle de la conscience réflexive, nous paraît définitive, constituant le terme du devenir. Or, elle n'est qu'une zone passagère, destinée soit à s'évanouir, soit à s'accomplir, lorsque le *pneuma*, qui est la source et le milieu de la troisième vie, aura absorbé et assumé le *soma*, le corps.

J.-J.A. — Dans ces perspectives s'intègre l'idée de survie après la mort, que l'on retrouve dans toutes les religions. Et cette idée de survie rend acceptable l'idée de résurrection. Mais il convient au préalable de rendre acceptable l'idée de survie.

J.G. — Après ce seuil de non-retour qu'est la mort organique, seuil où commence la corruption, la vie dans les cadavres poursuit son œuvre. Et cette résistance à la mort au milieu de la mort a son analogue dans certains états, comme le sommeil ou le coma. Un jour, la science sera amenée à étudier ces possibilités de supervie dans des expériences sur l'hibernation, domaine inexploré ou mal exploré, sauf peut-être, nous l'avons vu, par ces mystiques hindous ou chrétiens qui se sont efforcés de résister à la douleur et à la mort, non par une technique opératoire et médicale, mais par une ascèse de non-résistance au mal et à la douleur, par une adaptation à la mort fonctionnelle en vue de se préserver de la mort organique. C'est l'idée de tout ascétisme.

J.-J.A. — Ceci est particulièrement évident dans la vie de Marthe Robin, devenue physiologiquement une sorte de cadavre, mais combien vivant puisque cet athée notoire qu'était votre ami le Pr Couchoud disait qu'elle n'était qu'un cerveau et sans doute le plus lucide de notre temps.

J.G. — Marthe Robin n'est nullement un

paradoxe. Car qu'est-ce qu'un ascète, sinon celui qui diminue en lui les fonctions vitales : celle de reproduction dans la chasteté ; la fonction d'alimentation dans le jeûne et l'inédie, la fonction de communication dans l'isolement cellulaire, la fonction d'autonomie dans l'obéissance, la fonction de dispersion mondaine dans l'adoration et la prière, cela en vue de susciter ou d'exalter en lui certaines fonctions volitives ou cognitives qui sont assoupies dans la vie ordinaire. Par la continence, l'ascète obtient une purification de l'intelligence qui lui permet de voir et de comprendre des réalités que le libertin ne connaît pas ; celui qui jeûne voit son attention s'aiguiser.

J.-J.A. — Mais de là à suggérer que le corps *survit* après la mort, il y a un gouffre à franchir.

J.G. — On peut admettre qu'une certaine activité vitale se poursuit au-delà de la mort. Pour l'étudier, il faudrait observer la conservation des cadavres, ce qui se heurte à des interdits sociaux. Or l'Église les a levés pour les cas d'exhumation en vue de canonisation, et parfois on a découvert, nous l'avons dit, des phénomènes de conservation, ou de parfums, de libations d'huile (myroblytes), ou de luminescence.

J.-J.A. — Pourquoi ces faits extraordinaires n'ont-ils pas été relevés par les scientifiques ?

J.G. — La science ne s'intéresse guère aux cas singuliers, elle exige des phénomènes répétitifs, seule manière d'exclure radicalement l'erreur ou la fraude. Or l'étude d'un seul cas singulier de conservation de cadavre, de phénomène myroblytique ou luminescent, comme ils ont été observés à notre époque avec le moine libanais Charbel, aurait un intérêt pour la connaissance de la vie et de la mort, des possibilités pour l'homme de survivre ou de subsister dans un milieu privé non seulement de nourriture et d'eau, mais d'atmosphère. L'idée nouvelle fondamentale serait que les phénomènes ascétiques et mystiques d'inhibition de la vie fonctionnelle pourraient tendre à augmenter l'autonomie de l'individu par intégration progressive du milieu extérieur au profit du perfectionnement du milieu intérieur.

J.-J.A. — C'est pourquoi vous avez bien fait de parler de phénomènes ascétiques *et* mystiques. La notion d'acceptation, d'abandon, de sacrifice volontaire et généreux associé à l'amour semble la condition nécessaire. Il y a aussi des stigmatisés et des inédiques dans les hôpitaux. Mais ils ne sont pas volontaires, condition nécessaire, semble-t-il, pour la réussite de cette expérimentation qui nous vient peut-être de Dieu. *Veux-tu être comme moi ?* demande le Christ à Marthe Robin. Je remarque aussi que le Christ invite à « redevenir comme de petits enfants », une « régression » qui n'a pas toujours été comprise.

TOUTE MUTATION EST VERTICALE

J.G. — Selon les spécialistes de la mystique, Görres, et plus près de nous le père Thurston et le Dr H. Larcher, les tendances ascétiques et mystiques semblent régressives, donc négatives, puisque la chasteté ramène à l'état d'enfance, l'inédie au nouveau-né, l'apnée et l'anurie au fœtus, l'arrêt du cœur à l'embryon, la biostasie à l'ovule. Mais c'est là une vue purement humaine, liée à l'idée horizontale du « progrès ». En réalité, cette rétro-évolution récapitule à rebours le développement. Elle superpose au cycle progressif et horizontal de la vie biologique un cycle vertical tout intérieur. Dans l'ordre de l'esprit, il apparaît comme profondément progressif. Toute mortification spirituelle, à condition d'être purifiée du dolorisme d'autrefois, est une vivification. Elle accroît l'indépendance du microcosme par rapport au macrocosme. Et c'est cette régression qui intensifie chez les grands mystiques certaines capacités spirituelles de mémoire, de perception, de prophétisme. Le Dr Larcher a montré que la chasteté et la mortification sont favorables à l'élaboration chimique de certaines « odeurs de sainteté », qui ont des propriétés spirituelles ; que l'inédie et l'anurie s'accompagnent souvent d'une intériorisation fœtale des sources du sang, d'une exaltation des facultés de paraperception ou de vision, que l'apnée des grands extatiques est liée à la lévitation qui les fait flotter dans l'air comme un embryon dans les eaux mères. Il se peut que la vie suspendue par le refroidissement des organes soit liée au phénomène de dédoublement de la personnalité et de ce que l'on appelle bilocation ; que la biostasie soit le point de départ de métamorphoses suprêmes, comme la bioluminescence etces phénomènes que les témoignages surJésus appellent transfiguration, résurrection, ascension.

J.-J.A. — Trois étapes, au fond, d'une sublimation du corps par l'ascèse.

J.G. — Pour admettre — sinon comprendre — ces phénomènes extrêmes, et notamment la résurrection, on peut aussi chercher des analogies avec la nature, les semences, les semailles, le monde des insectes et leur métamorphose. L'insecte représente la dernière étape d'un courant d'évolution, comme l'homme chez les mammifères. L'idée que peut exister une analogie inverse entre ces deux achèvements n'est pas absurde. Les métamorphoses surprenantes des insectes — de la larve rampante à l'être volant — sont déclenchées par une hormone de mue, distincte de l'hormone de croissance, qui soudain l'obture après achèvement du degré final de croissance. L'insecte est réduit à une sorte de fouillis informe, mais demeurent en lui des disques imaginaux qui sont les agents de la mutation.

J.-J.A. — Dans cette étrange perspective, l'homme actuel serait donc analogue à un insecte « hormonisé » ?

J.G. — Encore hormonisé par une hormone « juvénile » de croissance. En lui, l'hormone de métamorphose existe, mais elle est récessive, inopérante et obturée. Présente seulement sous forme d'*imago*, elle n'agit pas encore. Si l'on accepte la dogmatique catholique, au moins comme on accepte en psychanalyse freudienne un rêve ou un archétype, l'hormone de métamorphose n'aurait agi qu'en deux individus privilégiés : Jésus et Marie.

LA SOUFFRANCE : UNE PORTE AU FOND D'UNE IMPASSE

J.-J.A. — Voulez-vous que nous revenions sur le rôle de la souffrance dans ce « passage de mutation » ? Il me semble capital. Prenons le cas que nous connaissons le mieux, vous et moi : Marthe Robin. Voilà une jeune fille accablée de maux, plusieurs fois donnée pour morte, et demeurant dans sa chambre obscure comme une morte vivante, élevée dans un milieu plutôt indifférent sinon agnostique. Que se passe-t-il ? Car c'est bien d'une mutation qu'il s'agit.

J.G. — Oui. Tout se passe comme si un être vivant, se trouvant dans une impasse — Marthe est paralysée, aveugle, inédique, stigmatisée, souffrante et même parfois possédée par un esprit malfaisant qui la porte à résister à la mutation —, était obligé de choisir entre la transformation de son organisme ou l'anéantissement. Ne pouvant subsister sous le mode d'adaptation qui jusqu'ici avait été le sien, il n'a d'autre solution, en dehors de la mort, que de muer ou de muter. C'est une constante de l'évolution biologique lorsqu'elle rencontre un obstacle infranchissable, lorsqu'il lui faut choisir entre l'extinction et la survie.

J.-J.A. — Avec cette différence que chez le mystique, cela se passe très vite ; comme une guérison miraculeuse.

J.G. — Le moment de la mutation est toujours

rapide. C'est une émergence, une réponse soudaine de l'être qui se trouve dans l'alternative de monter ou de périr. Des mutations, nous en voyons sans cesse. Dans la naissance, l'embryon, échappant au sinus maternel, développe soudain ses facultés de respiration, de motricité, de vision, dont il n'avait aucun usage dans le sein de sa mère. Une mutation d'adaptation est un progrès qui procède par bond en avant.

J.-J.A. — Ainsi, la mort ne serait pas le néant, mais une étape de métamorphose ; ce qui est mis en terre dans nos funérailles comme le grain dans le sillon, après une longue absence hivernale, se reproduit au printemps sous une forme apparemment inimaginable. Le Christ s'était servi de cette image en songeant peut-être à sa mort et à sa résurrection. Et ces phénomènes biologiques de métamorphose ne sont pas tellement différents des phénomènes biologiques dont nous avons parlé.

J.G. — Görres avait noté que l'« odeur de sainteté » chez certains ascètes mystiques s'exhale au moment où ils ont renoncé à l'usage de la sexualité, comme si ces parfums spirituels étaient le signe évanescent d'une reproduction, ou d'une résurrection retardée à l'échelon de la cellule ; le symptôme d'une ébauche, certes rare, clandestine et déficiente, de la régénération possible du corps humain après la mort.

J.-J.A. — Ici encore, signes et merveilles !

J.G. — Nous ne faisons qu'explorer à tâtons un secteur encore inconnu, totalement ignoré de la science.

J.-J.A. — À cause de ses implications métaphysiques.

J.G. — Nous avons raisonné comme si l'homme et la connaissance étaient achevés ; comme si l'évolution de l'homme et sa pensée ne concernaient que des accidents secondaires apportant des perfectionnements, et non des mutations radicales ; des progrès dans les modes et non une métamorphose de la substance. Essayons de nous élever plus haut que la nature, le mouvement, le nombre, l'espace et le temps, plus haut même qu'une humanité « somatisée », voire « psychisée ». Puisqu'il est question ici de *résurrection* et de phénomène ultime, de cas limite, laissons s'épanouir le problème de l'*anastase* dans un problème plus simple encore, mais sans le réduire, au contraire : celui de la relation entre la partie et le tout, soit pour la connaissance, soit pour l'action. Que veut l'homme moderne ? Être maître et possesseur de la nature, c'est-à-dire exercer une domination active sur le cosmos, qui lui permettrait d'envelopper le cosmos au lieu d'être enveloppé par lui ; obtenir dans l'ordre de l'action cette domination de la partie sur le tout qui définit la contemplation, la connaissance, la pensée. Or il y a échec évident entre la connaissance et l'action.

J.-J.A. — Pourquoi cet échec ?

J.G. — Parce que le rapport entre la partie et le tout est inachevé.

J.-J.A. — Entre l'homme et Dieu. Dieu présent en nous. La totalité dans la partie. C'est bien ainsi que le ressentent les mystiques. Et le fait que leurs extases soient précédées et suivies de « nuit de l'esprit » montre en effet ce dramatique inachèvement — je n'ose parler d'échec — dans ce système de rapport entre la partie et le tout.

J.G. — Et c'est au cœur même de cet échec — appelez-le aussi maladie, souffrance, mort — que devrait se situer l'anastase, la résurrection. Elle viendrait combler ce vide. Elle réparerait cet écart entre la connaissance et l'action.

J.-J.A. — Mais n'est-ce pas là l'improbable absolu, qu'aucune opération cybernétique ne pourra jamais reproduire ?

J.G. — À moins de supposer que la cybernétique de l'univers, l'ordre du monde, ne soit pas dans son fond entropique (c'est-à-dire tendant vers la désorganisation) mais néguentropique et, comme l'écrivait Bergson dans son dernier message, que le monde ne soit « une machine à faire des dieux ».

J.-J.A. — Plus qu'une résurrection d'entre les morts : une victoire sur la mort.

J.G. — Tout se passe comme si nous n'étions

pas encore ce que nous sommes appelés à devenir, comme si l'existence temporelle était inachevée. Animal cosmisé, l'homme a été capable de se représenter le cosmos, de le penser, de le contenir comme un songe réel. Par la pensée il le possède, mais son action corporelle demeure un échec : il reste enveloppé par le cosmos. La métamorphose qui s'est faite pour la connaissance ne s'est pas faite pour l'action, en particulier pour cet organe de l'action appelé le corps. L'anastase serait la réparation de cet écart, le franchissement de cet intervalle, la mutation dernière qui d'esclave nous ferait maître et libre ; l'achèvement de la création.

J.-J.A. — Y a-t-il dans ce monde moderne des *signes* permettant d'entrevoir cette mutation ultime ?

J.G. — Le monde est engagé dans une impasse technologique. Lorsque la nature prépare une mutation profonde, c'est que l'évolution se trouve devant une impasse. Nous sommes devant un seuil qui nous accule au choix entre la mort de l'espèce et la mutation.

J.-J.A. — La fin des temps, ou la fin d'un temps.

J.G. — Peut-être la fin du temps, que les physiciens d'aujourd'hui saisissent comme relatif. Cette lumière n'est pas anodine. Nous pouvons nous demander si la technique atomique désintégrante, que nous appliquons en tâtonnant comme des enfants terribles avec les risques d'anéantissement, ne voile pas une autre technique, non plus humaine mais ultrahumaine, non plus historique et industrielle mais eschatologique, consumante parce que consommante — technique dont la nôtre est un envers plutôt destructeur et superficiel — et qui consisterait en une intégration des éléments composant le cosmos pour une création nouvelle, nouvel état de la matière devenue une énergie analogue à la lumière, dont elle ne se sépare pas. Cet univers appelé jadis grossièrement matériel ou énergétique, aujourd'hui quantique et relativiste, ne nous donne-t-il pas, plus que les anciennes représentations de la matière, un schéma de ce que pourrait être un cosmos transmatérialisé ? Il suffirait, comme Platon l'imaginait, d'une inversion de sens, d'une implosion remplaçant une explosion.

J.-J.A. — Le retour en arrière, à la fin de l'expansion provoquée par le big-bang.

J.G. — Les *signes*, les voilà ! À mesure que l'entropie, la dégradation de l'énergie augmente, augmente aussi, à l'inverse, l'information, conçue comme une récapitulation, une somme, une intégration. Tandis que l'univers se dégrade, on voit par compensation la matière, la vie, l'esprit et la conscience présenter des états de plus en plus improbables. Telle serait la loi ultime. Non seulement l'improbable paraît, mais encore l'improbable s'accroît, se cumule dans la même ligne. Dès lors, on peut se demander si la décomposition croissante de l'univers n'est pas une condition de sa recomposition, si le vrai sens du devenir n'est pas d'aller vers l'improbable, ce que supposent obscurément tous les esprits lorsqu'ils parlent de progrès, ou lorsqu'ils ont quelque espérance. L'apparition de cette évolution n'est pas plus improbable que celle de la conscience dans un univers matériel. Nous irions vers un « sur-être », l'étape finale du « salut » annoncée par les philosophes et les prophètes, où l'être sera enfin uni à l'Être.

J.-J.A. — Nous approchons d'un seuil, c'est certain. Mais s'agit-il d'une nouvelle existence temporelle dans laquelle l'humanité aurait vaincu la mortalité ? Verra-t-on un temps qui arrêtera l'Histoire à un moment d'intégration parfaite ? Ou bien cette promotion de l'être se fera-t-elle d'une manière exprimable dans une sphère d'existence « surnaturelle », par-delà la temporalité ?

J.G. — Vous posez là le problème des rapports du temps avec l'éternité, qui m'a hanté toute ma vie. L'homme présent est-il un homme *achevé* ? N'est-il pas plutôt un être inachevé, non encore muté, sorte de fœtus projeté avant terme, et qui donc, pour se parfaire, projette une image de son accomplissement dans une durée future en partie illusoire et fictive, puisqu'elle place l'éternité dans le temps sous la forme d'un bonheur stable, d'une société permanente, d'une éternité temporelle ? Jusqu'ici, la religion a représenté la Résurrection comme un accident sublime, connu par des voies parentes de l'exploration métapsychique. Ou encore, voulant lui donner une consistance concrète, elle a parlé pour le peuple comme s'il s'agissait d'un retour à la vie terrestre, d'une réanimation d'un cadavre.

J.-J.A. — Ce qui s'est passé pour la résurrection de Lazare.

RÉSURRECTION DU CHRIST

J.G. — Mais cela ne concerne pas la résurrection du Christ.

J.-J.A. — Pour un chrétien, le miracle par excellence ! *Il est ressuscité des morts,* dit le *Credo.* Et saint Paul proclame : *Si Christ n'est pas ressuscité, notre foi est vaine,* comme il affirmera : *Et Dieu, qui a ressuscité le Seigneur, nous ressuscitera aussi par sa puissance.* (Corinthiens 6, 13b-15a-17-20.) Ce miracle est attesté par les quatre évangélistes. Trois jours après sa mort, les saintes femmes venues au tombeau le trouvèrent vide et un ange leur dit : *Christ est ressuscité.* Puis il leur apparut et se montra aussi aux apôtres et aux disciples. Le Christ lui-même précise qu'il n'est pas un fantôme et fait toucher ses plaies à Thomas, l'incrédule. Dans son Évangile, Matthieu signale que la mort du Christ fut accompagnée d'étranges phénomènes. Après sa mort, *le voile du sanctuaire se déchira en deux du haut en bas, la terre trembla, les rochers se fendirent, les tombeaux s'ouvrirent et les corps de plusieurs saints défunts ressuscitèrent. Sortant de leurs tombeaux après sa résurrection, ils entrèrent dans la ville sainte et se montrèrent à bon nombre de personnes.* (Matthieu XXVII, 51-53.) Alors, que penser de cette autorésurrection ?

J.G. — Bien que les Évangiles nous présentent un constat d'identité entre le nouveau Jésus et le Jésus antérieur, ils montrent qu'il possède une nouvelle forme d'existence, par laquelle il se soumet le temps, l'espace et la mortalité. Cette résurrection-là est en soi une mutation ultime qui n'a pas de témoin, qui ne peut être « vue » par personne, excepté par un nombre limité de témoins, afin que la foi soit fondée sur un témoignage historique et non sur une pure révélation. Le Christ est passé dans une nouvelle forme de vie, avec l'ensemble complexe de sa personnalité, corps et âme. Le Christ ressuscité est le même que le Christ antérieur, sinon il ne serait pas Jésus et on ne le reconnaîtrait pas. Toutefois, il est bien autre que Jésus le Nazaréen, sans quoi il ne serait pas le « Seigneur », il ne serait pas « glorieux ». Il serait encore Jésus de Nazareth, mais il ne serait pas le Christ-Dieu que la foi chrétienne adore et qu'elle approfondit sans cesse dans une recherche infinie. La Résurrection est un lien entre deux types d'existence, l'une temporelle, l'autre en forme d'éternité.

J.-J.A. — Ainsi, la résurrection du Christ nous serait donnée pour éclairer les rapports du temps et de l'éternité ?

J.G. — Elle projette une lumière sur la place d'un être qui appartient à la zone éternelle et qui est toutefois provisoirement présent dans la biosphère après avoir traversé la frontière de la mort. Événement néguentropique, nous l'avons dit, si improbable qu'un esprit scientifique peut le considérer comme sans valeur. Mais il se peut que l'évolution prépare, ici comme ailleurs, un cas privilégié, un cas unique. Dans ce cas et dans ce seul cas, l'anastase de Jésus serait le phénomène historique le plus capital, puisqu'il serait le seul test que nous possédions d'une victoire possible sur la mortalité.

J.-J.A. — Quel argument pourrait entraîner la conviction d'un non-initié ?

J.G. — Les fruits. Si Jésus avait été un quelconque « maître de justice » promoteur d'une secte ordinaire comme il en a toujours existé, il aurait eu leur sort commun. Avec Jésus, l'effet produit est éclatant, permanent, disproportionné avec la petitesse, l'insignifiance des origines, donnant naissance à cette religion universelle qui dure depuis deux mille ans. Qu'il s'agisse d'un fait ou d'un mythe, ou d'un mélange du fait et du mythe, j'observe une émergence soudaine, variée, puissante. L'image d'explosion, de gerbe, de champignon atomique s'imposerait presque pour décrire ce phénomène si rare pour la brièveté et la force de propagation.

J.-J.A. — C'est vrai qu'il y a disproportion entre cette explosion de la religion nouvelle et l'insignifiance de l'événement en soi : la mort de ce Jésus sur la croix des esclaves, l'échec absolu, en apparence, du nouveau prophète. Le spectacle de l'infamante croix aurait même dû bloquer l'exercice de la mémoire, susciter le doute, déconsidérer à jamais la mémoire de Jésus.

J.G. — En effet. D'un échec si total, comment tirer une origine ? Comment un culte universel a-t-il pu naître à la vue de ce lamentable cadavre ? Qui donc a provoqué une aussi radicale correction des apparences ? Constatant l'extraordinaire foyer qui explose, aussitôt après la mort de Jésus, cela me porte à penser qu'il y a eu bien plus qu'une mort ordinaire. Pour expliquer cette explosion de joie, d'espérance, de certitude, d'entreprise après une mort aussi désespérante, il a fallu un je ne sais quoi qui fût capable d'anéantir l'impression d'échec, d'infamie, d'abandon signifié de la part de Dieu (*Pourquoi m'as-tu abandonné ?*). Il a fallu une sorte d'expérience aussi forte que cette mort.

J.-J.A. — Il a fallu que cette mort fût annulée ! Mais si, comme l'a suggéré Proudhon, Jésus n'était pas vraiment mort sur la croix ? Si on l'avait détaché encore en vie, ranimé, caché ?

J.G. — Cette improbabilité est telle du point de vue de la vraisemblance que personne ne peut la soutenir longtemps. Un aussi grand effet ne peut reposer sur une aussi pauvre cause : sur un mensonge !

J.-J.A. — Et s'il s'agissait chez les témoins d'une vision, d'une apparition, d'un phénomène somme toute mystique ? D'un état de conscience singulier, mais non unique comme nous le montrerons par la suite ; une expérience sur l'après-mort n'impliquant pas la résurrection d'un corps vivant ?

J.G. — Comment fonder le christianisme sur une apparition, à plus forte raison sur une hallucination ? Et surtout, il y a eu de nombreux témoins, dont beaucoup, comme Thomas, ont d'abord douté. Ces témoins ont affirmé qu'ils avaient *vu* Jésus. Le sens qu'ils ont donné à ce terme, c'est tout autre chose que celui que nous donnons au mot : avoir une vision. Ils connaissaient les visions et ils n'en ont pas parlé. Ils ont employé le mot de la langue concrète et courante : voir. Ils ont affirmé que le corps de Jésus n'était plus dans la tombe. Ces Juifs étaient capables de distinguer une expérience mystique purement subjective d'une expérience objective et réelle susceptible de donner lieu à un témoignage de type historique. Les apparitions du Ressuscité ne sont pas de ce type extatique. Ce sont bien des événements, signes, insérés dans l'Histoire, quoique réservés à un groupe privilégié.

J.-J.A. — Donc, ils ont vu comme je vous vois ?

J.G. — Oui. Jésus n'est pas une image immobile dont on se réveille quand il disparaît. Il participe, prend des repas, il cause. On le retrouve comme auparavant, interrogateur, instructeur, tendre, ferme, sévère, ami de tous. On retrouve sa manière d'enseigner et ses gestes. Tous ses traits indiquent une existence historique adaptée aux événements. Un être de vision ne présente pas ce genre d'action : c'est seulement son essence qui se propose sous une image pleine de symboles, ce n'est pas son existence qui est présente.

J.-J.A. — D'ailleurs, les témoignages ne parlent jamais d'extase.

J.G. — Ce serait plutôt une *enstase*, une réalité d'ordre supérieur insérée dans l'expérience familière d'un petit groupe et qui, bien que transcendante, est reliée à leur histoire et s'adapte à elle ; un voyageur qui se fait reconnaître par rapport à l'expérience historique antérieure et qui entre, quoique mystérieux, dans la trame de leur existence actuelle.

J.-J.A. — Vivant, corporellement vivant, et cependant différent.

J.G. — Surréel. Une existence nouvelle d'un

être identifié avec son existence historique ancienne, comme si, après sa mort, il s'était de nouveau insinué, par moments, dans l'histoire de ce petit groupe d'hommes qu'il avait choisis pour être chefs de communautés, donc capables de porter sur ses apparitions le même genre de témoignage qu'ils portaient sur l'existence historique d'avant sa mort. Différent et surréel : il manifeste des propriétés nouvelles par rapport à l'espace. Il semble en état de lévitation virtuelle, qui deviendra actuelle au moment final de l'Ascension. Il semble qu'il soit déjà dans une sphère d'existence d'apesanteur ; que ce soit par une action volontaire qu'il repose sur la terre. Il semble n'être plus limité par l'ignorance sur l'avenir ou sur le passé. Il sait l'heure de son retour. Il domine ce monde. Il n'est plus enveloppé par le cosmos, mais il enveloppe le cosmos. Il possède une vie souveraine et pourtant il intervient dans notre histoire d'une manière discontinue, je dirais volontiers « quantique », c'est-à-dire par saccades et soubresauts, comme les physiciens conçoivent le régime de la matière.

J.-J.A. — Il est clair qu'on ne saurait confondre la résurrection de Lazare et celle du Christ, qui préfigure la nôtre. La première n'est qu'une réanimation. Seule la seconde est une résurrection.

J.G. — Jésus ne reprend pas le moins du monde son genre de vie ancien. Il entre corps et âme dans un nouveau mode d'existence, d'où il condescend à se faire voir et toucher, à apparaître, à travers l'espace, le temps, la matière, mais sans être lié à ce qu'espace, temps et matière ont pour nous de limitatif.

J.-J.A. — Les Évangiles sont clairs à ce sujet. Il passe à travers murs et portes closes, il semble présent en plusieurs lieux à la fois, et pourtant ce n'est pas un fantôme, il le dit lui-même.

J.G. — C'est un être spiritualisé, avec un corps. Saint Paul dit : *Semé pourri, il ressuscite incorruptible.* Semé corps animé, corps psychique comme celui d'Adam, il ressuscite corps pneumatique. Son principe n'est plus la psyché, le mental ordinaire, mais le pneuma, qui est dans l'Écriture le mot le plus chargé de sens et de mystère. Il traduit ce qui est propre à Dieu. *Dieu est esprit* (pneuma), dit saint Jean.

RÉSURRECTION DES MORTS

J.-J.A. — Ce qui nous aide à saisir ce que sera la résurrection finale des morts, à la fin des temps.

J.G. — Un corps neuf, dit saint Paul, apparaîtra par un acte du Dieu vivant, à partir de nos cadavres, de nos restes, de nos cendres ; comme le grain semé, pourri en terre, lève au printemps dans la lumière.

J.-J.A. — Je vous entends. Mais finalement, que m'importe la résurrection de mon corps ? Je me contenterais d'être esprit !

J.G. — Mais alors, pourquoi cette sublimation imparfaite que nous présente la nature à chaque étape ? Pour quel motif le Créateur, ayant fait quelque chose, l'anéantirait-il ? Pourquoi cet être esprit-corps, l'homme, le détruirait-il, ou n'en sauverait-il à jamais qu'une seule face ? Pourquoi le corps ne serait-il pas appelé à cette existence dans et par l'Esprit, à ce règne où *Dieu sera tout en tout ?* Pourquoi en serait-il exclu après avoir subi les transformations mystérieuses qui sont la condition d'une autre vie ?

J.-J.A. — Éternelle. Mais alors, qu'est-ce que la mort ?

J.G. — Le moment où le corps cesse d'être, selon la loi des vivants, un organe d'insertion de l'esprit dans l'univers, pour devenir le symbole et le support de la vie de l'esprit, ainsi qu'un moyen de communication, celle que le langage rend impossible par son opacité, mais à laquelle nous aspirons.

J.-J.A. — Vous ne vous contentez donc pas de l'immortalité de l'âme après la mort. Ce qui a été, même et surtout ce corps de poussière, ne saurait périr.

J.G. — Ce qui existe doit surexister. Ainsi la résurrection serait l'achèvement surnaturel de la genèse des êtres.

J.-J.A. — Et celle du Christ en est l'anticipation.

J.G. — Elle est le *signe.* Elle fait voir que l'homme n'est pas entraîné par la dissolution biologique ; que l'esprit en nous devrait posséder le pouvoir de sublimer le corps et non pas de se laisser vaincre par le corps. C'est au moment de la mort du plus singulier des hommes que ce signe a pu, a dû être donné.

J.-J.A. — Cette résurrection telle que nous la suggère la foi est-elle une mutation, à la manière dont la larve rampante devient un être volant ?

J.G. — Mystère. La Résurrection est une mutation qui diffère par sa nature de tout ce que l'intelligence peut concevoir.

J.-J.A. — Ce corps ressuscité aura-t-il une fonction, et laquelle ?

J.G. — Impossible de se figurer cet achèvement spirituel.

J.-J.A. — Alors, la Résurrection ? Est-ce un mystère ou un miracle ?

J.G. — Si l'Incarnation demeure l'essence du christianisme, c'est-à-dire l'Éternel temporalisé, alors, le mystère est aussi miracle. Non seulement le mystère s'introduit réellement à l'intérieur du donné, mais il doit être transmis aux esprits faits de chair, lancés dans le devenir temporel et soumis aux conditions de la connaissance indirecte par témoignage. Il y a alors un lien intime entre l'idée et le fait, entre la révélation et le témoignage, entre le mystère et le miracle. Ainsi, la résurrection du Christ est à la fois un mystère divin et aussi un miracle qui donne ses preuves aux hommes dans un contexte historique. Tout événement cache un mystère éternel, et tout mystère se traduit par un épisode historique inscrit dans le temps et l'espace. Cette Résurrection est d'abord un fait mystérieux et divin ; elle est aussi un fait humain et miraculeux, saisi par des témoins qui ont reçu mission de le transmettre.

J.-J.A. — En fait, résurrection et divinité de Jésus ne sont qu'un seul et même avènement ; ils se complètent et s'expliquent l'un par l'autre.

J.G. — En effet, les deux croyances ont d'intimes rapports. Ce que je vous dis sur le miracle est imparfait parce que je ne fais pas monter pour ainsi dire le miracle dans le mystère. Et je serais porté à croire que, tant qu'on n'a pas fixé le problème posé par la divinité, tant qu'on n'a pas cherché par quelles voies d'Histoire (ou de révélation) l'esprit peut atteindre cette « divinité » d'un homme historique, on demeure dans la pénombre et au seuil des problèmes les plus profonds.

J.-J.A. — L'épisode des disciples d'Emmaüs ne donne-t-il pas une clarté sur ce mystère ?

J.G. — La scène décrite par saint Luc, dans cet intervalle où finissait l'histoire visible de Jésus pour commencer sa présence invisible, indique les cheminements de la foi dans les esprits, à travers des difficultés décroissantes. Deux personnes causent sur une route. Elles s'entretiennent de ce qui est toujours si visible en ce monde : l'échec des fondateurs, les apparences contraires, la déception, les promesses non tenues. Et, en particulier, l'absurdité du mouvement de Jésus qui n'a pas abouti, preuve que l'espérance n'a plus lieu d'être. Et pendant qu'ils parlent, le Problème dont ils parlent chemine avec eux, il se place au centre de leur être sous forme d'une ardeur à apprendre. Et Luc fait voir la renaissance de la lumière dans la profondeur de l'ombre. Au moment où le jour matériel décline, c'est une aurore pour l'esprit. Le mystère, soudain présent, incompréhensible quoique non impensable, se propose sous plusieurs espèces : sentiment de présence, illumination du passé et des écrits sur ce passé, témoignage donné sur la personne par la personne même, société créée entre les consciences par ce partage, familiarité énigmatique et tendre, rite mystérieux. Puis l'Éternel disparaît dans l'instant où on aurait le plus besoin qu'il demeure encore.

J.-J.A. — Mais là, n'est-on pas dans le rêve poétique, le rêve recréateur ?

J.G. — On ne peut attendre l'immortalité, vieux rêve terrestre, de la succession des générations, ni d'un progrès matériel infini. Tous nous portons en nous l'espérance d'une surexistence, d'une surhumanité, d'un « royaume de Dieu », d'un royaume des saints, une création neuve et spirituelle, où ce qui, ici, est mortel, matériel, sera surélevé, transfiguré (mais non détruit), *absorbé par la vie*, comme le dit si magnifiquement saint Paul. Ce à quoi nous espérons : exister encore, mais d'une manière plus haute, plus pure ; être ce que nous sommes, mais en Dieu, qui sera tout en tous ! Le mot, si dépravé chez les freudiens, de *sublimation*, exprime cette exigence. Pâques, résurrection du Christ, est la fête de la sublimation des êtres, de leur assomption dans la lumière, de leur transfiguration paradisiaque. Cette métamorphose qui s'est produite sur deux êtres seulement : Jésus et sa mère, nous l'attendons de l'avenir, afin que toute vie, sans être anéantie, soit transformée.

qué et rebelle, elle mystérieuse. Puis l'Éternel disparaît dans l'instant où on aurait le plus besoin qu'il demeure encore. »

J.-J.A. — Mais là, n'est-on pas dans le rêve poétique, le rêve recréateur ?

J.G. — On ne peut attendre l'immortalité, vieux rêve terrestre, de la succession des générations ni d'un progrès indéfini. Tous nous portons en nous l'espérance d'une survivance, d'une surhumanité, d'un « Royaume de Dieu », d'un royaume des saints, une création neuve et spirituelle, où ce qui est ici, mortel, sera surélevé, transfiguré, mais non détruit, absorbé par la vie, comme le dit si magnifiquement saint Paul. Ce à quoi nous espérons : exister encore, mais d'une manière plus haute, plus pure ; être ce que nous sommes, mais en Dieu, qui sera tout en tous ! Le mot, si dépravé chez les freudiens, de sublimation, exprime cette exigence. Pâques, résurrection du Christ, est la fête de la sublimation des êtres, de leur assomption dans la lumière, de leur transfiguration paradisiaque. Cette métamorphose qui s'est produite sur deux êtres seulement : Jésus et sa mère, nous l'attendons de l'avenir, afin que toute vie, sans être anéantie, soit transformée.

Troisième partie

PHÉNOMÈNES PSYCHIQUES ET MYSTIQUES

Nous venons d'aborder les phénomènes physiques du mysticisme, dont les effets peuvent être constatés. Un individu a ou n'a pas de stigmates ; il mange ou ne mange pas. Il échappe ou non à la pesanteur. Seules les causes en demeurent mystérieuses.

Les phénomènes psychiques et mystiques que nous allons maintenant étudier sont plus subtils, parce qu'ils se passent davantage dans l'esprit. Il est difficile de vérifier des phénomènes de télépathie, de clairvoyance, de clairaudience, de prophétie, et plus encore les visions, les apparitions, les extases. Si le personnage *voit* la Vierge, est-ce la Vierge, réellement, ou n'est-ce qu'une image intellectuelle issue de sa mémoire, une hallucination ?

Plus difficile encore à traiter se révèlent les phénomènes de dissociation de conscience : incorporation, possession, parler en langues, bilocation, écriture automatique, qui sont d'ailleurs souvent imbriqués les uns dans les autres.

On est toujours en train de côtoyer des zones imprécises, ce qui complique le travail. Est-ce, selon une vision réductrice, un problème simplement mental : les ordinateurs cérébraux qui déraillent ; ou même physiologique : les neurotransmetteurs qui s'emballent ? Ou est-ce bien, comme l'affirment les mystiques, un problème *religieux*, l'intervention d'une entité surnaturelle extérieure ?

Essayons d'envisager les problèmes sous le double éclairage de la science et de la foi, puisque ces phénomènes se rencontrent chez les mystiques, aussi bien que dans un contexte profane.

1

Télépathie et clairvoyance

Le télépathe reçoit une information à distance. Ce phénomène est universel et très ancien, mais il touche particulièrement les esprits religieux et c'est en cela qu'il nous intéresse. Dans *De genesi ad literam*, saint Augustin lui-même raconte l'histoire d'un malade qui, attendant l'arrivée d'un prêtre venu de très loin, décrit avec précision chaque étape de son voyage, du départ jusqu'à l'arrivée. Il le voit réellement. Augustin en est si troublé qu'il suspecte quelque phénomène démoniaque. Son malade souffre en effet de convulsions, et il délire. Ce cas semble donc pathologique. Malade ou possédé, l'homme se débat contre quelque chose, mais quoi ? Est-il aux prises avec un « esprit » ou avec un « affect » (un nœud psychique, un refoulement provoquant une névrose) ? Le fait est qu'il jouit d'un don de clairvoyance extraordinaire qui remet en question les données ordinaires de la science et de la conscience.

Quel est le rapport entre ce don, fait positif, et l'état pathologique, fait négatif ? Et quel est le rôle de la religiosité ?

Plus proche de nous, le Dr Thurston présente le

cas de Mrs. Carrie Croad, née en 1840, une Anglaise devenue aveugle, sourde, paralysée et anorexique, douée d'un don de vision extraordinaire. Elle décrit cartes et photographies les yeux bandés par simple palpation de sa main droite. Elle reçoit, dit-elle, des communications d'amis défunts, ce qui peut être mis en doute. Mais non ses visions de fille et femme de marin lorsqu'elle voit son père ou son mari menacé d'un péril en mer. Un jour, celui-ci, en danger de mort, lui apparaît et s'écrie : *Adieu, Carrie ; je m'en vais.* La mort sera confirmée au jour et à l'heure de l'accident à bord de son navire. L'amour n'est-il pas le moyen le plus direct de connaissance ? Enfin, à une époque où le téléphone n'existe pas, elle prédit avec exactitude des visites imprévues, non annoncées. Cette femme profondément chrétienne mais pas mystique accepte et offre ses souffrances avec patience et amour comme Marthe Robin, refuse toute publicité et ne tire aucun profit de ses dons [1].

Le don de clairvoyance, c'est un autre type de transmission de pensées. Il n'y a pas chez l'émetteur une volonté d'émettre un message. Le récepteur lit malgré lui dans son psychisme, dans sa mémoire consciente et même inconsciente. Le Christ savait exactement le fond des pensées de ses interlocuteurs (dialogue avec la Samaritaine), les évangélistes le disent clairement et en avaient eux-mêmes fait l'expérience. Le curé d'Ars et le padre Pio lisaient aussi dans les cœurs, et les gens en étaient bouleversés. Précieux don pour un confesseur, ce qui explique qu'on se bousculait pour les voir, car la difficulté pour un « pécheur », ou simplement un être souffrant, est d'exprimer, d'extérioriser le mal refoulé qui l'étouffe. Padre Pio révélait à ses pénitents anonymes inconsciemment rebelles les fautes oubliées ; mais pas à la manière d'un psychanalyste qui procède par associations et recoupements laborieux. Chez le clairvoyant, la lecture est directe, spontanée. Il lit dans l'esprit et le cœur comme dans un livre ouvert. L'Église l'appelle le don de science ou de connaissance, et le classe parmi les sept dons de l'Esprit-Saint.

Du curé d'Ars son confrère l'abbé Monnin exprimait avec étonnement le pouvoir de pénétration spirituelle : « Il savait l'endroit où il fallait frapper et il manquait rarement son but. » Parfois même il sortait de son confessionnal et dans la foule qui se pressait il désignait tel ou telle anonyme, parce qu'il sentait l'urgence : soit psychologique, soit plus prosaïquement dans l'ordre matériel : cette mère de famille nombreuse était attendue chez elle.

Dans sa biographie, Michel Suffran frémit devant « ce don épouvantable de voir la conscience humaine dans sa nudité [2] ».

On rapporte cette anecdote du padre Pio, qui un jour, sans qu'on le lui demandât, s'empara du bréviaire d'un prêtre inconnu qui lui rendait visite et écrivit sur la dernière page blanche la solution d'un problème moral qui le préoccupait depuis longtemps, bien qu'il n'y pensât pas à ce moment.

Un homme qui méditait de tuer sa femme vint à San Giovanni Rotondo pour se faire un alibi. Comme il pénétrait dans l'église, il se sentit irrésistiblement attiré vers la sacristie. Padre Pio l'attendait, debout, et lui cria :

— Va-t-en ! Malheureux, ne sais-tu pas que tu ne peux pas te tacher les mains de sang ?

Au père venu lui demander la guérison de sa fille, il jeta :

— C'est toi le malade : il y a trente-trois ans que tu ne te confesses pas !

Sa clairvoyance n'était pas nécessairement religieuse et moralisatrice. Il révéla à une femme que son fils, porté disparu pendant la guerre après le naufrage de son sous-marin, était sain et sauf sur une île déserte [3].

La capacité de reconnaître si des reliques sont authentiques ou fausses procède aussi du don de clairvoyance. Comme celui de discerner si l'hostie est ou non consacrée... ou absente. À un prêtre venu lui apporter la communion, Marthe Robin déclara :

— Jésus n'est pas là.

Et le prêtre, à sa grande surprise, ouvrant la custode, constata effectivement qu'elle était vide. Le prêtre assistant avait oublié d'y mettre l'hostie consacrée [4].

Comme sainte Lydwine de Schiedam, Marthe voyait parfois de son lit ce qui se passait ailleurs. Pour sa part, mère Yvonne-Aimée de Malestroit avait le don de survenir dans les quartiers les plus sordides pour venir en aide aux prêtres en perdition, cumulant clairvoyance et bilocation.

IL N'Y A PAS D'ONDE PORTEUSE DU MESSAGE

Notre esprit rationnel répugne à l'idée de communication sans support matériel, d'esprit à esprit, comme hors de l'espace et du temps, dont la notion classique a pourtant été ébranlée définitivement par Planck et Einstein, physicien créateur de la théorie de la relativité. Et pourtant, il suffit pour s'en convaincre d'observer les phénomènes dont sont l'objet, non seulement des mystiques, mais encore des adeptes du spiritisme et des médiums en dehors de tout contexte surnaturel.

Dans la télépathie, on se heurte au fait qu'on ne trouve pas le vecteur du message entre deux cerveaux. Habituellement, le message (son et image) est porté par une vibration, un train d'ondes sonores et électromagnétiques produit par une énergie. Rien de semblable dans la télépathie, on n'a pas trouvé d'onde électromagnétique porteuse ou de vibration sonore. La communication psychologique ne s'établit pas par des moyens physiques ordinaires, il ne semble pas y avoir d'émission corpusculaire, électronique, comme l'ont démontré les expériences avec écran de plomb, cage de Faraday, etc., notamment à bord de sous-marins nucléaires en plongée et de capsules spatiales. Le vide transmet les ondes électromagnétiques porteuses de messages, mais elles s'affaiblissent en fonction du carré de la distance, elles ne se transmettent pas en milieu marin et sont arrêtées par des écrans.

Longtemps niée par les scientifiques malgré l'abondance des témoignages, la télépathie a enfin été mise en formule par Einstein, Podolsky et Rosen en 1927 (paradoxe EPR). Deux systèmes ayant interagi, ou allant interagir, ne sont pas séparables, même si entre eux n'existe aucune connection présente. Einstein lui-même en douta. Schrödinger le réfuta en 1935, comme étant « de la magie » ; Broglie le déclara en 1958 « incompatible avec l'idée d'espace-temps ». Le paradoxe EPR gênant était toujours là, impliquant aussi, dans le domaine psychique, une interférence entre des actes de conscience, si éloignés soient-ils, dans le temps et dans l'espace, ce que constatait l'expérience.

C'est alors que le physicien français Alain Aspect le démontra en 1982 dans son laboratoire d'Orsay. Il prit une molécule formée de deux atomes, dont le « spin » est égal mais de sens contraire (une particule est électriquement positive ou négative). Il cassa la molécule, libéra les deux atomes qu'il envoya dans des directions opposées. Auparavant, les deux atomes étaient « mariés », complémentaires et en interaction l'un avec l'autre comme dans un couple l'homme et la femme, la mère et l'enfant. Il paraissait évident que les deux atomes, séparés, lancés dans l'espace, n'allaient plus rien avoir à faire l'un avec l'autre. Or, même séparés, et à des distances relativement vertigineuses l'un de l'autre, ils sont mystérieusement restés unis. Si l'on change le spin de l'un, cela modifie le spin de l'autre : ils resteront toujours de sens contraire.

On retrouve le même phénomène dans le domaine psychique, avec la célèbre et cruelle expérience soviétique des années 1960 : l'ÉEG d'une lapine réagit clairement lorsqu'à cinq mille kilomètres de là, à bord d'un sous-marin nucléaire naviguant en plongée sous la banquise, on sacrifia sa portée de lapereaux. L'explication est que l'univers entier vibre à l'unisson, idée fondamentalement religieuse selon laquelle « tout est dans tout », ce que la sensibilité des poètes a aussi pressenti.

Dans *l'Homme, cet inconnu*, Alexis Carrel, qui avait effectué des expériences de transmissions de pensée, écrit :

« Il est sûr que la pensée peut se communiquer directement d'un être humain à un autre, même à grande distance. » (p.132.) « La personnalité s'étend hors du continuum physique. Il semble que ses limites se trouvent au-delà de la surface cutanée, que la netteté des contours anatomiques soit en partie une illusion, que chacun de nous soit beaucoup plus vaste et plus diffus que son corps. » (p.281.) « La télépathie est une donnée immédiate de l'observation. Il est possible qu'il n'y ait aucun contact entre deux individus qui entrent en communication [car] l'esprit se trouve à la fois dans l'univers matériel et ailleurs. » (p.284.)

Comment procède cette télépathie instantanée dans l'espace ? Mystère. On peut rechercher des ondes porteuses inconnues. Le physicien français Lucien Romani suggère l'existence d'une « onde d'éther », de même nature que l'onde hypothétique de gravitation. Pour sa part, le mathématicien biologiste Émile Pinel parle d'une onde de neutrinos agissant dans le cadre d'un champ physico-psycho-biologique de la cellule.

On peut aussi réviser nos idées sur l'espace-temps qui, comme l'affirment désormais certains physiciens, ne serait qu'une forme de notre sensibilité. « Des parties de l'univers apparemment éloignées les unes des autres peuvent néanmoins agir ensemble comme faisant partie du tout », affirment les physiciens américains Targ et Putoff[5]. Un type d'affirmation que l'on s'attend à trouver plutôt dans un écrit mystique que dans une théorie de physique et qui redonne une singulière valeur à ce geste jadis courant, aujourd'hui quelque peu oublié : la prière.

Ainsi donc, la relativité et la mécanique quantique ont bouleversé nos vieilles idées sur le monde matériel, en montrant l'interaction possible entre les faits observés et l'observateur et entre deux parties éloignées, jadis « mariées ».

Et ce qui est vrai pour les particules qui, nous l'avons vu, ne sont que des champs immatériels, des énergies, et finalement des pensées en action, doit l'être aussi pour les phénomènes psychiques. La télépathie, la clairvoyance dont jouissent certains mystiques « branchés » serait donc une capacité universelle du créé. Alors, où est le miracle ? Mais tout est miracle !

Il nous intéresse maintenant de savoir pourquoi ces dons sont « opérationnels », surtout chez certains, les saints, les mystiques et aussi quelques « médiums » sans autre référence religieuse sinon qu'ils sont comme fonctionnellement *re-liés.* Ce don des mystiques ne serait-il pas lié à leur capacité d'amour universel ? Ouverts sur Dieu, ils sont de ce fait ouverts sur l'universel, incluant mentalement les êtres et les objets, tout le « phénoménal » de la création.

Il est admis d'expérience commune que la création est déployée sur quatre dimensions : trois dans l'espace et une dans le temps. Or, nous dit Olivier Costa de Beauregard, physicien à l'Institut Henri-Poincaré de Paris, « le passé est là et le futur est là. Je ne dis pas le passé est encore là et le futur est déjà là. Je dis : le passé est là-bas et le futur est là-haut, comme un alpiniste dirait : la vallée est là-bas et le sommet est là-haut[6] ».

Seule la conscience est focalisée sur le présent. Or, dit encore ce physicien, « si la matière est déployée en acte sur l'espace-temps, le psychisme doit bien l'être aussi, lui qui, par son information-organisation est engagé intimement dans la texture de l'univers matériel. Il est plausible que le conscient soit déployé en acte, comme la matière, sur les quatre dimensions de l'espace-temps et que, par conséquent, à l'occasion, des informations, soit rétrocognitives, soit précognitives, puissent affleurer du subconscient au conscient ». (ID.)

Ainsi, la relativité et la mécanique quantique rendent crédibles les conceptions de non-séparabilité que l'on retrouve dans le domaine métaphysique, chez Bergson comme dans les philosophies orientales, et expliquent nos intuitions d'une Conscience cosmique transcendante, que l'on appelle Dieu. « La télépathie expliquera peut-être la grâce de Dieu », écrivait audacieusement Alexis Carrel dans ses notes préliminaires à *l'Homme, cet inconnu.*

Les intuitions clairvoyantes, c'est sûr, passent non par les sens mais par l'esprit. Nuance : sensibilité affective plutôt qu'intelligence. Il faut donc chercher une explication dans la psychologie et dans ce qui la transcende, notamment l'intuition religieuse. Il est d'ailleurs démontré que la télépathie exige un état affectif intense, une émotion ; et c'est dans les états mystiques, notamment l'extase, que l'émotion atteint son paroxysme. La distance ne compte pas.

D'autre part, la réception se fait par l'inconscient,

comme l'ont montré les expériences des médiums sous hypnose, et comme on le constate dans le rêve prémonitoire. Ensuite, l'inconscient, qui est notre espace mental caché ouvert sur l'infini, s'efforce de passer le message à la conscience.

La télépathie n'est d'ailleurs qu'un cas particulier de la métagnomie, ou clairvoyance, par laquelle on lit dans le passé ou l'avenir, ce que nous étudierons au chapitre suivant.

C'est donc un phénomène d'interférence entre deux esprits. Le « receveur » reçoit le message de sa mémoire inconsciente, et son caractère étrange le fait reconnaître (pas toujours) pour ce qu'il est.

Comme l'a montré Bergson, cela exclut une théorie matérialiste de la mémoire, que certains assimilent à un ordinateur. Seule la théorie « spiritualiste » peut rendre compte des phénomènes.

C'est justement parce que l'esprit n'est ni dans le temps ni dans l'espace, que les médiums sont capables d'entrer en communication avec un autre esprit, éloigné ou futur, dans le temps et l'espace. Et si la télépathie reste exceptionnelle, c'est qu'autrement la vie sociale serait impossible. Le cerveau a donc élevé des barrières. La principale s'appelle le moi, qui est à l'esprit ce que le logiciel est à l'ordinateur. Et si les grands mystiques sont télépathes, c'est sans doute parce qu'ils ont renoncé à leur moi, ils s'en sont détachés pour se donner entièrement à Dieu et aux autres.

Comme l'a encore montré Bergson, la pensée n'est pas une fonction du cerveau, qui n'est que « le point d'insertion de l'esprit dans la matière[7] ». L'esprit déborde le cerveau, c'est pourquoi Bergson croit à la survivance.

JEAN-JACQUES ANTIER. — Comment est-il concevable de pouvoir transporter ailleurs sa pensée, agir à distance sur une autre conscience, communiquer avec elle sans appui matériel ? Question hautement métaphysique, puisqu'elle implique le fait d'être ainsi *re-lié* à une entité, c'est-à-dire agir *re-ligieusement*, comme dans la prière, où il n'y a ni téléphone, ni facteur, ni radio.

JEAN GUITTON. — D'après la théorie quantique, l'acte d'observation, autrement dit la conscience de l'observateur, intervient dans l'existence même de l'objet observé. Si le champ de conscience appartient au même continuum que le champ quantique, les phénomènes les plus mystérieux s'expliquent. D'après les travaux de l'École de Copenhague, la distinction entre matière, conscience et esprit se trouve en partie abolie. Il existe seulement une interaction encore mal définie entre ces trois éléments d'une même Totalité. Cela rejoint d'ailleurs l'intuition de Teilhard de Chardin, pour qui tout dans l'univers, jusqu'à la plus infime particule, est porteur d'un certain degré de conscience.

J.-J.A. — Il est passionnant de constater que les promoteurs de ces théories révolutionnaires ne sont plus seulement, comme jadis, des esprits religieux ou des penseurs occultes, mais des scientifiques de haut niveau, comme Alexis Carrel ou le physicien américain Evan Walker, qui associe lui aussi la conscience aux phénomènes quantiques, à *tous* les phénomènes qui se déroulent au niveau des particules élémentaires, qui ne sont pas « pensantes » au sens strict du terme, mais possèdent ce que les physiciens appellent une

« conscience discrète », qui intervient dans tous les phénomènes de l'univers.

J.G. — Ce qui est fascinant dans ces théories, c'est l'idée que toute particule élémentaire paraît connaître l'état quantique de l'univers et semble obéir à la conscience de l'observateur. Aux extrémités invisibles de notre monde, au cœur des atomes, au-dessous et au-dessus de notre réalité, se tient l'esprit. Mais nous ne vivons pas dans un monde déterminé. Au contraire. Nous sommes libres et gardons le pouvoir de tout changer à chaque instant.

J.-J.A. — Pour en revenir à la télépathie, on peut dire qu'on possède une preuve expérimentale depuis 1982, grâce aux expériences du physicien Alain Aspect, qui démontre qu'il existe une inexplicable corrélation entre deux photons, deux grains de lumière s'éloignant l'un de l'autre. Une information peut se transmettre instantanément entre ces deux photons, hors des limites de l'espace-temps, et sans le support des ondes connues électromagnétiques. Il ne s'agit pas d'un signal puisqu'en ce cas il devrait agir à une vitesse supérieure à celle de la lumière, ce qui semble impossible.

J.G. — On doit ici se référer à la notion d'indivisibilité du quantum d'action énoncé par Niels Bohr. Même séparés par des distances immenses, les deux photons font partie d'une même totalité. Ce qui revient à remettre en question les notions d'espace et de temps. Ce que nous démontrent aujourd'hui les physiciens des quanta était pressenti intuitivement. Il y a cinquante ans, Louis de Broglie me disait, je crois encore l'entendre, que la physique et la métaphysique, les faits et les idées, la matière et la conscience, ne sont qu'une seule et même chose : le tout et la partie, ce qui rejoint aussi l'intuition des mystiques.

J.-J.A. — Cette idée du tout en tout qui rend plausible la télépathie chez les esprits hypersensibles, donc a priori religieux, est illustrée par l'hologramme, image tridimensionnelle obtenue en projetant un faisceau laser à travers une plaque photographique. Un fragment du négatif holographique, représentant par exemple la moitié d'un paysage, restitue l'image entière sous le faisceau laser. La partie garde la mémoire du tout et en restitue la totalité, ce que fait en quelque sorte l'esprit du médium auquel on présente un objet ayant appartenu à la cible qu'il vise.

J.G. — Ce qui éclaire singulièrement les paroles de la Bible : *Dieu a créé l'homme à son image*. En fait, je ne crois pas que nous ayons été créés à l'image de Dieu, nous sommes l'image même de Dieu. Et comme la plaque holographique contient le tout dans chaque partie, chaque homme est l'image de la totalité divine.

J.-J.A. — Ainsi se trouve aussi expliqué le mystère de la prière, qui ne serait autre qu'une communication télépathique avec Dieu notre père, auquel nous sommes fondamentalement, « quantiquement » reliés, puisque étant son image.

DISCERNEMENT DES ESPRITS

J.-J.A. — Les clairvoyants et les mystiques disposeraient-ils d'un sixième sens pour le discernement des esprits ?

J.G. — Sûrement. Je pense à Marthe Robin. Son don apparaissait à l'état pur, sans arrêt ni discontinuité. Son cerveau, qui ne dormait jamais, était capable de s'adapter aux synthèses comme aux plus petits détails. J'étais surpris de la rapidité avec laquelle, sans effort apparent, elle s'accommodait aux problèmes si différents des personnes qui lui demandaient conseil, hommes d'État ou d'Église, riches ou pauvres, mais surtout les pauvres, les malheureux aux prises avec l'insoluble, marqués par la détresse, tentés par le suicide, ou esclaves d'un vice. Elle a connu et reçu l'éventail des difficultés humaines. Et chaque fois elle donnait des solutions par des paroles très simples, surprenantes et parfois prophétiques. Ma femme Marie-Louise me disait justement : *Ailleurs, il n'y a que des problèmes. Chez elle, il n'y a que des solutions. Parce que, se mettant à la fois au centre du ciel et au centre de la terre, elle faisait coïncider ces deux centres.*

J.-J.A. — Était-ce chez elle une forme innée de clairvoyance, ou de discernement des esprits ?

J.G. — Les deux, sans doute. Souvenez-vous du talent surprenant du curé d'Ars à vous débusquer les péchés que vous aviez, de bonne foi, oubliés ! Étonnant charisme ! Marthe aussi lançait sa flèche, qui perçait au vrai cœur du problème. Derrière ce qu'on avait maladroitement cherché à exprimer, elle se portait d'emblée à ce qu'on n'exprimait pas, par impuissance ou par crainte, ce refoulé qui est l'essentiel, ce buisson d'épines qu'elle appelait « le ramassis » ou « les bricoles », et dont elle dégageait l'inexprimable, donnant la solution.

J.-J.A. — Et souvent la plus risquée !

J.G. — Oui. Elle avait à l'esprit cette loi de l'évolution des espèces, que les plus grands succès sont du côté des plus grands risques. Causer avec Marthe, c'était sentir surgir en soi-même l'être parent d'elle-même que l'on portait en soi, appelons-le notre *essence*. Elle réveillait en chacun son essence. Elle rapprochait chacun de la source de cette essence. Et, comme les secrets indicibles de chacun montent vers cette source unique, elle faisait saisir la convergence de nos destinées. On se sentait alors uni à soi-même, uni aux autres, uni à Dieu, par le même lien d'amour.

J.-J.A. — Où puisait-elle sa sagesse, sa *clairvoyance ?* Dans les profondeurs insondables de son inconscient où l'attendait le Dieu caché ?

J.G. — Sans doute. Lorsque je réfléchis à une décision grave avec ma seule intelligence, ma conscience, je ne me décide jamais ; je balance. Avec Marthe et les grands voyants, on cesse de délibérer, on obéit à une nécessité qui ne se distingue pas de nous-même. À propos du Concile qu'il allait engager, Jean XXIII m'a dit : *Je me lance dans la nuit.*

J.-J.A. — Une nuit peuplée d'étoiles...

DÉTACHEMENT ET CLAIRVOYANCE

J.-J.A. — Alors, quel est le fondement de la clairvoyance, ce charisme commun à beaucoup de mystiques ? Qu'est-ce qui fait que vous êtes clairvoyant et que je ne le suis pas ?

J.G. — J'ai longtemps cherché. Ma femme m'a donné la clé. Je lui demandai comment elle faisait pour trouver dans une vaste prairie un trèfle à quatre feuilles qui semblait lui avoir fait signe. Elle se penchait soudain, cueillait le trèfle et me l'offrait comme un présage de bonheur.

J.-J.A. — Quel était son secret ?

J.G. — Elle disait : *Il ne s'agit pas de* vouloir *le trèfle, mais de le* valoir. Elle ajoutait : *Renoncez à trouver ; faites un sacrifice. Rendez-vous digne de trouver, par ce renoncement à trouver. Et puis contemplez la plaine : il y a un trèfle à quatre feuilles au bout de votre regard. Renoncez à trouver, faites un sacrifice, et le trèfle, le bonheur, vous sauteront à la tête.*

J.-J.A. — Je remarque deux mots : « renoncement » et « contemplez ». Renoncement au regard habituel, physique, possessif. Contemplation par l'œil intérieur, l'œil du cœur, ce troisième œil des Hindous.

J.G. — Elle ajoutait curieusement : *Surtout n'y pensez pas. Ne vous dites pas que vous allez trouver le trèfle ; la prairie se vengerait.*

J.-J.A. — Ce n'est donc pas Marie-Louise qui

trouve. C'est le dieu caché en elle. Voilà bien la clé de la clairvoyance, et si les mystiques y sont coutumiers c'est parce qu'ils sont devenus familiers de l'abandon au dieu intérieur.

J.G. — Il est vrai que ce que l'on veut trop fortement vous échappe. La volonté se tend et s'emprisonne. Montaigne l'avait remarqué dans les jeux de hasard : le gagnant est celui qui s'y engage sans désir acharné. Bacon disait aussi que pour réussir il ne faut pas que ce à quoi nous tendons soit principal, mais qu'on le réalise comme si on faisait autre chose. Les meilleures acquisitions viennent ainsi par la volonté seconde indirecte, par les méthodes du saint ou du poète. Dans la partie haute de l'âme, peut-être ce que vous appelez l'inconscient, ils ont renoncé à posséder. Le destin alors les récompense par un hasard qui est le bonheur.

J.-J.A. — Il suffit, par notre discret désir, de réveiller le dieu caché.

J.G. — Le premier devoir est de se détacher. Mais comment placer dans nos vies affairées, laborieuses, consciencieuses, ce que les mystiques désignent sous le mot d'abandon ? Il y a là cependant une loi naturelle : l'excès du vouloir s'invertit. Et souvent le non-vouloir obtient plus que le vouloir. Voyez dans la poésie l'art de trouver le mot sans le chercher ; voyez la femme séductrice dans l'art de plaire, dont le principe est d'ébranler l'imagination sans jamais la combler, en lui laissant la marge infime du possible. *Tu ne me trouverais pas si tu m'avais cherché*, dit le bonheur. Ici, la foi la plus haute rejoint la clairvoyance des simples. Le père Auguste Valensin avait osé écrire ces trois vers :

Dépouille-moi de tout, Jésus, sauf de toi-même,
Je veux n'être plus rien, sinon celui qui t'aime,
Éteins mes facultés ; souffle sur mon esprit...

2

Prophéties

Si les portes de la perception étaient ouvertes, tout serait vu comme il est à l'infini.

William BLAKE.

Nous venons de voir que le don de clairvoyance s'étend parfois à la connaissance de l'avenir, ce qui heurte notre esprit logique pour lequel le temps est comme un fleuve qui s'écoule de la source à la mer, de façon irréversible. Si on peut le remonter en retrouvant les traces du passé, soit dans la mémoire des hommes, soit dans la structure de la matière, comme dans un film ou sur une bande magnétique, comment connaître ce qui n'est pas encore arrivé, à moins d'admettre une prédétermination absolument contraire à l'idée que nous nous formons de la liberté, inséparable de la condition humaine ?

Et pourtant, les faits sont là. Les cris des prophètes remplissent l'Ancien Testament, d'Abraham qui révéla le message du Dieu unique, à Daniel, qui annonça la venue du Messie en termes apocalyptiques : Jésus, le nouveau prophète, la parole vivante de Dieu. À travers tous les siècles, en période de décadence, quand la vie dégénère, stagne ou s'enlise, perdant le sens du divin, alors se lèvent les prophètes inspirés par Dieu. Ils viennent appeler à la « conversion », pour que le peuple, ensemble, se retourne vers l'Unique, cesse de piétiner ses lois ; et ils prédisent les plus grands malheurs si le peuple rebelle n'obéit pas à la volonté de Dieu sur lui.

Les prophètes sont nombreux dans l'Ancien Testament, courageux ou timorés, réticents, mais toujours obéissants à l'esprit de Dieu en eux malgré les difficultés à se faire entendre.

Très différents de caractère, ils sont de tous les temps. Jeanne d'Arc, inspirée par ses voix, réveilla le roi Charles VII perdu dans ses plaisirs, le peuple et la France entière. Sans remonter si loin, plus près de nous, Khalil Gibran, par sa poésie exaltant le « moi divin », reste à jamais le prophète inspiré qui ranime le désir profond de l'homme, son « moi ailé », tant il est vrai que selon la belle expression de Socrate, l'homme « a la démangeaison des ailes ». Son livre *le Prophète* (1923), réédité périodiquement, ouvre une aurore dans nos vies.

À notre XXe siècle, Marthe Robin, sous l'inspiration de l'Esprit, crée les Foyers de charité, de lumière et d'amour, pour que dans le silence des retraites ouvertes à tous, l'homme puisse se rapprocher de Dieu, le retrouver. Avec l'intelligence de ceux qui voient les choses en leur devenir, elle pressent, prévoit, annonce les grands événements de l'avenir, la « pentecôte d'amour » du Concile, la marche vers l'œcuménisme, le mouvement charismatique, et même l'écroulement du mur de Berlin, l'union de l'Europe.

Dans sa vieillesse, le pape Jean XXIII, qui comme tous les prophètes savait lire les signes des temps, osa décider l'ouverture du Concile Vatican II pour renouveler l'Église sous la pulsion irrépressible de l'Esprit-Saint. Et Paul VI le mena à son terme sous cette même inspiration qui fait voir l'avenir dans l'événement.

À ces dons de prophétie s'ajoute souvent celui de clairvoyance. Jeanne d'Arc annonça qu'elle serait blessée au siège d'Orléans. En 1830, Catherine Labouré, la voyante de la rue du Bac, prédit les malheurs de la Commune de Paris de 1871. Dans la nuit du 18 au 19 juillet 1830, la Vierge lui apparut et lui dit :

— De grands malheurs arriveront. Le danger sera grand. Il y aura des victimes. La croix sera méprisée, le sang coulera, l'archevêque sera dépouillé de ses vêtements.

« À ces mots, dit Catherine, je pensai : *Quand est-ce que ce sera ?* J'ai très bien compris : *Dans quarante ans.* »

La Vierge lui annonça aussi que de grands malheurs frapperaient les communautés religieuses, mais que la sienne serait épargnée (les Filles de la Charité). Elle annonça sa visite à ce moment et donna même des précisions : « Tu diras à sœur Dufès [la future supérieure] qu'elle pourra partir, je garderai la maison. Elle ira dans le Midi avec sœur Claire. Elle reviendra le 31 mai. »

Ce qui se réalisa.

Pour sa part, le padre Pio eut aussi des révélations de l'avenir. Recevant les stigmates en septembre 1918, il lui fut révélé qu'il les porterait cinquante ans. En effet, il mourut en septembre 1968. Les stigmates avaient disparu trois jours avant sa mort.

Au chevet de Marthe Robin se pressaient des gens en mal de prophéties. Elle les repoussait, non sans impatience : « Me prenez-vous pour une sorcière ? » Mais elle avait eu le 13 novembre 1930 une « préconnaissance duplicative », la vision de celui qui serait en

1936 son père spirituel, l'abbé Finet. Sans le connaître, elle l'assista à quatre-vingts kilomètres de distance dans un événement dramatique, l'effondrement de la colline de Fourvière : « Je vous avais vu six ans avant votre arrivée ici. Je vous avais vu avant de vous voir, et c'est pourquoi je vous ai reconnu [1]. »

Un jour, à un prêtre qui la visitait, elle dit en prenant congé de lui : « Au revoir, au ciel. »

« Elle va donc mourir ? » songea-t-il, perplexe. C'est lui qui mourut, et d'une manière imprévisible : un accident de la route [2].

LA MÉTAGNOMIE DEVANT LA SCIENCE

La science parapsychique admet la connaissance de l'avenir, qui ne doit pas être confondue avec une interférence télépathique par lecture de pensée directe d'un autre personnage au courant de cet avenir. « Douze années d'expériences personnelles avec un grand nombre de sujets métagnomes, écrit le Dr Eugène Osty, directeur de l'Institut métapsychique international de Paris, m'ont donné la certitude absolue qu'il est des êtres humains capables de préconnaître le devenir des hommes. C'est un fait vérifiable par l'expérience, maintenant que des hommes de science ont le courage et la curiosité de se rendre compte [3]. »

De son côté, le Pr Charles Richet écrit* :

« La prémonition est un fait démontré. Fait étrange, paradoxal, d'apparence absurde, mais qu'on est forcé d'admettre. Les faits sont là, authentiques, irrécusables [4]. »

Il ne s'agit pas de la prévision de l'avenir de l'homme par déduction hasardeuse et constructive, mais de la préconnaissance absolue, duplicative, de l'événement futur dans ses moindres détails. La clairvoyance du futur, prophétie, prémonition, pressentiment ou prescience est démontrée, non seulement par les témoignages, mais aussi par l'expérimentation, bien que celle-ci ne soit pas encore absolument fiable ; on pense aux expériences de Rhine.

Comme beaucoup de phénomènes psychiques, elle exige un accès de la conscience à l'espace subconscient. Elle peut prendre la forme hallucinatoire : la vision. Elle est précise ou symbolique. Elle a parfois la forme du rêve et se produit souvent dans l'état onirique. Elle peut être visuelle, auditive, olfactive, tactile et (ou) gustative.

La préconnaissance de la mort est prouvée. En général, elle est de un à deux mois ; exceptionnellement, plusieurs années. La précision du temps, sauf exception, est vague ou impossible.

Peut-on imaginer, avec Kant et Laplace, que la connaissance absolue de l'avenir pourrait résulter aussi d'un calcul prévisionniste porté à sa perfection grâce à un ordinateur invisible caché dans les profondeurs du cerveau ? Kant a dit :

« S'il était possible d'avoir une connaissance assez profonde de nos actions internes et externes, pour que chacun de ses mobiles, même le moindre, fût connu en même temps que toutes les occasions extérieures qui agissent sur ces derniers, on pourrait calculer la conduite future d'un homme avec autant de certitude qu'une éclipse de lune ou de soleil, et cependant soutenir en même temps que l'homme est libre [5]. »

Et Laplace :

« Une intelligence qui connaîtrait toutes les forces dont la nature est animée, et la situation respective des êtres qui la composent, si elle était assez vaste pour soumettre ces données à l'analyse, embrasserait dans la même formule les mouvements des grands corps de l'univers et ceux du plus léger atome ; l'avenir comme le passé serait présent à ses yeux. »

Or il semble que cette omniscience n'est réservée qu'à Dieu. Par extension, peut-on dire que le prophète clairvoyant voit l'avenir grâce à son extase en Dieu ? Pascal précise : « Je tiens impossible de connaître les parties sans connaître le tout. » Cependant, il existe des clairvoyants hors de tout contexte mystique, qui jouiraient d'une sorte de vision cosmique.

Sans exclure cette possibilité, qui ne peut rendre compte des cas de « duplication » absolue, il nous faut aussi chercher une explication ailleurs, dans la relativité du temps.

L'espace n'aurait pas trois, mais quatre dimensions, dont le temps serait la quatrième. Dès lors, la vie ne serait pas un fleuve qui s'écoule, mais un océan de coexistences, selon le mot de Myers. L'avenir ne serait pas contenu dans le présent en vertu des causalités, il coexisterait avec lui, mais ailleurs : dans une quatrième dimension, seulement perceptible aux métagnomes. En ce sens, Eddington a dit : « Les événements n'arrivent pas ; ils sont là et nous les rencontrons sur notre passage[6]. » La vie est alors une sorte de voyage d'exploration de la conscience.

Dans *Durée et simultanéité*, Bergson a critiqué cette vision « relativiste » qui confond le temps pensé et la durée vécue. Il a également objecté qu'on ne peut retrancher à la réalité. On ne peut substituer un « tout fait » à un « se faisant », car, s'il y a une infinité de manières de se projeter dans l'espace, une seule de ces projections sera accomplie dans le temps. Si le monde est fixé d'avance, il ne peut y avoir de liberté ; or la liberté est inscrite au cœur de la vocation humaine et tout le monde peut en faire l'expérience.

Et cependant, les faits sont là. Tout le monde, ou presque, a connu des manifestations métagnomiques, soit intuition comme la mort d'un être cher, soit une véritable vision, à la manière d'un rêve ou d'une projection cinématographique, et ici nous ne prendrons qu'un exemple :

Un homme, en France, rêve de l'éruption de la montagne Pelée à la Martinique. Quelques jours après, ce rêve lui est confirmé par son journal. Un peu plus tard, il apprend le détail de l'événement réel, et constate que le journal avait commis des erreurs. Or, à quoi se référait le rêve prémonitoire ? Non à l'événement réel, mais au journal ! Il avait donc rêvé se voyant lire le futur journal ! Ce qui confirme cette loi du rêve, et peut-être des phénomènes métagnomiques : on ne rêve que de soi.

La clairvoyance ne semble donc pas une quasi-perception du réel, mais une photographie prise dans une conscience, la sienne ou celle d'un autre, ce qui nous ramène à la vision du mystique. C'est une intrusion dans une mémoire. Le Dr Osty a démontré le caractère cinématographique des visions d'avenir. Cela est aussi sensible dans les visions d'Ézéchiel que rapporte l'Ancien Testament.

« Le sujet, écrit René Sudre, voit défiler des tableaux animés et colorés qui ont pour centre la personne sur laquelle on a aiguillé son attention. On dirait que c'est la réalité qui se déroule et qui est vue sous des angles différents, à travers une glace magique. Tantôt la glace est claire et la vision est parfaite, tantôt elle est embuée et la vision, indistincte ou déformée, donne lieu à interprétation ; au lieu de rester image, elle devient notion abstraite ou se mue en symbole [7]. »

Ce qui explique la confusion fréquente entre passé et avenir et l'impossibilité de dater l'avenir. Et concluons avec René Sudre que le phénomène demeure un mystère, aucune des hypothèses avancées ne satisfaisant pleinement la raison. Et s'il y a une loi de la nature qui explique ces phénomènes, elle ne peut entrer que dans un essai d'explication métaphysique de l'univers, impénétrable à l'intelligence, mais non au cœur selon l'intuition de Bergson lorsqu'il se réfère à la « vision en Dieu ».

QU'EST-CE QUE LE TEMPS ?

JEAN-JACQUES ANTIER. — Peut-on tenter d'expliquer ces phénomènes sans dire d'abord ce qu'est le temps, décomposé en passé, présent et avenir ?

JEAN GUITTON. — Il n'est pas de notion plus obscure que le temps. Comment définir les modes d'être des trois formes du temps sans se contredire ? Comment l'avenir pourrait-il être, puisqu'il n'est pas encore ? Et le passé, puisque, composé de particules et de secondes fugitives, il est emporté si rapidement de l'avenir au passé sans la moindre extension de durée ? Aussi je préfère dire que le passé, c'est la mémoire, le présent se confond avec l'intuition, le futur, c'est l'attente.

J.-J.A. — Pour le sens commun, le présent semble sortir d'un espace mystérieux quand, de futur, il devient présent. Et le passé se retire dans un lieu aussi caché quand de présent il devient passé. Si le temps, comme l'espace, est ainsi tout entier donné, le présent n'est plus que le passage sous le regard de la conscience d'une réalité déjà existante. Ainsi s'expliquerait la connaissance de l'avenir.

J.G. — Non. C'est une illusion de croire que l'avenir existe en soi, physiquement, et comme localement. Le passé, c'est cette distension du présent qui laisse derrière elle des images où nous pouvons nous reconnaître. L'avenir, c'est cette tension du présent, qui le projette pour ainsi dire au-dehors du dedans. Quant au présent, il est dans ce point insaisissable et pourtant substantiel, fluent et pourtant stable, où les sensations se muent en images et celles-ci en « types », qui sont gardés dans les secrets de la mémoire, où les souvenirs voisinent avec les signes et les figures d'avenir, où l'attente s'accomplit, où la nature se spiritualise, où tout passe en nous, sauf nous-mêmes.

J.-J.A. — Sait-on au moins comment le temps s'organise en nous ?

J.G. — L'esprit mesure le temps, le présent étant une énergie spirituelle qu'il consomme. À mesure que ce mouvement se développe, la mémoire se prolonge de tout ce qui raccourcit l'attente, jusqu'au moment où l'attente elle-même est épuisée. Alors, l'action est achevée, elle est passée dans la mémoire. Il en va ainsi de la vie comme de l'Histoire. Le présent n'est donc pas un point mathématique, il est à la fois mémoire et préméditation. Le temps est la forme spirituelle de l'action. C'est ainsi que le définit saint Augustin.

J.-J.A. — Un métaphysicien...

J.G. — La conception que l'on se fait de l'instant est lourde de conséquences métaphysiques, car elle entretient un rapport secret avec l'hypothèse de l'infinité du temps et avec la croyance dans l'immortalité de l'âme humaine. Si l'on conçoit comme seul possible un univers éternel, on sera porté à cette définition logique de l'instant qui exclut tout commencement et toute fin. S'il n'y a pas un commencement du temps pour l'univers, comment y aurait-il pour l'âme un commencement d'éternité ? Pour saint Augustin, le temps est un état qui n'existe qu'en fonction de l'âme et pour lui permettre d'accomplir les étapes spirituelles.

J.-J.A. — Le physicien Costa de Beauregard pensait, après Einstein, que le temps n'est qu'une quatrième dimension de l'espace. Or une dimension peut se parcourir dans les deux sens.

J.G. — C'est pourquoi il n'est pas impensable que, par faveur ou par chance, un prophète puisse capter quelques images de l'avenir : des « survenirs » ; pareils aux « souvenirs ».

J.-J.A. — Comment expliquer ces phénomènes ? Comment ne pas perdre pied entre notre vision traditionnelle d'un monde qui semble figé dans la matière et ces perspectives éclatées ?

J.G. — Le temps et l'espace sont liés. Ont-ils une réalité en dehors de la perception que nous en avons, ou sont-ils des illusions auxquelles la mort nous ferait échapper ? Si le temps n'est qu'une quatrième dimension de l'espace, si donc le cosmos et l'espace sont tout entiers donnés en actes et qu'on puisse aller de l'avenir au présent comme on va du passé à l'avenir, alors le temps n'est pas réellement successif ; on devrait pouvoir agir sur le passé et anticiper sur l'avenir. Ces paradoxes, familiers à plusieurs mathématiciens depuis Einstein, ont bouleversé les relations entre le cosmos et la conscience.

J.-J.A. — Que vous en a dit Marthe Robin ? Comme Catherine Emmerich, elle voyait le passé et l'avenir, mais c'est bien d'une rupture du temps qu'il s'agit.

J.G. — Elle décrivait ce qu'elle voyait, ou croyait voir. Elle n'expliquait rien. Elle avait une relation privilégiée avec l'espace par l'ubiquité, avec le temps par la prédiction. Sa relation avec l'éternel présent était différente de la mienne.

J.-J.A. — Chez Marthe, tout était lié à la crucifixion.

J.G. — À la souffrance du Verbe incarné, que Jésus nomme son *heure*. Elle la revivait d'une manière constante, habitant la rive éternelle. Vivant chaque semaine une « dernière heure », l'agonie du Christ, elle connaissait le lien du temps avec la simultanéité. Et par rapport à l'espace, elle possédait le don d'ubiquité qui abolit les distances.

J.-J.A. — Marthe avait aussi des extases, souvent liées chez les mystiques aux capacités prophétiques.

J.G. — Pour eux, les instants extatiques coïncident avec leur éternité et tous ont signalé deux impressions contraires sur l'écoulement du temps qui parfois leur apparaît très court parce qu'ils sentent sa fin prochaine, parce que tout ce qui doit finir est déjà fini. Parfois, à l'inverse, ils en déplorent la longueur. Unissant ces deux expériences dissemblables, Thérèse d'Avila disait qu'« elle mourait à chaque instant de ne pas pouvoir mourir ». Pour un mystique, le temps serait un délai qui ne s'accomplit pas, comme le retard de la Béatitude.

J.-J.A. — Dès lors, rien d'étonnant qu'il tente de le contracter.

J.G. — Ainsi, le mystère du temps n'est pas celui de la succession, mais d'une participation à la Simultanéité ; une symphonie inachevée dont l'achèvement est déjà présent en nous, dans la mesure où nous participons obscurément à la prédestination, à la « destinée ».

J.-J.A. — Comment Marthe Robin voyageait-elle dans le temps et l'espace ? Vous a-t-elle fait des confidences ?

J.G. — Quand je l'interrogeais là-dessus, elle se moquait de moi. Elle me disait ne pas appartenir au syndicat des cartomanciennes ! Elle voyageait d'ailleurs surtout dans le passé. Pour l'avenir, elle m'affirmait qu'il était impossible de dire, lorsqu'il paraissait entrevu, pressenti, prévécu, s'il était immédiat, proche ou lointain. Vu par le prophète, le temps n'a pas la troisième dimension de la profondeur. Mille ans sont comme un jour. Le moment présent contient le temps tout entier, dont il est le raccourci. Marthe ! Le philosophe envie celle qui a expérimenté dans sa chair ce que nous concevons seulement par l'esprit !

J.-J.A. — Donc, vous croyez aux prophètes, à la prédiction de l'avenir, à la prescience ?

J.G. — Oui, si la prédiction ne résulte pas du

seul hasard. Elle doit être naturellement antérieure à l'événement, inconnue du sujet auquel l'événement arrive et surtout présenter des détails singuliers et précis.

J.-J.A. — D'innombrables prévisions sont établies, soit religieuses, soit hors de tout contexte mystique. Un esprit objectif ne peut pas le nier. J'ai eu moi-même, comme presque tout le monde, des rêves prémonitoires indiscutables.

J.G. — Un fait de clairvoyance rigoureusement authentifié aurait une puissance explosive incomparable. Quel mystère ! Il suppose, soit que l'avenir existe déjà, soit que le voyant le voit dans une conscience transcendante. Aucun esprit scientifique, à plus forte raison philosophique, ne devrait s'estimer en repos tant que la question n'aura pas été tranchée.

LES PROPHÉTIES DE JEANNE D'ARC

Jeanne d'Arc a été immédiatement célèbre de son vivant parce qu'elle prophétisait avec une remarquable précision et sur des événements proches, quoique très improbables. Ainsi, le 23 juin 1428, elle déclara à Le Buin : « Il y a entre Coussey et Vaucouleurs, une fille qui, avant un an, fera sacrer le roi. » Elle a dit, encore simple bergère, qu'elle délivrerait Orléans en quatre jours et ferait sacrer le roi à Reims. Captive, elle a affirmé que les Anglais, avant sept ans, perdraient en France plus qu'Orléans, Paris notamment ; que le roi, à la suite d'une grande victoire, retrouverait tout son royaume. Ce qui se produisit. Le 6 mai 1429, elle aurait dit à son confesseur : « Demain, j'aurai plus à faire, il sortira du sang de mon corps, au-dessus du sein. » Le 14 avril 1430, elle déclara qu'elle serait capturée avant la Saint-Jean ; ce qui arriva le 24 mai.

Toutefois, elle semble s'être trompée lorsqu'elle affirma à ses juges : « Mes voix me disent que je serai délivrée par grande victoire. » Mais il s'agit peut-être d'une délivrance spirituelle, intemporelle. Ses voix lui avaient dit aussi : « Ne te préoccupe pas de ton martyre. »

Les prophéties de Jeanne ont été jugées comme des phénomènes religieux en ce sens que la participation d'une conscience à une autre conscience supratemporelle qui lui révèle l'avenir, comme Jeanne l'affirme elle-même, implique une expérience métaphysique. Il est capital de noter qu'elle ne se présenta jamais comme possédant un don naturel, à la manière d'une voyante, et ce malgré l'incitation de son entourage et plus tard de ses juges à le lui faire avouer. La science de l'avenir lui venait, disait-elle, d'une communication directe du « ciel », qui trouvait en elle un instrument de transmission, et qui concernait uniquement sa mission. Elle s'est défendue de détenir un pouvoir magique. Elle n'était qu'informée par ses voix.

C'est en cela que son cas relève de la métaphysique religieuse et non du paranormal. Car, a dit Hegel, « la preuve de Dieu serait que le prophète réalisât ses prophéties ».

JEAN-JACQUES ANTIER. — Jeanne d'Arc, parce qu'elle est notre héroïne nationale, a provoqué des biographies fantaisistes, affirmant qu'elle aurait été hystérique, qu'elle n'aurait pas été bergère mais princesse, qu'elle n'aurait pas été suppliciée à Rouen, etc. On a tenté de lui voler et sa naissance et sa mort, et aussi sa mission.

Cependant, pour tout chrétien, elle demeure le phénomène exemplaire du prophète.

JEAN GUITTON. — Les présentations réductrices dessinent autour d'elle un vide, mais elles ne l'expliquent pas. Ce vide est l'essence même de Jeanne. Ce vide est dessiné, non expliqué par la correspondance de sa vie intérieure et des événements historiques. Qu'on ait des voix, des visions, nul n'en sera surpris : les hôpitaux psychiatriques ont toujours abrité plusieurs « Jeanne d'Arc ». Ce qui est difficile à admettre, c'est qu'une personne ayant des voix ou des visions possède aussi des qualités humaines exceptionnelles, en particulier des vertus de prudence et de courage au-dessus du degré normal chez les sages et chez les braves. La plupart des visionnaires se révèlent impropres à la vie sociale. Mais qu'une personne ayant des visions se trouve en accord avec l'état de l'univers historique, qu'elle ait conscience plus que les sages et les puissants du péril couru par un peuple et plus encore du moyen simple d'y remédier, que ses voix et ses visions la soutiennent pour lui indiquer comment il faut agir, parfois sur le mouvement de l'Histoire, à contre-destin, voilà le « résidu » qui demande à son tour explication.

J.-J.A. — Autrement dit, quelle est, selon le mot de William James, la valeur noétique de certains états paranormaux ?

J.G. — Quel est l'accord de ces états intérieurs avec les faits extérieurs que constate l'expérience historique ?

J.-J.A. — Jeanne est une mystique qui présente aussi des aptitudes paranormales. Pour le psychiatre sceptique comme pour le peuple croyant, c'est une fille qui entend des voix.

J.G. — Elle est en rapport, ou croit l'être, avec la pneumatosphère, tout un monde surnaturel. Ceci nous est familier. La religion d'Abraham et de Jésus est fondée sur l'idée qu'entre la pneumatosphère et les consciences humaines, il existe une communication appelée révélation. Les prophètes reçoivent et transmettent cette révélation.

J.-J.A. — Qui est prophète ?

J.G. — Voilà bien le nœud du problème. L'Église admet la possibilité d'une communication de certains esprits privilégiés avec la pneumatosphère et examine dans chaque cas l'authenticité de ces révélations prophétiques. Car toutes ne le sont pas. Il est des puissances trompeuses.

J.-J.A. — Il faut donc opérer le discernement des esprits.

J.G. — Déjà, Moïse eut à résoudre ce problème lorsqu'il dut discerner entre les merveilles des magiciens et les miracles de Yahvé. Les rois d'Israël eurent sans cesse à départager les bons et les mauvais prophètes. Les Juifs se posèrent la même question au sujet de Jésus : était-il fils de Dieu ou blasphémateur ? Puis les problèmes abondèrent dans l'Église naissante et saint Paul dut poser les règles de discernement.

J.-J.A. — Non seulement discerner ce qui vient d'ailleurs, mais aussi ce qui vient de l'inconscient du voyant en tant que production imaginaire, onirique. Le Moyen Âge voyait partout Satan, l'esprit du mal. Nos modernes psychiatres ne s'embarrassent pas de ces considérations. Mais au fond, le problème central demeure : discerner ce qui est bon et ce qui ne l'est pas ; ce qui est illusoire et ce qui est « réel », et, au cœur de ce réel, ce « surnaturel » qui demeure notre espoir et notre modèle.

J.G. — Déjà saint Paul savait que l'esprit du mal peut se transformer en un ange de lumière : idée troublante, cette inversion si totale des apparences ! Au temps de Jeanne, l'hérétique paraissait sous les aspects d'un ange subtil. Le problème posé par Jeanne aux théologiens fut de savoir — le fait des voix n'étant guère mis en question — si elle était idolâtre, invocatrice de démons, suppôt de Satan. Qu'elle fût de type « angélique », on ne le mettait guère en doute. La question : était-elle un bon ou un mauvais ange ?

J.-J.A. — Le problème psychiatrique ne se posait donc pas ? Était-elle saine d'esprit, ou folle ? sincère ou mensongère, fabulatrice ?

J.G. — Non. Les gens du Moyen Âge n'agitaient aucun postulat de négation préalable sur le phénomène surnaturel, sur la réalité des voix. D'ailleurs, du point de vue politique, il valait mieux grandir Jeanne que de l'abaisser ; en faire un ange de ténèbres qu'une malade. Cela déconsidérait davantage le roi.

J.-J.A. — Mais ce ne fut pas seulement un procès politique. La considération métaphysique joua aussi un rôle capital.

J.G. — Oui. C'est pourquoi les juges de Jeanne furent plus exigeants que nous quant au discernement de la valeur des voix : non seulement réelles, mais peut-être diaboliques, donc nocives.

Rien ne fut plus sérieux qu'avec Jeanne. Dès qu'elle arrive à Chinon, le roi chrétien lui fait appliquer par ses conseils les critères de la théologie. Il convoque le tribunal régulier des docteurs, il prescrit une enquête à Domrémy et retient Jeanne un mois à Poitiers. Il consulte les deux sommités de l'époque : l'évêque Gerson et Gélu, évêque d'Embrun. Sur les voix, les spécialistes n'ont rien à dire : c'est un phénomène intérieur, propre à Jeanne. S'oppose-t-elle ou non à la Tradition, c'est-à-dire à la vérité divine consignée dans le dépôt de la foi ? L'évêque Gerson procède par élimination : pas de vie immorale, pas d'hérésie. Jeanne est humble, simple, exempte de superbe spirituelle. Il considère d'autre part que la France est en péril et se pose la question de savoir si Jeanne ne serait pas un *signe* envoyé à la patrie par Dieu. Rien ne s'y opposant, on doit aider Jeanne, sous peine de manquer à un secours divin. On verra après. On jugera aux effets, aux fruits. Il ne prend pas position sur l'authenticité divine des voix, mais sur les conséquences, l'efficacité, principe de bon sens et d'Évangile : on ne peut pas cueillir de mauvais fruits sur un bon arbre.

J.-J.A. — Et le résultat est là. Les voix de Jeanne ne l'avaient pas trompée. Cette authenticité des voix a été examinée de nouveau par les théologiens au XXe siècle dans les procès en béatification et en canonisation. Conclusions similaires ?

J.G. — L'Église ne prend pas davantage parti sur la question des voix, des visions. De la sainteté de sa vie et de la sublimité de sa mort on peut conclure qu'elle n'a pas menti sur ses visions, qu'elle ne s'est pas trompée sur leur sens, mais on porte ce jugement à titre privé. Le message demeure une « révélation privée » ne faisant pas partie de la Révélation officielle consignée dans l'Écriture et dans la Tradition dont l'Église est la garante.

J.-J.A. — Il serait aussi intéressant de savoir si ces voix étaient bien celles de deux personnages historiques, sainte Marguerite et sainte Catherine.

J.G. — Là, en toute rigueur, l'Église ne se prononce pas. On ne peut jamais atteindre, en raison de la nature de ces expériences purement intérieures, qu'une plus ou moins grande probabilité.

J.-J.A. — Mais Jeanne, elle, *savait.*

J.G. — Comment savez-vous si elle n'a jamais douté ? Aucun mystique n'a échappé à la nuit de l'esprit.

J.-J.A. — Quelle est alors votre conclusion ?

J.G. — Il faut toujours enfin choisir entre l'explication par la rencontre du hasard et de la fabulation, et d'autre part la *prophétie,* c'est-à-dire la communication avec la Simultanéité qui ne peut être que Dieu. Je me suis, c'est vrai, raidi, comme dit Pascal. J'ai tenté d'appliquer à Jeanne une explication « naturelle ». À la limite, elle demeure possible, mais non vraisemblable. Et c'est l'invraisemblance du rationalisme qui me rejette vers le mystère. Les termes que l'on emploie pour éviter de porter le problème à sa hauteur métaphysique, comme « divinisation », « intuition », « pressentiment », « télépathie », couvrent le vide de l'explication. Nous sommes ici en présence d'un cas difficile à réduire. Jeanne porte une métaphysique avec elle. Elle s'éclaire par l'exemple de Socrate, qui lui aussi avait des « voix », il obéissait à une espèce de « démon » (*daimôn*) et acceptait, comme Jeanne, de mourir pour une réalité invisible, qu'il appelait l'idée du meilleur. Enfin, elle nous est proche parce qu'elle a pris son départ dans ce que nous appelons « la conscience ». Elle éprouva cette obligation de croire en ses voix parce qu'elle croyait en Dieu. C'était là pour elle l'équivalent de ce que les philosophes aujourd'hui appellent une expérience intérieure fondamentale.

LE PROPHÈTE :
UN ÊTRE ÉLEVÉ À LA CONTINUITÉ DIVINE

J.-J.A. — Une prophétie avec des détails vérifiés serait-elle une preuve de l'existence de Dieu ?

J.G. — Ce serait la preuve que l'avenir existe déjà dans une conscience supratemporelle, et que nous pouvons communiquer avec l'information suprême.

J.-J.A. — Malheureusement, la plupart des prophéties ne sont pas entourées du contrôle rigoureux exigé par la science. On voit mal les mystiques faire appel à un huissier pour authentifier leurs phénomènes.

J.G. — Dans le cas de Catherine Labouré, il semble établi que cinq jours avant la mort de Mgr Darboy en 1871, le cahier dans lequel la voyante avait consigné l'apparition du 19 juillet 1830 rue du Bac fut lu par M. Serpette.

J.-J.A. — Ici, une chose me frappe. Catherine était une jeune religieuse ignorante. Ce n'est pas Michelet, l'homme le mieux informé de son temps, qui a annoncé en 1830 que l'archevêque de Paris périrait quarante ans plus tard ! Pourquoi est-ce souvent l'enfant, ou l'adolescent ignorant, qui est « avisé », qui voit l'avenir ? La Salette, Pontmain, Fatima : des enfants ; et Lourdes, une toute jeune fille, une bergère... Ils sont les moins informés, humainement parlant, et pourtant ce sont eux qui semblent avoir été admis un instant à scruter confusément des abîmes en dehors du temps.

J.G. — On pourrait dire qu'ils sont plus embrayés sur cette durée profonde que les savants et les politiques, les érudits, les hommes de prospective dont l'Histoire montre qu'ils se trompent si souvent. Il faut souligner que si l'Histoire se déroule à des niveaux différents : économique, militaire, etc., il existe aussi une Histoire de l'Esprit dans le monde. Celle-là, les petits, parce qu'ils ont l'esprit vierge, et quand ils ont le cœur pur, se trouvent parfois plus aptes que les adultes à la saisir. Ils ne sont pas encombrés comme nous. Le prophète, qui « parle en langues » sans trop savoir ce qu'il dit, se présente souvent comme un « petit », un être vulnérable dans son organisme, hypersensible ; si c'est une femme on la dira plus ou moins « hystérique ». On a posé récemment encore le problème des rapports de la névrose et de la sainteté. De fait, une vérité très haute peut être transmise par des instruments vulgaires, ou ignorants. Des bergères. Ces êtres savent. Parce qu'ils ont vu. Leur difficulté est de trouver un langage capable de l'exprimer. Élevés à la continuité divine, il leur faut s'exprimer dans un langage discontinu qui n'a pas été fait pour traduire l'ineffable temporel.

J.-J.A. — Pourquoi veulent-ils s'exprimer ?

J.G. — Il existe certainement de nombreux mystiques inconnus, et pas seulement dans les grottes ; au fond d'obscurs monastères. Ils ne s'expriment pas. Les autres ont reçu un message à faire passer au monde ; ils ne sauraient s'y soustraire. Comme au temps de l'Ancien Testament, c'est un feu dévorant, un feu intérieur qui contraint le prophète à parler, parfois malgré l'intention qu'il avait de ne rien dire, pour ne pas avoir à affronter la difficulté de la prédiction.

J.-J.A. — Prophète veut dire « qui parle au nom de... ». Le terme que Byzance donnait à la Vierge : « Porteur d'Esprit », *pneumatophore*, est plus évocateur. Qu'est-ce qu'un prophète ?

J.G. — Esprits marginaux, lacunaires, cachés et toutefois fulgurants, qui ont inspiré les autres plus qu'ils n'ont enseigné, qui ont enfoui leur semence, qui ont eu des vues et des visions plus que des idées, qui travaillaient dans un certain secret...

J.-J.A. — Pourquoi nos temps modernes ont-ils moins de prophètes, ou si différents ?

J.G. — Aujourd'hui, les prophètes sont des mystiques des « derniers temps ». Et davantage : des thaumaturges. Ils exercent des facultés étranges, anormales et dont les effets paraîtraient incroyables et légendaires si ces phénomènes ne se passaient pas autour de nous. Ils ont nom Thérèse Neumann, le père Lamy, le padre Pio, Marthe Robin, Faustine de Cracovie. Avec eux, nous voilà visités *perpendiculairement* par des lumières, des appels, des conseils issus d'un autre monde, impression de la présence invisible autour de nous d'éléments impalpables, mais réels, qui nous unissent au monde éternel et où se trouve soulevé le mystère angoissant d'un proche avenir. Le fond de leur message est *l'espérance contre l'espérance.* Ils sont comme les génies, les enfants et les fous : chacun suit sa propre voie, chacun ignore l'autre. Ils ne se reconnaissent pas de généalogie et ils ne cherchent pas une descendance. Ce sont des étoiles qui se consument, mais dans le secret.

J.-J.A. — Quel est le fond de leur message ?

J.G. — C'est la Nouvelle éternelle adaptée à notre monde à ce moment-ci de l'histoire du monde : croire à l'Amour et se laisser conduire par cet Amour prévenant et consonant, une spiritualité apparentée à celle de Thérèse de Lisieux ; pénitence, amour continu, oubli de tout hormis Dieu, retour à un christianisme primitif et à la pureté évangélique.

J.-J.A. — Reste le côté étrange, anormal, surréel de leur vie.

J.G. — Les prophètes et les mystiques ont existé de tout temps à côté des docteurs et des sages. Notre époque souvent préfère entendre ces voix marginales : Novalis, Hölderlin, Kafka, Rimbaud. Pourquoi les chrétiens qui ont chez eux des prophètes, des mystiques sans folie, sans extravagance, errance et désespoir, hésiteraient-ils à montrer cette richesse ? Les sages, les docteurs, les esprits tempérants et critiques ne vont pas toujours jusqu'au foyer suprême. Il manque aussi au langage du théologien, du philosophe et des prudents ce je ne sais quoi qui surprend, qui excite la torpeur, qui vous brûle au-dedans du cœur. Il faut un dard au conseil, un éclair à la lumière !

J.-J.A. — Reste le mot de saint Paul : *Ne méprisez pas la prophétie ; triez ce qui est bon.*

J.G. — Oui. C'est le devoir de l'Église. Grâce à elle, nous pouvons jouir de ces flammes et de ces souffles qui dansent comme des fulgurations autour de la flamme.

DIVINATION ET PROPHÉTISME

J.-J.A. — Essayons maintenant d'entrer dans le *mécanisme* du phénomène, en général. La divination a toujours existé. Comment se situe-t-elle au plan historique, religieux et philosophique ? Elle semble très commune dans l'histoire des hommes.

J.G. — La divination avait en effet une place importante dans la vie publique de l'Antiquité. La fonction avait suscité l'organe et Ciceron exprimait l'idée commune lorsqu'il écrivait que l'âme humaine possède en elle la faculté de prédire. Il était admis par tous qu'on peut, moyennant certaine technique, explorer et parcourir le futur, aller à lui ou l'accueillir en soi.

J.-J.A. — Était-ce une fonction religieuse ? En français, devin, divination et divin ont la même racine latine : *divinus :* qui est de Dieu.

J.G. — C'est en effet une fonction religieuse et spirituelle. Plotin acceptait la divination en la rapportant à la sympathie mutuelle des différentes parties de l'univers. La tradition judéo-chrétienne s'accordait avec les croyances et usages du monde païen. Dans la Bible, de saints personnages allaient consulter les devins. Les songes prophétiques et les visions ne sont pas rares. Dans la prédication des hommes de Dieu, l'annonce de l'avenir tient une place de choix. Le Christ a été prévu et annoncé par les prophètes.

J.-J.A. — Vous avez dit : *La fonction avait suscité l'organe.* Et vous avez parlé de technique. Une certaine confusion ne va-t-elle pas naître entre la divination et la prophétie ? Le mécanisme de la vision peut-il être différent dans les deux cas ? Et d'autre part, si Dieu informe les prophètes, pourquoi n'inspirerait-il pas les devins ? Comment définir la part du naturel et celle du préternaturel ?

J.G. — Saint Augustin, grâce au savant médecin Vindicianus, y répond avec prudence. On peut aller des astres aux astres, on peut prédire les positions futures des constellations en partant des positions actuelles et obtenir une connaissance de l'avenir physique de l'univers. Mais on ne peut pas aller des astres à l'avenir humain, parce qu'il n'y a entre ces deux choses aucun rapport intelligible. L'univers physique est déterminé. Aucune influence magique ne le pénètre. Les mêmes causes apparaissent toujours ayant les mêmes effets ; elles deviennent pour nous les signes de l'avenir prochain. D'où la science. Mais savoir n'est pas deviner. De même, les stoïciens concevaient la divination comme une science inductive, fondée sur l'observation de la nature et la découverte de ses lois. L'oracle onirique s'expliquait par le mécanisme du sommeil qui relâche les liens du corps. C'est donc dans l'entre-deux, c'est-à-dire entre le savoir et le voir, qu'il faut situer la divination.

J.-J.A. — Mais la distinction des signes n'est pas facile.

J.G. — Elle ne l'a jamais été. En ce qui concerne les *signes*, remarquons que le voyant ne voit pas le futur. Il contemple seulement certaines images, qu'elles soient présentes en lui, ou qu'elles lui soient momentanément présentées. Pour que ces images deviennent *signes*, il faut que Dieu en révèle le sens. Dans l'*Apocalypse*, saint Jean voit les images des corps qui peuvent exprimer des événements à venir. Mais seule sa raison, éclairée d'en haut, peut lire les faits sous le symbole. La distinction est claire. L'homme ou la science peuvent connaître l'avenir d'une manière conjecturale et temporelle qui procède du signe à la chose signifiée. Les voyants mystiques, les extatiques, lisent dans les lois éternelles les changements des choses temporelles qui y sont contenues.

J.-J.A. — Cependant, entre le savoir et le voir, il y a comme une connaissance parapsychique qui, sans être religieuse, semble dépasser les lois naturelles communes. Les anciens l'appelaient la divination, on parle aujourd'hui de clairvoyance, de métagnomie.

J.G. — La contradiction n'est qu'apparente. Les visions ont en général une origine physiologique. Le lien du corps avec le mental s'est relâché, et l'effort de l'âme ne peut plus arriver au cerveau par suite du sommeil, d'un trouble organique ou d'un obstacle intérieur. Elle voit alors les images qu'il enfante. Ce sont des imaginations, des fantasmes. Ce peuvent être aussi des visions qu'elle reçoit. Il n'est d'ailleurs pas nécessaire, pour que l'âme ait une vision, qu'elle soit ensommeillée ou malade. Elle peut, en état de veille, emportée par une force spirituelle, être ravie au-dessus d'elle-même et apercevoir en esprit à la place des corps les images de ces corps. Or, parmi ces images spirituelles, certaines sont signe d'avenir.

J.-J.A. — Comment apparaissent-elles ?

J.G. — Au hasard, et souvent celui qui les décrit ne sait pas qu'elles sont prophétiques, ou n'en a qu'une idée vague. Le mécanisme des visions n'a donc rien d'original au point de vue psychologique. Elles procèdent de la nature spirituelle. L'image consécutive à la sensation, l'image issue du souvenir, l'image active qui précède et prépare nos mouvements, nos paroles, les songes, les illusions des sens, les confusions, les hallucinations, les possessions, les ravissements, tout cela forme comme une gamme ascendante d'états intérieurs qui s'appellent l'un l'autre. C'est par degré insensible que l'on passe de la mémoire à la prévision, à l'imagination, à l'extase. Et l'étrangeté des cas extraordinaires nous signale le mystère des faits les plus communs. La vision à distance n'est pas plus mystérieuse que la préméditation, l'imagination que l'extase, la lecture des signes que le langage. La connaissance de l'avenir ressemble même, par certains côtés, à la connaissance du passé. Il s'agit bien toujours de reconnaître dans les signes du présent une réalité absente. La distinction capitale est celle-ci : les signes ne sont pas clairs par eux-mêmes. On le voit bien avec les prévisions des médiums professionnels, dont le résultat est consternant. Avec le prophète, c'est différent. Dieu, lui, enseigne la signification des images présentes, par un mode qui nous reste inconnu.

J.-J.A. — Il lui en donne la clé, un peu comme l'analyste donne à son patient la clé de ses rêves ; mais avec Dieu, le prophète atteint un degré supérieur.

J.G. — Dans l'étude de la connaissance de l'avenir, saint Augustin distingue le mécanisme psychique de l'imagerie, qui se ramène à celui du rêve, et l'utilisation de ce mécanisme par un pouvoir mystérieux pour des fins morales et religieuses. Métaphysiquement, la connaissance de l'avenir met en jeu un pouvoir infiniment supérieur à l'esprit de l'homme, le pouvoir même de Dieu pour qui tous les temps sont présents.

J.-J.A. — Mais que se passe-t-il si un esprit mauvais, un démon, vient troubler le discernement de celui qui prophétise ?

J.G. — C'est le problème du discernement moral. Pour cela, on a besoin de la sagesse des saints qui nous sont donnés par Dieu. Les récits bibliques laissent entendre que Dieu seul connaît l'avenir ; mais il peut communiquer à certains hommes ses secrets. L'homme seul ne peut connaître l'avenir, car il n'y a pas de déterminisme absolu dans la création.

J.-J.A. — Il y a la liberté.

J.G. — Oui. Pour que l'homme connaisse et surtout comprenne l'avenir, il faut qu'il y ait communication entre la conscience de Dieu et notre conscience, soit directement, soit par l'intermédiaire de la créature spirituelle. Ce sera toujours un don, une grâce. Prophétiser, c'est coïncider avec le mouvement qui emporte le cours du temps, c'est communiquer par l'esprit avec ce dessein de salut qui est le plan de Dieu sur l'humanité.

J.-J.A. — Voilà pourquoi le mystique possède souvent une capacité prophétique. Cela grâce à sa vision extatique.

J.G. — L'avenir a des rapports avec l'éternel, sans pourtant se confondre avec lui. Ce ne peuvent être que des rapports de préparation et de symbole, d'acheminement et de figure, j'aimerais dire de *signe*, s'il est vrai que le signe peut être à la fois une voie et une image. Lorsque l'éternel vient au contact avec le temporel, ils ne se rencontrent pas dans le présent, car celui-ci serait alors lui-même l'éternel, mais l'éternel apparaît sous les traits du futur. Alors se passe un grand miracle, car l'éternité, si haute, si unifiée qu'elle soit, se divise et se propose en autant d'images futures et c'est ainsi qu'elle apprend à l'homme à espérer. L'avenir ne peut nous aider que si nous croyons à l'éternel et si celui-ci se projette en lui. Alors seulement le possible devient réel ou du moins réalisable. Nous ne serons bien installés dans le temps que si nous espérons dans l'éternité. L'avenir est figure d'éternel. Et c'est pourquoi il est tout près de nous halluciner. Et c'est pourquoi lui seul attire l'amour. Mais pour que cet amour soit pur, il faut le redresser sans cesse en devinant sous les images toujours immobiles et trompeuses du temps futur l'éternelle stabilité qu'elles nous proposent.

J.-J.A. — Je demeure troublé par l'effacement de l'esprit, du mental ordinaire, qu'implique toute aventure prophétique.

J.G. — Tout en faisant entendre sa voix, en se rappelant les distinctions inévitables, l'esprit doit céder à un sens supérieur, qui est la véritable connaissance du troisième ordre : sens du temps humain, sens de la condition humaine, mais aussi sens de la préparation éternelle. Ce que jadis on désignait par le mot de sagesse.

J.-J.A. — Je suis également troublé par l'apparente atteinte à la liberté, ce que l'homme a de plus précieux et en même temps de plus fragile : toute vraie prophétie semble suggérer un déterminisme qui ébranle cette notion de liberté. Si tel mystique jouit d'une vision partielle de l'avenir, il est évident que Dieu en a la vision totale, comme l'admet le théologien. Et si Dieu voit mes actes d'une vue éternelle, comment puis-je être libre, sinon par illusion ?

J.G. — Je suis troublé aussi, et même bouleversé. Faut-il choisir entre Dieu et l'homme, comme disait Sartre ? Si Dieu voit l'avenir (et il ne peut en être autrement), alors je ne serais plus libre ? Or je suis libre. Donc Dieu ne serait pas ? J'en avais parlé avec Bergson à la fin de sa vie. Il tenait les deux bouts de la chaîne : la simultanéité divine et la libre durée humaine, sans pouvoir expliquer le mystère de leur accord nécessaire. Il surmontait cette difficulté en prenant l'exemple d'une sonate de Beethoven : *Lorsqu'on connaît une sonate à fond, on peut la saisir tout entière à la fois. Alors on a une intuition d'ensemble qui peut être instantanée, et pourtant le morceau met presque une heure à se développer sous les horloges. Certaines des phrases de Beethoven auraient pu être différentes. Elles étaient donc libres. Je vous propose cette image,* concluait-il, *pour éclairer le rapport que vous avez toujours considéré de l'éternité avec la liberté. C'est un problème que je ne peux pas résoudre et qui ne sera complètement résolu qu'en Dieu.*

J.-J.A. — Si la vision ne montre que des possibles, des tendances, des orientations, la liberté n'est pas en cause.

J.G. — En effet. Avez-vous remarqué qu'une prophétie n'est claire qu'après son accomplissement ? Le prophète et même le Christ ne donnent aucune précision quant à la date de ce qu'ils voient. Le délai échappe toujours. Pour que je puisse agir et vivre, dans la joie de l'imprévisible et de la création, il est indispensable que j'ignore mon avenir. Il me faut avancer dans la nuit comme Abraham, guidé par cette douce enfant de l'ignorance qu'on appelle l'espérance.

3

Les consciences dissociées

Nous regroupons sous ce titre une série de phénomènes qui ont en commun un transport de l'esprit hors du corps, ou une possession d'un corps par un esprit qui lui est étranger.

Dans l'*écriture automatique*, un médium a l'esprit comme possédé par un autre esprit, qui se sert de son corps pour s'exprimer par l'écriture. Un être psychologiquement en difficulté peut aussi utiliser ce moyen pour manifester une seconde personnalité, sorte de dédoublement qui favorise une expression de l'inconscient.

Dans la *glossolalie*, c'est encore un autre esprit qui paraît s'incarner et vous fait vous exprimer en une langue que vous ne connaissez pas. Dans les *dissociations de conscience*, souvent pathologiques, intervient successivement ou simultanément un autre esprit, quelquefois même plusieurs. Dans la *bilocation*, une personne semble à la fois ici et ailleurs, comme le constatent les témoins.

Dans le passé, on a souvent attribué ces phénomènes à des possessions démoniaques. Sans prendre parti, nous n'en parlerons pas ici, car un sujet aussi vaste mérite à lui seul un livre.

Dans beaucoup de cas, il peut s'agir d'une interférence des données (des mémoires) inconscientes de notre propre esprit.

ÉCRITURE AUTOMATIQUE : QUI S'EXPRIME ?

Les spirites pensent que dans le phénomène de l'écriture automatique un défunt s'exprime par la main d'un sujet réceptif. Souvent, un médium sollicité reproduit avec exactitude la signature d'un défunt qu'il n'a jamais connu. Le Pr Fischer a montré avec le médium Raphaël Schermann qu'il peut s'agir d'un transfert métagnomique. Il lui suffisait de toucher une enveloppe cachetée contenant une écriture inconnue, pour être capable de la lire et de la reproduire.

Pierre Janet a parlé d'*écriture automatique*, terme vague auquel René Sudre substitue celui d'écriture inconsciente, en ce sens qu'il ne s'agit pas d'une activité uniquement conservatrice, mais véritablement créatrice. C'est bien une personnalité nouvelle, venue de l'inconscient, qui s'exprime par l'écriture, répondant à une transformation profonde de la conscience, à la fois intellectuelle et affective.

Se révèle parfois une conscience plus riche que la première. Tout se passe, le médium étant en transe, comme s'il y avait un effacement de la conscience habituelle, toute la personnalité rompue, avec création d'un nouveau champ de conscience permettant à une autre conscience de s'exprimer. En termes informatiques, on dirait qu'on a changé le logiciel. Mais d'où vient-il ?

L'écriture inconsciente se produisant aussi bien chez

les hystériques, chez les somnambules, les sujets métapsychiques, que chez des individus sains, on peut seulement dire que c'est une activité de l'espace mental inconscient, susceptible de livrer sa propre production avec des matériaux accumulés dans sa mémoire, ou d'être le réceptable d'une entité venue d'ailleurs : cas des possessions démoniaques ou divines, comme chez les « prophètes écrivains » qui se trouvent soudain « possédés » par la parole même de Dieu et l'écrivent.

Allan Kardec, pape du spiritisme (1804-1869), mit au XIXe siècle l'écriture inconsciente à la mode, prétendant ainsi dialoguer avec des esprits de défunts. Mais, comme l'a montré Myers, il s'agit le plus souvent d'un phénomène d'autosuggestion. Il convient donc d'être prudent avec ces phénomènes avant de conclure sur leur origine, qui demeure mystérieuse.

Et s'il s'agit de défunts connus, il ne faut pas prendre son désir pour la réalité mais le passer au crible du discernement, *tout étant possible.*

GLOSSOLALIE

Dans le phénomène du « parler en langues », il faut faire la distinction entre le parler réel, qui implique la connaissance, la compréhension d'une langue étrangère, cas rarissimes, et la *glossolalie* que l'on rencontre souvent dans les assemblées charismatiques, sorte de langage plus ou moins construit et articulé, dans lequel il faut beaucoup de bonne volonté à des auditeurs prédisposés pour discerner un message de l'au-delà ; mais on ne voit pas au nom de quel dogme rationaliste on nierait cette possibilité ; l'Esprit souffle où il veut, comme il veut. Le padre Pio confessait en des langues diverses qu'il n'avait jamais apprises : ainsi celle d'un marin noir venu exprès de Toronto, ne parlant que l'argot des dockers de New York. Il maîtrisait également des dialectes africains et des idéogrammes chinois.

Bien entendu, on se référera aussi à la scène de la Pentecôte :

« Le jour de la Pentecôte, les apôtres étaient tous ensemble dans le même lieu. Tout à coup, il vint du ciel un bruit comme celui d'un vent impétueux et il remplit toute la maison où ils étaient assis. Des langues de feu leur apparurent et se posèrent sur chacun d'eux. Et ils furent tous remplis de l'Esprit-Saint et se mirent à parler en d'autres langues, selon que l'Esprit leur donnait de s'exprimer. Or, il y avait en séjour à Jérusalem des Juifs de toutes les nations qui sont sous le ciel. Au bruit qu'il y eut, la multitude accourut, et elle fut confondue, parce que chacun les entendait parler dans sa propre langue des merveilles de Dieu. » (*Actes,2.*)

De même, mais dans un autre ordre de phénomènes, le sujet peut parler une langue étrangère inconnue. La fille du juge Edmonds, président du Sénat américain, parla en grec moderne pendant une heure avec un visiteur de son père. Elle n'avait pas appris le grec mais jouissait de dons étonnants de clairvoyance [1].

Dans son *Traité de métapsychique*, Charles Richet cite d'autres cas différents où le sujet dit seulement un texte dans une langue inconnue de lui.

Il convient alors d'éliminer d'abord les cas de mémoires extraordinaires, à rapprocher des calculateurs prodiges. Il suffit à certains, même illettrés, d'avoir lu ou entendu un texte d'une langue, même morte, pour le restituer en croyant de bonne foi qu'il s'agit d'un message de l'au-delà. On retrouve ces cas dans les procès en canonisation.

Mais on n'aura aucune peine à faire la distinction

entre une émission de paroles que le sujet ne comprend pas et la véritable connaissance d'une langue, qui seule permet des échanges entre individus.

Thérèse Neumann, la stigmatisée allemande (1898-1962), recevait des visions étonnantes de la Passion du Christ, et s'exprimait alors en araméen, la langue de Jésus, qu'elle n'avait évidemment jamais entendue.

PERSONNALITÉS MULTIPLES

Écriture automatique et glossolalie semblent liées au phénomène des personnalités multiples. L'intruse est-elle une personnalité éphémère artificielle fabriquée à la demande (donc par suggestion ou autosuggestion), ou une véritable entité venue de l'extérieur ? La réponse aurait des conséquences philosophiques considérables, puisqu'on pourrait en déduire, au choix, de la vie après la mort, de la réincarnation et (ou) de l'existence même d'entités démoniaques ou angéliques.

Les sceptiques estiment que ces productions psychiques ne sont pas différentes de celles du rêve. Dans le rêve, le dormeur retrouve souvent une personnalité différente de celle qui l'anime à l'état d'éveil. Il a jeté le masque. Il est néanmoins troublant de constater que les nouvelles personnalités acquises dans les cas de somnambulisme, ou métapsychiques, peuvent acquérir un grand degré d'autonomie, soit qu'elles comportent des traits suffisants de caractère, ou qu'elles viennent d'une « visitation », d'une possession d'un esprit étranger et perçu comme tel.

« Loin d'être produite par une suggestion venue du moi, déclare le médium Morton Prince, Sally [l'esprit visiteur] prit naissance et survécut, malgré mes protestations et en dépit de mon scepticisme [2]. »

Pour René Sudre, qui ne croit pas aux esprits réincarnés, « le subconscient a une activité manifeste et intelligente qu'il est logique de rapporter à la personnalité créée par suggestion ou autosuggestion. Par suggestion hypnotique, on a pu provoquer la fusion complète des deux personnalités[3]. »

Enfin, dans l'expérience courante, on relève les cas plus ou moins aigus où le sujet est persécuté, divisé par des tendances contradictoires de sa nature, de son caractère, de son éthique, qui peuvent arriver jusqu'à la dissociation de conscience. Le célèbre roman de R.L. Stevenson, *Docteur Jekyll et Mr. Hyde*, bien qu'issu de son imagination à partir d'un rêve, illustre un de ces cas étranges de dédoublement de la personnalité. Le même individu peut s'extérioriser en deux personnages complètement opposés, soit simultanément, soit successivement : cas d'assassin, tour à tour bon père de famille et sauvage barbare. Les contrastes peuvent être plus ou moins importants, dont les exemples profanes abondent autour de nous.

Ce genre de psychose nous intéresse particulièrement à cause du caractère mystique qu'elle revêt parfois.

Anne-Marie Castreca, religieuse italienne née en 1670, prononça ses vœux à vingt-six ans chez les Capucines de sa ville natale de Fabriano, sous le nom de Costante-Maria. Sa vie extraordinaire nous est rapportée par le chanoine A.A. Buti (Fabriano, 1745.)

Atteinte de névrose hystérique dès l'âge de huit ans, sans cesse malade, parfois proche de la mort, elle fut suspectée de possession démoniaque. Ceci lié à des signes de piété remarquable et à des visions mystiques, qui la conduisirent à se faire religieuse, malgré ses infirmités, qui ne cessèrent pas, au contraire.

Chez elle, les symptômes de dissociation d'esprit, ou dédoublement de la personnalité, étaient flagrants, comme si un dieu et un démon se la disputaient.

Par exemple, pendant plus d'un mois, lorsqu'elle

voulait lire l'office, ses lèvres ne pouvaient proférer que des blasphèmes, alors qu'elle brûlait intérieurement de ferveur. Pendant quelques mois, elle vécut aussi d'étranges régressions, nous dit son biographe, « elle cessa d'être elle-même, et babillait avec des petites mines charmantes, et paraissait, d'aspect, de langage et dans tout ce qu'elle faisait, être un petit enfant de cinq ans » (p.66).

Enfin, on la trouva errant la nuit dans le monastère, les clés de la clôture en main, et prétendant avoir rendez-vous au parloir avec le père immédiat pour être emmenée chez lui !

Tous ces phénomènes aberrants ne l'empêchèrent pas de faire profession et même d'être élue et réélue abbesse, tant sa vie habituellement admirable était aussi marquée de phénomènes mystiques caractéristiques : stigmates, lévitations, exhalation de parfums, connaissance des événements lointains et futurs, que le père Thurston qualifie de « science étrange et surnaturelle d'un genre difficile à expliquer » (p.137).

Thérèse Neumann aurait présenté ce type de changement de personnalité avec régressions enfantines, qui sont comme des sauts dans l'espace temporel.

Autre cas extraordinaire de dédoublement lié à des phénomènes mystiques, très proche de celui de Costante-Maria Castreca, celui de la vénérable Béatrice Marie de Jésus, abbesse des Clarisses de Grenade (Béatrice de Enciso y Navarette, 1632-1702).

Extatique à trente-trois ans, stigmatisée, inédique, sujette à lévitation et métagnome, elle régressait jusqu'à retrouver sa personnalité d'enfant de quatre ans. Thurston la classe comme « un cas typique de conversion-hystérie, compliquée comme il arrive presque toujours chez les mystiques de cette classe par toutes sortes d'infestations diaboliques » (p.146).

Dans le cas de régression enfantine, on pourrait retrouver ce désir spirituel de « redevenir comme de petits enfants », cet abandon absolu, réel, profond, qui va jusqu'à s'exprimer physiquement.

Dans tous les cas profanes ou laïques de dédoublement de personnalité, ressort une sourde lutte intérieure entre des tendances contradictoires.

JEAN-JACQUES ANTIER. — Fondamentalement, l'homme est divisé. Il hésite continuellement entre le bien et le mal. La dissociation de conscience ne pose-t-elle pas le problème majeur de cette lutte entre le bien et le mal, la chair et l'esprit ?

JEAN GUITTON. — L'unité de l'homme n'est pas quelque chose de donné dans l'expérience, et de naturel, comme l'unité des atomes, ou même celle d'un être vivant. Nous ne sommes pas un, mais double. Cela se manifeste de bien des manières. La distinction de l'âme et du corps nous en offre un premier exemple. Mais cela n'est rien à côté d'une division plus profonde : la division du monde intérieur. *Qui me délivrera ?* disait saint Paul. Il y a en nous quelqu'un de trop, qui est nous-même. Voyez saint Augustin, tel qu'il s'analyse dans les *Confessions*, dans le moment du passage de ses habitudes de chair à sa nouvelle foi. Chose extraordinaire, il ne peut pas ce qu'il veut. Mais il montre comment son moi, sous l'effet du temps et par des progrès invisibles, se détache de la partie inférieure, quoique forte, pour coïncider avec la partie si pure mais si faible de lui-même. Il a un mot difficile à traduire : *Dans cette chair, j'étais de plus en plus moins moi.*

J.-J.A. — Prenant conscience qu'il est libre, l'homme actuel peut-il accepter ce scandale d'être un individu qui ne peut pas ce qu'il veut, qui veut ce qu'il ne peut pas, qui ne peut pas faire abstraction de la faute ?

J.G. — C'est pourquoi il nie cette division. Il l'attribuc à une invention judéo-chrétienne qui, fabriquant l'idée de péché, aurait aliéné notre unité originelle. Le problème : vaut-il mieux demeurer dans l'ignorance de ce que nous étions sans le savoir ? Mais qui ne préfère la lumière sur soi à l'ignorance, même au prix de la division ?

J.-J.A. — Comment la faire cesser ? L'homme moderne, même privé de foi, ne peut en réalité la nier.

J.G. — La manière la plus facile consiste à se trouver un bouc émissaire. Cette division est alors imputée à la division sociale, par exemple celle des classes, des castes. C'est une division politique et sociale provisoire que la révolution fera nécessairement disparaître. Cela n'explique pas la division mais ne fait que l'exorciser. Un mouvement de violence, révolution ou guerre, délivre seulement un moment l'homme de la lutte intérieure. Même réaction politico-sociale pour la condamnation du Christ, de Jeanne d'Arc. Le remède consiste à tuer. Mais le remède barbare aggrave l'état antérieur. Il n'y a pas de palliatif capable de réduire la division de l'homme intérieur. La seconde manière est celle du dédoublement comme remède à la division que l'on nie. Par un effort vertical, l'esprit s'élève jusqu'à ce plan d'intelligence et d'union divines où il n'y a plus de division mais seulement unité de soi avec soi et avec Dieu.

J.-J.A. — Alors on se considère comme habité

par la vertu, quoi qu'il en soit de sa conduite et du reste ?

J.G. — Que l'homme s'isole d'une manière ou d'une autre ou se considère comme non lié, libre pour rien dans sa morose passion, il a évacué l'idée de drame intérieur. C'est bien l'être dédoublé et son châtiment : l'être dissocié.

J.-J.A. — La dissociation de conscience serait donc provoquée par le refus du drame intérieur ? Quel est son mécanisme ?

J.G. — Certains croient s'affranchir de la notion de bien et de mal. Mais toutes les fois que pour éviter un conflit entre moi et moi-même, je surmonte ce conflit en le niant, alors, le conflit que j'avais voulu éviter se retrouve secrètement intensifié dans une zone plus intime de mon moi, et là il est plus vif, plus âpre et plus amer. Le conflit normal opposait en moi non pas le moi au moi, mais le moi à ses choix. Le conflit anormal s'installe, comme un cancer, dans le moi et le dissocie, jusqu'à une sorte de folie. À la limite, le conflit serait une scission de l'être avec lui-même : et c'est sans doute le contenu de la notion de damnation, c'est-à-dire un état où l'être est à la fois donné à soi et éjecté de soi, comme enfermé hors de soi-même.

J.-J.A. — Faut-il rejeter comme chimérique le problème de l'unification de l'homme ?

J.G. — Non. La solution n'est pas dans le dédoublement ou le transfert sur un bouc émissaire, mais, comme le montrent les mystiques, dans le sacrifice. C'est une loi du monde intérieur : chaque fois que par horreur d'une certaine peine nous refusons un sacrifice, alors et automatiquement nous retrouvons toute cette peine, moins la paix de la peine, le même fardeau additionné de la dissociation du tourment. Le sacrifice est un facteur d'unité.

J.-J.A. — Mais comment dire cela à nos contemporains qui ont toute morale en horreur, fût-elle « naturelle » ?

J.G. — Il en est des notions morales comme de tout ce qui est à la fois beau et commun, sublime et quotidien. Il faudrait pouvoir, dans ces vieilles notions et dans ces actes si ordinaires, réinfuser un sang neuf et un esprit d'émerveillement. Saint François d'Assise comme Simone Weil nous ont montré que la vraie manière d'unifier l'homme n'est pas de nier la division, mais de néantiser en soi la partie égocentrique de soi-même. Dieu attend de nous que nous nous effacions pour l'accueillir.

J.-J.A. — Comme saint Paul, qui pouvait dire : *Ce n'est plus moi qui vis, c'est Christ qui vit en moi.*

J.G. — Le Christ s'est sacrifié pour nous montrer le seul chemin, celui de l'amour, qui unit au lieu de diviser. *Voici l'homme.* Le mot sublime de Pilate reprend ici tout son sens. Le plus haut effet de Dieu est de reproduire en lui cet homme enfin unifié par le sacrifice dans la complète obéissance.

BILOCATION

La bilocation est aussi une forme de conscience dissociée, mais cette fois du corps dont elle semble se détacher. Bien que sans rapport direct avec les personnalités doubles, nous en dirons ici quelques mots, tant elle a frappé ceux qui ont vécu dans l'intimité des saints qui en étaient l'objet.

On observe trois stades dans l'activité paranormale :

1. La vision à distance. Le sujet semble percevoir directement les choses.

2. L'expérience de la conscience hors du temps, ou dédoublement. Le sujet éprouve clairement qu'il se déplace. Ce n'est plus une vision à distance.

3. La participation d'une autre conscience, c'est-à-dire la communication entre deux consciences, à distance, avec éventuellement vision et son. C'est la bilocation, où ont excellé certains mystiques, mais que l'on retrouve aussi hors de tout contexte religieux. Ce n'est pas une vision corporelle, puisque le corps ne se déplace pas. C'est donc une appréhension des choses par l'esprit, hors de la matière tout en l'incluant. Ce qui est une preuve supplémentaire de la réalité spirituelle de l'être humain.

La bilocation implique d'abord une vue à distance, ou métagnomie perceptive, à rayon d'action peut-être illimité. Elle a été démontrée en laboratoire. Des sujets prédisposés sont capables de lire à distance des lettres cachetées. Ils visitent des lieux éloignés. Le cas est souvent rapporté dans les annales des sociétés métapsychiques. L'esprit du sujet semble se déplacer dans l'espace. Il traverse tel pays, suit une rivière, aperçoit une ville, se dirige dans les rues, etc.

À Paris, Charles Richet l'expérimenta avec Alice, qui se rendit en esprit au Mans et donna tous les détails d'une maison particulière où elle n'était jamais allée. Les recherches du Dr H. Hart à l'université Duke font état de deux cent quarante-neuf cas de ce genre de « projection extra-sensorielle [1] ».

Examinons chez les mystiques quelques cas bien établis de bilocation. L'hagiographie des saints cite Lydwine de Schiedam, Joseph de Copertino, Antoine de Padoue, François-Xavier. Enfermé dans sa cellule d'Arezzo, saint Alphonse Ligori aurait été vu à Rome auprès du pape Clément XIV, le 22 septembre 1774. Le saint confirma la bilocation : « Vous me croyiez endormi, mais je suis allé assister le pape qui vient de mourir. »

Chez les saints, la bilocation est souvent liée à l'extase, ce qui ne saurait surprendre puisque l'extase est, en elle-même, une sortie de l'esprit, de son étroite enveloppe charnelle.

Grande visionnaire stigmatisée, Catherine Emmerich était aussi coutumière de bilocation.

« Souvent, pendant que j'étais occupée à un travail, ou malade et couchée dans mon lit, je me voyais en même temps présente en esprit parmi mes sœurs. Je voyais et j'entendais ce qu'elles faisaient et disaient, ou bien je me trouvais dans l'église quoique je n'eusse pas quitté ma cellule. Comment cela se faisait-il ? C'est ce que je ne puis dire [5]. »

De nos jours, le cas le mieux établi est celui du padre Pio.

Antonietta, qui s'est confiée à Paul Lesourd, est née dans des circonstances tragiques, au moment même où sa mère venait de perdre son mari, suppliant la Vierge de protéger l'enfant. La mère vit soudain lui apparaître un jeune capucin, le frère Pio, qui n'avait alors que dix-huit ans. « La Vierge vient de me confier votre enfant. Je veillerai toujours sur elle », dit-il. Ce qu'il fit, l'assistant dans tous les actes de sa vie. Elle le vit plus d'une fois en bilocation, alors qu'il ne quittait pas son lointain monastère, et il la confessa même ainsi à Saint-Pierre de Rome. Le padre confirma ces faits ; toute affabulation chez lui est impensable.

Beaucoup de gens assurent avoir « vu » le padre Pio en bilocation. Il serait allé soutenir à Budapest le cardinal Mindszenti, en Yougoslavie assister le cardinal Stepinac et en Pologne réconforter les victimes des persécutions communistes. Chez les humbles, aussi, comme Giovanni La Pera, ce petit garçon de Cantagaro, qui luttait contre la mort à la suite d'une péritonite, et qui soudain s'écria :

— Maman, regarde ! Il y a là un moine !

Il désigna un coin obscur de la chambre et se retrouva guéri.

Pendant la Première Guerre mondiale, le padre Pio aurait sauvé du suicide le maréchal Cardona, rendu responsable de la défaite de Caporetto, en lui apparaissant dans sa chambre du palais de Zara à Trévise.

Plus extraordinaire encore, il serait apparu en 1926 au Vatican, en pleine conférence du pape Pie XI, qui délibérait sur son sort avec la commission du Saint-Office, vision attestée par l'un de ses membres, le cardinal Silj[6]. Il aurait assisté Mgr Damiani à Salto en Uruguay, au moment de sa mort solitaire. Avant de mourir, le prélat écrira de sa main : « Padre Pio est venu. »

La plus étrange série est racontée par le critique d'art et riche antiquaire Auré Caviggliolі, un homme à la vie agitée, nullement porté à la religion. Sans comprendre ce qui lui arrive, il est un jour mystérieusement attiré par le padre Pio. Il sent un étrange parfum. Il prend alors le train pour San Giovanni Rotondo. Fasciné à la vue du padre, il se retrouve comme « cloué au sol sans pouvoir bouger ». Dans la foule, le padre le reconnaît, alors qu'ils ne s'étaient encore jamais vus. Un peu plus tard, les voici enfin en tête à tête.

— Que veux-tu ? demande sévèrement le moine, qui lit dans sa conscience une existence trouble et coupable.

Mais l'homme ne veut rien ; il se demande ce qui lui arrive. Au hasard, il sollicite la guérison d'une nièce atteinte, en Suisse, d'une tumeur au cerveau. (Au même moment elle est guérie.)

Quelque temps plus tard, enfin touché par la grâce, il accepte de se confesser, mais à sa grande surprise le padre refuse et le chasse brutalement, comme s'il n'était pas prêt, comme si son être profond refusait de s'abandonner à la grâce, ce que l'Église appelle la contrition parfaite. Et on n'en parle plus.

Deux ans après, Cavigglioli revient à San Giovanni. Le voici seul dans sa chambre d'hôtel. Par la fenêtre ouverte, il voit le couvent des capucins. Alors, il s'abandonne à la grâce et murmure :

— Eh bien, padre Pio ; quand tu voudras que je me confesse, fais-moi signe.

« Au même instant, comme dans un rêve, je vis entrer dans ma chambre padre Pio souriant. Il me prit par la main et je partis avec lui. J'affirme seulement que j'ai passé un moment merveilleux. La vraie lumière revint en moi. J'étais toujours assis sur mon lit. Plus d'une heure s'était écoulée. Je n'avais pas dormi et par conséquent je n'avais pas rêvé. »

L'après-midi, il se dirige vers le confessionnal. Padre Pio le regarde avec des yeux étranges et doux. Après la confession, Cavigglioli, enfin apaisé, lui demande :

— Vous êtes venu dans ma chambre ?

— Oui. Je t'ai fait peur ?

— Non. J'étais heureux, parce que avant de me quitter, vous m'avez embrassé.

Le padre se lève et l'embrasse. Puis il lui donne enfin l'absolution [7].

Plus proche de nous encore, mère Yvonne-Aimée de Malestroit, déjà citée, était aussi coutumière de bilocation. Elle aurait apparu à des prisonniers de guerre en Allemagne et leur aurait indiqué le moyen de s'évader. Elle se croyait chargée d'une mission : rechercher les hosties profanées et remettre les prêtres égarés dans le droit chemin.

On connaît aussi plusieurs cas de bilocation chez Marthe Robin. On a vu son intervention auprès de l'abbé Finet lors de la catastrophe de Fourvière en 1930. Frère Éphraïm affirme que Marthe a arraché quantité de gens au suicide en les visitant.

On rapporte cet autre cas. Au Foyer de Châteauneuf-de-Galaure, Marie-Ange Dumas, l'une des fondatrices du premier collège, vit paisiblement ses derniers jours. Vers 19 heures, un prêtre lui apporte la communion, puis la laisse seule. Marie-Ange éteint la lampe de chevet et prie. À 19 h 35, Janine Chevalier, un professeur de mathématiques, vient rendre visite à son amie. Elle frappe a sa porte sans obtenir de réponse. Elle entend alors la voix de Marthe, si caractéristique : une longue invocation au Christ. Mais elle repousse cette idée insolite, puisque Marthe, qui vit paralysée à quatre kilomètres de là, ne quitte jamais son lit.

Après avoir vainement frappé, elle appelle l'infirmière. Elles entrent. Marie-Ange est morte. Interrogée, Marthe confirmera la bilocation :

— J'avais promis à Marie-Ange de l'aider à sa dernière heure. Je suis venue. J'ai vu la chambre. J'ai dit cette prière [8].

Questionnée sur ses « voyages » au cours de ses extases, Marthe répondit :

— Je voyage en Dieu. Il me porte où il veut.

— Alors, il vous porte à Rome ou à Constantinople ?

— Oui, mais dans Jésus, et aussi avec la Vierge, tantôt plus avec l'un, tantôt plus avec l'autre. Et je suis toujours dans le même état de souffrance. C'est l'amour qui me conduit. Je n'ai que la douceur de me laisser conduire par ce chemin. (ID.)

Il n'y a pas que des bilocations religieuses. Les *Annales* très laïques de la S.P.R. (*Society for Psychical Research* de Londres) ne sont pas avares de ce genre de phénomènes. Celui-ci inspira à Jules Romains un épisode de son roman, *Lucienne.*

M. Wilmot, dont la femme est demeurée en Angleterre, voyage à bord d'un paquebot. Après neuf jours de mer, une nuit, il voit son épouse en rêve : elle semble lui rendre visite dans sa cabine. N'est-ce qu'un rêve ? M. Wilmot n'est pas seul. Son voisin de cabine voit aussi l'apparition. À son retour, sa femme confirmera sa « visite ». Il semble que l'angoisse qu'elle éprouvait à son sujet ait favorisé la bilocation, qui exige toujours une tension affective intense.

Le Dr Thurston rapporte le cas étonnant de Mollie Fancher, de New York, cette jeune protestante de la fin du XIXe siècle dont nous avons déjà parlé. Chez cette grande malade, paralysée pendant vingt-sept ans, inédique et visionnaire, on retrouve les deux éléments de la dissociation. Le premier la porte à « voyager » hors d'elle-même. Cette faculté commence au niveau de la double vue ordinaire. Elle lit en passant la main sur le livre. Elle lit une lettre qu'on lui présente derrière la tête. Elle lit couramment des lettres cachetées. Puis le vrai voyage commence. Elle a une vision de toute la maison sans quitter son lit. Elle sait qui entre. Elle retrouve les objets perdus. Enfin, elle « sort » de la maison :

« Je tombe en transe, je sors de moi-même, de chez moi, je vais de-ci, de-là, et je vois beaucoup de choses. Parfois, j'entre dans une maison, je regarde la disposition des pièces mais n'aperçois personne. D'autres fois, je vois des gens et rien d'autre[9]. »

Un jour, elle « voit » un ami, M. Sargent, à Muskegon (Michigan). Elle donne les détails et le voit chanter en public. Tous ces détails seront confirmés.

Mollie précise que ces transes ne sont pas des rêves, mais plutôt des vagabondages qui la laissent « consciente d'exister ». Sortant de la transe, elle garde des souvenirs parfois nets, parfois vagues. La fonction est chez elle irrégulière. Elle perd le don lorsqu'elle est en bonne santé.

Mollie Fancher souffrait en outre de dissociation de personnalité. Cinq autres Mollie se manifestaient en elle et revenaient d'une année à l'autre. L'une d'elles dura neuf ans. Elle oubliait alors les autres personnalités. Elle ne reconnut pas son frère.

Elle voyageait aussi dans le temps, retrouvant des pans entiers de vie antérieure, depuis l'enfance, y compris la voix et l'écriture.

Mollie Fancher, sans être mystique, était très pieuse. Toute idée de supercherie serait chez elle impensable. Elle ne cherchait aucune publicité, la fuyait au contraire. Elle refusait de jouer le rôle de médium ou de voyante et n'adhéra jamais au spiritisme. Ses dons ont été attestés par des gens sérieux, comme le professeur C.E. West, dans le livre que le juge A.H. Dailay lui a consacré[10].

LE POINT DE VUE DE LA PARAPSYCHOLOGIE

La bilocation se fonde essentiellement sur ce que Rochas appelle « l'extériorisation de la sensibilité[11] ».

Un expérimentateur extériorise le « double » du sujet sous hypnose. On postule donc l'existence présumée d'un « double » du corps, plus subtil, incorruptible, le « corps astral » des occultistes, le « double éthérique » ou « périsprit » des adeptes du spiritisme, que les Égyptiens de l'Antiquité nommaient déjà *ka* (double) et les Grecs *eidôlon*. Cet élément porteur de toutes les facultés sensorielles serait le lien semi-naturel entre le corps et l'esprit, susceptible, dans des cas exceptionnels, de se transporter instantanément en un point de l'espace (et peut-être du temps) sous l'appel ou l'attraction d'une autre conscience présentant des affinités très puissantes.

La théorie idéoplastique postule aussi la projection mentale de l'esprit, généralement inconsciente. Lorsqu'elle est consciente, c'est la bilocation.

Gurney, Myers et Padmore nomment « hallucination réciproque » ce phénomène[12]. Autrement dit, padre Pio envoyait télépathiquement une pensée au pape et à ses cardinaux, qui la convertissaient en hallucination, une extériorisation de la pensée. En retour, le pape projetait inconsciemment sur padre Pio un tableau vivant de lui-même. G. Tyrrell, qui fut président de la S.P.R. de Londres, postule que l'« apparition est une idée reçue télépathiquement d'un agent et qui s'exprime en se créant dans la personnalité du percipiant les données sensorielles appropriées »[13]. L'idée reçue crée une hallucination, une vision imaginaire.

D'autres estiment qu'il s'agit plutôt d'un message « téléplastique », phénomène réellement physique propre aux « voyages » des somnambules, métagnomie perceptive, dans laquelle le « voyageur » laisse des traces physiques, cas observés par le Dr Blackman, de Kalmar, qui suggéra à un sujet sous hypnose le voyage en esprit, à trois cents kilomètres de là, chez le directeur du pilotage de Stockholm. Les lieux furent décrits avec exactitude, ainsi que le fonctionnaire qui s'y trouvait. L'habitant des lieux entrevit une forme, comme un fantôme [14].

Il s'agit ici d'une bilocation commandée. Mais le sujet peut aussi agir seul et on en trouve de nombreux exemples dans la littérature hindouiste, où le yogi extériorise son « double ». Cas typique de projection extrasensorielle.

Dans son *Traité de parapsychologie*, René Sudre admet les bilocations des mystiques et ne les distingue pas des phénomènes ci-dessus décrits.

E. Bozzano, spécialiste des bilocations religieuses, souligne qu'elles sont souvent liées à l'agonie. Dans de nombreux récits de mourants sortis de leur coma, les sujets se sont vus hors de leur corps, qu'ils ont vu gisant, inerte, tandis que l'entourage s'agite en vue d'une réanimation. C.G. Jung lui-même a connu cette expérience, dont il rend compte dans son autobiographie [15].

Finalement, ce qui fait le propre de la bilocation, c'est que la conscience se déplace, troisième degré de la métagnomie. Dans le premier cas, je vois un personnage à distance, mais il ne me voit pas. Dans le second cas, il me voit, mais je ne le vois pas. Dans la bilocation nous nous voyons. La métagnomie devient alors de la téléplastie. Éventuellement, nous nous parlons mutuellement, ou nous communiquons par la pensée.

Dans *Matière et mémoire*, Bergson s'est intéressé à la perception extrasensorielle :

« Que la matière puisse être perçue sans le concours d'un système nerveux, sans organes des sens, ce n'est pas théoriquement inconcevable ; mais c'est pratiquement impossible, parce qu'une perception de ce genre ne servirait à rien. Elle conviendrait à un fantôme, non à un être vivant, c'est-à-dire agissant. » (p.33.)

Cette remarque intéressante en appelle d'autres.

La bilocation existe, de même que les « fantômes » agissants. Bergson a raison dans la mesure où le fantôme est une projection onirique obtenue en état de sommeil ou de transe hypnotique, comme cela se produit le plus souvent. Mais tout change si la « projection » se déroule en état de veille, comme ce fut le cas, semble-t-il, avec le padre Pio.

Pour comprendre la bilocation, il faut se référer à cet autre passage de Bergson dans *Matière et mémoire.*

« Ce qui est donné, c'est la totalité des images du monde matériel, avec la totalité de leurs éléments extérieurs. » (p.25.)

Si vous prenez une boîte fermée, avec à l'intérieur une pièce de monnaie, l'esprit pratique fait un choix. Il ne voit que l'immédiat, la boîte, alors qu'en réalité la boîte livre tout son contenu intérieur et extérieur, sous forme d'une vibration corpusculaire. C'est notre esprit qui, pour des raisons pratiques, fait un choix. La vie serait impossible si l'on voyait et si l'on entendait et sentait à la fois tout ce qui se passe dans le monde et dans la conscience des autres.

Le métagnome, padre Pio et quelques autres, pour des raisons mystérieuses, transgressent cette loi. C'est là où apparaît l'exception, la singularité parapsychique, et peut-être ce qu'on appelle le miracle.

Répétons-le : tout nous est donné, mais tout n'est pas perçu par l'être limité que nous sommes. Cependant, un esprit pur serait, dans certaines circonstances, capable de tout appréhender, ce qui est à la limite le propre de Dieu et nous amène au point de vue de la phénoménologie mystique.

« La possibilité de l'apparition n'est pas contestée par les philosophes catholiques », écrit Paul Lesourd. Pour lui, le problème est seulement de savoir si les bilocateurs sont identiquement présents en deux endroits, ou si, corporellement présents en un seul lieu, ils apparaissent en un autre, que ce soit par un corps d'emprunt, ou par une modification subjective des témoins qui subiraient en quelque sorte une vision.

Au cours d'une réunion de capucins à San Giovanni Rotondo, le padre Paolino posa cette question :

— Je voudrais bien savoir comment se produit la bilocation et si les privilégiés du Seigneur se rendent compte quand se produit la bilocation.

— Bien sûr qu'ils s'en aperçoivent, répondit le padre Pio qui se sentait visé par la question ; ils peuvent ne pas savoir si c'est leur corps ou leur âme qui se meuvent, mais ils sont bien conscients de ce qui se produit, et ils savent où ils vont [16]. »

Mgr Régis Jolivet, doyen de la Faculté catholique de philosophie de Lyon, exprime dans son *Traité de philosophie* ce qui ressemble fort au double éthérique des occultistes :

« Il est impossible qu'un même corps occupe simultanément plusieurs lieux si l'on entend la multiplication au sens quantitatif (et par conséquent numérique). Un corps ne peut être, en même temps, un et plusieurs. Mais si l'on se place au point de vue de la *substance* (ou essence) du corps, celle-ci peut fort bien être simultanément en plusieurs lieux, parce que comme telle elle est étrangère à l'ordre de la quantité et, par suite, non circonscrite par un lieu. »

Malheureusement, il ne dit pas ce qu'est la *substance*.

Enfin, à quoi sert la bilocation ? Le croyant répond :

« Toutes ces bilocations ont un sens, dit Paul Lesourd. Elles sont un des privilèges de quelques grands saints et de quelques êtres exceptionnels, c'est-à-dire, en principe, d'êtres prédestinés, à qui Dieu accorde, par là même, des occasions extraordinaires d'être, auprès de certaines âmes, à des moments critiques, pour les réconforter, les aider et parfois les convertir [17]. »

JEAN GUITTON. — Sans vouloir me prononcer

sur le fond, je dirai que tout se passe comme si le mystique avait la faculté d'étendre le champ de sa perception et de son action en projetant à l'extérieur une sorte d'*imago* de lui-même.

Jean-Jacques Antier. – Et ce n'est pas propre aux mystiques.

J.G. — En effet. À l'heure de la mort, certains agonisants peuvent envoyer un message dans l'espace, qui est recueilli par un autre être vivant, parfois à des milliers de kilomètres.

J.-J.A. — Est-ce un phénomène télépathique ?

J.G. — La télépathie serait un cas particulier de la communication des consciences. La bilocation pourrait être envisagée comme le transport d'un « ectoplasme » du sujet émetteur jusqu'au lieu où se trouve un autre sujet, auquel il est lié par la sympathie.

J.-J.A. — Donc, ce n'est pas nécessairement un phénomène surnaturel ou religieux.

J.G. — Non. Bergson et Gabriel Marcel arrivaient même à penser que ce que nous appelons anormal, exceptionnel, pourrait être, aurait dû être le vrai, le normal ; par exemple qu'il eût été normal de communiquer à distance ou de constituer une science psychique avant les sciences dites physiques. Que savons-nous de la relation entre matière et mémoire, entre le cerveau et la pensée, bien que nous vivions ce mystère impensable ? Que savons-nous de cette présence des choses et des êtres en nous, que l'on nomme perception, connaissance, sympathie, amour ? Et les faits marginaux, aberrants, condamnés d'avance par nos postulats, ne devraient-ils pas être étudiés avec soin, pour agrandir notre savoir, pour préparer nos destinées ?

J.-J.A. — Marthe Robin était coutumière de bilocation, comme le padre Pio. Elle n'a jamais tenté d'expliquer ce mystère. Mais vous qui l'avez bien connue, en avez-vous parlé avec les scientifiques que vous côtoyez à l'Académie française ?

J.G. — Ils ne m'écoutent guère ! Leur siège est fait. Marthe leur paraît ou trompée ou trompeuse. Ainsi se juxtaposent en chacun de nous une extrême curiosité pour ce qui nous touche et une indifférence radicale pour ce qui nous gêne.

J.-J.A. — Marthe Robin a donné des récits étonnants de « voyages dans le temps », ce qui est une forme de bilocation. Comme Catherine Emmerich, elle avait des visions précises de la Passion du Christ, de son temps, de la Palestine.

J.G. — Peut-être parce que, ayant cessé d'exercer l'amour-propre, elle était naturellement présente à tous et à tout, parfois hors du temps et de l'espace. Elle disait alors qu'elle *voyageait* !

J.-J.A. — Mot surprenant de la part d'une femme qui est restée clouée dans son lit dans l'obscurité plus d'un demi-siècle, et qui, avant, n'avait jamais quitté sa ferme. C'est le *voyage immobile*, le voyage intérieur, le seul qui permette toutes les audaces.

J.G. — Elle donnait en effet l'impression d'avoir beaucoup voyagé. Si on lui parlait de la Russie ou de l'Amérique, il semblait qu'elle les avait survolées, qu'elle en était revenue. De même pour les événements passés. Elle vous citait de petits détails bien oubliés de conversations anciennes. Elle avait des vues, parfois confuses, parfois précises, sur l'avenir d'une destinée, d'une nation. Ce mot banal de « présence » trouvait en elle sa plénitude de sens. Elle était, quoique mourante et solitaire, présente à tous et à tout, et d'autant plus qu'elle était, par son corps évanoui, absente de tout et de tous.

J.-J.A. — Ainsi, le mystère de la bilocation, partie incontournable du voyage intérieur, demeure total. Et cela nous introduit dans cet autre mystère, la vision, l'apparition.

4

Visions et apparitions

Vous êtes en face de nous, nous vous voyons et nous parlons. Nous pouvons vous serrer la main. C'est une perception réelle. Mais la condition en est que vous êtes entré par la porte et que vous êtes bien devant nous, « en chair et en os ».

Tout autre est la vision, l'apparition. On est en présence de la même représentation, avec ses couleurs, son volume, éventuellement sa voix. Mais l'apparition n'est pas arrivée par les moyens physiques. Ce peut être un défunt ordinaire (un parent) ou extraordinaire (le Christ, la Vierge) ou une entité surnaturelle (ange, démon). Elle est donc hors du temps et de l'espace dans lesquels elle semble se manifester provisoirement. Est-ce ou non une « réalité » ?

Ainsi se trouve posé le clivage fondamental entre croyants (qui ne sont pas nécessairement religieux) et sceptiques rationalistes, pour lesquels l'apparition n'a non seulement aucune « consistance », mais encore aucune « réalité ».

Pour les premiers, l'apparition est la manifestation d'une entité extérieure bien réelle ; pour les autres, c'est une hallucination, une production imaginaire de votre esprit, un état morbide dans lequel le sujet perçoit une sensation sans qu'elle soit provoquée par un objet réel. Il voit et entend des choses qui n'existent pas, parce que, selon le dogme rationaliste, elles ne peuvent pas exister. La seule différence avec le rêve est qu'il est éveillé.

VISIONS ET APPARITIONS CHRÉTIENNES

Selon le Larousse, « la vision est une chose que Dieu fait voir en esprit ou par les yeux du corps ». De même, les théologiens distinguent la vision intellectuelle de l'apparition, celle-ci étant la vision qui affecte les sens.

Les visions se ramènent à deux grandes catégories. Premièrement, la vision à l'état d'éveil. Elle comprend deux sortes de phénomènes distincts : les visions extérieures (ou visions sensibles, ou apparitions), avec représentation d'une entité surnaturelle (la Vierge, par exemple), sous une forme perceptible aux sens. L'objet se présente dans l'espace réel et les témoins du voyant peuvent le voir ou non. En revanche, les visions intérieures sont circonscrites à la seule conscience du voyant et les témoins éventuels ne la voient pas.

Deuxièmement, la vision à l'état de sommeil. Le songe prophétique est une vision surnaturelle et non pas imaginaire. C'est une communication surnaturelle en dehors de l'espace concret, dont la réalisation apporte la confirmation. Bien des personnages de la Bible et un grand nombre de saints connaissent ce genre d'avertissement.

Les cas d'apparitions sont nombreux chez les catholiques. La Vierge est apparue rue du Bac à Paris, à La

Salette, à Lourdes, à Pontmain, à Fatima et ailleurs dans le monde. Le Christ s'est montré non seulement à sainte Marguerite-Marie (Paray-le-Monial), mais aussi à saint Antoine (Padoue) et à de nombreux saints ; à des mystiques comme Catherine Emmerich et Marthe Robin. Jeanne d'Arc eut les célèbres apparitions de sainte Marguerite et sainte Catherine. Des saints sont aussi apparus en rêves prémonitoires. En 1828, Catherine Labouré fit un songe. Elle se voyait priant dans l'église de Fain. Un prêtre la regardait avec insistance. Il lui fit signe, mais elle s'enfuit. Il la suivit au-dehors et lui dit :

— Un jour, tu viendras à moi.

L'année suivante, elle reconnut dans un portrait de saint Vincent de Paul le prêtre de son rêve, qui devint alors une exigence clairement exprimée. Catherine se voua, fille de la Charité, au service du Christ à travers les pauvres. Plus tard, dans la chapelle au 140, rue du Bac à Paris, elle *verra* la Vierge et recevra son message.

Un incroyant éprouvera l'ambiguïté de ces phénomènes. C'est évidemment un problème de foi à la base, mais essayons d'en étudier le mécanisme.

La vision est généralement l'aboutissement de la *contemplation*, qui nous met en relation avec une entité surnaturelle, venue de ce que le croyant appelle le monde divin.

L'Église distingue d'abord la *science infuse*, un type de connaissance intellectuelle qui n'est pas acquis par les livres mais donné par grâce spéciale, à la manière des glossolalies.

Avec le *songe prophétique*, souvent rapporté par la Bible, on entre dans une première catégorie de visions surnaturelles. L'Église le déclare réel lorsqu'il y a réalisation de l'événement prédit, lié au salut. Saint Joseph est ainsi averti en songe des desseins mortels d'Hérode sur l'Enfant Jésus et pressé de fuir en Égypte.

Au troisième degré, nous avons la vision à l'état d'éveil, qui se divise entre la *vision intérieure*, ou *intellectuelle*, dont l'objet reste circonscrit à la conscience du sujet, et la *vision extérieure* dont l'objet se présente sensiblement dans l'espace réel.

Seules seront prises habituellement en considération les visions des sujets en possession de toutes leurs facultés mentales, ce qui ne signifie pas qu'un sujet dissocié ne puisse jamais avoir accès à une vision authentique, mais le discernement est alors difficile. La vision extérieure peut avoir des témoins. Les apôtres virent aussi Moïse et Élie apparaissant au Christ au mont Thabor.

Parfois, les témoins n'ont qu'une participation partielle, comme le rapportent les *Actes des apôtres* dans la vision de saint Paul au chemin de Damas :

« Saül se trouva tout à coup environné d'une brillante lumière venue du ciel. Il tomba à terre et entendit une voix : *Saül, Saül, pourquoi me persécutes-tu ?* Ses compagnons de route s'étaient arrêtés, muets de stupeur, entendant bien la voix, mais ne voyant personne. » (Actes IX, 3-7.)

La vision intérieure est fréquente chez les mystiques. Dans sa biographie de saint Ignace de Loyola, Louis Gonzales da Camara écrit :

« Il avait des visions. Il voyait tantôt Dieu le Père, tantôt les trois Personnes, tantôt la Madone. »

Sainte Marguerite-Marie vit saint François « revêtu de lumière et splendeur incompréhensible et élevé à un très haut degré de gloire au-dessus des autres saints, à cause de la conformité qu'il a eue à la vie souffrante de notre divin Sauveur ». Puis elle vit le Christ qui lui donna son cœur, après quoi elle demeura « plusieurs heures comme embrasée et enivrée ». (Autobiographie.)

Dans beaucoup de cas, on peut s'interroger sur la signification de ces visions, qui ne sont pas toujours données à des mystiques ou à des saints : les Mages qui voient l'étoile, Tobie guidé par l'ange Raphaël, Saül apostrophé par le Christ qu'il persécute. Il s'agirait alors d'un *signe* de la divinité à la créature parfois rebelle.

En revanche, la vision du mystique prend une autre signification : celle de l'union. À ce troisième degré, la vision intuitive, ou béatifique, donnée par Dieu, est une vue immédiate de son essence.

L'extase est souvent associée à la vision. Mais l'extase dépasse la vision. Car, dit Ivan Gobry, « la vision indique qu'on connaît à distance le monde surnaturel ; l'extase signifie qu'on y est [1] ». Et cette identité à Dieu peut aller dans le domaine sensible jusqu'à la stigmatisation, visible ou non, comme on l'a vu pour saint François d'Assise, sainte Catherine de Sienne, et plus près de nous Marthe Robin et le padre Pio. Là, dépassant la vision, le mystique vit de la vie même de Dieu, qui est une vie d'amour.

HALLUCINATIONS ET FANTÔMES

Le phénomène de la vision à travers la recherche parapsychologique, hors de tout contexte religieux, réserve aussi des surprises. Le terme couramment employé d'*hallucinations* n'a plus ici de caractère péjoratif. D'après Taine, l'hallucination est la trame même de la vie mentale, il faut seulement distinguer l'hallucination vraie (la perception) à cause externe, de l'hallucination subjective, à cause interne. C'est le propre de la vie mentale de fournir à la conscience des images autonomes qui habituellement ne se convertissent pas en hallucinations. Et c'est aussi la fonction de l'inconscient d'accueillir des images extérieures, dites télépathiques, venues d'autres consciences, avec ou sans caractère surnaturel.

Bergson a souligné qu'entre la perception et la représentation il n'y a pas une différence de degré, mais de nature. En général, un sujet sain d'esprit doit pouvoir faire la différence entre une vision et une réalité ordinaire. Ce n'est pas l'accroissement d'intensité de l'image qui fait passer du subjectif à l'objectif. La différence existe toujours par une sorte de sentiment d'objectivité qui accompagne la perception, et qui la distingue de la représentation.

Qu'est-ce que la réalité ? On a vu que ce n'est pas nécessairement un objet matériel mesurable faisant réagir nos sens. Les mystiques ont témoigné de la *réalité* des apparitions, et aussi les médiums. Au nom de quel dogme scientifique périmé refuserait-on de les croire ? Mais la science exige la répétition contrôlée du phénomène pour le reconnaître.

Et comment oser qualifier d'hallucination collective le miracle de Fatima au Portugal, où soixante-dix mille personnes ont vu le soleil danser, y compris des témoins sceptiques à plusieurs kilomètres, donc hors du contexte mystique ?

Dans de nombreux cas d'expériences psychiques, certains observateurs étaient sceptiques ; on ne peut donc parler de suggestion. Certaines ont été vues par des animaux qui en étaient effrayés. La contagion psychique est ici insoutenable.

À la lumière de ce qui précède, on voit à quel point il est malaisé de faire, comme le tente l'Église avec prudence, une distinction entre une apparition, qui implique l'existence réelle de l'objet perçu, c'est alors un miracle, et la vision, qui ne l'implique pas, étant de nature purement spirituelle : vision intuitive, ou vision imaginative, ayant lieu couramment dans les songes, le rêve éveillé, et dans l'état d'extase mystique.

Toutefois, Mgr Castellano admet que les deux sortes d'apparitions peuvent être considérées comme réelles et miraculeuses. C'est à l'évêque du lieu d'en décider, après une longue enquête, le Saint-Office étant aussi appelé à donner son avis. Il ne s'agit jamais d'article de foi.

Constatant l'impossibilité pour la science positiviste (hors du postulat quantique) d'avoir accès à l'expérience psychologique et surtout mystique, puisque l'observé et l'observant sont devenus une seule et même personne, Jung assurait que, « l'imagination étant un processus psychique, il est hors de propos de se demander si l'illumination est *réelle* ou *imaginaire*[2] ». Et il concluait : « Nul ne peut comprendre ces données tant qu'il ne les a pas lui-même vécues[3]. »

LA VISION : UN SIGNE

JEAN-JACQUES ANTIER. — Alors, la vision ? Phénomène anormal et aléatoire, voire illusoire ? Ou *signe* ?

JEAN GUITTON. — Qu'est-ce que la vision ? J'aime à revenir à la pensée de ce philosophe du mysticisme qu'est Görres : une faculté naturelle par laquelle nous entrons en contact avec le monde. Nous sommes des sujets en relation avec l'objet théorique et cosmique pour le connaître et pour le transformer. Sans cesse en rapport avec d'autres sujets, nous formons avec eux des sociétés humaines. Mais peut-être sommes-nous aussi en rapport avec des êtres invisibles extracosmiques, qu'ils soient plusieurs (les anges, les défunts), ou uniques (la Vierge, le Créateur). Pour réaliser ce projet, nous disposons de facultés intellectuelles et de communication, et de perceptions, celles-là susceptibles d'un double usage. La faculté perceptive comprend la vue, par exemple, mais le langage nous offre deux mots : la vue et la vision. Dans le premier cas, je vois ce que tout le monde voit. Dans le cas où la vue cède à la vision, un sujet voit ou croit voir ce que l'autre ne voit pas. C'est donc une fonction anormale, que le voisin, parce qu'il n'en bénéficie pas, aura tendance à nier et à définir comme délire.

J.-J.A. — Tout le problème est de savoir ce qui se cache derrière la vision : une entité extérieure agissante, ou bien une manifestation anormale de sa propre imagination, un rêve éveillé. Mais même le rêve peut cacher une entité extérieure. Comment le savoir ?

J.G. — Le visionnaire sait. Il a l'impression que l'objet de sa vision est plus réel que la perception. Cet objet lui donne des émotions bouleversantes, des impressions difficiles à exprimer dans le langage. Tous les voyants ont dit que les images peintes de la Vierge, sur leur description, ne ressemblaient pas à ce qu'ils avaient vu. Ainsi Maximin, à La Salette :

Dans son beau costume, il n'y avait rien de terrestre : les rayons de nuances différentes s'entrecroisaient, produisant un magnifique ensemble que nous avons amoindri, matérialisé. C'était une lumière, mais bien différente de toutes les autres ; une parole, mais différente.

La vision se caractérise par une extrême intensité, une sensation extraordinaire de présence. Dans certains cas cette *voyance* est appelée *clairvoyance*, le visionnaire croit recevoir une information supérieure en ce qui concerne les choses ordinairement cachées, soit dans le présent, soit dans le futur. Il est devin, prophète, annonciateur.

J.-J.A. — Même remarque pour les autres sens.

J.G. — Oui. L'ouïe ordinaire perçoit des sons ordinaires, des vibrations émises par une source physique. L'ouïe paranormale perçoit ce que nous appelons des voix. Et la même différence existe pour les autres sens.

J.-J.A. — Quelle est la signification de ces phénomènes ?

J.G. — La vision et l'apparition sont des cas particuliers de la prophétie entendue au sens le plus élevé : une coïncidence (furtive) de la conscience du voyant avec le mystère divin. Pendant un bref instant, ou un temps plus long, le voyant est arraché à l'espace et au temps et transporté à travers plusieurs écrans en face d'une vision divine. Non pas celle du mystère suprême, Dieu, comme l'ont eue Moïse ou Élie ; non pas le Christ comme les apôtres sur le Thabor ou après la résurrection ; mais la créature la plus proche du Christ, celle dont il avait tiré sa chair : Marie. Marie est un être réel, historique, en même temps qu'un miroir de plusieurs symboles qui se présentent à la conscience du voyant. Celui-ci s'élève alors au-dessus de l'Histoire dans laquelle la plupart des humains sont enlisés : elle coïncide avec la vision que Dieu a de l'Histoire dans son éternité immuable.

J.-J.A. — Ainsi, vous réhabilitez aux yeux des philosophes le phénomène des apparitions, que la plupart de ces grands esprits repoussent dans le ghetto des croyances populaires ?

J.G. — Le voyant obtient pendant un moment passager privilégié ce que recherchent anxieusement les sages, les philosophes, les théologiens et de nos jours les chercheurs de prospective : une vue globale du déroulement de l'histoire du salut ; il le perçoit dans son accomplissement apocalyptique. Si je considère de ce point de vue l'aventure de Bernadette Soubirous ou celle de Catherine Labouré, et le phénomène de Lourdes et de la rue du Bac, j'en obtiens une vue plus profonde qui dépasse celle, souvent superficielle, généralement proposée dans les ouvrages de vulgarisation. Certes, il s'agit bien toujours d'une « apparition de la Sainte Vierge », mais j'envisage le phénomène dans une lumière supérieure, je le rapporte à quelque chose de plus profond et de plus haut, je le rends plus compréhensible aux êtres cultivés — donc compliqués — sans le soustraire aux simples et aux pauvres, nos maîtres.

J.-J.A. — Pourtant, comme philosophe, vous êtes formé à critiquer, à ne pas accepter l'interprétation d'un phénomène aléatoire sans le passer au crible de votre intelligence rationnelle. Ces visions, ces apparitions, personne ne peut les « vérifier », au sens scientifique du terme. Les cerveaux rationnels les contestent et leur dénient toute « réalité » objective, sinon celle d'un rêve qui ne serait qu'un jeu de la mémoire. Dès lors, ils se refusent à insérer l'apparition dans le temps et l'espace. Pour eux, ce ne peut être un événement historique.

J.G. — On ne peut pas exclure de l'Histoire les événements qui seraient *réels* sans être pour autant susceptibles d'être perçus par un observateur quelconque. Il est des réalités temporelles d'ordre supérieur qui ne sont susceptibles d'être perçues que par des témoins privilégiés.

J.-J.A. — Comment peut-on expliquer la méfiance, au mieux l'indifférence de la science vis-à-vis de ces phénomènes mystiques, alors que leur équivalent métapsychique mobilise l'intérêt des chercheurs ?

J.G. — Sans doute à cause de leur contexte mystique. L'explication qui rassure l'intelligence savante est celle d'un hallucination mystique. Les guérisons sont alors attribuées aux énergies obscures produites par la fusion des consciences. Cette « explication » n'atteint que les dehors de cette vaste et diverse expérience.

J.-J.A.- Peut-on faire un « portrait-robot » du voyant contemporain ?

J.G. — C'est généralement un être très jeune, très simple, secret, analphabète, ayant conscience de ne pouvoir taire ce qu'il a vu ou entendu, soumis par ailleurs aux épreuves que la transmission de ce message lui vaut de la part des hommes et de l'autorité religieuse.

J.-J.A. — Pourquoi le message est-il parfois si décevant dans sa simplicité ?

J.G. — Il faut le dépouiller des enveloppes du langage qui est nécessairement celui du visionnaire. Il se résume alors à une *metanoïa* : changement total de mentalité avec appel à la pénitence, que l'on retrouve dans le premier mot de Jésus au peuple : *Le royaume de Dieu est proche. Repentez-vous et croyez à la bonne nouvelle.* » (Marc I, 14.)

J.-J.A. — Le voyant mystique a une connaissance infuse de l'amour de Dieu pour lui et pour chacun de nous, connaissance bouleversante de l'immense tendresse divine. Il la vit en essayant de la partager et de la faire partager. *Le monde a besoin de voir des exemples*, disait Marthe Robin. Mais comment embraser les autres si l'on n'est pas soi-même devenu brasier ? On pense à saint François d'Assise, saint Vincent de Paul et à tous les grands saints visionnaires, leur amour, rayonnement de celui du Christ qui pousse à l'unité et à l'aboutissement de l'histoire du salut : *Père, qu'ils soient un afin que le monde te connaisse et croie.*

LES VISIONS DE JEANNE D'ARC

J.-J.A. — Entrons maintenant dans les faits. Nous avons parlé des prophéties de Jeanne d'Arc, mais elle a eu aussi d'étonnantes visions. Je me réfère ici à l'irremplaçable M. Quicherat qui, en 1850, publia les minutes du procès :

Elle soutenait avec une fermeté inébranlable qu'elle était envoyée de Dieu, que Dieu lui dictait sa conduite par l'entremise des saints et des anges. Le fait de voix qu'elle entendait tint une si grande place dans son existence qu'il en était devenu sa loi. Tantôt les invoquant, tantôt interpellée par elles, elle recevait leur direction plusieurs fois par jour, surtout aux heures où sonnaient les offices. Sa perception était favorisée par les bruits mesurés et lointains, comme celui des cloches, celui du vent dans les arbres.

L'ouïe n'était pas le seul des sens qui fût affecté par ses relations avec le monde des esprits. Une vive lumière se manifestait à sa vue du côté où parlaient les voix, et souvent dans cette lumière se dessinait pour elle la figure de ses interlocuteurs.

L'accusation lui imputait de s'être vantée qu'elle voyait l'ange Gabriel avec des millions d'autres anges, le plus souvent de très petites dimensions et en quantité infinie, comme des atomes tourbillonnant devant les yeux obscurcis par le vertige.

Il n'est pas jusqu'au sens du toucher et de l'odorat qui ne lui paraissent atteints dans les moments où elle jouissait de cette céleste compagnie. Elle était convaincue d'avoir embrassé ses saintes et d'avoir senti en les embrassant une odeur exquise [4].

J.-J.A. — Ma question est simple. Était-elle en communication avec la « pneumatosphère » ; ou bien, selon la critique des rationalistes athées, ses voix étaient-elles seulement issues de son imaginaire ?

J.G. — Jamais on ne pourra faire la preuve rigoureuse, excluant toute ombre, que les voix de Jeanne ne sont pas celles de son cœur, de son corps, ces labyrinthes cachés de notre être, dans lesquels la conscience ne pénètre jamais. Le problème de la mystique, que vous posez ici, comme ceux que pose toute révélation, est toujours de savoir si cet *autre* qui nous parle au-dedans, au-dehors du dedans s'il s'agit de visions, n'est pas le plus profond, le plus caché de nous-même, qui apparaît comme distinct, ou comme extérieur, justement parce qu'il est plus intime que l'intime.

J.-J.A. — Les deux procès du XXᵉ siècle ont montré l'absolue sincérité et la *sainteté* de Jeanne. Alors, pourquoi les juges ecclésiastiques du XVᵉ siècle — je ne parle pas des juges politiques — l'ont-ils condamnée ? J'irai plus loin : pourquoi l'ont-ils trahie ?

J.G. — Les juges rouennais étaient informés sur les visions et les phénomènes mystiques, bien que n'en jouissant pas. Jeanne en jouissait, mais elle n'était pas informée du bon langage. Les juges savaient que les personnages vus dans une vision ou une extase n'ont pas le même genre de réalité que les objets donnés à la perception, parce qu'ils sont *surnaturels* et non naturels, objets de révélation et non de perception. Il leur suffisait donc de faire dire à Jeanne que les objets de ses extases étaient semblables à des *choses* pour qu'ils puissent la condamner.

J.-J.A. — La piéger ! C'est là où la détestable politique s'insinue dans la pure phénoménologie mystique.

J.G. — Pour Jeanne, qui n'était pas philosophe, matérialité (corporalité) et réalité, c'était tout un.

J.-J.A. — Vous voulez dire qu'elle était incapable de distinguer ce qui était naturel de ce qui était surnaturel ?

J.G. — Elle avait trop l'expérience que ses voix, ses visions étaient indépendantes d'elle, et réelles au moins autant que les objets et plus encore, pour admettre qu'elles ne fussent pas des objets semblables aux choses, des réalités corporelles. *Je les vois des yeux de mon corps aussi bien que je vous vois vous-mêmes*, disait-elle à ses juges. Et là, vous avez raison ; elle tomba dans le piège du langage réaliste de ces *docteurs*. Elle ne comprenait pas que toutes les preuves physiques de réalité qu'elle donnait de ses états, lorsqu'ils étaient notés littéralement par ces doctes personnages, au lieu de la sauver pouvaient la perdre. Ce n'est pas la première fois que des « savants » se scandalisent du langage réaliste et le condamnent au nom de l'esprit.

J.-J.A. — Mais au fond, qu'en était-il de ses voix ? Était-ce un phénomène de sublimation ?

J.G. — Les relations précises des minutes du procès dégagent l'idée d'une activité physiologique ou psychologique anormale, d'une hallucination des sens assumée par une intuition inexplicable. En distribuant l'expérience de Jeanne dans l'espace, selon la division des sensations, on la défigurerait en laissant supposer que ses visions étaient des phénomènes séparés, analogues aux sensations, alors qu'elles n'ont jamais été distinguées par Jeanne de l'intuition morale et spirituelle, d'un appel direct de Dieu, ce qu'elle ne cesse de répéter à ses juges.

J.-J.A. — On sent dans ces phénomènes une expérience capitale : la communication même du monde surnaturel avec la créature, et pour la première fois révélée par les minutes d'un procès !

J.G. — Ce qui est perçu comme premier par elle, à travers la vision, l'audition, ou même la palpation, si rare, c'est le rapport établi entre elle et Dieu, première évidence spirituelle enveloppant les autres évidences, lesquelles demeurent pour elle des organes et des moyens. On peut comprendre cela par l'expérience du langage : lorsque j'entends des sons prononcés, je les traverse pour aller au sens, afin de communier d'emblée par ces sons avec la pensée, et par la pensée avec la présence d'une personne. Et les sons, les paroles importent de moins en moins : c'est l'intimité qui parle avec l'intimité. Le mot *vox* que Jeanne emploie exprime cela. Elle a d'ailleurs souvent dit que la voix ne venait pas sans lumière, et sans lumière *spirituelle*. Ce sont des voix venues « de Dieu » qui établissent entre elle et son Créateur un rapport particulier.

J.-J.A. — Les anges et les saintes de ses visions ne seraient donc que des symboles de cette relation privilégiée et, j'oserai dire : amoureuse ?

J.G. — Il est clair que Jeanne prend conscience de ses voix comme d'une voix de Dieu, qu'elle se sent en relation avec Lui et que les autres êtres abstraits avec lesquels elle entre en rapport ne sont sentis par elle que comme des moments du circuit qui va de Dieu à Dieu. Elle les appelle des anges, selon la tradition, des saints, c'est-à-dire des êtres sublimés qui vivent de Dieu.

J.-J.A. — Et elle s'identifie à eux : « *Je me retire et j'entends une voix qui me dit :* Va, va, va, fille de Dieu ! » Alors, qu'en est-il de la réalité des anges et des saintes avec qui elle était en contact ? Ces saintes Catherine et Marguerite ne sont connues que par des légendes. Ont-elles seulement existé ? Quant à « saint Michel archange », il ne présente de sens que pour et par un esprit religieux, juif ou chrétien.

J.G. — Qu'importe, puisqu'ils avaient une réalité substantielle par la conscience de Jeanne. *Michel* signifie : *Qui est comme Dieu*. Quant à cette sainte Catherine d'Alexandrie, Jeanne se la représentait comme une vierge martyre qui, interrogée par des docteurs subtils, avait préféré la mort au déshonneur.

J.-J.A. — Admirable identification de la part de Jeanne !

J.G. — Je ne veux pas dire qu'elle n'a pas *vu* sainte Catherine et sainte Marguerite, ni l'archange. Elle affirme trop qu'elle les a *vus* pour qu'on puisse en douter. Je me demande si, dans cette expérience mystique, elle n'a pas une intuition inaliénable, authentique et profonde qu'elle capte en projetant sur elle les images des saints qu'elle a dans l'esprit. Ainsi, dans la manière dont elle capte l'influx divin, il y a quelque projection qui procède de son propre fond. Par la suite, Jeanne pourrait être plus ou moins dans l'illusion sur le genre de réalité de ses voix, en tant qu'instrument de révélation, sans pour cela se tromper sur l'origine divine ni sur la réalité profonde de leur message. Dans tout acte de croyance on peut ainsi distinguer le niveau du donné et celui du construit. Selon l'adage, tout ce qui est reçu par nous est reçu selon la capacité de celui qui le reçoit. Il y a une part qui vient du réel (dans le cas de Jeanne, le réel c'est Dieu), ce que j'appelle le donné pur. Puis il existe une autre part où se mêlent la projection, la captation du sujet, c'est le construit. On distingue chez Jeanne un progrès de purification vers la fin de sa vie. Une telle attitude enveloppe un effort pour adhérer à Dieu seul, au-delà des faveurs. Dès lors, qu'importe l'historicité relative de Michel et de Catherine ? La réalité des visions de Jeanne implique seulement qu'elle était en relation intime avec l'univers des saints unis dans la gloire de l'amour, avec leur intercession constante, synthétique et globale. S'il existe *un autre monde*, pourquoi n'y aurait-il pas de communication entre ce monde et le nôtre ? Tout nouveau mort appartient d'emblée à ce monde-là, et qui pourrait affirmer que les morts n'ont pas de relation avec les vivants ? Rien n'empêche d'admettre qu'il existe un autre univers que le nôtre, composé seulement de « purs esprits ».

J.-J.A. — Univers qui n'est pas plus inconcevable que le nôtre, peuplé de cet « animal raisonnable » doté d'un esprit incorporé, échafaudage monstrueux ou merveilleux, pour le moins aléatoire, paradoxal et inconfortable, qui serait même inconcevable pour un pur esprit ordinaire habitant « ailleurs » !

J.G. — Jeanne insiste sur la *réalité* de ses phénomènes qui, par leur densité, leur extériorité, s'apparentent aux données ordinaires des sens ; des « apparitions », soit, mais avec tous les traits des objets, même la profondeur. le langage clinique dirait : hallucination de tous les sens.

J.-J.A. — Hallucination ou réalité physique ?

J.G. — Lorsqu'on voulait lui faire préciser la réalité physique, elle hésitait, elle se coupait. Elle n'aperçoit pas, semble-t-il, les corps entiers, elle voit surtout les visages, les couronnes. Il est sûr que ces êtres communiquaient avec sa conscience différemment des personnages ordinaires.

J.-J.A. — Reste la *présence*, qui ne peut être pour elle qu'une réalité substantielle.

J.G. — La *présence*, expérience mystique fondamentale, aurait enfin chez elle tout absorbé et se serait manifestée par une vibration intime et profonde que Jeanne appelle très simplement et mystérieusement une *voix*, mot qu'elle emploie aussi bien pour les images que pour les sons. L'idée de Bergson est que les visions ou les voix sont signes d'une imperfection de l'état mystique, puisqu'elles manifestent qu'il existe des symboles médiateurs et donc une distance entre l'âme et la Source. Lorsque cette distance est abolie, par la coïncidence de la volonté humaine et de la Volonté absolue, alors il n'y a plus de vision ni de voix.

J.-J.A. — Marthe Robin l'a dit clairement. Vers la fin de sa vie, elle n'avait plus de visions de la Passion, elle communiquait directement à l'essence.

J.G. — Jeanne a fait cette expérience spirituelle : elle a ressenti que le degré, la netteté de la perception transnaturelle tiennent à la délicatesse et à la pureté, à la transparence de la conscience morale, à la profondeur de l'abandon de l'âme à la volonté de Dieu. Elle sentait que le tout de sa vie morale était engagé dans ce problème de discernement de l'Esprit, d'obéissance totale et prompte à son souffle.

J.-J.A. — C'est peut-être ce que signifie son vœu de virginité, qu'elle fit très tôt et dans le secret, sans comprendre encore peut-être très bien tout ce qu'il engageait dans son corps. Les contemporains ne s'y sont pas trompés. Elle était

Jeanne la Pucelle, comme fut Marie la Vierge Mère.

J.G. — Elle discerne très bien que c'était le don de son être — corps et âme unis — dans ce qu'il y avait en elle de plus inaccessible, de plus libre. Ce don total, compréhensible pour l'essentiel, même à une intelligence enfantine, elle perçut qu'il lui était demandé pour la maintenir dans cette lumière du corps et de l'esprit, dans cette transparence de l'œil, qui lui rendait le monde surnaturel captable et participable. *Bienheureux les cœurs purs, ils verront Dieu !*

LES VISIONS DE CATHERINE LABOURÉ

J.-J.A. — Passons maintenant à l'autre sainte Catherine, celle-là toute proche de nous. Le 25 avril 1830, cette jeune religieuse se trouve avec ses compagnes dans la chapelle des Lazaristes, au 95 de la rue de Sèvres à Paris, voisine de sa communauté du 140, rue du Bac, pour prier devant le corps de saint Vincent de Paul, ramené de son caveau de la cathédrale Notre-Dame. Après la translation, il y eut une neuvaine de prières à la chapelle de la rue de Sèvres devant le corps de saint Vincent. Catherine y participa. Que dit-elle ?

J'avais tant de peine à quitter la chapelle de la rue de Sèvres ! Mais je retrouvais saint Vincent, ou du moins son cœur, rue du Bac, où il m'apparaissait chaque fois que je revenais. J'avais la douce consola-

tion de le voir au-dessus de la petite châsse dans la chapelle des sœurs [5].

Quelle étonnante transition !

J.G. — Oui. De la manière la plus naturelle, nous passons d'un monde à un autre, du cosmos visible au nouveau cosmos invisible. Nous entrons dans ce domaine inexplorable qui n'est ouvert qu'à des esprits privilégiés, les mystiques. Comme un avion qui roule d'abord sur le sol et qui soudain s'élève en l'air, quoique plus lourd que cet air, nous avons quitté la terre.

J.-J.A. — Dans son récit, Catherine ne semble pas se rendre compte qu'elle nous a quittés, qu'elle n'est plus sur la terre, qu'elle a décollé !

J.G. — En effet. Rue de Sèvres, elle voyait dans la châsse, comme les autres, les reliques de saint Vincent de Paul. Revenue rue du Bac, elle visionne une scène que nous ne voyons plus, nous autres. Ce qu'elle voit, ce n'est plus une « vue », c'est une « vision ». D'autres diront une « hallucination ».

J.-J.A. — Nous voilà au cœur du problème. Un esprit critique se demandera toujours si la vision n'est pas une projection de son propre inconscient. Qu'en était-il aussi de ses visions du Christ ?

J.G. — La première tâche d'un observateur est d'exposer ce que Catherine voit, ou croit voir. Et ce qu'elle dit : *Je vis Notre-Seigneur dans le Saint-Sacrement tout le temps de mon séminaire, sauf quand je doutais*. Cela indique que dans les états mystiques, un acquiescement, un acte de liberté et de confiance du sujet est nécessaire pour que la perception se produise.

J.-J.A. — Et avez-vous remarqué l'étrange vision du 6 juin, où le Christ se montre à Catherine comme un roi, puis dépouillé de ses ornements royaux ? Or, on est en 1830, deux mois à peine avant la chute de Charles X, le dernier Capétien. Faut-il y voir un mélange de mystique — le Christ vaincu par le mal — et de politique : l'événement révolutionnaire ?

J.G. — Assurément. Dans cette vision se trouvent mélangés et comme assimilés un événement historique imprévisible et une réalité spirituelle, théologale. Catherine était accordée avec le mouvement secret de l'Histoire. Elle pressentait ce que les politiques les plus avisés de son temps ne sentaient pas.

J.-J.A. — Une chose me frappe dans ces apparitions. Le voyant n'est jamais étonné. Il en va différemment des visions ou hallucinations « laïques », par exemple celles des Ovni. Les gens sont stupéfaits, puis excités. Le voyant religieux reste calme tout en étant absolument sûr de lui. N'y a-t-il pas là un *signe ?*

J.G. — C'est vrai ; Catherine n'a pas été surprise de ses multiples apparitions — le cœur de saint Vincent de Paul, le Christ, et enfin la Vierge qui lui donne sa mission : répandre dans le monde la Médaille miraculeuse. Pourtant, elle avait un caractère assez méfiant.

J.-J.A. — N'a-t-elle pas douté, imaginé qu'il s'agissait d'un rêve, dans la nuit du 18 au 19 juillet 1830, alors même qu'elle se voyait descendre à la chapelle, guidée par un enfant, qu'elle suppose être son ange gardien ?

J.G. — Même si cette apparition était un songe,

c'est un songe bien lié, un rêve positif, une hallucination dûment contrôlée. Catherine pénètre dans cet univers surréel, qui n'est pas au-dessus, mais à l'intérieur de ce monde-ci.

J.-J.A. — A-t-elle douté ?

J.G. — Sur le coup, oui. Elle interroge, elle a peur de se tromper et de nous tromper.

J.-J.A. — Alors, rêve ou réalité ?

J.G. — Qu'est-ce que la réalité ? Ordinairement, c'est ce que tout le monde voit. Mais on baigne ici dans le surnaturel. Ce qui frappe : Catherine garde son sang-froid face à l'extraordinaire. C'est une femme de la campagne. Ce n'est pas une fillette, elle a vingt-quatre ans ; elle a géré une ferme. Elle fait la distinction du sommeil et de l'éveil. Elle note les heures. Elle s'était endormie, elle s'est réveillée. Elle a l'idée, lorsqu'elle s'entend appeler par le mystérieux enfant, que les autres sœurs vont l'entendre sortir de son lit, suivre l'enfant dans l'escalier. Elle constate qu'en arrivant à la chapelle elle ne voit pas encore la Vierge. Elle contrôle les durées. Elle regarde si les « veilleuses », les sœurs chargées de veiller, ne passent pas par la tribune. Enfin elle voit ! Elle remarque que la Vierge ressemble au tableau qu'elle avait vu de sainte Anne, mais *elle n'a pas la même figure*. Elle résiste à l'impression d'*avoir vu* la Vierge. Elle croit se tromper, par conséquent elle doute, bien que l'enfant ait dit : *Voici la Sainte Vierge*.

J.-J.A. — Oui, ce passage est extraordinaire. Catherine écrit, dans sa relation à son confesseur :

Je doutais si c'était la Sainte Vierge. Impossible de dire ce que j'ai éprouvé, ce qui se passa au-

dedans de moi. Il me semblait que je ne voyais pas la Sainte Vierge.

J.G. — Ici, l'ange intervient pour mettre fin à ses doutes :

Il me parla, non plus comme un enfant, mais comme un homme, le plus fort, avec des paroles les plus fortes.

J.-J.A. — Alors, la certitude lui est donnée, et aussitôt elle fond de tendresse :

Regardant la Sainte Vierge, je n'ai fait qu'un saut auprès d'elle, à genoux sur les marches de l'autel, les mains appuyées sur ses genoux. Là, il s'est passé le moment le plus doux de ma vie.

On retrouve cette réaction avec les voyants de La Salette : Marie, une maman qui pleure, à cause de ses enfants qui la tourmentent.

J.G. — Oui. Catherine se jette en avant dans un élan de joie, de pur amour. Elle cesse de se contrôler. Elle n'est plus qu'amour. Elle dépasse la « vision », l'« audition », elle atteint le monde du toucher, de la palpation. Les scientifiques diraient que l'hallucination envahit sa cénesthésie*.

J.-J.A. — Alors, encore, rêve ou réalité ?

J.G. — Rêve ? Mais elle revient à son lit, note l'heure qu'elle entend sonner. Elle ne dormait pas, puisqu'elle dit qu'elle ne s'est pas rendormie. Remarquez dans ce récit d'une paysanne l'union de deux facultés qui, chez les poètes, sont souvent données ensemble : l'élan imaginatif et un souci de précision.

* Cénesthésie : ensemble des sensations internes qui conduisent à la notion de notre propre existence, de notre moi.

J.-J.A. — Précision remarquable :

Quand elle est partie, je n'ai aperçu que quelque chose qui s'éteignait enfin, plus une ombre qui se dirigeait du côté de la tribune par le même chemin qu'elle était arrivée. Je me suis relevée et j'ai aperçu l'enfant. Il m'a dit : Elle est partie. *Nous avons repris le même chemin, toujours tout allumé, et cet enfant était toujours sur ma gauche. Il était habillé de blanc, portant une lumière miraculeuse avec lui, c'est-à-dire qu'il était resplendissant de lumière. Revenue à mon lit, il était 2 heures du matin, j'ai entendu sonner l'heure. Je ne me suis point rendormie.*

Toutefois, n'est-il pas surprenant que Catherine ne décrive pas le visage de la Vierge ? Elle a seulement dit plus tard, lors d'une autre vision, qu'il était *de toute beauté* et qu'elle ne pourrait le dépeindre.

J.G. — Qui le pourrait vraiment ? Mélanie, la voyante de La Salette, s'est bornée à dire :

Elle avait en elle tout ce qui pouvait satisfaire, car la terre était oubliée. Les yeux de notre tendre Mère ne peuvent pas se décrire par une langue humaine. Pour en parler, il faudrait le langage de Dieu même.

Mélanie se risque seulement à une analogie :

Les yeux de la Belle immaculée étaient comme la porte de Dieu, d'où l'on voyait tout ce qui peut enivrer l'âme.

Si Catherine Labouré n'a pas parlé de la face inaccessible, elle a bien désigné les mains. Cette attitude des mains étendues sera aussi celle de la Vierge de Lourdes et de Pontmain. Mains tendues, symbolisme de l'accueil, de la complaisance, d'une bonté secourable et amoureuse, un don total, celui que Marie fait d'elle-même à qui l'implore.

J.-J.A. — L'apparition du 27 novembre 1830 présente deux globes, l'un sous les pieds de la Vierge, l'autre dans ses mains, comme une boule de feu surmontée d'une croix.

J.G. — La sphère représente la totalité. Une figure close, cercle, auréole, nimbe, losange, carré, cœur, *mandala*, représente l'univers. Le globe de feu évoque ces chars de lumière, ces buissons qui apparaissent dans l'Écriture comme le réceptacle, le tabernacle de la présence de Dieu. Le buisson ardent, le char d'Élie. Les mêmes archétypes, dirait Jung, se retrouvent dans les apparitions de La Salette, de Fatima. À l'intérieur d'un globe de lumière, la Vierge se découpe, se dessine. Elle semble portée par un globe de feu.

J.-J.A. — La Vierge précise d'ailleurs : *Cette boule représente le monde entier.* Puis elle ajoute : *Particulièrement la France, et chaque personne en particulier.*

J.G. — Cette Vierge offrant, intégrant l'univers total dans cette offrande, figure l'âme d'un savant cosmique offrant à Dieu le cosmos tout entier intégré par le Christ ressuscité. Teilhard, dans *la Messe sur le monde*, a exprimé à sa manière ses sentiments : ceux de la Vierge offrant le globe d'or.

J.-J.A. — Que faut-il penser de la Médaille miraculeuse, dont Catherine a reçu la vision nette, et l'ordre de la faire frapper ?

J.G. — Sur l'avers on voit la Vierge entourée de sa fameuse prière : *Ô Marie conçue sans péché, priez pour nous qui avons recours à vous*. Médaille figurative. L'envers paraît plus caché, secret : un M, une croix et deux cœurs. Nous entrons dans une région mystérieuse et plus profonde. C'est un idéogramme. Sous un très petit espace, avec un minimum de symboles elle rassemble en un tout la mariologie. C'est une micro-apocalypse, un enseignement allégorique de la pensée de l'Église sur la mère du Christ, une *somme* destinée à la fois aux élites et au peuple.

J.-J.A. — Le recto représente Marie triomphante, le verso symbolisant la souffrance et la crucifixion.

J.G. — Béatitude et souffrance sont les deux faces d'une même réalité incommunicable.

J.-J.A. — Il est frappant aussi que cette jeune fille peu instruite ait eu cette vision aussi complète. Cela plaide en faveur d'une grâce extérieure, d'une « révélation ». Si rêve il y avait, ce serait ce que Jung appelle un grand rêve à archétypes, puisant dans la mémoire illimitée de l'inconscient collectif et, en quelque sorte, à la source même du Créateur.

J.G. — L'essence du mystère du Christ réfracté dans le cœur de Marie se trouve résumée ici.

J.-J.A. — Cette médaille est un *mandala* chargé d'archétypes. Le premier, je crois, vous avez osé l'exprimer à une époque où les religions orientales n'étaient pas encore en faveur en Occident.

J.G. — Le mandala, que l'on trouve dans le rituel du culte hindou et dans les techniques indiennes et chinoises de sublimation, est un espace circonscrit dont l'esprit se sert pour ses aventures d'ascèse, de concentration, d'accomplissement.

J.-J.A. — Autrement dit, une figure chargée de symboles, qui aide à la contemplation religieuse.

J.G. — Le mandala est aussi comme le cadre pour un tableau, la reliure pour un livre, le format pour un journal, la rime pour un beau vers. Ce qui clôt et ce qui achève. Et sa forme de cœur m'enseigne que le cœur, le foyer, le centre, est ce par quoi tout commence, ce en quoi tout s'achève et se récapitule. Le mandala favorise les plus modestes étapes intellectuelles et les plus hautes quêtes spirituelles. La Médaille miraculeuse aurait pu servir d'exemple à Jung. Son succès suffit à prouver qu'elle correspond à une structure des profondeurs : un archétype. C'est notre mandala occidental, la représentation symbolique du monde surnaturel et de son histoire espérante.

J.-J.A. — Donc, un signe d'union ?

J.G. — Oui. Peuvent la porter le sage et le fou, le savant et l'ignorant, le croyant et même l'incroyant, comme nous le verrons dans l'aventure spirituelle de Ratisbonne, qui s'en moquait.

J.-J.A. — Mais on voit tout de suite le danger de la superstition.

J.G. — Il existe. Je dirai qu'est superstitieux tout acte qui détache le moyen de la fin ; qui à la limite transforme le moyen en fin. La superstition doit être dépassée.

J.-J.A. — Fille de la campagne, Catherine, ayant connu dès son enfance l'appel de Dieu, était attirée par la vie religieuse. Ce n'était pas le cas de la petite Bernadette de Lourdes. Là, c'est la vision pure de tout subjectivisme !

J.G. — En effet, ce n'est pas une extatique. Simplement une personne en rapport avec un objet qu'elle décrit, sans aller au-delà de ce qui lui a été donné à chaque vision. Elle n'interprète pas, elle observe ; elle se soumet. Sobriété des paroles et des symboles, progression de la pédagogie des visions, de leurs fruits spirituels. On pense à ces développements que l'on rencontre dans la vie des grands mystiques, mais ici, sous une forme remarquable à cause de l'ignorance presque absolue de l'enfance. Sous ces divers aspects, Lourdes est un lieu symbolique où se joue au grand jour, en plein monde moderne, le drame de la souffrance et du péché, comme celui de la raison et de la foi : cela d'une libre manière.

LE PLAN DIVIN

J.-J.A. — À travers toutes les apparitions de Marie, n'y a-t-il pas une sorte d'unité qui révèle le projet d'une entité à notre égard ?

J.G. — Oui. La vision de 1830 rue du Bac a le caractère d'une esquisse annonciatrice. Le thème cosmique, qui sera si accentué dans l'icône de Pontmain, y est ici à peine présent, de même que celui de la conversion, le thème de Lourdes. Depuis, l'humanité expérimente les fruits terribles de la connaissance. Le plan divin est de laisser la liberté humaine faire l'amère expérience de ses fruits de catastrophe pour intervenir au dernier acte, au dernier moment, par une arche, un arc-en-ciel, un événement, un Salut dont on désespérait. Il y a une convergence dans les apparitions mariales. C'est le même *discours* de Dieu à l'homme, le même environnement évangélique qui se reprend, se précise et se continue à travers les images sibyllines et surprenantes.

J.-J.A. — Et quelle est la substance du discours ?

J.G. — *Faites pénitence*. C'est-à-dire détachez-vous des biens terrestres qui vous agrippent. Un seuil approche où l'humanité devra choisir entre la subversion et la conversion, le milieu où elle croit pouvoir s'établir dans la consommation heureuse n'étant plus tenable. Alors, nous serons en mesure de réaliser l'ineffable, le seul bien impérissable : aimer Dieu en nous aimant les uns les autres.

J.-J.A. — Malgré des miracles éclatants, comme à Fatima, on ne peut pas dire que le monde se convertisse et fasse pénitence. C'est ce que semblait déjà déplorer la troublante Vierge de La Salette, au visage inondé de larmes. À notre époque, dans notre Occident saturé de plaisirs, comment saisir le sens profond de la pénitence, son urgence, alors que tant de nouveaux pauvres restent en marge de la société ?

J.G. — Pour pénétrer dans l'intelligence de ces expériences, on doit d'abord se purifier. On ne peut voir le soleil sans un organe qui a de l'affinité avec la lumière. On ne peut « voir Dieu » s'il n'est présent d'une certaine manière dans notre conscience. Autrement dit, on ne peut le connaître que s'il se manifeste en nous, et pour cela il faut se purifier, vider la conscience de ce qui l'obscurcit, tous ces désirs inutiles. Finalement, ces manifestations, visions, apparitions, extases, nous sont peut-être données à travers des êtres choisis, pour nous familiariser, en dedans, avec l'action purificatrice, dénudante et réductrice que l'influence divine — on disait autrefois la grâce — exerce sur nos personnalités.

LE VISAGE DU CHRIST DANS NOTRE HISTOIRE

J.-J.A. — À côté des apparitions de la Vierge, il y a les visions du Christ, ces visions étonnantes de François d'Assise, de Catherine Emmerich, de Marthe Robin, et tant d'autres sur la Passion.

J.G. — Le visage du Christ se lit sur notre histoire, son doux sourire s'imprime sur ce voile, il glisse même à travers nos fautes. Cette transfiguration, sensible la semaine de Pâques, chacun peut s'en donner le spectacle, quand il pense aux jours écoulés. Alors, il peut se dire que le présent, demain, sera le passé, car le passé est l'avenir de tout avenir. Mais dans le passé se trouve je ne sais quoi d'éternel.

J.-J.A. — Marthe Robin, « éveillée » chaque semaine à la vision de Jésus crucifié, a dit :

Le Seigneur me montrait sa croix que je voyais intérieurement, très distinctement. C'était une vue tout intérieure, une vue de l'âme, très précise, plus sûre que la vue des yeux. Les yeux de l'âme ne trompent pas, parce que c'est quelque chose qui vous est imposé. La vue du corps peut quelquefois faire défaut. On croit voir une ombre par défaut de sa vision. Cette vue de l'âme est étrangère à nous, elle est imposée à l'âme qui ne peut pas ne pas voir, elle ne pourrait s'y dérober. Elle est l'objet d'une volonté infiniment supérieure, autre que la sienne[6].

Une vue de l'âme plus précise que celle des sens, c'est bien ce que vous a dit Marthe ?

J.G. — Oui. Et elle a ajouté :

C'est tout à fait différent de ce que vous imaginez. C'est plus évident que votre présence ici. Quand j'avais des visions sur la Passion, je pouvais reconnaître tel ou tel visage sur le passage de Jésus ; j'entendais même les hurlements de la foule.

J.-J.A. — Pourquoi parlait-elle au passé ? Avait-elle cessé d'avoir des visions ?

J.G. — Oui, dans son grand âge. Elle s'en est expliquée :

Maintenant, je suis plus intérieure, je suis tout intérieure ; je ne vois plus rien ; je communie au fond. J'ai quitté les attributs ; je m'enfonce dans l'essence.

Cela me rappelle ce que me disait Bergson à propos de l'extase :

D'abord, c'est une surabondance de vie. Puis les visions s'éloignent. La divinité ne saurait se manifester du dehors à une âme désormais remplie d'elle.

Par ailleurs, celui qui croit est plus que celui qui voit, puisque l'évidence lui enlève cet acte de liberté dans l'obscurité qu'on appelle l'amour. Alors, je demandai à Marthe :

— Vous n'êtes pas arrivée à l'essence tout d'un

coup ? Il y a eu un itinéraire, un chemin, une montée ?

Elle me répondit :

— J'ai eu des visions d'images, où je voyais les choses hors de moi. Cela m'angoissait, car dans ce genre d'affaire, on n'est jamais absolument sûr que cela ne soit pas une hallucination, un rêve. Pourtant, il est des cas où il y a certitude, je dirai même évidence : c'est quand Dieu opère ce qu'il fait. Alors, Dieu fait tout. Au début, j'avais des doutes parce que j'étais encore dans les images. J'ai outrepassé ces images. J'ai connu les attributs de Dieu. Puis je les ai quittés pour m'enfoncer dans l'Essence. J'ai même fait un progrès à l'intérieur de cette essence.

J'ai demandé :

— Avez-vous, dans vos expériences, l'impression que votre âme se détache de votre corps ?

— On ne peut pas dire que l'âme soit détachée du corps ; elle est emportée, c'est étrange. Dieu se manifeste d'abord par la crainte. C'est si nouveau, si inexprimable ! Puis on passe à une paix qui est un état, au-delà du temps. On ne peut pas dater, savoir à quel moment cela s'est produit. Comment vous dire ? C'est hors de soi, et c'est en soi. On est emporté. On a beau résister, on est emporté dans l'amour.

Puis elle m'a résumé d'un mot ce qu'était pour elle la vie mystique :

— Cela consiste à tenter d'être un avec Jésus.

VISIONS DES APÔTRES : MOÏSE ET ÉLIE

J.-J.A. — Dans les Évangiles qui rapportent la Transfiguration du Christ au mont Thabor, le phénomène est accompagné d'une double apparition : Moïse et Élie, dont les apôtres Pierre, Jacques et Jean sont les témoins. Apparition bien réelle, puisque le Christ s'entretient avec eux :

« *Ils parlaient encore qu'une nuée lumineuse les recouvrit. Et voici qu'une voix se fit entendre dans la nuée* : Celui-ci est mon fils bien-aimé, écoutez-le. » (Matthieu XVII,5.)

Au XIXe siècle, la critique biblique suggérait que la Transfiguration pouvait être un épisode légendaire. Quelle est l'interprétation actuelle ?

J.G. — Non pas un miracle, mais une vision mystique et pour ainsi dire liturgique, faisant partie de la prédication primitive de Jésus.

J.-J.A. — Donc, l'événement, rapporté par les trois évangélistes synoptiques, a vraiment eu lieu. Mais quel événement ?

J.G. — Il faut ici se référer à la phénoménologie mystique. On a vu se développer depuis cinquante ans la « psychologie des profondeurs », l'étude de l'inconscient, la métapsychique. Les chercheurs modernes considèrent d'un œil neuf ces phénomènes mystiques, niés au XIXe siècle par les positivistes, les psychiatres, les médecins, comme au temps de Charcot. Or la « phénoménologie » de Husserl permet d'étudier ces phénomènes sans leur faire porter l'hypothèse préalable de l'hallucination. Par exemple, la Résurrection (en entendant par là les apparitions du Christ après sa mort, ses *phanies**) n'est plus rejetée *a priori*, puisque la phénoménologie mystique nous met en présence de phénomènes du même genre. La transfiguration du mont Thabor entre dans cette catégorie des phanies. On les retrouve d'ailleurs dans l'histoire universelle racontée par l'Ancien Testament, et elles expliquent, aux yeux des écrivains-prophètes, les grands événements de l'histoire d'Israël. C'est une phanie qui est à l'origine de la Loi au mont Sinaï, et l'épisode du Buisson ardent est aussi une phanie. La conversion de saint Paul, qui tient une si grande place dans l'histoire évangélique, eut pour origine une phanie sur le chemin de Damas.

J.-J.A. — Il n'empêche que le critique rationaliste se posera toujours la question : vision d'une entité réelle, extérieure ? Ou hallucination, illusion, fabrication onirique d'un esprit dérangé ? Ce que Virgile exprimait déjà ainsi : *Sont-ce les dieux qui nous donnent cette émotion, ou chacun se fait-il un dieu de son désir ?*

J.G. — Si je m'en tiens à mon expérience, je dirai que dans toute vie existent des instants privilégiés, des moments cachés, secrets, singuliers, où nous est donné en un instant récapitulatif ou prophétique ce qui se déroule d'une manière diachronique dans notre histoire. La plupart des

* Phanie : unité définissant la grandeur de la sensation de la lumière. Se rapporte ici aux phénomènes lumineux du mysticisme, comme la Transfiguration. Voir Deuxième Partie, chapitre 7.

inventions, dans l'ordre scientifique, littéraire ou politique, se sont présentées sous la forme d'un premier germe fulgurant. Alors, pourquoi ne pas considérer d'un œil neuf l'histoire de la Transfiguration ?

J.-J.A. — Que voulez-vous dire ?

J.G. — Il y a dans la vie du Christ des *photographies* qui éclairent son mystère. Photographie, au sens étymologique, signifie lumière (*phôs*) sur l'écriture (*graphè*). Il n'est pas de société, même de société politique, qui n'ait pour origine une « vision », d'abord limitée à une seule conscience, mais qui plus tard se répand dans d'autres consciences, donnant naissance à des sociétés closes et à des rites.

J.-J.A. — Quel est le *sens* de la vision du mont Thabor ?

J.G. — Apparition éminemment symbolique des deux personnages centraux de l'Ancien Testament : Moïse résume l'histoire d'Israël en lui donnant sa loi. Élie résume la tradition hébraïque prophétique. La loi et les prophètes, le statique et le dynamique sont les deux sources de l'histoire d'Israël. Dans cette vision, Jésus reproduit Moïse, puisqu'il donne la loi nouvelle. Mais cette loi est dynamique, une loi d'amour. Jésus est un législateur prophétique.

J.-J.A. — Il y a donc un parallèle entre Moïse au Sinaï et Jésus transfiguré sur cette montagne ?

J.G. — Oui. C'est au milieu des éclairs et de la nuée que Moïse avait reçu la Loi. C'est dans une transfiguration lumineuse et fulgurante, mais douce cette fois, et sans éclair, que Jésus donne la Foi. Nous sommes là dans un moment récapitulateur, dans un point oméga qui est aussi un point alpha, parce que l'histoire antécédente annonce et inaugure l'histoire subséquente. Et la Transfiguration est peut-être, de tous les épisodes de l'Évangile, celui qui est le plus dense, puisqu'on peut le considérer comme une charnière de l'Histoire : un temps est révolu, un autre commence.

J.-J.A. — Pourquoi Jean, qui a été l'un des trois témoins, ne raconte-t-il pas la Transfiguration dans son Évangile ?

J.G. — Il est dit qu'ils ne devaient pas en parler. Ensuite, Jean y fait allusion dans son chapitre XII, lorsqu'il parle d'une voix céleste qui proclame la gloire de Jésus, puis du trouble de Jésus devant le supplice qui l'attend. On peut dire que pour les préparer au scandale de sa mort, Jésus voulut les prémunir en leur montrant un spectacle de gloire. Que les trois apôtres en aient été frappés, cela ressort des *Actes* et des *Épîtres*. Dans sa seconde *Épître*, Pierre dit que les apôtres ont été les témoins oculaires de la gloire de Jésus ; qu'il a entendu sa Voix sur la montagne. Il est frappant que ce témoignage de Pierre dans les communautés primitives, ce phénomène mystique, ce signe, cette merveille, paraisse plus important que ses récits sur la Passion ou les christophanies. Si Pierre racontait cet épisode avec insistance, c'est parce qu'il avait dans cette expérience touché un je-ne-sais-quoi qui garantissait les autres témoignages qu'il pouvait faire sur l'Histoire. Et là, il faut en appeler à l'expérience des grands mystiques. Si l'on avait demandé à Paul quel était le fondement de sa foi, il l'aurait placé dans la vision du chemin de

Damas, qui fut le contact ineffable entre sa conscience et la conscience divine. Et c'est ce contact qui donnera une densité de réalité à la tradition ecclésiale dont Ananias l'entretiendra à Damas.

LA VISION FONDATRICE DE SAINT PAUL

J.-J.A. — Il est évident que la foi, dans son essence, est fondée sur un rapport intérieur du moi intime avec Dieu, plus que par le témoignage d'un événement extérieur, d'une parole entendue.

J.G. — Oui. Il faut donner un sens « existentiel » au prologue de l'Évangile johannique : *Nous avons vu sa gloire*. Il en est de même de Paul ; l'instant de Damas fonde sa foi. Plus tard, accusé par les Juifs et menacé de mort, il le raconte au roi Agrippa :

Je vis en chemin resplendir autour de moi et de mes compagnons une lumière venant du ciel, et dont l'éclat surpassait celui du soleil. Nous tombâmes tous par terre et j'entendis une voix qui me disait : « Saül, Saül, pourquoi me persécutes-tu ? » *Je répondis* : « Qui es-tu, Seigneur ? » *Et le Seigneur dit :* « Je suis Jésus que tu persécutes. Je te suis apparu pour t'établir témoin des choses que tu as vues et de celles pour lesquelles je t'apparaîtrai. Je t'ai choisi au milieu de ce peuple et des païens vers qui je t'envoie, afin que tu leur ouvres les yeux, pour qu'ils passent des ténèbres à la lumière. » (Actes, 26.)

Et Paul conclut : *En conséquence, roi Agrippa, je n'ai point résisté à la vision céleste.* Et c'est sans doute un phénomène analogue qu'il décrit dans la seconde *Épître* aux Corinthiens :

Nous tous qui, le visage découvert, contemplons comme dans un miroir la gloire du Seigneur, nous sommes transformés en images de gloire en gloire, comme par l'esprit du Seigneur.

SEUL LE VISIONNAIRE ENTRE DANS LE RÉEL

J.-J.A. — Essayons de conclure. L'Église fait la différence entre la vision et l'apparition. La science, elle, parle d'hallucination. Comment réconcilier ces vues ?

J.G. — Pour un psychiatre incroyant, c'est toujours une hallucination. Il classera les visionnaires parmi les « malades ». Mais qu'est-ce que la santé ? Si la santé est définie non par le sentiment qu'on en a mais par son irradiation, par son effet, par l'adaptation immédiate au réel, par l'efficacité, par une certaine joie triomphante toujours et même dans l'échec, alors il faudra créer pour ces anormaux un terme qui les spécifie. Il faudra reconnaître en clinicien, en psychiatre, qu'il existe une anormalité surnormale : l'inverse de la maladie. L'expérience des mystiques semble, à lire Bergson et James, un phénomène anormal qui se superpose à la vie psychique normale et ne concerne que de rares privilégiés. Si la vie mystique est sans lien avec le psychisme, il est tentant de la tenir pour un produit de l'imagination, pour une aliénation au sens marxiste du terme.

J.-J.A. — Freud parle de « transposition ».

J.G. — En fait, la vie mystique n'est pas superposée à la vie sensible, elle en est la sublimation et la plénitude. Il y a interpénétration du physique et du spirituel. Nos sens peuvent être orientés vers des objets extérieurs, mais ils peuvent aussi nous mettre en relation avec « autre chose », une réalité transcendante cachée aux autres. Pour le voyant, la conscience de l'univers se modifie. Il a l'impression de sortir d'un songe, la vie, pour entrer dans le réel. Et lorsqu'il retourne dans la vie, après une extase, il croit rêver. Nous leur apparaissons irréels, lointains, fantomatiques. C'est ce que dit André Frossard au sortir de son « illumination » : *Les débris de mes constructions intérieures jonchaient le sol. Je regardais les passants qui allaient sans voir, et je pensais à l'émerveillement qui serait le leur quand ils feraient à leur tour la rencontre que je venais de faire. Sûr que la même aventure leur arriverait tôt ou tard, je m'amusais par avance de la surprise des incroyants et de ceux qui doutaient sans se douter.*

J.-J.A. — Ceci nous amène à la conversion instantanée, autre phénomène du mysticisme.

5

La conversion miracle de la foi

Il existe deux types très différents de conversion. La première est panthéiste. On la retrouve chez Plotin et Spinoza, comme dans la spiritualité bouddhiste. Il n'y a pas de différence profonde entre Dieu et le monde. Dieu est tout et tout est Dieu. Dès lors, le problème de la conversion consiste à se replacer en Dieu. Mais comme je n'en suis jamais sorti, puisque je suis virtuellement Dieu et que Dieu est virtuellement moi, il ne s'agit que de dissiper un brouillard, c'est-à-dire de renoncer à ces apparences qui me font croire que je ne suis pas Dieu. « Tu es cela », dit le sage hindou. Lorsque j'aurai dissipé cette impression de distance due à l'imagination et à la mythologie, alors je me « convertirai » sans avoir à me déplacer. Je comprendrai que je suis une partie du grand Tout, un moment de cette grande histoire, une parcelle de cet Être, un fruit de ce Hasard. Dès lors, le problème de la conversion n'est pas un problème de volonté ou de grâce, mais de prise de conscience.

Autre est la conception judaïque, et la conception chrétienne son héritière. Elles procèdent de l'idée que Dieu est créateur. Entre Dieu et moi il existe donc un intervalle absolu, celui de la création. Bien que je sois en Dieu, puisque rien ne peut exister en dehors de

Lui, je suis indépendant de Dieu par ma libre volonté. Je suis une créature et il est le créateur.

Lorsque je prends conscience de moi-même, je prends conscience de mon intimité avec Dieu, qui est plus intérieur à moi que je ne suis intérieur à moi-même. Mais je prends aussi conscience de la distance infinie qui me sépare de Dieu, dans le domaine de l'être et dans celui de la perfection. Je prends conscience de cet éloignement qui tient à l'usage de ma liberté. Dès lors, si je veux coïncider avec Dieu, il faudra que je fasse une véritable marche vers Lui. Il ne s'agit plus d'une simple prise de conscience par mon intelligence de mon éternelle identité, mais d'une démarche volontariste par laquelle je me retourne. Je vais à mon père. C'est la *conversion* chrétienne, qui est la traduction dans le domaine de l'action du rapport métaphysique entre le fini et l'infini. Telle fut la démarche que saint Augustin nous décrit dans ses *Confessions**.

Dans ce chapitre, nous aborderons exclusivement la conversion chrétienne à partir de l'illumination de la foi.

La conversion religieuse, quand elle est instantanée, constitue bien l'un de ces signes, de ces merveilles, qui témoignent des pouvoirs mystérieux de la foi.

Il faut distinguer les conversions opérées directement par Dieu, on pense à saint Paul, à Claudel, à Ratisbonne, à Frossard, et celles réalisées par l'intermédiaire d'un saint personnage. Parmi ces dernières, les plus proches de nous et les plus spectaculaires sont sans doute celles du padre Pio [1].

Le Dr Festa, son ami, avait un cousin avocat à Gênes, nommé Cesare, président de la loge maçonnique de cette ville, donc athée militant. Pour lui, les miracles

* Texte de Jean Guitton.

réalisés par le padre Pio n'étaient que contes de bonnes femmes, mais comme il était honnête il accepta la suggestion de son cousin d'aller à San Giovanni Rotondo en juger par lui-même.

Avec son don de double vue, le padre Pio le repéra aussitôt et l'interpella sans ménagement :

— Alors, vous êtes franc-maçon ?

— Oui.

— Pour faire quoi ?

— Combattre l'Église !

Padre Pio le prit par la main et l'entraîna à l'écart. Plongeant avec tendresse son regard dans le sien, il lui raconta la parabole de l'enfant prodigue. Le maître du barreau napolitain fondit aussitôt. Il ne comprenait pas le bouleversement qui s'opérait en lui, mais le bonheur qu'il éprouvait de se sentir soudain aimé par ce Jésus qu'il persécutait constituait une réalité si objective qu'il s'y abandonna comme un enfant et se confessa au padre. Comment un maître du barreau peut-il être converti, retourné en quelques minutes par un pauvre moine ignorant, fruste, voilà le premier mystère.

Restait à affronter la tempête. Me Cesare Festa ne s'y déroba pas et effectua sans se cacher un pèlerinage à Lourdes. Dans les milieux maçonniques et athées d'Italie, le scandale éclata. Pris à partie par le journal *l'Avanti*, il répliqua qu'il avait vu à Lourdes plus que les miracles de la santé : ceux de la foi.

Sa loge décida de le juger pour haute trahison et il accepta de répondre à la convocation. Comme il allait franchir le seuil de la loge, on lui remit un message griffonné par le padre Pio, qui, malgré le secret de la réunion, en avait été averti par son don de seconde vue. « Ne rougis pas du Christ. Il est temps de combattre à poitrine nue. »

Ce qu'il fit, confessant publiquement sa foi devant ses anciens frères médusés. Il ne cessa de témoigner et se fit tertiaire de saint François. Ému par sa constance, le pape Benoît XV lui confia un jour :

— Padre Pio est vraiment l'homme de Dieu. Assumez la tâche de le faire connaître.

Les conversions se multiplièrent. Nous avons relaté celle de l'antiquaire Auré Caviggioni. Padre Pio convertit aussi le Dr Ezio Saltameranda, directeur de l'Institut biothérapique de Gênes. Le distinguant dans la foule alors qu'il ne le connaissait pas, il l'apostropha :

— Génois, Génois, tu es près de la mer et tu ne sais pas te laver !

Converti, l'homme lui offrit sa fortune et sa vie. Mais le padre Pio lui conseilla de faire partager sa foi dans son milieu. Il entraîna à San Giovanni le sculpteur Francesco Messina, qui retrouva la foi. En reconnaissance, il sculptera le monumental chemin de croix proche du monastère.

Ces conversions retentissantes en entraînèrent beaucoup d'autres.

JEAN-JACQUES ANTIER. — Comment peut-on définir la conversion religieuse, phénomène psychique majeur du mysticisme ?

JEAN GUITTON. — Se convertir, c'est changer soudainement de croyance et de conduite, comme saint Paul sur le chemin de Damas. En fait, le converti change-t-il vraiment ? Se convertir, n'est-ce pas être davantage ce qu'on était, s'approfondir ou plutôt se retrouver ?

J.-J.A. — N'est-ce pas justement le cas de Paul Claudel, que vous avez bien connu ?

CLAUDEL : « EN UN INSTANT, JE CRUS »

J.G. — En effet. Il a toujours cherché, avec désespoir puis avec espérance, le concret, le palpable, le charnel-spirituel, ce que les philosophes nomment *l'Être.* Lorsque l'on étudie le cheminement du converti, on note qu'il n'a pas été vraiment soudain. On pourrait lui appliquer le mot de Nietzsche : *Deviens ce que tu es !*

J.-J.A. — Comment expliquait-il sa conversion ?

J.G. — Il m'a raconté :

En ce temps-là régnait Renan. J'avais lu sa Vie de Jésus. *Comme ma sœur Camille, j'avais perdu toute foi en la divinité du Christ. Je pensais que la science allait tout débrouiller ! Que s'est-il passé pour moi à Notre-Dame de Paris ? J'étais debout dans la foule, près du second pilier. En un instant mon cœur fut touché et je crus ; ce fut un soulèvement de tout mon être. Tout d'un coup, le sentiment déchirant de l'innocence. J'avais cessé d'être un pauvre enfant désespéré. Je me disais : si c'était vrai ! Et c'est vrai.*

J.-J.A. — Est-il toujours resté fidèle à cette illumination ?

J.G. — Oui. À l'entendre, on aurait cru que tout l'intervalle entre ce commencement de sa vie et la consommation, car il était proche de sa mort, n'était qu'un intermède ; que depuis l'illumination de Notre-Dame, jusqu'à ce calme soir de mai où je le voyais, il ne s'était rien passé de substantiel. Il était là devant moi, massif, grognant et bourru, mais aussi avec ses yeux de colombe, s'interrogeant en lui-même sur son destin ; avait-il su concilier ses deux vocations ? Comment avait-il été fidèle à la vocation religieuse et à la vocation poétique et littéraire ? Et pour achever, en silence, l'interrogation suprême : Qui suis-je ? Il était un poème soudain pétrifié, immortel. Le seul mot que je prononçais pour le définir était celui de Nietzsche : *Il est devenu ce qu'il était.* Davantage : il est.

J.-J.A. — Vous avez dit le mot clé qui caractérise la conversion miraculeuse, c'est-à-dire instantanée : *il est devenu ce qu'il était.* En une seconde, tout est donné. Voilà bien le miracle ! Alexis Carrel, qui fut converti par l'abbé cistercien de Boquen, dom Alexis Presse, disait que ce qui caractérise la guérison miraculeuse, c'est que le processus naturel, ordinairement très lent, est ici instantané. Il en est de même pour certaines conversions.

J.G. — En effet. La philosophie moderne se plaît aux « évolutions » ; elle met l'accent sur ce qui, dans le temps, est continuité, passage, progrès. Mais le temps présente aussi des apparitions soudaines, des moments d'éternité, comme si le flux de la durée était soudain transpercé par l'instantané. Ainsi à la messe, lors de la consécration. Au reste, comment se représenter le mystère du commencement et celui de la fin d'un temps, sinon par l'idée d'instantané ? On ne peut naître, mourir, s'endormir, s'éveiller, que dans l'instant. Pourquoi pas guérir ou se convertir ?

LA CONVERSION DE RATISBONNE

J.-J.A. — Considérez-vous la conversion du Juif Alphonse Ratisbonne, en 1842, comme un miracle ?

J.G. — C'est un miracle ! En une seconde, tout lui fut donné. Son témoignage nous fait toucher le surnaturel, nous le fait sentir comme une brûlure.

J.-J.A. — Très riche, il a hérité de son père et de sa mère décédés. Il a été adopté par son oncle, important banquier de Strasbourg, qui en a fait son associé. Mais il passe son temps à Paris :

Je ne rêvais que fêtes et jouissance et je m'y livrais avec passion. Je n'étais juif que de nom, chez moi on ne pratiquait pas, je ne croyais même pas en Dieu, je n'ouvris jamais un livre de religion.

Mais il ajoute : *Un vide existait dans mon cœur.*

J.G. — Oui. C'est un libéral sceptique que le frère d'un ami, Théodore de Bussières, rencontré à Rome, provoque littéralement. Homme de grande foi mais pour Ratisbonne dévot dans le sens malveillant du terme, il met Ratisbonne au défi d'expérimenter les effets de la Médaille miraculeuse de la rue du Bac, que l'autre considère comme la plus puérile des superstitions. En riant, Ratisbonne accepte de la porter et s'engage à réciter matin et soir le *Memorare*, la prière que saint Bernard adressa à la Vierge (*Souvenez-vous ô très pieuse...*) Deux jours plus tard, premier signe : Ratisbonne se réveille en sursaut au milieu de la nuit : *Je voyais fixe devant moi une grande croix noire et sans Christ.* Il tente en vain de chasser cette vision.

J.-J.A. — Vision ou hallucination ?

J.G. — Sans doute une vision. Au matin, il n'y pense plus. Peu après midi, il rencontre par hasard Bussières, qui doit s'arrêter à l'église voisine Saint-André-des-Frères, pour un protocole de funérailles. Il l'accompagne pour visiter l'église, qui est d'ailleurs, dit-il, *pauvre, petite et déserte.* Pas totalement déserte. C'est étrange ; dans cette église, un chien noir saute et bondit devant lui. C'est alors qu'éclate le miracle. Le chien disparaît, et l'église. Voici le récit de Ratisbonne :

Tout à coup je me suis senti saisi d'un trouble inexprimable. J'ai levé les yeux. L'édifice avait disparu à mon regard. Une seule chapelle avait, pour ainsi dire, concentré toute la lumière, et au milieu de ce rayonnement a paru debout, sur l'autel, grande, brillante, pleine de majesté et de douceur, la Vierge Marie, telle qu'elle est sur ma médaille. Une force irrésistible m'a poussé vers elle. La Vierge m'a fait signe de la main de m'agenouiller. Elle a semblé me dire : C'est bien. *Elle ne m'a pas parlé, mais j'ai tout compris*[2].

Ratisbonne se retrouve prosterné sur le sol, presque sans connaissance, « le visage baigné de larmes et le cœur hors de lui-même ». Converti !

J.-J.A. — Par la Médaille miraculeuse ?

J.G. — C'est lui qui le dit. Il la saisit et la baise avec effusion. *J'éprouvai un si total changement que je me croyais un autre moi-même. La joie la plus ardente éclata au fond de mon âme.* Il demande un prêtre, il se fera baptiser et toute sa vie restera fidèle à ce don prodigieux. Il renonce à sa vie de riche oisif, à sa fiancée, à sa famille juive qui le prend très mal (son père avait été président du Consistoire de Strasbourg !), il renonce à tout ce qui n'est pas le Christ qui vient de le terrasser là, par l'intermédiaire d'une médaille ! Et il conclut, réaliste : *Cette folie fait aujourd'hui ma sagesse et mon bonheur.*

J.-J.A. — Comment expliqua-t-il ce miracle ? Car, s'il était juif, il n'était pas pratiquant. C'était un rationaliste.

J.G. — Il dit : *Le bandeau tomba de mes yeux.* Il ajoute : *En entrant, j'ignorais tout, en sortant je voyais clair.* Il se compare à *un homme qu'on réveille subitement d'un profond sommeil.* Ou *un aveugle-né qui tout à coup verrait le jour.* Il a aussi ce mot remarquable : *Si on ne peut expliquer la lumière physique, comment pourrait-on expliquer la lumière qui, au fond, n'est que la vérité elle-même ?*

J.-J.A. — Cette histoire est assez terrible. Elle dit que la lumière, la vérité, la foi, sont dons gratuits de Dieu. Mais alors, où est la liberté ?

J.G. — Il aurait pu dire non, avant ; refuser de porter la médaille. Et après, oublier cette incroyable histoire, rester le même, confortablement.

J.-J.A. — Je voudrais comprendre ce mystère, qui est à la clé du phénomène de l'incroyance et de son contraire, la foi. C'est bien une question d'éclairage ? Qu'il s'agisse d'une prière, d'un texte, d'une église ou d'une médaille, certains voient un objet vide de sens utilisé par des dévots attardés, d'autres une chose vivante, lumineuse, qui parle à leur cœur.

J.G. — Ratisbonne ressent la même surprise que vous. Il écrit, après sa conversion :

Je n'avais nulle science de la lettre, mais j'entrevoyais le sens et l'esprit des dogmes. Je sentais ces choses plus que je ne les voyais, et je les sentais par les effets inexprimables qu'elles produisirent en moi. Tout se passait en dedans de moi, et ces impressions mille fois plus rapides que la pensée, mille fois plus profondes que la réflexion, n'avaient pas seulement ému mon âme, mais elles l'avaient comme retournée et dirigée dans un autre sens, vers un autre but et dans une nouvelle vie. Je me trouvais comme un être nu, comme une table rase.

J.-J.A. — C'est un dépouillement. Dans tous les traités de spiritualité, les mystiques insistent sur le dépouillement. Le miracle est que Ratisbonne se retrouve dépouillé d'un coup, alors que la majorité de ceux qui se consacrent à la spiritualité y passent leur vie et sans toujours y parvenir. Comment expliquer cela ?

J.G. — Par ce mot de Ratisbonne : *L'amour de mon Dieu avait pris la place de tout autre amour.*

J.-J.A. — Brusquement, je suis frappé, dans cette histoire peu commune, par le contraste entre la qualité de l'aventure surnaturelle, transcendante, et l'« approche », tout ce côté « amulette », la Médaille, la prière recopiée, récitée.

J.G. — Tout ceci relève d'un mystère qu'on ne saurait éluder, même si l'on est incapable de le comprendre. Vous n'êtes pas le seul à être gêné. Ces phénomènes singuliers, ces pratiques un peu bizarres troublent le côté rationaliste qui demeure en chaque être, même croyant. Ainsi François Mauriac, qui m'a dit :

Je suis gêné par cette médaille passée au cou de Ratisbonne, par une certaine prière de saint Bernard, qui paraissent ici nécessaires au miracle, comme le fut la boue que le Christ mit sur les paupières de l'aveugle.

Puis il se ravisa et ajouta :

Un tout autre danger aujourd'hui m'apparaît ; ce serait de perdre de vue que le culte de la Mère de Dieu (titre que le concile d'Éphèse attribua à Marie) *demeure un signe de vérité et d'authenticité qui marque à jamais l'Église. C'est grâce aux deux Églises d'Occident et d'Orient que s'accomplit la prophétie du Magnificat :* Tous les âges me diront bienheureuse. *Si la Vierge s'est manifestée à La Salette, à Massabielle, rue du Bac, c'est parce que l'Église catholique a osé épuiser le sens de la parole angélique :* Tu es bénie entre les femmes.

J.-J.A. — La Médaille, les amulettes, les cierges... ma raison se rebiffe, mais cela marche. Il n'y a rien de plus obstiné qu'un fait. Et le fait est là : en un instant, ce jeune Juif riche, sceptique, comblé, fiancé, se trouve inondé de lumière, demande le baptême, quitte tout et devient un saint prêtre de cette Église, que la veille encore il détestait. Un miracle, passe encore ; mais lié au port d'une médaille !

J.G. — Je vais vous surprendre. François Mauriac m'a avoué que la Médaille miraculeuse, il la portait, offerte par une certaine nièce, la veille d'une opération. Il l'avait accrochée à son chapelet.

J.-J.A. — Quelle place tenait-elle dans sa vie ?

J.G. — Aucune, apparemment. Le chapelet n'était pas son fort non plus. Et pourtant, il le gardait sur lui. *Je le serre parfois*, disait-il, *comme une main, comme si ma mère me faisait traverser cette dernière rue.* Et il ajoutait avec un étonnement qui laissait paraître dans ses yeux les traces de l'enfance : *La poignée de grains à laquelle la médaille est mêlée, et que je serre, pourquoi ne serait-elle pas pénétrée d'une grâce, si tout est grâce, et même la matière ; si tout devient l'agent, si tout la transmet, si tout nous la donne ?*

J.-J.A. — Finalement, c'est la foi qui guérit, qui convertit. La grande leçon de cette histoire est que ce bon M. de Bussières n'avait pas réussi à la lui donner avec tous ses discours, ses arguments. Parce que les discours viennent de la tête, du cerveau rationnel, logique. Or il a suffit d'un objet-symbole : la Médaille. Il a suffit que M. de Bussières se taise, s'efface. Comme si la foi irrésistible de Catherine Labouré passait à travers ces atomes de métal. On constate le même genre de phénomène avec les médiums. Il suffit de leur faire toucher un objet ayant appartenu à un être lointain, même mort, pour qu'ils se trouvent reliés à lui. Tels sont les faits ; ils sont inexplicables, et s'ils nous paraissent absurdes, c'est peut-être que nous ne voyons que l'envers de la tapisserie.

J.G. — L'envers de la médaille, elle, est révélatrice.

J.-J.A. — Poursuivons cette psychanalyse. Dans l'aventure, il y a eu aussi l'influence, l'intercession d'un défunt, cet Albert de La Ferronays qui venait de mourir, ce qui avait motivé la visite du

20 janvier de M. de Bussières à l'église Sant'Andrea del Fratte. À qui doit-on le miracle ? À Catherine Labouré, ou à ce défunt inconnu, à cette communion des saints chère à l'Église ?

J.G. — Il y eut *aussi* la fameuse prière de saint Bernard à la Vierge, le *Memorare*. François Mauriac a eu ce mot : *Nous le savions par cœur, dès l'enfance*. L'enfance, l'esprit d'enfance, il y a une autre clé à chercher là...

J.-J.A. — Oui. La seule question importante c'est : *Brûlez-vous d'amour ?* Saint Bernard a brûlé en récitant le *Souvenez-vous*. Catherine Labouré a brûlé en contemplant le visage lumineux de Marie dans la chapelle de la rue du Bac, qui accueille aujourd'hui encore tant de détresse dans l'espérance d'un secours.

J.G. — C'est bien le même phénomène qui explose en lui, qui frappe saint Paul, ce que François Mauriac appelait *des instants éternels autour desquels tout un destin cristallise et qui durent jusqu'à la mort*. Toute une vie se ramasse et prend sa forme définitive en quelques secondes. Chez Ratisbonne, qu'est-ce qui frappe ? L'instantanéité. Converti en une seconde, il demande le baptême, renonce à tout, se fait prêtre, adopte une vie de pauvreté, de charité, d'abnégation et *persiste*, quarante-deux ans, jusqu'à sa mort en 1884. On peut parler de miracle.

J.-J.A. — Cette conversion rappelle étonnamment celle de saint Paul sur le chemin de Damas.

J.G. — Les deux conversions s'éclairent l'une par l'autre et semblent coïncider. L'une, si proche de nous, peut éclairer par analogie ce qui s'est passé aux origines dans cette métamorphose de saint Paul, qui a eu tant d'influence sur le développement du christianisme.

J.-J.A. — C'est une métamorphose, à la manière dont la larve devient papillon. Vous avez parlé d'instantanéité. Pourtant, en général, la conversion, ce changement total de l'adhésion et de la mentalité, n'en est pas moins le résultat d'une longue histoire.

J.G. — Chez Ratisbonne aussi. C'est bien à travers une suite de péripéties, de zigzags, que s'opère cette métamorphose décisive de l'être.

J.-J.A. — Mais pourquoi cette accélération ? Y a-t-il des mutations brusques ?

J.G. — Cela paraît a priori improbable.

J.-J.A. — C'est donc un « miracle » ? Une intervention d'une entité extérieure sur le cours naturel des choses ?

J.G. — Le cas de Ratisbonne est là pour nous prouver que l'impossible parfois se réalise. Et il est profitable d'étudier un fait psychique dans son moment le plus contracté. Alors, on voit mieux jouer les ressorts. Mais ici l'étude en est presque interdite, parce que l'œil de l'intelligence s'accommode mal à l'éclair.

J.-J.A. — Un passage du récit que Ratisbonne fit de l'événement à son ami Théodore de Bussières me semble éclairer singulièrement ce débat. Après sa vision, ils vont à Saint-Pierre de Rome, et là...

Auprès de l'autel du Saint-Sacrement, la présence réelle de la divinité l'écrasait à tel point qu'il allait perdre connaissance s'il ne se fut éloigné aussitôt, tant il lui paraissait horrible d'être en présence du Dieu vivant, avec la tache originelle. Il alla se réfugier dans la chapelle de la Sainte Vierge. Ici, *me dit-il*, je ne puis pas avoir peur ; je sens que je suis protégé par une miséricorde immense.

En lisant ces lignes, on touche du doigt l'irruption du surnaturel dans nos petites vies médiocres. On ne peut pas douter, même si l'on préfère ne pas être touché par des manifestations aussi fulgurantes.

J.G. — Ratisbonne lui-même s'en explique, par exemple lorsque lui, le mondain sceptique, *se reconnaît pécheur* et qu'il se compare, nous l'avons vu, à *un homme qu'on réveillerait subitement d'un profond sommeil*, ou bien à *un aveugle-né qui tout à coup verrait le jour ; il voit mais il ne peut définir la lumière qui l'éclaire*. Et il compare la lumière à la vérité. *Je sentais ces choses plus que je ne les voyais, et je les sentais par les effets inexprimables qu'elles produisaient en moi. Tout se passait en moi et ces impressions n'avaient pas seulement ému mon âme, mais elles l'avaient retournée.*

J.-J.A. — Lui qui ne vivait que de mondanités, il écrit : *Le monde n'était plus rien pour moi.* Mais tout de même, a-t-il au moins un déchirement, je n'ose écrire un remords, vis-à-vis de cette petite fiancée de seize ans qui l'adorait ?

J.G. — Il a eu ce mot : *L'amour de mon Dieu avait tellement pris la place de tout autre amour qu'elle m'apparaissait sous un nouveau point de vue. Je l'aimais comme on aimerait un objet que Dieu tient entre ses mains, comme un don précieux qui fait aimer encore davantage le donateur.*

J.-J.A. — Mais il va renoncer à elle pour se faire prêtre. La famille juive prit très mal cette conversion, la jugea comme une trahison, et pourtant lui rendit sa liberté.

J.G. — Il se sentait tenu à l'impossible. Il a écrit : *Je consacre à Dieu ma liberté. Reconnaissance ! Telle sera désormais ma loi et ma vie.*

J.-J.A. — Nous voilà donc devant un fait. On peut sourire pour le geste concernant la médaille : fétichisme, magie, superstition, diront les sceptiques. Le fait est là. Et le fait, s'il comble le croyant, dérange singulièrement le sceptique.

J.G. — Oui. On ne peut rien devant le fait. L'expérience éprouvée par Ratisbonne, constatée par Bussières, leur donne à chacun la sensation de Moïse devant le Buisson, ou d'Abraham lors du premier appel : celle de la Présence immédiate, indéniable, subite, soudaine, excluant pour eux le doute, les remplissant de certitude et de joie, comme aurait dit Pascal, qui avait connu une extase de ce genre.

J.-J.A. — Si personne ne met en doute l'authenticité de ces expériences, le problème est de savoir si à cette impression de certitude correspond une réalité qui soit acceptable pour un esprit raisonnable.

J.G. — C'est tout le problème de l'incommunicabilité des expériences mystiques. Pour y croire, il faut avoir reçu soi-même la lumière.

DE LA HAINE À L'AMOUR
PSYCHANALYSE D'UNE CONVERSION

J.-J.A. — Une chose me trouble dans la conversion de Ratisbonne. C'est un Juif non pratiquant, affichant l'indifférence vis-à-vis de sa religion ; mais il éprouve une haine tenace pour l'Église. Quinze ans auparavant, son frère, au grand scandale de la famille, s'était converti et s'était fait prêtre. Il ne le lui avait pas pardonné et s'était brouillé avec lui. La conversion d'Alphonse Ratisbonne est-elle liée à celle, classique celle-là, de son frère ?

J.G. — Oui, en ce sens que ce frère priait pour qu'elle se réalise.

J.-J.A. — De la haine à l'amour il n'y a qu'un pas. La haine n'est-elle pas un amour inverti ? Quand on déteste, on désire. Ce n'est pas un état d'indifférence.

J.G. — En effet. Avant sa conversion, il a pour l'Église un attrait vivace et incompréhensible, inavouable par là, qui s'exprime par l'horreur et la haine. Sinon, on ne pourrait expliquer certains gestes, comme d'accepter de porter une médaille et de copier une prière. Il y a du masochisme là-dedans. Dans son subconscient se forme une charge explosive en équilibre instable. Il se trouve dans un état suprême d'ambivalence. Il est celui qui hait et à la fois désire.

J.-J.A. — Comme Saül ! Peut-on dire qu'à ce

conflit s'en ajoute un autre, à propos de ce mariage, auquel il aspire, mais qui a été préparé de longue date par les familles ?

J.G. — Oui. Bien que fiancé et aimant ardemment cette jeune fille que l'on dit parée de toutes les qualités, il est déjà tenté en hauteur par l'idée d'un renoncement total. Ne pouvant obtenir l'unité intérieure, il vit dans ce que Pascal appelle le *divertissement*, l'univers complexe des relations mondaines. En fait, il se trouve au plus haut point de l'instabilité psychique.

J.-J.A. — Est-ce dire qu'il est mûr pour la conversion ? Celle que lui offre avec un pieux et maladroit entêtement ce bon M. de Bussières ?

J.G. — Il existe dans la conversion un mécanisme indéniable qui peut suivre les lois de la psychologie. Mais ce mécanisme l'explique-t-elle tout entière et dans son essence ? L'essentiel n'est-il pas ailleurs ? Il y a une autre explication, transcendante, qui assume l'explication rationnelle. La causalité créatrice peut utiliser un mécanisme naturel. De même peut-on dire que l'amour s'explique par les mécanismes physiologiques de l'amour, sa part psychique, sociale, psychanalytique, sauf l'amour lui-même, qui a sa cause *ailleurs*.

J.-J.A. — Y a-t-il ou non chez Ratisbonne un mécanisme de refoulement, de sublimation, de cristallisation, susceptible, en provoquant une émotion radicale, une vision externe, d'amener à une brutale conversion ?

J.G. — Certes. Mais nul ne se contenterait des constats physiologiques ou psychiques. Le difficile n'est pas de classer Ratisbonne dans la catégorie nombreuse des hallucinés, mais de dire pourquoi et comment un même mécanisme a pu produire Paul et l'épileptique, Schumann et le fou, Ratisbonne et l'halluciné. Car le propre de l'illumination soudaine de Ratisbonne est de n'avoir pas occupé l'espace d'un instant, mais d'avoir duré toute une longue vie et d'être devenue une semence aux fruits féconds et constatables en des milliers de consciences humaines ; c'est d'avoir duré et fructifié en œuvres, en développements visibles et invisibles.

J.-J.A. — Je voudrais donc revenir sur ce problème du temps que nous évoquions tout à l'heure. Finalement, ce qui est extraordinaire, chez saint Paul comme chez Ratisbonne, c'est autant la durée que l'instantanéité, l'instantanéité que la conversion elle-même.

J.G. — Oui. Ce fut un instant *plénier* et il a duré toute la vie. Il a ramassé, contracté toute leur existence, désormais immolée, et sans restriction ni repentir. Chez eux la conversion ne se fait pas petit à petit ; elle est absolue dès l'origine. Ratisbonne a l'impression d'avoir tout possédé, tout compris en un instant absolu.

J.-J.A. — Saint Paul ne s'est pas expliqué là-dessus. Il est étrangement muet sur l'Instant du chemin de Damas.

J.G. — Sans doute parce que nul langage ne pouvait le traduire. J'imagine quelque chose de global, de synthétique, de fulgurant à la fois et de transparent, ce qu'il s'efforce de transmettre dans ces hymnes qui apparaissent comme des soleils dans ses *Épîtres*. Il est remarquable que Ratisbonne ait été lui aussi, dans cet éclair, élevé à une sorte de dimension quatrième du temps et qu'il ait coïncidé avec son destin ; cet acte, impossible ici-bas, qui consisterait à voir sa prédestination, « à se voir en Dieu ». C'est là où l'intervention mariale prend toute sa valeur et sa nécessité. En quelques secondes il connaît une intuition submergente, infiniment riche et vive, comme un bouillonnement, un tourbillon d'idées, une multitude ramassée en un point.

J.-J.A. — Il a dit : *J'ai tout compris*. De quel *tout* s'agit-il ?

J.G. — Non pas un *tout* statique, mais un tout en mouvement, sorte de sphère tournant sur elle-même, formée de vérités qui se prolongeraient les unes dans les autres, comme si la lumière donnait en elles naissance à la lumière. Dans ce *tout* il devait y avoir ce qu'il devait désormais croire, ce qu'il devait désormais faire, et être, et souffrir, aussi.

J.-J.A. — Je suis frappé par ce fait : Ratisbonne n'a jamais eu, excepté à son agonie, d'autres extases, d'autres visions. Ne l'a-t-il pas demandé ?

J.G. — Peut-être l'a-t-il désiré. Je crois plutôt qu'il a compris dès l'origine que ce moment unique ne reviendrait jamais et qu'il suffisait. La foi lui a été insinuée alors. Il reçoit, dès l'origine, d'un coup le germe et la plénitude, la semence et le fruit, mais non les étapes intermédiaires, les concepts où s'accroît et se dispose la connaissance — la théologie. On s'est émerveillé de la constance de sa conversion, mais, possédant les deux bouts de la chaîne, il lui était aisé de remplir l'intervalle.

J.-J.A. — C'est pourquoi rien ne l'étonnait. La force de la foi était chez lui une évidence souveraine. Mais qu'en était-il de sa liberté ? Je veux dire la liberté de changer ?

J.G. — L'évidence laisse la liberté entière, mais comme la lumière laisse l'œil libre. Il aurait pu fermer les paupières, refuser le don.

J.-J.A. — Répétons-le : la conversion instantanée a une similitude avec la guérison instantanée, qui est l'accélération miraculeuse d'un processus naturel.

J.G. — C'est bien cela. Alors que nous nous mouvons le long de la circonférence en vue d'atteindre ou de pressentir le centre d'une manière souvent confuse ou abstraite, Ratisbonne s'est trouvé par grâce placé au centre, instantanément. Ainsi il possède miraculeusement ce qu'il cherche, alors qu'à partir de l'intuition donnée par la foi attirante et aimante nous devons nous élever vers le foyer en usant des concepts et des mots selon le procédé de l'humaine sagesse.

J.-J.A. — C'est ce qui se passe avec saint Paul par rapport aux apôtres, dont il suit le chemin inverse.

J.G. — Oui. Ils ont connu le Christ selon la chair, ils partent des faits, gestes et dits de Jésus, pour remonter péniblement à ce que ces gestes dits et faits enveloppent et signifient, à savoir la divinité de Jésus dont ils perçoivent d'abord l'humanité. Ils procèdent de la périphérie vers le centre. Saint Paul, au contraire, part du point où les autres arrivent. Dieu lui révèle le Fils en une vision brutale, inattendue, et cette lumière focalisante illumine tout.

J.-J.A. — Ces conversions retentissantes restent très rares.

J.G. — Sans doute. Mais à côté de la conversion instantanée existe aussi la conversion lente, le lent cheminement de la foi dans un esprit pacifié, un cœur aimant.

J.-J.A. — Dans le cas de saint Paul et de Ratisbonne, tout se passe comme si Dieu, attristé par notre scepticisme, fruit perverti de la liberté, donnait un coup de pouce, quitte à rompre les règles de l'humaine nature qu'il a fixées de toute éternité.

J.G. — Il ne les rompt pas tellement. Paul et Ratisbonne ne sont pas athées, ils haïssent la croyance de l'autre. En fait, leur haine du christianisme est un amour qui se refuse à s'avouer tel. Ainsi la jalousie de Caïn fomente la rage meurtrière de détruire ce qu'il admire sans se l'avouer, car cette admiration le condamnerait. Voilà pour le mécanisme de la conversion. Qu'elle soit lente ou rapide ne change rien à la chose. Là où intervient le mystère et, si vous voulez, le miracle, c'est que l'apparition de la forme n'est pas un pur produit de ce qui était. Une *forme* neuve est apparue. Elle s'est imprimée sur la matière qui aspirait peut-être vers cette Forme inconnue, mais sans pouvoir se la donner à elle-même. Cette Forme, c'est la Grâce, un don d'en haut qui ne peut être produit par la créature, un don qui n'est jamais dû. Et qui doit par conséquent surgir du néant antécédent comme une parole surgit du silence, comme la Parole créatrice a surgi à l'initiative éternelle de l'Amour.

J.-J.A. — Donc, Marthe Robin a raison quand elle ose corriger Pascal lorsqu'il écrit à propos du Christ : *Tu ne me chercherais pas si tu ne m'avais déjà trouvé.* Elle fait dire au Christ : *Tu ne me chercherais pas si* je *ne t'avais déjà trouvé.*

J.G. — Marthe a raison. Ce n'est pas le sujet qui s'appelle lui-même. Une voix venue au-delà de lui ou de son plus intime le hausse jusqu'à un degré de concentration, d'unité, de don qu'il ne pouvait ni se donner ni ressentir. Que la conversion soit longue ou irruption soudaine, l'initiative vient de Dieu seul.

J.-J.A. — Est-ce pour nous réveiller que Dieu provoque le miracle de la conversion instantanée ?

J.G. — Certes. On a tendance à oublier que la conversion progressive et lente, normale, régulière, comme nous la retrace saint Augustin dans ses *Confessions*, n'est qu'un envers inexprimable d'une opération inexpérimentable, qui est l'opération créatrice. La connaissance des progressions continues données dans l'expérience psychique et retracées par la mémoire risque de nous cacher l'opération de Dieu. Dans les extases comme dans les rêves, dans tous les développements historiques, il existe un moment unique et privilégié, passage d'une ligne de crête, instant où le temps se suspend et se nie, de sorte que la conversion instantanée nous force à fixer le point focal de toute conversion durante.

J.-J.A. — Au fond, la vraie conversion instantanée n'existe pas : un retournement sans préparation.

J.G. — Non. Rien n'arrive sans préhistoire, annonciation, figure. Les œuvres de Dieu ont des acheminements, allant même jusqu'à l'origine, puisqu'Il dispose de tout le temps, qu'Il voit tout ensemble, et qu'Il fait tout conquérir par une action immobile.

J.-J.A. — Ainsi, Ratisbonne est hanté par la conversion de son frère. Heureusement, il ne fera pas comme Caïn, il ne tuera pas son frère, sauf par cette lettre d'injures qu'il lui avait adressée, une manière civilisée de meurtre.

J.G. — Il n'empêche que cette conversion, dans sa phase finale, a contracté le temps, comme dans une naissance, comme dans la mort, en faisant saillir le passage subit de l'avant à l'après, de l'ancien au nouveau. L'instantané signale la présence de l'Esprit. Car la nature ne fait pas de sauts, elle honore la continuité divine. Mais l'esprit fait des sauts, il bondit de point de vue en point de vue. Novalis disait : *Les opérations du génie vont par bonds, de synthèse en synthèse.* L'esprit en nous imite cette irruption incessante, de nouveauté en nouveauté, hors du néant qu'est l'existence.

J.-J.A. — La physique des particules tente d'approcher le secret de la matière avec les notions de continu et de discontinu, d'onde et de particules.

J.G. — Le continu et le discontinu sont les deux aspects par lesquels la création imite l'Acte de Dieu. Le continu se rapporte davantage à sa nature ; le discontinu à la liberté de son amour.

J.-J.A. — Ce que l'on retrouve dans la conversion.

J.G. — Le continu se marque dans la lenteur progressive qui prépare l'instant du oui ; le discontinu dans l'acte d'abandon qui ne peut être qu'instantané.

J.-J.A. — Quel est celui qui vous semble le plus significatif de ces deux aspects ?

J.G. — Jadis le continu me fascinait, parce qu'il portait la présence du temps. Puis j'ai compris que, si le temps avance horizontalement, il est soutenu verticalement d'instant en instant par sa relation à l'éternité. C'est sur cette verticale que l'âme monte à sa Source éternelle par la prière. De sorte que, si le continu de la durée me révèle Dieu comme omniprésent engendrant les maturations des êtres, c'est le discontinu de l'instant, de la mutation brusque, de la soudaine conversion, en un mot du « miracle » qui me révèle Dieu comme libre souverainement, comme créateur, comme « gracieux ». De ce point de vue, à mes yeux souvent appesantis par la lente durée qui me donne l'illusion de la nécessité, et qui pourrait me conduire à l'athéisme, le changement soudain révèle l'opération créatrice et la liberté divine.

MAIS QUE DEVIENT NOTRE LIBERTÉ ?

J.-J.A. — Et que devient celle de l'homme ?

J.G. — Ne pas être libre, ce serait être arraché de force à ce qu'on n'est pas. Mais dans quelle mesure Paul, Augustin, Ratisbonne, ces adversaires d'eux-mêmes, ont-il *changé* ? Y a-t-il eu mutation brusque, ou s'agit-il seulement d'une modification de l'axe de route ? Ou du maintien de cet axe sur un plan nouveau, dans un nouvel ordre de grandeur jusqu'ici inconnu ? On se modifie. On se transforme, en ce sens que parfois on se transcende en se réalisant sous une forme plus haute. Saint Paul disait, à propos de la seule vraie mutation, le passage de l'âme à son immortalité, dont les autres conversions ne sont que les annonces : *Nous ne voulons pas être dépouillés de nous-mêmes, mais être supervêtus, en sorte que ce qui en nous est mortel soit absorbé par la vie.*

J.-J.A. — D'ailleurs, par une sorte d'intuition fulgurante, la vraie liberté ne réfléchit pas, ne calcule pas.

J.G. — C'est peut-être la définition de l'amour que de s'établir au terme, tout de suite, vaille que vaille. Qui s'en plaindrait ? Se parachuter dans le vide de l'infini, s'abîmer dans l'Absolu, se donner tout entier et sans progression, aimer sans mesure. Le propre des saints !

J.-J.A. — Mais la difficulté est de faire durer cet état. L'exemple de saint Augustin est frappant.

J.G. — Oui. Il remarque le retard de la volonté sur l'intelligence. Sa conviction était déjà bien établie quand son vouloir rétif ne suivait pas. Il ne pouvait pas ce qu'il voulait. Il ne voulait pas ce qu'il voyait. C'est une conversion lente. Dans la conversion soudaine, la volonté et la vision vont de pair et le voir-vouloir occupe l'Instant. Nous approchons ici comme à tâtons de l'essence la plus cachée de toute conversion plénière, qui est l'action de la grâce infusant dans l'âme humaine la charité, l'amour. Dans la conversion miraculeuse, comme celle de Ratisbonne, la Parole (ou la Vision) a produit son effet, bien qu'elle le laissât libre, non pas seulement au moment initial, mais toujours ; le moment initial étant donc un moment plénier. Cependant, on pourrait dire que, plus la conversion a été parfaite, totale, plus elle risque de défaillir.

J.-J.A. — Le risque de doute est d'autant plus grand que l'illumination a été plus totale ?

J.G. — Saint Augustin a décrit ce retour offensif et puissant de l'ancienne nature, qui donne à l'âme un si vif sentiment d'impuissance. C'est pourquoi le problème religieux est celui de la durée. Comment faire durer l'excellence ? L'Église s'y emploie avec les sacrements, la discipline, les règles et les commandements, les cérémonies, les ordonnances de la liturgie. Mais rien ne se fera sans la liberté et le oui intime de chacun.

J.-J.A. — Ce qu'il y a de surprenant dans la conversion de Ratisbonne, c'est la manière dont l'Église l'accueille. Habituellement, elle est lente dans ses jugements sur l'extraordinaire. Mais s'il y a peu de risque à béatifier un mort puisque, étant mort, il ne pourra pas changer, il n'en est pas de même d'un vivant. En accordant non seulement le baptême, mais aussi la prêtrise à Ratisbonne, l'Église prenait un risque considérable.

J.G. — En effet. S'établit d'emblée la conviction que cette conversion était radicale et qu'elle durerait dans ses effets. Or rien n'était humainement évident. Du point de vue psychique, un converti est par définition un instable puisque, ayant changé, il est susceptible de changer à nouveau. Ratisbonne avait en outre un caractère de voyageur errant, inquiet. La certitude qu'un homme nouveau était né par une sorte de substitution d'être s'imposa à tous.

J.-J.A. — Le fait est qu'il a persévéré. On dit que son dernier mot a été : *Marie*. Il aurait joui à sa mort d'une vision extatique, laissant le souvenir d'un homme comblé.

J.G. — Ainsi, *l'instant* privilégié de la conversion a duré, l'instant marial. Et celle qui avait ouvert la parenthèse l'avait aussi refermée.

LE TÉMOIGNAGE D'ANDRÉ FROSSARD

J.-J.A. — On ne peut pas parler de conversion sans citer André Frossard, athée, fils d'un militant d'extrême gauche qui avait été le premier secrétaire général du parti communiste français, converti brusquement en pénétrant par hasard dans la chapelle des sœurs de l'Adoration réparatrice, rue d'Ulm à Paris. Permettez-moi de citer son témoignage :

Je ne dis pas que le ciel s'ouvre, il s'élance, il s'élève soudain, fulguration silencieuse. C'est un cristal indestructible, d'une transparence infinie, d'une luminosité presque insoutenable (un degré de plus m'anéantirait), un monde d'un éclat et d'une densité qui renvoit le nôtre aux ombres fragiles des rêves inachevés. Il est la réalité, il est la vérité. Je la vois du rivage obscur où je suis encore retenu. L'évidence de Dieu, faite présence, faite personne, que les chrétiens appellent Notre Père et de qui j'apprends qu'il est doux, d'une douceur à nulle autre pareille, une douceur active, brisante, surpassant toute violence, capable de faire éclater la pierre la plus dure et, plus dur que la pierre, le cœur humain. Tout est donné par la présence de Celui dont je ne pourrai jamais écrire le nom sans que me vienne la crainte de blesser sa tendresse, devant qui j'ai le bonheur d'être un enfant pardonné, qui s'éveille pour apprendre que tout est don[3].

J.G. — Ce fut pour lui un instant d'éternité faisant irruption dans sa vie. Il était entré dans cette chapelle très ordinaire, par hasard ou par une nécessité cachée.

J.-J.A. — Et à nouveau s'impose le phénomène de toute conversion miraculeuse, c'est-à-dire instantanée : en une seconde, tout est donné. Voilà bien le miracle de la « science infuse » !

J.G. — C'est exactement cela. André Frossard m'a raconté qu'après cette illumination où il avait été pour ainsi dire saisi sans préavis par l'expérience de l'existence de Dieu, il s'était fait instruire de la foi catholique, qu'il ignorait, puisque issu d'un milieu athée. Or le prêtre qui lui expliquait les dogmes ne lui apprenait rien, car ils lui paraissaient contenus dans l'intuition première qu'il avait eue d'une Existence infinie, d'une douceur lumineuse et terrible d'être si douce.

J.-J.A. — Pour définir cette expérience, il parle de *la divine embuscade qui se rie des cheminements laborieux humains*. Ici, l'esprit demeure perplexe. Que se passe-t-il ? Quelle est, en conclusion, le sens profond de la conversion instantanée ? Quel jeu joue Dieu ? Ce terme de « jeu » n'est pas anodin. Les philosophes de l'Inde l'avaient bien observé, qui qualifiaient la création de « jeu divin » (*lila*). Si l'on pouvait répondre à cette question, on aurait la clé, ou l'une des clés de ce qui est la préoccupation majeure des religions institutionnelles : la foi, surtout en cette période de crise morale universelle où les croyants — ceux qui le sont encore — s'interrogent sur la crise de la foi et sur celle des vocations, qui en est la conséquence.

J.G. — Votre question me bouleverse car elle est à la base de ma vocation de philosophe. Nous venons d'étudier la conversion instantanée. Nous avons vu combien elle demeure imprévisible. Lorsqu'on l'étudie dans ces laboratoires de l'esprit que sont les assemblées charismatiques, qu'observe-t-on ? L'*Esprit* apparaît dans l'instant, mais il disparaît dans l'instant suivant, jusqu'à un nouvel instant où il apparaît de nouveau. Il s'agit donc de savoir comment un instant privilégié peut se poursuivre à travers la durée, ce qui permettrait de justifier la notion d'institution. Là, nous sommes au cœur du problème des conversions soudaines. Le propre du catholicisme des origines fut de transformer l'effusion instantanée de l'Esprit en une continuité durable, car l'éternité n'est pas atteinte par l'instant, ni par des instants qui se succéderaient, mais par un effort continu et répété, mystère de la durée, de l'amour et du temps.

J.-J.A. — Autrement dit, comment passe la grâce dans l'Histoire, et l'éternité dans le temps.

J.G. — Quel est le secret de la vie, ascendante à travers tout, sa poussée, sa visée ? La « conscience » procède par « inversion » de la matière. Les espèces végétales et animales sont des compromis où s'enlisent la vie et la conscience. Cet élan créateur ne se laisse jamais emprisonner, il repart à partir d'un « petit reste », dans une direction montante et improbable. Enfin l'élan se libère lorsque l'homme émerge de l'animal, l'homme capable d'un progrès indéfini, possédant le pouvoir, par son intelligence organisatrice, de créer des machines, des machines à faire des machines, alors que par son intuition il participe à la source de cet élan créateur.

J.-J.A. — Cet élan créateur qu'il devrait utiliser à « faire des dieux », disait Bergson, et il voulait dire des saints. Le voilà, le jeu divin !

J.G. — Plus qu'un jeu : un travail. L'Esprit commence par l'esquisse de ce qu'il obtiendra à la fin : une synthèse totale.

J.-J.A. — Dont les conversions instantanées, et aussi les extases mystiques que nous allons étudier, sont comme les ébauches, des « touchers de l'Être ».

J.G. — C'est après la lecture de *l'Évolution*

créatrice de Bergson — j'avais vingt ans — que mon professeur de philosophie, Jacques Chevalier, m'a fait comprendre cela. Son don était de ramener la philosophie à sa source mystique, ce qui permet de vivre par elle, de l'alimenter par ce feu. Un cristallographe britannique, Myers, lui avait livré un des secrets de la matière. Certains corps possèdent la propriété de pouvoir cristalliser dans deux systèmes différents. Chevalier fut frappé par l'existence des « macles », ces cristaux qui ont une apparence de symétrie mais par accolement, enchevêtrement des parties droites et des parties gauches. L'idée de Chevalier fut de considérer ces macles comme un essai raté de la matière en vue d'atteindre un type supérieur de symétrie.

J.-J.A. — Voulez-vous dire que la matière, dissymétrique à l'origine, tend vers une symétrie qu'elle ne pourra atteindre qu'en se renonçant ?

J.G. — Oui. Toutes les substances vivantes sont dissymétriques. La cellule est un laboratoire de forces dissymétriques. La matière, a observé Chevalier, est absolument symétrique dans son état le plus parfait : les cristaux. Or cette matière, comme toute forme de l'être, aspire à être plus qu'elle n'est. Elle ne le peut qu'en s'appauvrissant, en se dégradant : la vie est cette dégradation même. Ce n'est que lorsque la matière s'est ainsi anéantie, diminuée, disloquée, acceptant la dissymétrie, que l'esprit peut y descendre, que l'éternel y loge, sous forme d'une aspiration insatisfaite.

J.-J.A. — Voilà une idée qui aurait enchanté Marthe Robin, la femme physiquement anéantie, mais combien spirituellement vivante !

J.G. — Et c'est là où nous rejoignons le mystère ineffable des conversions soudaines. Pour expliquer comment la matière se déploie dans l'espace, il faut considérer comment l'esprit se développe dans le temps. Jacques Chevalier étudia en pays de Galles un petit groupe pratiquant l'effusion de l'Esprit. Sous l'influence d'un guide possédé par l'Esprit, les gens confessaient leurs péchés. Ils se convertissaient soudainement. C'était le passage de la grâce dans l'Histoire, de l'éternité dans le temps. Or l'Esprit ne s'incarnait pas, il ne donnait pas naissance à une société organique et durable, mais, après avoir apparu dans l'instant, il se cachait dans l'instant suivant, jusqu'à un nouvel instant où il apparaîtrait derechef. Il n'y avait que des mouvements brusques, discontinus.

J.-J.A. — Mais n'est-ce pas cela même qui se produisit dans la primitive Église, après la Pentecôte ? L'effusion de l'Esprit.

J.G. — Oui et non. Dans la primitive Église l'effusion de l'Esprit fut aussitôt suivie par une organisation de ce même Esprit dans la société ecclésiastique et dans l'action de ses pasteurs. Chevalier observa que la matière, dont un élément spirituel se traduit dans la durée, n'est pas quelque chose de simple. Il est des cas où la pure traduction est infidèle. L'éternité n'est pas traduite par l'instant, mais par la durée ; non par l'illumination, mais par l'effort continu et répété ; non par la ferveur soudaine, mais par un amour qui peine, qui se répète. J'ai remarqué ce même phénomène en assistant à des réunions de l'Armée du Salut, où un pécheur faisait sa confession devant tous et repartait heureux. Je crois que l'expérience des conversions soudaines n'est pas étrangère à ma méditation constante sur le temps. Il s'agit, je répète, de savoir comment un instant privilégié peut se poursuivre à travers la durée. Lorsque je fus en possession de cette idée simple : définir la manière dont l'éternité se traduit dans le temps, tout se simplifia. J'avais mes archétypes.

J.-J.A. — Ainsi, la conversion instantanée, comme aussi les extases mystiques que nous allons maintenant étudier, sont des phares qui éclairent la voie, laissant la liberté d'y persévérer dans la durée, de traduire et d'introduire l'éternité dans le temps, pour vivre dans le royaume de Dieu.

6

Extases

Écoute, dit Dieu, voici mon secret :
Je suis celui qui est, avec toi, en toi, pour toi.
Je suis celui pour qui tu es.
Je suis le secret de ton cœur.

J.G.

Nous avons parlé des visions, l'un des grands phénomènes sensibles du mysticisme. Mais l'extase dépasse la vision. Car, nous dit Ivan Gobry, professeur à l'Institut catholique de Paris, « la vision indique simplement qu'on connaît à distance le monde surnaturel. L'extase signifie qu'on y est [1] ».

Cet état de conscience, difficile à définir, comprend plusieurs degrés. Dans l'état dit « océanique », ou dans l'état de quiétude, le sujet garde toute sa conscience ; il n'y a qu'une aliénation légère des sens et elle est en général pressentie. Mais dans l'état plus élevé, dit « ravissement », il y a perte de conscience ; l'aliénation est impérieuse, irrésistible, béatifique. Saint Paul dit, en parlant de lui : « Je connais un homme dans le Christ qui, avec ou sans son corps (je l'ignore mais

Dieu le sait), fut ravi au troisième ciel. Et je sais que cet homme fut élevé jusqu'au paradis, où il entendit des paroles ineffables que l'homme ne saurait redire. » (II Corinthiens XII, 2-4.)

Enfin, le transport d'amour, véritable incendie mystique, représente l'état extrême.

Les extases brutales semblent nées d'un brûlant désir d'union, comme dans l'amour physique. Elles peuvent favoriser de simples débutants. Les extases reposantes, liées au détachement et au silence, à la concentration, aboutissent à la contemplation du « Vide » qui est Essence. Dans cette « enstase » (intériorité) se révèle la pure essence de l'Amour, « où la grâce et la nature ne s'opposent pas mais concertent », écrit Nicolas Vuarnet[2].

« Dans le christianisme, ajoute cet auteur critique, l'expérience des extatiques, bien que parfois suspecte aux yeux de la hiérarchie, est appelée à comparaître aux fins d'examens en vue de la propagation de la foi ; paradoxe d'un vécu hétérogène et pourtant reconnu par la bureaucratie ecclésiastique, au terme de procès, comme manifestation fondamentale de ce dont le dogme lui-même s'origine. »

Ivan Gobry, à la suite de tous les théologiens, reconnaît que « sans la vie de Dieu dans les consciences, le dogme ne serait qu'une lettre morte ». (p. 96.)

Au Moyen Âge, les extatiques et visionnaires se trouvent surtout chez les femmes, comme s'il leur était donné de faire éclater la dogmatique dans laquelle les hommes (qui seuls avaient l'apanage de l'écriture et de la parole en public) avaient enfermé la Parole donnée de Dieu sous la pesanteur du dogme. Ce qu'exprime avec humilité la célèbre sainte Hildegarde de Bingen (1098-1179), moniale bénédictine, savante personnalité dans tous les domaines :

« Toi qui n'es qu'un limon fragile, l'état de femme te rend impropre à recevoir les leçons des maîtres mortels pour lire les lettres selon la manière d'instruire des savants ; mais, frappée de ma lumière qui t'illumine à l'intérieur pour t'enflammer comme par un soleil ardent, tu pousses des cris, racontes, écris ces secrets, que tu vois et que tu entends dans cette mystérieuse vision[3]. »

Ainsi la « lumière » serait donnée aux petits et aux faibles (donc, les femmes d'alors selon les critères de l'époque et qui ont duré longtemps) par abandon de l'intelligence pure, du « mental », femmes inspirées, orantes, et surtout écoutantes, devenues « frappées de la lumière » comme « un soleil ardent, docteur parallèle et maître de l'immédiat ». (Vuarnet).

Cependant, à toutes les époques, de grands mystiques ont aussi été favorisés d'extases : saint Bernard, saint Jean de la Croix...

Avec plus ou moins de succès, les psychologues ont tenté de définir l'état extatique. Ils distinguent l'émotion intense, l'extase sans transe, l'extase avec transe, la transe avec ou sans possession, la possession muette ou verbale (oracles), intelligible ou non, c'est-à-dire oracle susceptible d'être compris. L'extase est naturelle ou artificielle (avec drogues), mais la frontière est souvent difficile à situer ; le jeûne mystique, par exemple, aboutit parfois aux mêmes processus, comme certains exercices : chapelet, prières, musique, chants, yoga, encens.

Les descriptions phénoménologiques des deux types d'expérience, religieuse ou artificielle, sont les mêmes. Ce qui change, c'est ce que le sujet fait en fonction de son désir, de sa tradition, de son matériel psychique et intellectuel (mémoire et langage).

Tel sujet utilise le langage religieux pour raconter son expérience ; le vrai mystique emploie le langage profane amoureux, comme le Cantique des Cantiques. Tel autre, le langage artistique ou pratique.

Quel est le désir préalable, la motivation du sujet ?

Le drogué banal recherche le plaisir, les émotions fortes. Le médecin expérimente un état psychologique. D'autres veulent se « rééduquer », s'insérer, ou s'évader du monde jugé hostile ou mauvais. La vraie motivation religieuse est la recherche amoureuse de Dieu, l'union mystique, où, à la lumière de son amour, Dieu éclaire l'âme sur sa pauvreté et la presse, lui donne la grâce d'oser avoir le courage d'entreprendre vraiment de changer ; ce que les maîtres spirituels appellent « l'union transformante ». C'est elle dont nous parlerons ici.

L'EXTASE, C'EST L'ABOUTISSEMENT DE L'AMOUR

Ce n'est donc pas par hasard si ce sont surtout des femmes auxquelles est donnée l'extase. Car c'est l'aboutissement de l'amour. À l'extrême degré, c'est un « transport d'amour », disent les extatiques ; « une irruption de tendresse savoureuse et d'intimes délices », assure B. Maes dans sa *Théologie mystique*, un état de joie qui élargit à tel point le cœur de l'homme et le dilate que parfois il en meurt, et que toujours, nous l'avons vu dans ce livre, l'état corporel se trouve bouleversé : lévitation, lumière, incendie d'amour, c'est comme « une fournaise amoureuse », dit le mystique franciscain Jacopone de Todi. À l'extrême, la stigmatisation manifeste une identification totale au Christ.

À propos de cette extase, si difficile à décrire, les témoins utilisent l'image d'une goutte d'eau qui se perd dans l'océan. « Celui qui s'unit à Dieu devient avec lui un seul esprit », dit saint Paul. (I Corinthiens VI,17.)

Un poème de Jacopone de Todi résume ce divin mystère :

Revêtant l'amour tu seras dépouillé de toi,
Tu seras privé de toi tout entier
Et transformé en Celui qui te conduit.

Amour, dépouillement, fusion.

Toutefois, mystiques orientaux et chrétiens divergent quant au sens à donner au terme de *fusion*. Pour le chrétien, l'homme n'est pas « anéanti », dissous, il garde sa spécificité, « il n'a pas changé de substance propre », souligne sainte Angèle de Foligno. On est « absorbé en Dieu par participation », ajoute saint Jean de la Croix, mais « on ne peut se changer en Lui substantiellement ». Ce qui laisse à l'homme, après la mort, son unité, alors que la goutte d'eau est à jamais perdue et confondue avec l'océan.

Quoi qu'il en soit, c'est l'amour qui nous rend semblable à Dieu, car « Dieu est amour », dit saint Jean.

Ce constat, que confirment tous les mystiques, est capital. L'extase, c'est la connaissance intime de Dieu, par reconnaissance consubstantielle de deux entités transfigurées par l'amour. Cette connaissance n'est pas intellectuelle mais affective, comme dans l'amour humain vrai. « Science très savoureuse, parce qu'elle est une science toute d'amour », dit encore saint Jean de la Croix dans *le Cantique spirituel*. « C'est l'amour qui enseigne, c'est l'amour qui la rend savoureuse. Dieu lui-même communique cette science, et il la communique dans l'amour avec lequel il se donne. »

L'amour réalise donc l'unité de deux esprits dans la similitude, la participation et la possession. « Être tout uni et transformé par amour dans la toujours adorable volonté au Père céleste », écrit Jean de la Croix dans ses *Lettres*.

Les mystiques sont aussi unanimes pour reconnaître que l'extase ne s'acquiert pas par la volonté humaine. Elle est toujours un don gratuit de Dieu. « Dieu est la source », dit Thérèse d'Avila dans sa quatrième demeure du *Château de l'âme*, « et quand il lui plaît de nous accorder une faveur surnaturelle, c'est au milieu d'une paix, d'une tranquillité, d'une suavité inexprimable qu'il produit ces goûts au plus intime de notre âme ».

Toutefois, l'extase n'est donnée en général qu'à la suite d'un long travail de purification de soi, d'une volonté de contemplation. Il convient de s'y préparer et de se tenir dans un état d'adhésion tel que Dieu puisse travailler en vous sans empêchement.

Un point semble préoccuper les théologiens : l'extatique voit-il Dieu ? La tradition mystique chrétienne répond qu'on ne voit pas Dieu par vision mais par foi. « Non pas directement, dans son être, mais indirectement par les effets divins que sa présence produit dans l'âme », dit Ivan Gobry. Évagre le Pontique a un mot significatif à ce sujet quand il suggère que Dieu n'est pas contemplé face à face, ce qui sera le lot des élus après la mort, mais seulement ici-bas dans le reflet qu'il laisse dans notre conscience.

Saint Grégoire le Grand précise :

« L'âme se trouve élevée par la force de la contemplation hors de la chair. Elle s'efforce de regarder l'éclat de la lumière illimitée et ne le peut. Le Créateur manifeste de lui ce qui peut le faire aimer, mais il se soustrait à la claire vue de ceux qui l'aiment. Si nous pouvons le regarder dans sa clarté, nous ne pouvons cependant contempler son essence [4]. »

Comme le souligne Ivan Gobry, « l'union mystique est bien plus qu'une vision du Dieu de lumière par des yeux extasiés : elle est cet enlacement de l'âme avec le Dieu d'amour, dans la pénombre de la terre d'exil. » (p. 43.)

Sommet de l'extase, le *mariage spirituel* nous est ainsi décrit par saint Jean de la Croix dans *Vives flammes d'amour* :

« On savoure en réalité dans cette touche divine un avant-goût de la vie éternelle, bien qu'elle n'ait pas encore atteint sa perfection. La substance de Dieu touche alors la substance de l'âme. Les ineffables délices que l'on ressent dans cet attouchement divin sont indicibles. La seule chose qui convienne quand on a le bonheur de les recevoir, c'est de les comprendre pour soi-même, de les sentir, de les savourer et de se taire. » (II, 4.)

COMMENT SE PRÉPARER À L'EXTASE ?

Nous l'avons dit, une longue ascèse a d'abord pour but de faire disparaître les soucis d'ordre matériel et les obsessions sensuelles qui assaillent éventuellement l'esprit. La clé de l'oraison est le « recueillement » qui écarte toute distraction volontaire ou involontaire. Un yogi parlera de « concentration ». Mais il faut se garder d'en faire des refoulements qui, enfouis dans l'inconscient, seraient susceptibles d'acquérir une autonomie dévastatrice. Il s'agit donc plutôt d'un transfert de l'énergie vitale sur une orbite plus élevée.

La paix de l'âme acquise, l'esprit « vide » c'est-à-dire détaché et disponible se tourne vers Dieu avec amour et confiance, comme un petit enfant se tournerait vers son père. L'exercice mental de la méditation chrétienne s'appuie sur les mystères divins. On entre alors peu à peu en oraison, qui est une prière particulière et solitaire où l'esprit est entièrement tourné vers Dieu. L'exercice spirituel finit par devenir une attente amoureuse qui s'ouvre sur la contemplation.

L'essentiel est de parvenir à un contact affectif avec Dieu, ce qu'exprime clairement le bienheureux Louis de Grenade dans *le Livre de l'oraison* :

« Aux âmes les plus favorisées, Dieu coupe l'eau de la spéculation et ouvre les canaux de l'affection, afin que, l'entendement cessant d'agir, la volonté se repose et se plaise en Dieu seul, employant toutes ses forces dans l'amour et la jouissance du Bien suprême. »

Dans sa *Relation*, Marie de l'Incarnation, ursuline du XVIIe siècle, décrit les trois états de l'oraison :

« Le premier est l'oraison de quiétude où l'âme, sans aucun travail, est emportée et éclairée dans les attributs divins. Elle reçoit et subit les opérations de Dieu autant qu'il plaît à sa bonté d'agir en elle. Le deuxième est l'oraison d'union. Ce sont des touches, des paroles intérieures, des caresses d'où naissent les extases, les ravissements, les visions intellectuelles et d'autres grâces très sublimes. Le troisième état d'oraison est le divin mariage dans lequel Dieu s'est tellement emparé de l'âme qu'il est comme le fond de sa substance. C'est un état permanent où l'âme demeure calme et tranquille dans une parfaite union à Dieu[5]. »

Sainte Thérèse d'Avila, dans *le Château de l'âme*, distingue sept degrés ou demeures dans l'ascension spirituelle, dont différentes étapes d'oraison. L'extase constitue l'état le plus élevé dans les deux dernières demeures : « Il arrive que Notre Seigneur daigne faire entrer l'âme tout à coup dans une extase et lui découvre de profonds secrets. »

Saint François de Sales montre dans son *Directoire spirituel* comment « la méditation prépare la contemplation, la contemplation le recueillement amoureux et celui-ci la liquéfaction spirituelle qui conduit, quand elle vous est donnée, à l'extase », ou béatitude visionnaire, intellectuelle et surtout amoureuse.

Le mystique peut se préparer à l'extase par des attitudes et des exercices qui diffèrent selon les religions et leur but, mais qui sont semblables dans leurs effets.

Le *Bhagavad-gîta* dit clairement que le mouvement tumultueux de la pensée doit s'arrêter. Le moi (ou ego) est perpétuellement sollicité par les sens ou les souvenirs, qui sont soit agréables (il les sollicite), soit désagréables (il les repousse). Quand un état de vide, de vacuité, est obtenu au moyen de postures et de formules, les *mantras*, à réciter à l'infini, alors le Soi, ce qu'il y a de transcendant et de permanent dans l'âme humaine, envahit la conscience et l'illumine. Saint Augustin n'exprimait pas autre chose en disant : « Dieu est ce qu'il y a de plus moi en moi-même. »

Le chrétien ne procède pas autrement. Les communautés monastiques traditionnelles, à l'office, récitent des prières vocales monotones, dont le sommet est le plain-chant bénédictin des Psaumes. D'autres communautés récitent le chapelet (jadis en latin). On accède ainsi à un état méditatif sur les mystères profonds de la religion, puis à l'oraison affective, stade où s'exprime l'amour de Dieu. La réussite dépend du ralentissement des pensées, du mental, et du passage du cerveau raisonneur au « cœur », mystérieuse mais bien réelle entité dont la fonction principale est d'aimer, c'est-à-dire de « relier », d'où le terme de « re-ligion ».

De la méditation et de l'oraison on passe à la contemplation, acte entièrement passif précédé par un abandon à la volonté de l'Aimé. Il s'agit seulement, dit saint François de Sales dans son *Directoire spirituel*, de « se tenir simplement attentif à Dieu, en faisant des élancements amoureux ».

L'état de « non-pensée » du moine hindou, et celui de « simplicité » du moine chrétien s'inspirent de la même démarche : l'abandon, l'attente amoureuse. Le cerveau passe alors sous onde alpha, et tout peut arriver, si Dieu le veut, car l'homme n'a aucun pouvoir « magique » pour le contraindre.

Est-il besoin de rappeler que cet état est aussi peu « naturel » que possible et difficilement réalisable dans le contexte habituel de notre société moderne, où règnent le bruit et la fureur, la rivalité, la jalousie, la compétition et la haine, la publicité tapageuse, le bluff, le désir, la jouissance, l'attraction des sens, la douleur ; en un mot : la vie. La vie, mais aussi son corollaire : la mort. C'est pour échapper à la mort que le mystique a fait son choix. Il renonce aux sollicitations contradictoires des sens et abolit en lui la dualité, pour essayer de faire corps avec l'Un.

Cependant, combien dans la vie courante ont fait l'expérience d'un « état océanique », premier degré de l'extase : « Une exultation soudaine faisait battre mon cœur, témoigne Aimé Michel ; je cherchais avec étonnement d'où me venait ce bonheur sans image ni forme. Alors, je n'étais que joie d'être[6]. »

D'où me vient ce bonheur ? Du plus profond de moi-même, et c'est un sujet éternel d'émerveillement : Dieu, à la fois si lointain et si proche !

Mais ce qui caractérise l'extase profonde aux yeux d'un observateur extérieur, c'est la coupure radicale avec le monde ordinaire des vivants, l'impossibilité, ou une importante difficulté de réfléchir ou d'agir. Ce que les théologiens appellent la *ligature*. Le mystique saisi par Dieu se trouve comme lié à lui, et en même temps perdu (provisoirement) au monde ; plus grande est l'extase, plus grande est la séparation. L'extase profonde exclut tout ce qui lui est étranger, aussi bien dans l'ordre de la pensée consciente que de l'activité physique. On ne peut même plus prier. « On ne peut même plus s'exercer dans l'oraison », dit Thérèse d'Avila dans *le Château de l'âme*. Et elle ajoute : « J'ignore la cause de cette impuissance. »

On comprend que des observateurs, même religieux, faute d'expliquer et à plus forte raison de participer au phénomène, ne le prenant que pour le fruit de l'imaginaire et de l'illusion, ne l'aient pas favorisé. « Quittez cette voie, vous perdez votre temps, tout cela n'est que de l'oisiveté ! » dit à saint Jean de la Croix son maître spirituel. Quant à sainte Marguerite-Marie, « on l'envoya à la cuisine, mais on fut forcé, là aussi, de renoncer à l'employer, car tout lui tombait des mains », écrit M. Bougaud, son biographe, qui ajoute : « Elle était trop absorbée intérieurement pour accorder à son travail l'attention nécessaire. Après ses visions, elle n'était plus un être terrestre et on dut l'abandonner à son paradis. »

Il est clair que l'état extatique provoque ou implique la mise en veilleuse de l'intelligence rationnelle (issue généralement du cerveau gauche), de la vigilance et des fonctions sensorielles, laissant le champ libre à l'irruption de la Transcendance. Provoque, ou implique ? Formulation contradictoire. Dans le premier cas, le mystique est comme saisi malgré lui ; dans le second cas, il se prépare volontairement à accueillir.

La séparation semble couper l'extatique de ce bas monde de souffrances, ce qui provoque la méfiance de certains dans l'Église institutionnelle. Mais n'est-ce pas une réaction de personnes qui, n'éprouvant pas l'extase, sont tentées, sinon de la nier puisqu'elle constitue à la fois le support et la démonstration de leur foi, du moins de l'écarter. En quoi elles auraient tort, car l'histoire de la plupart des extatiques chrétiens les montre intensément tournés vers l'action caritative, qui est le prolongement naturel de leur extase.

En 1956, le psychologue américain Abraham Maslow révolutionna la psychologie en déclarant que « les lois psychologiques sont complètement à revoir, pour les arracher aux seules tendances négatives qui prévalent depuis Freud », dans l'exploration de l'inconscient (refoulement, névrose, infantilisme, manque). Suggérant de les mettre sur un rail plus positif, il écrit à propos des « états océaniques » et de l'extase religieuse :

« Les expériences culminantes sont des moments de plénitude qui les justifient en elles-mêmes. Si les religions ne prennent pas comme but de communiquer et de multiplier de telles expériences, elles se détruiront faute d'accomplir ce qui est leur tâche principale. Les religions ne vivront qu'en devenant *fonctionnelles*, en satisfaisant la religiosité spontanément en attente de ces moments privilégiés[7]. »

Il estime que le trait le plus religieux des expériences culminantes serait « une perception vive que l'univers entier est une totalité intégrée et unifiée », ce qui peut constituer un point commun de toutes les religions, celles issues du Livre se référant à un Dieu créateur.

Et là le « psychologue », dans sa recherche fondamentale, rejoint le « spirituel » à la pointe de la mystique, qui est de dévoiler la part surnaturelle de l'homme, son aspiration éternelle, sa quête de l'absolu.

JEAN-JACQUES ANTIER. — Quelle est votre définition de l'extase ?

JEAN GUITTON. — C'est le passage de l'Éternel dans le temps. L'homme vit dans une forme de durée anormale, dissocié, échappant à soi-même et s'écoulant, incertain, inquiet, incapable de *posséder* et même d'*être*. L'aspiration inconsciente de tout individu est de devenir enfin présent à lui-même, c'est-à-dire de vivre dans un temps où le passé ne serait plus du résolu, où l'avenir ne serait plus l'incertain, où le présent ne serait plus du fluent. Cet instant qui comprendrait tout en lui, ce serait la vie éternelle. Telle aussi pourrait se définir l'extase du mystique.

J.-J.A. — À quoi tient que l'extase est insaisissable ?

J.G. — L'éternel présent ne saurait être donné dans la forme humaine du temps. Il faut le renvoyer par l'espérance dans un temps nouveau qui s'appellera l'éternité et qui interviendra après la mort. L'extase en serait un avant-goût.

J.-J.A. — Comment s'unir à Dieu dans le temps, avant d'être uni à lui dans l'éternité ?

J.G. — Il existe deux manières de s'unir à Dieu, l'une plus intellectuelle, l'autre plus affective ; l'une plus extérieure, l'autre plus intime. Cette seconde manière, appelée « voie mystique », semble ne concerner que quelques âmes privilégiées. Mais en toutes les religions, et même chez les païens éclairés, comme l'étaient Socrate, Platon ou Plotin, on a cherché à découvrir, puis à pratiquer, ou plutôt à recevoir un don mystérieux : un mode d'union à Dieu.

J.-J.A. — Dieu ne se prend pas, il se donne.

J.G. — En effet. Aussi le mode d'union ne consiste pas en des pratiques, mais en une élévation de l'âme. Plus précisément, en une attente des visites divines. Il s'agit moins de s'unir à Dieu que de se disposer à ce que Dieu nous unisse à lui.

J.-J.A. — Ici semblent s'opposer l'action et la contemplation ; Marthe et Marie. L'une sert le Christ, l'autre se contente de l'écouter, c'est-à-dire de le contempler.

J.G. — L'action peut aussi mener à la contemplation à condition de s'effacer devant elle. En savourant une bouchée de madeleine trempée dans du thé (action commune de *manger*), Proust voit soudain surgir tout un fragment de son passé, qui devient contemplation, moment d'éternité, comme un temps qu'il avait cru « perdre », mais, cette fois, qu'il avait par la mémoire à jamais retrouvé. Chacun de nous a le souvenir de ces instants privilégiés : germes de contemplation, ébauches, amorces de vie mystique. Supposons qu'un tel instant privilégié absorbe toute l'attention, attire et fixe toute l'espérance : alors nous aurons une idée de ce que les spécialistes appellent les états mystiques.

J.-J.A. — Il y a tout de même une différence considérable entre l'état de conscience de Proust devant sa tasse de thé et celui de Thérèse d'Avila devant le Grand Inconnu qu'elle attendait au pied de l'autel.

J.G. — Mais sainte Thérèse elle-même établit des degrés, des demeures, dans son « château de l'âme », depuis le « repos », jusqu'à l'extase et l'au-delà de l'extase.

J.-J.A. — Justement. Elle décrit, mais elle ne donne pas — excusez le mot — la « recette ». Elle donne un itinéraire de ses voyages ascendants de l'âme, qu'elle raconte avec détachement en les présentant comme des dons gracieux et qui ne donnent aucun mérite.

J.G. — La « recette », c'est que le plus petit acte d'amour ou de renoncement humble a plus de valeur devant Dieu que ses dons les plus hauts, comme l'enseigne à nos temps affairés la seconde Thérèse, la « petite ».

J.-J.A. — *Une petite voie bien droite, bien courte*

et toute nouvelle pour parvenir à cet amour total dont elle lisait, émerveillée, les effets dans sa *Vie des saints*. Elle avait été illuminée aussi par ce passage d'Isaïe : *Comme une mère caresse son enfant, ainsi je vous consolerai, je vous porterai sur mon sein*. Désormais, sa faiblesse, sa petitesse deviennent l'outil même de son union à Dieu, *le lieu où s'exerce l'amour miséricordieux*. Elle sera bientôt comblée au-delà de son espérance : *Je brûlais d'amour et je sentais qu'une minute, une seconde de plus, je n'aurais pu supporter cette ardeur sans mourir*. Elle rejoint alors le plus grand des mystiques, Jean de la Croix : *Aimer à la folie !* Et elle ajoute : *C'est l'abandon seul qui me guide*[8]. Ici, une question : pourquoi elle ? La vie mystique est-elle un domaine réservé, un domaine d'élection ?

J.G. — Le problème de la mystique est celui de la participation. Comment faire accéder la multitude à ces états qui semblent et qui sont le privilège des élites, et qui réclament le silence, le désert et la règle ? C'est le problème évangélique par excellence : révéler le mystère aux pauvres, aux petits, aux « enfants ». Aider les plus démunis à participer aux plus hauts états. Et permettre des exemples de contemplation dans l'humble prière du pauvre, qui s'ignore lui-même : *Je l'avise et il m'avise*, disait à son curé le paysan d'Ars.

J.-J.A. — Vous n'avez pas répondu entièrement à ma question.

J.G. — La mystique, domaine réservé ? Une séparation se fait nécessairement entre les pôles d'une société : il y a les riches et les pauvres, dans tous les domaines, c'est un fait. Elle doit se résoudre par l'idée que ceux qui ont *plus* sont au service de ceux qui ont *moins*. Difficile dans l'ordre des biens matériels, impossible dans les biens intellectuels, elle doit pouvoir se réaliser pour ces biens de l'âme que Dieu communique à tous sans distinction de personnes. Dans ces biens seuls il y a égalité de qualité, car de tels biens ont le don par essence et chacun en possédant enrichit les autres par surcroît.

J.-J.A. — La contemplation au peuple des pauvres, des simples, est-ce possible ?

J.G. — Le psalmiste a répondu : *Jette ta pensée dans le Seigneur et lui-même te nourrira. Délecte-toi dans le Seigneur, et alors il fera tout ce que désire ton cœur.* Le Christ est allé plus loin encore : *L'homme n'a pas seulement besoin de pain...* Il a supprimé tout écart entre la religion mystique et la religion rituelle, il s'est révélé à ceux qui sont chargés de travail.

LES EXTASES CHOC

J.-J.A. — Je suis frappé par cet autre contraste : des êtres ascétiques s'adonnent à l'oraison dans un but de contemplation sans jamais parvenir à l'extase, alors que celle-ci est donnée soudain à tel autre qui ne semble pas préparé à la recevoir, comme Ratisbonne ou André Frossard.

J.G. — Vous avez dit le mot : l'extase est *donnée*. Le cas le plus typique est celui de Pascal.

Voilà un « homme de science » dans toute la noble acception du terme, sorte de prix Nobel avant l'heure, un inventeur ayant réussi à tous les coups, innovant partout : géométrie, probabilité, physique, machine à calcul ; un homme de chair, aussi, bien dans le monde, ayant connu le cœur, ayant su plaire, ayant senti en lui le délicieux partage de la chair et de l'esprit. Soudain, le 23 novembre 1654 — il est seul la nuit dans sa chambre —, il est illuminé par l'Esprit. Nullement foudroyé, puisqu'il a le réflexe de Carrel devant le miracle de Lourdes, il regarde sa montre fixée à son poignet gauche : dix heures et demie. Alors, il écrit sur un morceau de papier des mots qui sont à la fois des *signes* et des *merveilles*, des cris, des constatations :

FEU. Dieu d'Abraham, non des philosophes et des savants... Oubli du monde et de tout, hormis DIEU... Grandeur de l'âme humaine... Joie, joie, pleurs de joie... Il ne se trouve que par les voies enseignées dans l'Évangile... Renonciation totale et douce.

J.-J.A. — Tout est dit en peu de mots : primauté du cœur sur l'intelligence, primauté de l'amour, détachement du monde et de ses plaisirs frelatés. En même temps, chez cet homme plutôt pessimiste et triste — janséniste —, ce mot de *joie* répété trois fois.

J.G. — Observez sa maîtrise. À la fin de cette extase (ou enstase ?), événement totalement bouleversant, il note à nouveau l'heure, comme un scientifique dans son laboratoire. Minuit et demi. Stupeur ! L'extase a duré deux heures. Un éclair, lui semblait-il.

J.-J.A. — Ici, comme dans toute expérience mystique, la durée rejoint l'éternité. Ce qui m'étonne, c'est ce geste un peu fétichiste qui suit : il coud dans la doublure de son vêtement le papier où il a fixé ses observations.

J.G. — Paul Valéry le lui a reproché, songeant qu'il aurait mieux fait de donner à la France la gloire d'avoir découvert avant l'Allemagne le calcul de l'infini ! D'abord, Leibniz a reconnu avoir « puisé la lumière » dans les écrits de Pascal. Ensuite, Pascal ne renonça pas à ce qu'il sacrifiait. Il le sublima.

J.-J.A. — Ce n'est pas une conversion au sens strict du terme ?

J.G. — Non. Depuis six ans déjà il était converti à un christianisme plus pur que celui de sa mère. C'est donc une ascension. Il ne passe pas du mal au bien ; il monte du bien au mieux. Ou plutôt, il lui arrive ce qui advient parfois à l'honnête homme : de prendre enfin le bien au sérieux.

J.-J.A. — Il s'ouvre à la dimension nouvelle de l'amour brûlant, au feu...

J.G. — Oui. Le mot ouverture s'impose dans l'expérience mystique. Je me souviens qu'un jour d'automne où je visitais Port-Royal, à la chapelle des Reliques, le gardien (qui devait être un chasseur) me montra du doigt ce mot de FEU et me dit : *C'était l'ouverture*. Il ne croyait pas si bien dire : ouverture d'une chasse où Pascal était traqué.

J.-J.A. — Peut-on imaginer ce que serait devenu un Pascal non mystique, sans cette expérience de la Transcendance ?

J.G. — Il n'aurait pas été le Pascal que j'admire.

Car ce génie, qui aurait montré en tant de matières sa capacité d'exceller, aurait négligé la plus difficile excellence. C'est donc en cette nuit fulgurante que j'aime à le contempler, en cette nuit où il se déconsidère pour Voltaire et même pour Sainte-Beuve en faisant l'apprentissage de l'humble amour. Par là, oubliant son encombrante intelligence de surdoué, il rejoint tous les hommes. Il avait connu dans les sciences la lumière qui éclaire ceux qui savent. Il ressent le feu qui consume ceux qui aiment.

J.-J.A. — Ce qui ramène au mot étonnant du Dr Alexis Carrel : *Ce Dieu si abordable à celui qui sait aimer se cache à celui qui ne sait que comprendre.*

J.G. — À l'heure où Paris s'amuse, Pascal est à genoux dans cette maison de la rue Monsieur-le-Prince. Le géomètre, le joueur, l'homme de cour, le styliste, le théologien même, tous ces personnages s'effacent. La personne demeure, face à l'infini, simple, dépouillée, un homme appelé Blaise Pascal. Il vient de fixer la trace de ces deux heures de certitude. Qui osera dire qu'il n'y a pas là l'essentiel ?

AMOUR HUMAIN, AMOUR DIVIN

J.-J.A. — L'essentiel, l'amour. Impossible de parler d'extase sans revenir à l'amour. Le mystique est véritablement uni à son Dieu et réciproquement, comme l'a dit saint Paul, à la manière la plus haute et sublimée de deux amants. Il est significatif qu'une des plus belles descriptions de l'amour humain, *le Cantique des cantiques*, ce poème éternel, attribué au roi Salomon, rejoigne dans la passion celle qu'expriment les plus grands mystiques quand ils évoquent leur union à Dieu dans l'extase. Tant il est vrai que l'élan amoureux qui porte l'un vers l'autre deux êtres reflète quelque chose de Dieu : *Ses traits sont des traits de feu, une flamme de Yahvé*. À notre époque de sexualité débridée, peut-on encore tenter de jeter un pont entre l'amour humain et l'amour divin ?

J.G. — On ne peut pas limiter la sexualité humaine à son caractère de reproduction de l'espèce. Elle déborde largement cet aspect biologique. Elle a aussi un *sens*. Chez l'homme, la fonction biologique assumée par l'esprit ne peut se réduire au but biologique : elle revêt une signification spirituelle. Le sexe spiritualisé peut permettre une union plus profonde entre deux consciences, un dépassement de l'égoïsme et à la limite une communion avec le monde, peut-être un mode d'union à la divinité.

J.-J.A. — Comme on le voit dans la religion hindoue, les *Sutra*, par exemple.

J.G. — Allons encore plus loin. Il existe un troisième aspect, déjà discerné par des poètes étranges, des spirituels hardis ; je pense à Novalis, à R.M.Rilke, à plusieurs commentateurs du *Cantique des cantiques*, où la sexualité serait une ébauche, une annonce d'un statut des corps ressuscités, une expérience anticipée, malheureusement limitée, furtive, confuse et facilement viciée, d'une mutation ultime et définitive de la vie. Elle aurait un rapport évanescent, difficilement exprimable, avec une transmutation du corps dans une existence soumise à l'esprit, lorsque cet esprit aura sublimé toute chair.

J.-J.A. — Il est certain qu'il y a dans l'amour un état de magie, de vertige, d'*extase* et de folie qui le rend... *incomparable*, si ce n'est avec ces états mystiques extrêmes, divins, sujet de notre méditation, que décrit si bien Thérèse d'Avila :

Si grandes étaient les délices que je ressentais malgré mes résistances, que j'en fus épouvantée. (...) Je me sens engouffrée en Dieu. Les plaisirs que j'éprouve ne sont ni tout à fait sensuels ni tout à fait spirituels, suavité, délices auxquels rien ne peut se comparer. (...) *C'est un dur et savoureux martyre que de mourir à tous les agréments du monde et de jouir en Dieu. Je me sens ivre de cet amour.* (Fondations, X.)

J.G. — Il est facile de décrire l'amour sexuel selon ses mécanismes : physiologiques, psychologiques, voire psychanalytiques. Or, on remarque chaque fois un écart, souvent considérable, entre la cause et l'effet, qui se manifeste dans toutes les amours humaines et qui les rend inexplicables si l'on se borne à l'étude du mécanisme d'accouplement commun à l'homme et au primate. *Le Cantique des cantiques* proposait mystérieusement une explication profonde de cet état. L'amour humain serait « une flamme de Yahvé ». Salomon voulait sans doute faire entendre que si la sexualité était sublimée par la grâce, purifiée, c'est-à-dire ramenée à sa finalité première, alors elle pourrait faire du corps un organe d'extase pour l'union éternelle avec le mystère divin. C'est cette idée confuse qui nourrit de siècle en siècle le romantisme de l'amour. Mais peut-être une étude profonde et purifiée du sexe, de sa signification métaphysique et mystique pourrait-elle permettre d'entrevoir en lui une anticipation de la Résurrection, de l'anastase.

J.-J.A. — Les mystiques ont toujours utilisé le langage, le chant du pur amour charnel, pour définir l'amour éternel, l'extase divine. Ce qui montre que la distinction n'est pas facile.

J.G. — L'amour est une exaltation tranquille de la volonté qui s'unit à ce qu'elle désire et qui en jouit par avance. Mais aimer n'est pas avoir. Et pour aimer, l'éloignement, la privation, la quête incertaine sont favorables. C'est pourquoi il entre un peu de souffrance dans la composition de l'amour. L'âme juste jouit de Dieu, l'âme médiocre l'utilise.

J.-J.A. — Je comprends maintenant pourquoi les extases sont si brèves. Dieu les suspend au moment même où l'on cesse d'en jouir pour les utiliser, les récupérer, au profit du petit moi, les faire servir à nos fins égoïstes.

J.G. — La jouissance parfaite exigerait un arrêt du temps ainsi que le passage dans la dimension profonde, ce qui n'est possible ni aux sens ni à l'esprit.

J.-J.A. — N'est-ce pas cela qui provoque ce drame lié indissociablement à l'extase : la nuit de l'esprit ? Comme s'il était impossible à l'homme, ici-bas, de goûter durablement l'extase, de goûter l'éternel dans le temps.

J.G. — Cette éternisation de l'extase n'est en effet possible qu'au moment final du temps. D'ici là, il me faut garder la partie éternelle de moi-même, par où je coïncide d'une manière universelle, mais impersonnelle, avec l'Esprit pur.

J.-J.A. — Donc, aucune extase mystique ne saurait durer dans le temps. Seule la mort lui confère l'éternité. Ce qui faisait dire à Thérèse d'Avila dans son désir inassouvi d'union totale : *Je meurs de ne pas mourir !*

J.G. — L'erreur du panthéisme, c'est d'admettre que l'on peut goûter l'éternel dans le temps, s'immortaliser, s'éterniser à l'intérieur du temps même. Cette éternisation, qui ne peut être obtenue par aucun procédé ni processus, n'est possible qu'au moment final du temps.

J.-J.A. — Pourtant, nous sentons une partie éternelle de nous-même. *Nous sentons et nous éprouvons que nous sommes éternels*, a dit Spinoza. Mais comment coïncider dans le temps et l'éternité ? N'est-ce pas l'un des drames de l'existence ?

J.G. — C'est *le* drame de l'existence ; le seul

problème que se posent à la fois la religion et la philosophie. Connaître la part éternelle de moi-même, coïncider avec cette part éternelle, voir ce que je suis au cours du temps historique et ce que je suis déjà en Dieu par mon éternelle essence, voilà bien le fond de nos désirs. Mais comment faire coïncider ce moi angoissé, mobile, fluctuant, avec mon envers éternel ?

J.-J.A. — Oui, comment ? Quel est le secret de l'amour mystique ?

J.G. — Celui de tous les arts d'aimer, celui qu'on murmure à voix basse depuis Platon, Ovide, les cartes du Tendre, jusqu'à Valéry : *Car j'ai vécu de vous attendre*. Il s'agit d'obtenir la privation par l'obstacle, le délai. Dans l'amour de l'âme envers son créateur, envers Dieu, il en va de même : l'existence est conçue comme le retard de la béatitude. Dans *le Cantique des cantiques*, la Sulamite dit de bien des manières à l'aimé qui frappe à sa porte dans la nuit : *Fuis, mon bien-aimé ; pars pour revenir*. Comme si souvenir et désir étaient les deux ailes de l'amour, qu'il soit humain ou divin. Mais y a-t-il deux amours ?

J.-J.A. — Finalement, tout se ramène à cette question unique : comment trouver Dieu dès ici-bas ?

J.G. — Par les chemins de l'amour. Puis la mort assurera enfin la plénitude du moi. Elle fera cesser cette mystérieuse absence de Dieu qui, de caché qu'il était, se laissera enfin voir à découvert. Elle retirera cet écran constitué par la matière qui m'empêchait d'être pleinement moi-même et d'être capable de jouir de Dieu. À ce moment de la mort, ma vie se dédoublera. Tout ce qui a été semé dans le temps continuera d'agir parmi les hommes, et ce qui a été semé dans l'absolu : les actes d'amour et de sacrifice, donnera à mon être nouveau sa taille éternelle.

J.-J.A. — Donc, le saint, l'extatique, est d'abord un être détaché, « mort à lui-même »; agissant dans l'amour il devient l'Amour, et plus rien ne s'oppose au mouvement extatique qui transcende sa chair. Il est ensuite « un semeur d'absolu et d'éternité ».

J.G. — C'est pourquoi le mysticisme chrétien va plus loin que l'extase, telle que la concevaient les Égyptiens et les Grecs. Je songe à Platon, à Plotin. Leur mysticisme s'arrêtait à l'extase. Le mysticisme chrétien la dépasse en tant qu'anéantissement en Dieu, jusqu'à retrouver l'action d'amour au-delà de toute extase.

J.-J.A. — Possédés par Dieu, transfigurés par son amour, les mystiques n'ont de cesse de révéler cet amour aux autres, de le faire partager, de propager ce feu sur la terre. Inondés de lumière, ces fous de Dieu dévoilent la part spirituelle de l'homme, la présence divine en nous, la Transcendance. Ils soufflent sur nos paresses, nos lenteurs, notre assoupissement. Ils rejoignent l'homme de toujours, l'homme à la recherche de la vérité. Ils nous redonnent l'espérance, qui nous met en état de marche, et l'audace pour persévérer à nous transformer.

7

Dernier dialogue

LE PHÉNOMÈNE : UN SIGNE

JEAN-JACQUES ANTIER. — Quelles impressions vous laissent ce voyage au centre des phénomènes mystiques ?

JEAN GUITTON. — Je suis pris entre deux voies : ou bien faire entrer ces phénomènes dans la chaîne des nécessités et n'y voir qu'un produit de l'Histoire, une image éventuellement menteuse. Ou bien les soustraire en partie à cette chaîne et les tenir alors pour un *signe*. Dans le premier cas, je vais m'attacher à étudier le phénomène pour le réduire. Nous venons de le voir, cette réduction est difficile. Demeure un résidu qui ne se laisse pas si aisément réduire, et c'est ce résidu qui m'intéresse. Je tombe alors dans le second cas, celui des signes. Or c'est du point de vue religieux qu'ils s'éclairent et qu'ils deviennent acceptables, intelligibles. Au-delà des phénomènes extraordinaires, qui sont *signes*, certes, et parfois *merveilles*, ce que je retiendrai de l'immense palette de la création, c'est l'ascension de la nature vers la surnature, de la liberté vers la grâce, de l'immanence vers la transcendance.

J.-J.A. — Une troisième attitude consisterait à ne pas se prononcer sur l'authenticité du phénomène, à mettre entre parenthèses le problème de la vérité, de la vision, qui serait ici-bas insoluble ; et, s'il s'agit de juger un personnage appelé à monter sur les autels, à ne considérer que ses fruits spirituels, moraux, religieux. Telle est la conduite de l'Église romaine devant les révélations singulières et privées : elle ne les nie pas ; elle ne les authentifie pas ; elle ne les confond jamais avec la Révélation unique du Christ. Cette prudence est-elle excessive ?

J.G. — Non. Elle ne fait que suivre saint Paul face aux *pneumatiques* inspirés. Il ne retenait de ces « parleurs en langues » que ce qui lui paraissait conforme au message qu'il avait reçu. Le message et les fruits, tout est là : nous serons jugés sur l'amour. Si un jour une science psychique mieux informée vient proposer une explication « naturelle » de ces phénomènes (ce qui me semble improbable), l'enseignement résultant de ceux-ci demeurera intact. Ainsi est grande la liberté d'esprit d'un penseur catholique, alors que l'athée n'est pas libre devant un fait de ce genre puisqu'il exclut d'avance l'hypothèse d'une cause créatrice, que l'apparition, la vision, sont d'avance condamnées — la recherche scientifique ne portant que sur un choix entre divers types d'explications également niantes.

J.-J.A. — Est-il besoin de souligner la nécessité de dépasser les phénomènes que nous venons de décrire pour accéder au Réel ?

J.G. — Oui. Le phénomène physique n'est qu'une scorie ; le phénomène psychique, comme la vision, n'est qu'une représentation symbolique du Réel. Pour Bergson, la vision mystique ne constitue pas le terme de la vie mystique, mais au contraire manifeste un arrêt dans le cours du développement, presque une tentation. Le mystique véritable doit dépasser ce moment où il croit apercevoir Dieu dans des visions symboliques et même s'unir à lui dans une extase. Un vrai mystique ne s'arrête jamais. Il va plus loin, il voit plus haut, il dépasse.

J.-J.A. — Ceux qui comme vous ont bien connu Marthe Robin ont observé qu'avec l'âge, dans l'approfondissement de sa vie mystique, les *signes* ont plutôt régressé. Dans ces conditions, les manifestations physiques du mysticisme pourraient n'être que les effets secondaires — vous avez dit les scories — de la tension entre deux mondes, le naturel et le surnaturel. Mais cette approche dualiste ne me satisfait pas. Je préférerais parler de la confrontation entre le moi et le soi, qui finit chez le saint par se résoudre dans l'*individuation* (terme de Jung), lorsqu'il se retire à sa juste place, ne laissant que l'éblouissement du Soleil, seul étant. Cependant, tout phénomène est aussi un *signe*, car rien ne semble gratuit dans le plan du Créateur. Les signes seraient donnés pour attirer l'attention sur le messager. Le Christ lui-même l'a souligné. *Voici les signes qui accompagneront ceux qui auront cru.* (Marc XVI, 18.) Suit la liste des miracles : guérisons, parler en langues, exorcisme.

J.G. — Le mystique sera toujours confronté à un problème de discernement. Cela aussi est un signe.

J.-J.A. — On remarque que quantité de saints, de voyants, ont douté de leur vision. Soit ils les attribuaient à une intervention démoniaque, soit, à notre époque réductrice, à quelque jeu aberrant de l'imagination. Alors, face à un phénomène tel qu'une vision, une apparition, des stigmates, quel est, en dehors du fruit qui peut tarder à venir, le critère de vérité ?

J.G. — Le détachement et l'humilité du personnage qui en est l'objet.

J.-J.A. — Mais, dans l'ordre naturel des choses, ce devrait être le contraire. Celui qui a « vu Dieu » ou quelque personnage céleste devrait être possédé d'orgueil et passionné.

J.G. — C'est justement le contraire, dans la mesure où la grandeur des choses divines lui montre son extrême petitesse, et la perfection divine, comparée à l'état de péché où il se débat.

J.-J.A. — C'est vrai que plus un mystique est grand plus il se reconnaît misérable et pécheur. Ceci ne cesse de nous émerveiller.

J.G. — Et plus il soumet à la critique ses expériences, plus il est sensible à leur caractère incertain, incommunicable, et davantage encore au danger subtil qu'une vision de ce genre, par exemple, peut présenter chez le sujet qui n'a pas répondu à la faveur de lumière par un progrès d'humilité. Il est tentant, après une telle expérience, de mépriser toute autre voie de certitude, en particulier la voie normale, celle de l'obscurité de la foi, de rejeter les contrôles de l'autorité, de se croire un élu parce que détaché de la condition et de l'inquiétude terrestres. La vraie voie passe par le détachement de soi et de sa vision même, pour n'en retenir que le signe, l'appel à plus de courage et d'amour.

J.-J.A. — Certains voyants ont douté, peut-être par esprit d'humilité.

J.G. — Il ne s'agit pas de douter, ni de nier, mais de ne pas s'y arrêter comme à un terme, une propriété, un don clos sur lui-même ; mais de le tenir pour un ébranlement en vous et hors de vous d'ondes de plus en plus vastes, pour un principe de perfectionnement incessant. Le vrai voyant préfère tenir l'événement intérieur caché à tous. Il ne le livre que par obéissance pour en répandre les fruits. Un signe d'authenticité repose dans son humilité généreuse. Ainsi Bernadette Soubirous s'enfouit dans un monastère et Catherine Labouré demeura incognito dans sa communauté. Nul ne connut son identité, hors son confesseur M. Aladel et sa supérieure, celle-ci quarante-six ans seulement après les visions. Même l'archevêque de Paris, qui avait autorisé la frappe de la Médaille, et les enquêteurs ne purent obtenir la levée de l'incognito. Jusqu'à leur mort, elles étaient redevenues des religieuses comme les autres.

J.-J.A. — Mais voilà justement que ce qui devrait être le mot de la fin fait rebondir mon interrogation et en quelque sorte mon angoisse.

Que signifie donc chez ces mystiques la coexistence d'une vie banale, ordinaire, « naturelle », et ces élans sublimes qui les unissent à Dieu ?

J.G. — Ils sont à la fois anachronisme et annonce, signe ; arche d'alliance aussi, pont jeté vers l'infini. L'être humain vit et se déploie à plusieurs niveaux. Puisse ce livre faire méditer la coexistence au sein d'un même individu, d'une part de cette existence d'un même esprit à ce niveau intime, impénétrable, solitaire, rêveur ou coupé d'extases brèves, noble et généreux dans ses desseins, ou secrètement angoissé — puis, en même temps à ce niveau banal de l'existence quotidienne, de ses lassantes combinaisons, de ses gestes animaux et automates. Moi aussi je me demande comment on peut penser en même temps au salut de son âme et au repas du soir ! Cet entrelacement du désir infini et de la vie ordinaire, du grand et du petit, cette insertion, cet amalgame de la boue et du souffle, ce *tissu* est le mystère quotidien, éclatant chez le saint, plus discret chez l'homme ordinaire, simple au fond, comme le pain nourrissant mais impénétrable... Nous portons en nous l'image d'un dieu-homme, existant en deux formes quoique indivisible, et seul vraiment lui-même dans sa haute partie. Sans doute un vestige de ce dédoublement dans l'unité est commun à nous tous, mais singulièrement chez les mystiques visionnaires et les poètes.

PLACE DU MYSTIQUE PARMI NOUS

J.-J.A. — Comment situer le mystique dans l'évolution générale de l'humanité ? Quelle est sa place ? Je veux dire : quelle est sa place parmi nous, son caractère ?

J.G. — Accédant par des moyens paradoxaux à une forme d'intelligence supérieure à l'intelligence normale, à une volonté plus efficace et surtout, c'est là sa finalité, à une force d'amour plus universelle et plus intime, il nous montre le chemin. Tous ceux qui se sont penchés sur le mysticisme dans ses plus hauts états ont noté cette transformation du psychisme, ce sentiment de libération, d'affranchissement, cet évanouissement des problèmes pour ne laisser que des solutions, cette résolution des conflits, cette transfiguration, cette anticipation prophétique du destin individuel ou collectif, ce sentiment d'une omniscience et d'une omniprésence divines, cette expérience d'un état qui est au-delà de la joie et de la douleur, bien qu'il les comprenne l'un et l'autre, l'impression de plénitude qui n'empêche pas d'ailleurs une faim, une soif inextinguible. C'est par cet aspect que le mystique pose des questions et propose des solutions à tous ceux qui veulent réfléchir profondément sur l'Être et sur le devenir de l'homme.

J.-J.A. — Là où le futur rejoint l'éternel présent.

J.G. — Oui. Si l'on rapproche l'expérience mystique chrétienne de la métaphysique du Temps, on peut noter que le mystique s'oriente dans deux axes d'à-venir distincts et mystérieusement unis par l'existence : le futur et l'éternel, qui s'uniront lors de l'arrêt du temps, à la fin du temps, à la fin des temps dans la Présence, dont le moment, le présent, l'instant, sont des figures. Ainsi la mort sera vaincue, passée et dépassée. Et dans ses plus hauts états, sous des formes différentes, ici plus anéanties (dans le bouddhisme et chez Plotin), là plus ardentes, plus superconscientes (dans le christianisme et chez saint Augustin), ou encore plus synthétiques et plus conciliantes et oscillantes, comme chez Jean de la Croix, le mystique anticipe sur l'au-delà, sur la vie après la mort.

J.-J.A. — Peut-il en quelque sorte nous servir, sinon de modèle tant il paraît éloigné de l'humaine et banale réalité, mais de *signe* ?

J.G. — Son exemple, et la participation évanescente à ce qu'il nous révèle de son expérience, nous préparent à l'heure ultime vers laquelle avance le temps d'une manière lente, irréversible et accélérée, pour les individus comme pour les nations. L'expérience mystique du temps sublime et contracte le passé, qu'elle transforme en un espace spirituel. Elle exalte le présent furtif en lui donnant la diversité et parfois l'éblouissement de la présence en des instants privilégiés, mais c'est l'à-venir qu'elle appelle, cet avenir qu'elle pressent, qu'elle anticipe dans une nuit traversée d'éclairs, cet avenir beaucoup plus éternel que futur.

J.-J.A. — Cependant, cette « vie éternelle », le mystique la vit déjà dans le temps historique, mais d'une manière extraordinaire.

J.G. — Oui. À travers les conjonctures de l'histoire diachronique, sa vie profonde consiste à passer par des phases, des états et des « demeures » : il mute, il mue beaucoup plus encore qu'il ne devient. Il préadapte son être et les autres êtres à sur-être, peut-être même toutes les autres créatures, en vertu de la capacité d'affinité qui les lie. Dans cette planète tourmentée et décadente, certes ; peut-être dans tous les « mondes » où existent, sous des modes inimaginables, des esprits capables de progrès et d'amour.

J.-J.A. — Peut-on dire pour conclure que le mystique obéit à une loi universelle de sublimation ?

J.G. — Oui, et pas seulement le mystique ; le philosophe aussi. C'est frappant chez Socrate, Platon, Plotin, mais aussi chez les philosophes rationnels comme Descartes, Leibniz, Spinoza et Kant, où l'on retrouve, dans leurs premières origines et dans leurs sources cachées, un état mystique ou son analogue. Ce sont des retombées conceptualisées de certaines expériences de type mystique. Tout se passe comme si chaque degré de l'être était appelé à se surmonter, demeurant lui-même tout en surexistant sur un mode supérieur. Ainsi la matière dans la vie, la vie dans la pensée.

J.-J.A. — Mais la pensée est-elle le terme ultime ?

J.G. — Tout porte à croire que cette loi de sublimation, de mutation en hauteur, plus profonde que la loi d'évolution qui la sous-tend, s'exercera encore, que la « pensée » sera restaurée, sublimée dans un autre ordre d'existence. Ainsi la pensée surexistera en Dieu.

J.-J.A. — Et les mystiques, malgré leur nombre infime, sont les annonciateurs de ce monde nouveau.

J.G. — L'état surprenant, suprêmement inconfortable comme celui d'un fluide qui va changer d'état, dans lequel se trouve l'espèce pensante sur la terre me paraît analogue à ces phases de l'évolution qui précèdent une grande mutation. Alors apparaissent, sur des voies séparées mais convergentes, des êtres anticipés qui préparent et annoncent le franchissement d'un seuil. La machine que nous nommons cosmos a pour fonction de préparer ces événements hautement improbables qui sont achetés par la dégradation des formes hautes de l'énergie. En ce sens, Bergson, prévoyant la cybernétique, disait mystérieusement que le monde était « une machine à faire des dieux ».

J.-J.A. — Serait-ce la source de la souffrance et de la dégradation physique de tant de mystiques ? Le prix à payer ?

J.G. — Peut-être. La finalité ultime de l'univers est de fabriquer, par un mécanisme cybernétique, probablement aléatoire, des sur-êtres. Et sans doute cette mutation doit-elle être payée. La rançon est lourde, le « corps » ne peut pas supporter cette montée, d'où les troubles de l'esprit, d'où la pathologie mystique.

J.-J.A. — L'essentiel pour nous est de connaître

l'intention divine pour nous permettre d'y adhérer dans un libre mouvement de confiance et d'amour.

J.G. — Ce qu'exprimait Plotin juste avant de mourir : *Je m'efforce de faire se rejoindre ce qu'il y a de divin en moi avec ce qu'il y a de divin dans le Tout.*

J.-J.A. — On peut comprendre ainsi l'étrange attirance des mystiques pour l'ascèse et la souffrance, tellement contraire à la loi ordinaire du vivant qui cherche le plaisir et fuit la souffrance. Là réside la clé du mystère. La psychanalyse freudienne a parlé de morbidité, d'attrait malsain de la mort chez certains mystiques, mais c'est faux. La joie les habite et le désir d'accéder à cet autre état qu'ils ne possèdent pas encore mais qu'ils pressentent intuitivement, comme s'il était mystérieusement inscrit dans leurs gènes. On imagine la larve rampante, muette, aveugle, la chrysalide paralysée au corps soudain broyé, allant vers la liberté, le vol, et aimant cette souffrance libératrice ! Ou l'enfant naissant, soudain intuitivement informé des causes profondes de l'arrachement au bonheur cosmique de l'état fœtal.

J.G. — Et tout se passe comme si ces émergences étaient d'autant plus intenses qu'elles surgissent d'une désintégration.

CETTE LUMIÈRE VENUE DU PRÉSENT ÉTERNEL, C'EST L'AMOUR

J.-J.A. — Revenons sur terre avant de nous quitter. Oublions les extases, les visions, les transfigurations. En matière de religion, la seule chose susceptible d'intéresser un jeune d'aujourd'hui se résume par cette question : Père, Fils ou Saint-Esprit, quels sont les effets de cette entité au niveau de mon être ? Quel bouleversement ? Quel amour ?

J.G. — Vous êtes au cœur du problème de la foi et de l'incroyance. Les hommes et les femmes d'aujourd'hui ne veulent plus se contenter d'obéir aux prescriptions d'une loi morale imposée par les parents ou par des maîtres. Dans tous les cas, on peut vénérer une loi, on ne l'aimera pas. Il ne s'agit donc pas, et ce fut dès l'origine la spécificité du christianisme, de satisfaire aux prescriptions d'une loi, fût-ce une loi d'amour, mais de s'attacher à un être qui est la loi vivante et palpitante.

J.-J.A. — Le Christ a paru au premier jour de notre ère pour nous annoncer cette bonne nouvelle : Dieu est amour. Il a été connu, aimé. Il nous a cherchés, il nous cherche et nous l'avons trouvé, nous, gens de peu de foi. Mais pourquoi n'est-il pas encore universellement accepté ?

J.G. — Sa voie est difficile. Jésus a paru et son disciple ne doit plus se vouloir pour soi mais pour Lui. Il doit vivre, souffrir, et mourir en Lui. Aimer en Lui les objets de son amour. Voilà la révolution que saint Paul a contribué à expliquer mieux que quiconque. Ce qui réveille (jadis on aurait dit « ce qui sauve », mais c'est pareil), ce qui réveille ce n'est pas la soumission à un précepte, mais l'adhésion à une personne : la foi a remplacé la loi. À la morale fondée sur la simple obéissance à un code impersonnel, morale nécessaire d'ailleurs, se substitue *soudain* une morale d'un nouveau type : l'adhésion d'amour à une personne qui réunit en elle tous les trésors de la sagesse et de la tendresse.

J.-J.A. — Vous avez dit : « soudain ». J'aime ce mot qui évoque les mutations brutales de notre espèce si singulière. Le saint est celui ou celle qui a été touché par un appel intérieur personnel. Il a répondu généreusement à cet appel et brûle d'un feu intérieur qui bouleverse sa vie. Il souffrira peut-être, mais désormais il sait pourquoi. Il s'ouvre progressivement à une dimension transcendante, et il se laisse porter par la joie. Cette joie a un nom. *Jésus, que ma joie demeure*, chante la cantate de Bach. Sur le mur lacéré de graffiti, de « tags », d'une banlieue que je croyais sans âme, j'ai lu ces lettres de feu : JÉSUS REVIENT ! Est-ce possible ? Ou est-ce un rêve ? Car s'il ne nous cherche pas, nous ne le retrouverons jamais. J'ai vu aussi écrit : JÉSUS, REVIENS ! Ce qui revêt un tout autre sens, celui-là chargé d'une attente et d'une inexprimable angoisse.

J.G. — Notre société trop gavée a laissé s'anémier la foi de ses ancêtres, par influence ou par fatigue. On ne prie plus ce qui a cessé d'être personnel et vivant. *Il faut retrouver la voie intérieure*, s'abandonner aux élans de son cœur qui cherche un confident, un autre être plus lui-même que lui.

J.-J.A. — Retrouver sa mémoire. Une mémoire éternelle où le temps s'abolit.

J.G. — Oui. Les années les plus ordinaires de nos vies, celles où nous avions l'impression de vivre pour rien, voici qu'elles brillent à nouveau. Ce qui était terne et ennuyeux, c'est maintenant du calme consolant. Ce qui semblait sans profit possède désormais son trésor en lui-même. Ce qui n'était que monotonie devient harmonie. Même le temps du chagrin est adouci et illuminé par cette lumière qui vient du présent éternel. Parvenu à l'ultime étape de ma vie terrestre, je sens à nouveau en moi la présence de Dieu, ce qui me donne la force et le repos, la certitude et la joie.

J.-J.A. — Chercher dans le temps ce qui ne peut être donné qu'en dehors du temps : le visage du Christ.

J.G. — Tirer de la méditation du passé une attente amoureuse et savoureuse, une préparation d'âme.

J.-J.A. — Quel est aujourd'hui l'événement qui nous forcera à nous prononcer pour ou contre Dieu, au lieu de nous enliser dans une mortelle indifférence ?

J.G. — Un *signe* suffira. Une amitié que nous lions avec un être de passage, un livre qui devient soudain pour nous incandescent, un échec qui nous permet de juger les choses à leur vraie valeur, une souffrance qui nous replonge en nous-mêmes, autant de signes comme le langage personnel par lequel Dieu nous parle avec douceur.

J.-J.A. — Comment retrouver ce secret ?

J.G. — C'est le cœur qui parle au cœur.

J.-J.A. — Qu'est-ce que « le cœur » ?

J.G. — C'est ce qui est le plus secret dans l'esprit, l'âme de l'âme. Ce qui fait que je suis *moi*, c'est que je peux appeler l'autre *toi*, et par l'autre j'entends non seulement mon prochain, mon voisin, l'étranger qui est aux portes, mais aussi les citoyens de la cité invisible : les morts, les saints, et surtout celui qui m'est plus intérieur que moi, Dieu qui me parle et m'appelle. C'est le cœur qui parle au cœur.

J.-J.A. — On est frappé de voir que les mystiques, à un moment crucial de leur vie, ont été interpellés par *Quelqu'un*.

J.G. — Alors, ce qui impressionne chez eux, ce ne sont pas les excroissances phénoménales dont nous venons de faire le tour, mais les grandes idées qu'ils ont incarnées, imprimant sur le monde les traits de l'Esprit, sa présence vivante. Et seul l'amour y prédispose. L'amour !

RÉFÉRENCES BIBLIOGRAPHIQUES

AA.SS. — *Acta Sanctorum*. Œuvre collective, commencée au XVIIe siècle, et poursuivie par les pères Bollandistes, rapportant des témoignages sur la vie des saints, Paris, Palmé, 1863-1870.
AA.BB. — *Analecta Bollandiana*, revue des Bollandistes, complément des AA.SS.
SUMMARIUM. — Résumé des témoignages soumis à la Sacrée Congrégation des Rites du Vatican en vue des procès de béatification et de canonisation.

PREMIÈRE PARTIE

4. Un peu de science...

1. H. Bergson, *Les Deux Sources de la morale et de la religion*, Alcan, 1932, p. 339.
2. *Ibid.*, p. 342.

DEUXIÈME PARTIE

1. Ils n'auront plus ni faim ni soif

1. Dr Imbert-Gourbeyre, *La Stigmatisation*, Clermont, 1894, II, p. 202.
2. Jean IV, 31-34.
3. Mère Francis-Raphaël Drane, *Histoire de Catherine de Sienne*, p. 198.
4. Dr H. Thurston, *Les Phénomènes physiques du mysticisme*, Gallimard, 1961, Rocher, 1990, p. 417.
5. Imbert-Gourbeyre, *op.cit.*, II, p. 184.
6. Thurston, *op. cit.*, p. 361.

7. J. Guitton, *Portrait de Marthe Robin*, Grasset, 1986, p. 29.

8. J.J. Antier, *Marthe Robin, le voyage immobile*, Perrin, 1991, p. 241.

9. R. Peyret, *Prends ma vie, Seigneur*, Peuple libre/DDB, 1985, p. 250.

10. G. Rimbault et C. Eliacheff, *Les Indomptables Figures de l'anorexie*, O. Jacob, 1989, p. 53.

11. *Ibid.*, p. 241.

12. Thurston, *op. cit.*, p. 402.

13. Dr A. Leschler, *Das Rästel von Konnersreuth*, Eberfeld, 1933.

14. Aimé Michel, *Métanoïa*, CAL, 1973, p. 181.

15. P. Masoin, *Thérèse Neumann*, Bruxelles, 1933.

2. De la multiplication des pains
à la transsubstantiation

1. Thurston, *op.cit.*, pp. 465 et suiv. Témoignage du procès *in* Veuillot, *Sainte Germaine Cousin*, 1904, et brochure de la canonisation publiée par le postulateur avec l'approbation de l'archevêque de Toulouse.

2. *Summarium*, Rome, 1877, p. 376.

3. *Ibid.*, 1851, p. 308.

4. Yvonne-Aimée de Jésus, *Au service de Jésus roi d'amour*, Malestroit, 1956, p. 84.

5. *Ibid.*, p. 96.

6. *Ibid.*, p. 109.

7. René Sudre, *Traité de parapsychologie*, Payot, 1956, p. 263.

8. *Ibid.*, p. 264.

9. F.W.H.Myers (l'un des fondateurs de la SPR anglaise), *La Personnalité humaine, ses manifestations paranormales*, tr. de Jankelevitch, Alcan, 1905. Voir aussi : *De la conscience subliminale* dans les *Annales des sciences psychiques*, 1897 à 1904.

10. G. Gelet, *De l'inconscient au conscient*, Paris, 1919.

3. De l'*Incendium amoris* à la transfiguration

1. Thurston, *op.cit.*, p. 259.
2. *Annales des Bollandistes,* vol. XIII, p. 143.
3. Père Cepari, *Vie de sainte Marie-Madeleine de Pazzi,* Rome, 1669.
4. Lord Adare, *Experiences in Spiritualism with D.D.Home,* Londres, 1869.
5. O. Leroy, Les *Hommes salamandres,* DDB, 1931, p. 40.
6. Rémy Chauvin, *La Fonction psy,* Laffont, 1991.
7. Cardinal Lambertini, *De beatificatione et canonizatione,* Rome, rééd. 1828, vol.4, ch.26.
8. *Sainte Lydwine,* tr. V. Scully, 1912, p. 117. Voir aussi le livre de J.K.Huysmans, Plon, 1923.
9. Thurston, *op.cit.*, p. 206.
10. Thurston, *op.cit.*, p. 202.
11. Thurston, *op.cit.*, p. 201.
12. R. Laurentin, *Yvonne-Aimée de Malestroit,* l'Œil, 1985.
13. Yvonne-Aimée de Jésus, *op.cit.*, p. 199.
14. Klouski, *L'Ectoplasme et la Clairvoyance,* Paris, 1924.
15. Sudre, *op.cit.*, pp. 165 à 174.
16. Thurston, *op.cit.*, p. 206.

4. Le vol mystique ou lévitation

1. *Les Petites Fleurs de saint François* (p. 98 de la tr.anglaise), et AA.BB., IX, 34,6.
2. Saint Bonaventure, *Vita,* ch.143, 1261.
3. Mère Francis-Raphaël Drane, *Histoire de saint Dominique,* p. 260.
4. Sainte Thérèse d'Avila, *Vie,* ch. XX, *Œuvres complètes,* Le Seuil.
5. Mgr Yepes, *Vida de santa Teresa,* Madrid, 1912, I.p. 286.
6. Sainte Thérèse d'Avila, *op.cit.*, XX,194.
7. Frère Jean de Sainte Marie, AA.SS., vol. 8, p. 672.

8. AA.SS., mai, vol.6, p. 465.
9. Cepari, *Vita di S. Maddalena de Pazzi*, p. 82, et AA.SS., vol.6, p. 261.
10. AA.SS., sept., vol. 5, p. 1021.
11. Pastrovicchi, AA.SS., *ibid.*, p. 1022.
12. *Colletanae fransciscana*, tome 34, p. 391.
13. P. Lesourd, *Les Mystères du padre Pio*, *op. cit.*, p. 56.
14. W. Crawford, *La Mécanique psychique*, Payot, 1923.
15. A. de Rochas, *Recueil de documents relatifs à la lévitation du corps humain*, Paris, 1897. P. Leroy, *Contribution historique et critique à l'étude du merveilleux*, Paris, 1928. William Crooke, *Recherches sur le phénomène du spiritualisme*, Paris, 1878.
16. *Annales* de la Sté de recherches psychiques, 1906.
17. C. Lombroso, *Hypnotisme et Spiritisme*, Flammarion, 1918.
18. A. Michel, *Métanoïa*, *op.cit.*, p. 234.
19. Bréviaire, 6e leçon, 18 juin, et AA.SS., vol. 12, p. 403.
20. AA.SS., vol 8, p. 113.
21. *Summarium* § 283, et *Vida*, Rome, 1866.
22. *Analecta juris pontificii*, 1857, col.2016.
23. Monnin, *Vie du curé d'Ars*, II, p. 394.
24. J.J. Antier, *Marthe Robin*, *op.cit.*, p. 325.
25. Thurston, *op.cit.*, p. 184.
26. R. Chauvin, *La Fonction psy*, *op.cit.*, p. 51

5. Les stigmates et le mystère de la souffrance

1. *Actus Fioretti*, IX.
2. Imbert-Gourbeyre, *op.cit.*, II, p. 11.
3. Jean Guitton, *Portrait de Marthe Robin*, *op.cit.*
4. *Visions d'A.C. Emmerich*, Téki, 1965.
5. Thurston, *op.cit.*, p. 78.
6. Aimé Michel, *op.cit.*, p. 166.
7. *Ibid.*, p. 167.
8. P. Germain, *Sainte Gemma Galgani*, 1940, pp. 84 à 88.

9. *Epistolario de P. Pio*, San Giovanni Rotondo, 1984.
10. P. Lesourd et J.M. Benjamin, *Les Mystères du padre Pio*, France-Empire, 1969, p. 89.
11. *Ibid.*, p. 93.
12. *Ibid.*, p. 95.
13. J.J. Antier, *Marthe Robin, op.cit.*, p. 84.
14. *Ibid.*, p. 280.
15. Lettre à J.J. Antier, 12/9/1990.
16. Imbert-Gourbeyre, *op.cit.*, II, p. 16.
17. Aimé Michel, *op.cit.*, p. 88.
18. E. de Miribel, *Comme l'or purifié par le feu*, Plon, 1984.

6. Guérisons miraculeuses

1. Paul Lesourd, *Les Mystères du padre Pio, op.cit.*
2. Bureau des constatations médicales de Lourdes, année 1951.
3. Alexis Carrel, *Le Voyage de Lourdes*, Plon, 1949. Voir aussi J.J. Antier, *Carrel, cet inconnu*, Éd. SOS, 1974.
4. Alexis Carrel, *La Prière*, Plon, 1944, p. 14.
5. *Ibid.*, p. 5.
6. Rapport médical Ricard-Dechaume, *in* J.J. Antier, *Marthe Robin, op.cit.*, ch.10.
7. Alexis Carrel, *Pouvoir de la prière*, Reader's Digest, 12/1940.

7. Mort et résurrection

1. *Vita della b.Mariana di Gesu*, Rome, 1783, établi d'après les documents du procès.

Troisième Partie

1. Télépathie et clairvoyance

1. Thurston, *op.cit.*, p. 394.

2. Michel Suffran, *Le Curé d'Ars*, Éd. SOS, 1978.
3. Paul Lesourd, *Les Mystères du padre Pio*, *op.cit.*
4. J.J. Antier, *Marthe Robin*, *op.cit.*, p. 326.
5. R. Targ et H. Putoff, *Aux confins de l'esprit*, Albin Michel, 1978, p. 213.
6. O. Costa de Beauregard, introduction à *La Fonction psy* de Rémy Chauvin, *op. cit.*, p. 13.
7. H. Bergson, *L'Énergie spirituelle*, p. 31.

2. Prophéties

1. J.J. Antier, *Marthe Robin*, *op.cit.*, p. 111.
2. *Ibid.*, p. 167.
3. Eugène Osty, *La Connaissance supranormale*, Alcan, 1925, p. 177.
4. C. Richet, *Traité de métapsychique*, Alcan, 1922, p. 509.
5. E. Kant, *Critique de la raison pratique*, tr. Picavet, p. 179.
6. A.S. Eddington, *Space, Time, Gravitation*, p. 15.
7. R. Sudre, *Traité de parapsychologie*, *op.cit.*, p. 441.

3. Les consciences dissociées

1. R. Sudre, *op. cit.*, p. 394.
2. *Ibid.*, p. 135.
3. *Ibid.*, p. 137.
4. H. Hart, rapport n°1 au Congrès parapsychologique d'Utrech, 1952.
5. A.T. Loutrel, *A.C. Emmerich racontée par elle-même*, Téki, 1980.
6. G. Pagnossin, *Il calvario di padre Pio*, 1978, p. 264.
7. P. Lesourd, *op.cit.*, pp. 148 à 150.
8. J. Guitton, *Portrait de Marthe Robin*, *op. cit.*, p. 155.
9. Thurston, *op.cit.*, p. 369.
10. A.H. Dailay, *Mollie Fancher, l'énigme de Brooklyn*, New York, 1894.
11. A. de Rochas, *Les Vies successives*, Paris, 1924.

12. Gurney, Myers et Padmore, *Les Hallucinations télépathiques*, Alcan, 1891, p. 336.
13. G.N. Tyrrell, *Apparitions*, Londres, 1953.
14. R. Wallace, *Études sur les apparitions, Annales des sciences psychiques*, 3, 4 et 6, 1891.
15. C.G. Jung, *Ma vie*, Gallimard, 1973, p. 333.
16. P. Lesourd, *op.cit.*, p. 40.
17. *Ibid.*, p. 151.

4. Visions et apparitions

1. I. Gobry, *L'Expérience mystique*, Fayard, 1964, p. 19.
2. C.G. Jung, *Gesammelte werke*, 11, § 889.
3. C.G. Jung, *Dialectique du moi*, Gallimard, 1964, p. 230.
4. Quicherat, *Aperçus*, 1850, pp. 45 à 60.
5. Toutes les citations de C. Labouré sont extraites de son témoignage, dans *Catherine Labouré*, Compagnie des Filles de la Charité, 140, rue du Bac, Paris.
6. Jean Guitton, *Portrait de Marthe Robin*, *op.cit.*, p. 113.

5. La conversion miracle de la foi

1. Paul Lesourd, *op.cit.*, pp. 97 et suivantes.
2. Les citations d'A. Ratisbonne sont extraites de sa *Lettre à M. Dufriche-Desgenettes*, publiée par J. Guitton dans *Ratisbonne*, Éd. Wesmaël-Charlier, 1964, p. 38.
3. A. Frossard, *Dieu existe, je l'ai rencontré*, Fayard, 1969, p. 165.

6. Extases

1. Ivan Gobry, *L'Expérience mystique*, Fayard, 1964, p. 19.
2. J.N. Vuarnet, *Extases féminines*, Arthaud, 1980.

3. *Analecta sanctae Hildegardis*, Paris, 1882.
4. Saint Grégoire le Grand, *Morales sur Job*, X, 13.
5. Marie de l'Incarnation, *Relation*, IV, 9-10.
6. Aimé Michel, *Métanoïa*, *op.cit.*, p. 63.
7. A. Maslow, *Religion, Values and Peak-Experiences*, Colombus, 1964.
8. Sainte Thérèse de l'Enfant-Jésus, *Manuscrit autobiographique*.

TABLE

TROISIÈME PARTIE

PHÉNOMÈNES PSYCHIQUES ET MYSTIQUES

ŒUVRES DE JEAN GUITTON

Les œuvres marquées d'un * sont dans les six tomes des œuvres complètes, DDB, 1978.

Le Temps et l'éternité chez Plotin et saint Augustin, Boivin, 1933, IV*.

La Philosophie de Leibniz, 1933.

Le Cantique des quantiques, Gabalda, 1934.

Actualité de saint Augustin, Grasset, 1935.

La Pensée moderne et le catholicisme, Aubier, 1934 à 1950.

1. *Perspectives*, 1934.
2. *Newman et Renan*, 1938, II*.
3. *La Pensée de M. Loisy*, 1936, II*.
4. *Critique de la critique*, 1937, II*.
5. *Le Problème de la connaissance et de la pensée religieuse.*
6. *Le Problème de Jésus et le fondement du témoignage chrétien,*
1950, II.*
7. *Développement des idées dans l'Ancien Testament*, 1947.

Le Livre des vocations, Cerf, 1935.

Portrait d'une mère, Éd. Provençales, Aix, 1935.

L'Église et l'Évangile, Grasset, 1939, II*.

Portrait de M. Pouget, Gallimard, 1941, I*.

Justification du temps, P.U.F., 1941.

Journal de captivité, 1942-1943, Aubier, 1943, V*.

Pages pour les jeunes, Éd. Provençales, puis Aubier, 1945.

Conseils à deux enfants, Éd. Provençales, 1946.

Nouvel art de penser, Aubier, 1946, III*.

Le Problème de Jésus, Aubier, 1946, II*.

La Philosophie de Newman, Boivin, 1946.

Césarine, Aubier, 1947.

Difficulté de croire, Plon, 1948.

Essai sur l'amour humain, Aubier, 1948, III*.
L'Existence temporelle, Aubier, 1949, IV*.
La Vierge Marie, Aubier, 1949, VI*.
Pascal et Leibniz, Aubier, 1951.
Le Travail intellectuel, Aubier, 1951, III*.
Dialogues avec M. Pouget, Grasset, 1954, I*.
Jésus, Grasset, 1956.
Invitation à la pensée et à la vie, Fayard, 1956, III*.
Le Cardinal Saliège, 1957, VI*.
L'Abbé Thellier de Poncheville, Fayard, 1957.
Apprendre à vivre et à penser, Fayard, 1957.
Journal, études et rencontres, 1952-55, Plon, V*.
Journal, études et rencontres, 1955-57, Plon, V*.
L'Église et l'Évangile, 1959.
La Vocation de Bergson, Gallimard, 1960, I*.
Platon, Buchet Chastel, 1960, IV*.
Problème et mystère de Jeanne d'Arc, Fayard, 1961, VI*.
Une femme dans la maison, Chalet, 1961.
Une mère dans sa vallée, Aubier, 1961, I*.
Génie de Pascal, Aubier, 1962.
Dialogue avec les précurseurs, Aubier, 1962, VI*.
Regard sur le Concile, Aubier, 1962, VI*.
Léon Bérard, 1962, I*.
Images de la Vierge, Sun, 1963.
Le Christ écartelé, Perrin, 1963, VI*.
Vers l'unité dans l'amour, Grasset, 1963, VI*.
L'Église et les Laïcs, DDB, 1963, VI*.
Ratisbonne, SOS, 1964, VI *.
Siloé, heures de méditation en Terre Sainte, Perrin, 1965, VI *.
Livre d'heures, Fayard, 1966, VI *.
Dialogues avec Paul VI, Fayard, 1967, VI *.
Développement de la pensée occidentale, Beauchesne, 1968.
La Pensée et la Guerre, DDB, 1969, III *.
La Dernière Heure, 1969, III *.
Profils parallèles, Fayard, 1970.
Newman et Renan (rééd.), *Pascal et Leibniz*, (rééd.). *Teilhard et Bergson*, *Claudel et Heidegger*.

Ce que je crois, Grasset, 1971.
L'Amour divin, 1971, III *.
Le Catholicisme, 1972.
Rue du Bac ou la Superstition dépassée, SOS, 1973.
Écrire comme on se souvient, Fayard, 1974, V *.
Paul VI et l'Année sainte, 1974.
Prières pour l'Année sainte, DDB, 1974.
Discours de réception à l'Académie française, 1976.
Nouvel éloge de la philosophie, 1977, IV *.
Philosophie de la résurrection, 1977, IV *.
Jugements, Gallimard, 1981.
Portrait de Marthe Robin, Grasset, 1985.
Un siècle, une vie, Laffont, 1988, V *.
Terra Sancta, Carnets de voyages illustr., 1935, Laffont, 1989.
Portraits et circonstances, DDB, 1989.
L'Évangile dans ma vie, DDB, 1990.
Dieu et la science, Grasset, 1991. Avec Y. et G. Bogdanov.
L'Impur, DDB, 1991.
Portrait du père Lagrange, R. Laffont, 1992.

ŒUVRES DE JEAN-JACQUES ANTIER*

Spiritualité

Lérins, l'île sainte, Éd.SOS, 1973.
Carrel, cet inconnu, Éd.SOS, 1973.
Le Pèlerinage retrouvé, Le Centurion, 1979.
La Soif de Dieu, Cerf, 1981. (Avec Yvette Antier.)
L'Appel de Dieu, Cerf, 1982. (Avec Yvette Antier.)
Marthe Robin, le voyage immobile, Perrin, France-Loisir, 1991. Préface de Jean Guitton.

Le Voyage intérieur, Rocher, (à paraître .

* J.J. Antier a publié en outre une quarantaine de livres d'histoire, et des romans.

Achevé d'imprimer en janvier 1999
sur les presses de l'Imprimerie Bussière
à Saint-Amand (Cher)

POCKET - 12, avenue d'Italie - 75627 Paris Cedex 13
Tél. : 01-44-16-05-00

— N° d'imp. 2874. —
Dépôt légal : mars 1994.

Imprimé en France

POCKET - 12, avenue d'Italie - 75627 Paris Cedex 13
Tél. : 01-44-16-05-00

— N° d'imp. 2874 —
Dépôt légal : mars 1994.

Imprimé en France